동주집

이 책은 2014 · 2015년도 정부(교육부)의 재원으로 한국고전번역원의 지원을 받아 수행된 권역별거점연구소협동번역사업'의 결과물임.

This work was supported by Institute for the Translation of Korean Classics - Grant funded by the Korean Government.

한국고전번역원 한국문집번역총서 / 충남대학교 한자문화연구소

동주집 6

東州集

이민구 지음 강원모 김문갑 옮김
李敏求 오승준 정만호

일러두기

1. 이 책의 번역 대본은 한국고전번역원에서 간행한 한국문집총간 94집 소재《동주집(東州集)》으로 하였다. 번역 대본의 원문 텍스트와 원문 이미지는 한국고전종합DB(http : //db.itkc.or.kr)에서 확인할 수 있다.
2. 내용이 간단한 역주는 간주(間註)로, 긴 역주는 각주(脚註)로 처리하였다.
3. 한자는 필요한 경우 이해를 돕기 위하여 넣었으며, 운문(韻文)은 원문을 병기하였다.
4. 맞춤법과 띄어쓰기는 한글 맞춤법과 표준어 규정을 따랐다.
5. 이 책에서 사용한 부호는 다음과 같다.

   ( ) : 번역문과 음이 같은 한자를 묶는다.

   〔 〕: 번역문과 뜻은 같으나 음이 다른 한자를 묶는다.

   " " : 대화 등의 인용문을 묶는다.

   ' ' : " " 안의 재인용 또는 강조 문구를 묶는다.

   「 」: ' ' 안의 재인용을 묶는다.

   『 』: 「 」 안의 재인용을 묶는다.

   《 》: 책명 및 각주의 전거(典據)를 묶는다.

   〈 〉: 책의 편명 및 운문·산문의 제목을 묶는다.

차례

동주집 시집 제24권

시詩

착륜록2 斲輪錄二

동주집 문집 제1권

교서敎書

차箚

서書

동주집 문집 제2권

서序

동주집 문집 제3권

기記

발跋

동주집 문집 제4권

설說

제문祭文

애사哀辭

동주집

시집 제24권

詩 시

갑진년(1664, 현종5) 설날 아침
甲辰元朝

늙어 가는 이 몸을 감히 가여워하랴	老去形骸敢自憐
근심 걱정에 날마다 매여 있다네	從來憂患日相纏
세월은 또 용사의 해 돌아와서[1]	光陰又轉龍蛇歲
질병이 나의 수명을 부질없이 재촉하네	疾病空催犬馬年
골짝의 얼음과 서리는 비와 이슬로 바뀌고	幽壑氷霜回雨露
동산의 매화와 버들은 바람과 안개 기다리네	小園梅柳待風煙
막다른 길에도 따뜻한 봄기운 찾아오니	窮途不阻陽和氣
남쪽 창가에서 등 쬐며 자노라	時向南窓炙背眠

1 세월은……돌아와서 : 갑진년이 되었다는 말이다. 용사세(龍蛇歲)는 십이지(十二支)의 진년(辰年)과 사년(巳年)으로, 사람이 죽는 액운이 든 해를 말한다. 후한(後漢)의 정현(鄭玄)이 병으로 관직을 그만두고 집에 돌아와서 지내는데, 하루는 꿈에 공자가 나타나서 "일어나라, 일어나라. 올해는 진년이고 내년은 사년이다.〔起起, 今年歲在辰, 來年歲在巳.〕"라고 하였다. 꿈에서 깨어 참술(讖術)로 맞추어 보고 자신의 목숨이 다할 줄 알았더니, 실제로 그해 6월에 세상을 떠났다고 한다. 《後漢書 卷65 鄭玄列傳》

1월 8일 입춘

八日立春

북두칠성의 자루가	北斗魁杓建
곡일에 동방을 가리키네[2]	東方穀日占
세월이 자꾸만 흘러	陰陽頻遞代
근심과 병이 문득 함께 생겨나네	憂病忽相兼
달은 막 가느다란 초승달로 흐릿하고	月隱初弦細
명협은 여린 여덟 잎이 돋아났네[3]	蓂抽八葉纖
늘그막에 세월[4] 한하노니	衰年恨烏兎
잠시도 멈추지 않는구나	未肯暫時淹

2 북두칠성(北斗七星)의……가리키네 : 1월 8일에 입춘이 되었다는 말이다. 괴표(魁杓)의 괴는 북두칠성의 제1성을 가리키고, 표는 꼬리 부분의 별들을 가리킨다. 북두칠성의 자루가 동쪽을 가리킨다는 것은 하(夏)나라 역법(曆法)을 기준으로 해서 입춘이 되었음을 의미한다. 곡일(穀日)은 1월 8일이다.

3 명협(蓂莢)은……돋아났네 : 1월 8일이 되었다는 말이다. 명협은 요 임금 때 조정의 뜰에 돋았다는 상서로운 풀이다. 초하루부터 매일 한 잎씩 나서 자라다가 보름이 지나면 한 잎씩 지기 시작하여 그믐이 되면 말라 버리는 까닭에 이것을 보고 달력을 만들었다고 한다.《竹書紀年 卷上 帝堯陶唐氏》

4 세월 : 오토(烏兎)는 해 속에는 세 발 달린 까마귀가 있고 달 속에는 옥토끼가 있다고 하는 신화에서 유래하여 세월을 가리킨다. 좌태충(左太冲)의 〈오도부(吳都賦)〉에 "하늘에 올라 해와 달 속의 까마귀와 토끼를 잡고, 날짐승과 길짐승의 소굴을 모두 뒤진다.〔籠烏兎於日月, 窮飛走之棲宿.〕"라는 구절이 있다.《文選 卷5》

다시 풍악산 유람에 나서는 이옥[5]을 전송하다

送李沃再遊楓嶽

바닷가 봉래산 원화동[6]	海上蓬萊元化洞
사찰 풍경이 유람객 유혹하지	寶坊雲物引行裝
스님이 매번 담무갈을 말하였으니	居僧每說曇無竭
유람객 먼저 묘길상을 찾아가겠지[7]	遊客先尋妙吉祥
다시 선경 찾아가 옥국에 오르니	再涉仙區攀玉局
홀로 속세 떠나 티끌의 굴레 벗어나네[8]	獨辭凡界謝塵繮
늙고 게을러 등산 그만둔 지 오래 되었으니	慵衰久廢登山屐
삼십 년이 흐른 지금 한 꿈처럼 처량해라[9]	三十年來一夢涼

5 이옥(李沃) : 1641~1698. 본관은 연안(延安), 자는 문약(文若), 호는 박천(博泉)이다. 《息山集 卷22 先府君家狀》

6 봉래산 원화동(元化洞) : 금강산 만폭동(萬瀑洞)을 가리킨다. 조선 중기의 명필인 양사언(楊士彦, 1517~1584)이 만폭동 바위 위에 봉래풍악원화동천(蓬萊楓岳元化洞天)이라는 여덟 자를 새겨 놓았으므로 이렇게 부른다.

7 스님이……찾아가겠지 : 스님이 항상 높이 솟은 담무갈봉의 아름다운 경치를 말하였으므로, 이옥이 그곳을 감상하기 위하여 묘길상(妙吉祥)을 찾아가리라는 말이다. 담무갈(曇無竭)은 원래 범어(梵語) Dharmodgata의 음역으로, 《신화엄경(新華嚴經)》 권45 〈보살주처품(菩薩住處品)〉에 나오는 보살의 이름인데, 영산(靈山)인 금강산에 거한다고 한다. 묘길상은 금강산 만폭동의 묘길상암(妙吉祥庵) 터 앞의 절벽에 새겨져 있는 마애여래좌상으로 마하연묘길상이라고 한다.

8 다시……벗어나네 : 이옥이 금강산 유람을 떠나므로 속세를 벗어나는 것에 비유한 것이다. 옥국(玉局)은 본래 중국 사천성(四川省) 성도(成都)에 있는 도관(道觀)의 이름인데, 여기서는 경치가 아주 좋은 터를 뜻하는 말로 쓰였다.

9 늙고……처량해라 : 이민구 자신이 금강산을 유람한 지 30여 년 세월이 지났다는 말이다. 이민구는 1631년(인조9)에 휴가를 얻어 허보(許寚), 신익성(申翊聖), 이소한(李昭漢)과 함께 금강산을 유람하였으며, 1635년에는 강원도 관찰사가 되어 다시 금강산을 유람하였다. 등산극(登山屐)은 남조 송(南朝宋)의 사영운(謝靈運)이 등산할 때마다 나막신을 신었다는 고사에서 온 말이다.

2월 19일에 거처를 옮기다

二月十九日移寓

노쇠한 몸으로 자리에 쓰러져	羸老偃床第
뒤척이며 밖에도 못 나가지	展轉妨出戶
밤에 자려면 뼈마디가 쑤시고	宵眠抱酸骨
낮에도 누운 채 산보 못하네	晝臥廢徐步
자리에 누워 겨울과 봄 보내니	伏枕經冬春
온종일 기운이 실낱같은데	晨昏氣如縷
뜻밖에 지독한 역병 닥쳐와	忽驚毒厲逼
서둘러 살던 집 떠났네	拔足辭故宇
겨우겨우 골목길 지나	崎嶇涉委巷
자취 굽혀 누추한 집에 당도했네	屈跡就環堵
종이창으로 하늘빛이 새어들고	紙牖漏天光
초가지붕은 비도 막지 못하겠네	茅簷窘陰雨
오두막에 사립문 닫아 두니	矮屋閉衡門
마음에 드는 곳을 고른 것은 아니지만	所適非擇取
하질이 산 사람에게 전염되니	瘧疫染生人
누추한 집이 오히려 낫지 않을까	陋室不猶愈
당당한 칠 척의 몸	堂堂七尺身
마음 내키는 대로 자유롭게 지내다가	快意便仰俯
불우한 신세 곤경에 떨어지니	蹉跎墮坑坎
미천한 목숨 깃털처럼 하찮구나	微命等一羽

늘그막에 편안하길 바랐는데	晩途冀安泰
죽어가는 몸 더욱 외롭고 괴로워라	垂死益孤苦
긴 노래에 눈물 흐르니	長歌激危涕
이 한탄 영원하리	有恨堪終古

종성 부사 심로[10]의 시에 차운하여 부치다

次沈鍾城却寄

그대 있는 북쪽 바라보니 봄 바다 가로막혀　鵬圖北望間春溟
운수 속에 푸른 섬 분별하기 어렵네　雲水難分島嶼青
하늘 끝에 거센 바람 항상 일고　天外驚風常發發
산머리에 지는 해 매번 곱겠지　山頭落日每亭亭
봄꽃 핀 서울에 계절 저물어 가는데　煙花洛下時將晚
장려 가득한 변방에서 몇 해나 지냈는가　瘴癘邊隅歲幾經
두만강 물결 변경 밖으로 흘러가니　豆滿江流猶出塞
언제나 한강 서쪽 물가에 돌아올까　何時還繞漢西汀

봉주의 문채 푸른 바다와 나란하여　鳳洲文采竝滄溟
그 기상 오두 위에 만 길이나 푸르구나[11]　氣壓鼇頭萬丈青
누가 적수에 빠진 현주 건질까　誰採玄珠沈赤水
화정에서 우는 백학 울음소리만 듣는구나[12]　徒聞白鶴唳華亭

10 심로(沈櫓) : 1590~1664. 본관은 풍산(豐山), 자는 원직(元直), 호는 죽사(竹沙)·죽계(竹溪)이다. 《승정원일기》 효종 3년 6월 20일 기사에 심로를 종성 부사(鍾城府使)에 임명한 기록이 있다.

11 봉주(鳳洲)의……푸르구나 : 봉주는 명나라 문장가 왕세정(王世貞, 1526~1590)의 호이다. 여기서는 심로의 문장을 왕세정의 문장에 비유하여 기린 것이다. 오두(鼇頭)는 삼신산(三神山)을 자라가 떠받치고 있다는 전설을 인용한 것이다.

12 누가……듣는구나 : 종성 부사 심로의 자질을 알아주는 사람이 없어서 심로가 변

그대는 관리 되어 두 가닥 인끈에 얽매이고　君爲傲吏縻雙綬
나는 헛된 명성 좇다가 경전에 시달리네[13]　我逐浮名困一經
〈양춘곡〉 따라 좋은 곡조로 화답하려는데　欲倚陽春酬麗曲
몇 번이나 저녁연기 피는 물가 바라보았나[14]　幾回延望暮煙汀

방에서 고향만 그리워하고 있다는 말이다. 황제(黃帝)가 적수(赤水)에서 현주(玄珠)를 잃어버렸는데, 아무도 찾지 못하고 무심(無心)을 뜻하는 상망(象罔)이 찾아냈다는 이야기가《장자(莊子)》〈천지(天地)〉에 실려 있다. 여기서는 심로를 가리키는 말로 쓰였다. 화정(華亭)은 지금의 상해시(上海市) 송강현(松江縣) 서쪽에 있는 정자이며, 학(鶴)의 산지(產地)로 유명하다. 진(晉)나라 육기(陸機)가 동생 육운(陸雲)과 함께 이곳에서 10여 년을 살았는데, 나중에 참소를 당하여 죽을 때 "화정의 학 울음소리를 듣고 싶다만 그 일이 가능하겠는가.〔欲聞華亭鶴唳, 可復得乎.〕"라고 탄식한 고사가 있다. 이는 고향을 그리워한다는 뜻이다.《世說新語 尤悔》

13 그대는……시달리네 : 심로는 벼슬살이에 얽매이고 자기는 경서나 읽는 신세가 되었다는 말이다. 오리(傲吏)는 낮은 벼슬에 있으면서 세상을 오시(傲視)하고 예법에 구애받지 않는 고사(高士)를 말한다. 장주(莊周)가 칠원(漆園)의 벼슬아치로 있을 때, 초 위왕(楚威王)이 그가 어질다는 말을 듣고 사자(使者)를 보내 후한 폐백을 주고 재상으로 맞이하려 하자, 장주가 웃으면서 사자에게 "나를 더럽히지 말고 빨리 가거라.〔亟去, 無汚我.〕"라고 하여 물리쳤다.《莊子 秋水》이를 두고 진(晉)나라 곽박(郭璞)이 "칠원에는 오만한 관리가 있고, 노래자에게는 은일의 아내가 있어라.〔漆園有傲吏, 萊氏有逸妻.〕"라고 읊었던 데에서 비롯되었다.《文選 卷21 游仙詩七首》

14 양춘곡(陽春曲)……바라보았나 : 심로의 시가 훌륭하여 화답하기 어렵다는 겸사이다. 〈양춘곡〉은 전국 시대 초(楚)나라의 가곡 이름이다. 옛날 초나라의 〈양춘곡〉과 〈백설곡(白雪曲)〉은 곡조가 매우 고상하여 화답하는 사람이 아주 드물었다는 데서 유래하여 뛰어난 시가를 의미한다. 송옥(宋玉)의 〈대초왕문(對楚王問)〉에 "영중에서 노래하는 나그네가 맨 처음 〈하리곡〉·〈파인곡〉을 노래했을 때는 국중에서 그것을 이어 화답하는 자가 수천 명이었고, 〈양아곡〉·〈해로곡〉을 노래했을 때는 국중에서 그것을 이어 화답하는 자가 수백 명이었다. 그러다 〈양춘곡〉·〈백설곡〉을 노래하자 그에 화답하는 자가 수십 명에 불과했으니, …… 이는 곧 곡조가 고상할수록 창화하는

자가 더욱 적기 때문이다.〔客有歌于郢中者, 其始曰下里巴人, 國中屬而和者數千人, 其爲陽阿薤露, 國中屬而和者數百人, 其爲陽春白雪, 國中屬而和者不過數十人,……是其曲彌高, 其和彌寡.〕"라고 하였다.《文選 卷45》

통진 현감 신후재[15]를 전송하다

送申通津厚載

백리 떨어진 통진현	百里通津縣
외로운 성이 바다를 베고 누웠네	孤城枕海居
중대에서 해치관 높이 쓰다가	中臺峨豸後
작은 고을 현감으로 나가네[16]	下邑折腰初
물고기와 쌀밥에 삼생의 봉양 위해	魚稻三牲養
다섯 마리 말이 끄는 웅번 탔네[17]	熊幡五馬車

15 신후재(申厚載) : 1636~1699. 본관은 평산(平山), 자는 덕부(德夫), 호는 규정(葵亭)·서암(恕庵)이다. 저서로는 《규정집(葵亭集)》 7권이 있다. 《승정원일기》 현종 5년 5월 11일 기사에 신후재를 통진 현감(通津縣監)에 임명한다는 기록이 있다. 통진은 경기도 김포시 통진읍 일대를 말한다.

16 중대(中臺)에서……나가네 : 신후재가 사헌부 지평으로 있다가 통진 현감으로 나간다는 말이다. 해치관(獬豸冠)은 어사(御史) 등 집법관(執法官)이 쓰는 모자인데, 신후재가 사헌부 지평이었기에 이렇게 말한 것이다. 절요(折腰)는 허리를 굽힌다는 뜻으로 낮은 벼슬자리에 있는 것을 말하는데 여기서는 지방관으로 나간다는 뜻으로 쓰였다. 진(晉)나라의 처사(處士) 도잠(陶潛)이 일찍이 팽택 현령(彭澤縣令)으로 있을 때, 군(郡)에서 파견한 독우(督郵)의 시찰을 받게 되었다. 아전이 도잠에게 의관(衣冠)을 갖추고 독우를 맞이해야 한다고 하자, 도잠이 탄식하며 "내가 오두미의 하찮은 녹봉 때문에 허리를 굽혀 향리의 소인에게 굽실거릴 수는 없다.〔我不能爲五斗米, 折腰向鄕里小人.〕"라고 말하고, 마침내 수령의 인끈을 풀어 놓고 고향으로 돌아갔던 고사가 있다. 《宋書 卷93 隱逸列傳 陶潛》

17 물고기와……탔네 : 신후재가 부모 봉양을 위해 지방관으로 간다는 말이다. 오마(五馬)는 태수(太守)의 별칭이고, 웅번(熊幡)은 웅식주번(熊軾朱幡)의 준말로 곰 모

관아에 솔과 계수 만발하니	鈴齋松桂發
바람 쐬며 읽다 만 책 읽겠지[18]	風掩讀殘書

양의 수레 앞턱 가로나무와 붉은 깃발을 가리키는데, 여기서는 신후재의 부임 행차를 말한다.

18 관아에……읽겠지 : 영재(鈴齋)는 주군(州郡)의 수령이 정사를 보는 동헌(東軒)을 말한다. 송계(松桂)는 솔과 계수나무라는 뜻인데, 여기서는 독서하기 좋은 곳을 의미하는 말로 쓰였다. 한유(韓愈)의 〈현재독서(縣齋讀書)〉에 "산수 좋은 고을의 원으로 나가, 솔과 계수 숲에서 글을 읽누나.〔出宰山水縣, 讀書松桂林.〕"라고 하였다.《韓昌黎集 卷4》

송도로 부임하는 유수 오정위[19]를 전송하다
送吳留守挺緯赴松都

맑은 풍모와 고아한 인망 세상에 쓰일 만하니	淸標雅望屬時需
거듭 내리는 임명장 임금의 은혜 특별하네	稠疊除書聖渥殊
관찰사로 정전 나눈 지역 막 떠났는데	玉節初辭分井域
유수 되어 곧바로 용 목욕한 고을 다스리네[20]	麟符旋鎭浴龍都
잇따라 형제가 나란히 관약 맡아	聯翩管鑰天倫竝
전후로 유수 되었으니 세덕을 함께 누리네[21]	前後留司世德俱

19 오정위(吳挺緯) : 1616~1692. 본관은 동복(同福), 자는 군서(君瑞)·서장(瑞章), 호는 동사(東沙)·직장(直長)이다. 《博泉集 補遺 卷1 行禮曹判書東沙吳公墓誌銘》 그는 1664년(현종5) 개성부 유수(開城府留守)에 임명되었다. 《承政院日記 顯宗 5年 4月 13日》

20 관찰사(觀察使)로……다스리네 : 오정위가 평안도 관찰사를 사임한 지 얼마 되지 않았는데 곧바로 개성부 유수로 부임한다는 말이다. 옥절(玉節)은 옥으로 만든 부절(符節)인데, 고대에 천자의 명령을 받은 자가 지닌 일종의 징표이다. 《주례(周禮)》 〈지관사도(地官司徒) 장절(掌節)〉에 "나라를 지키는 자는 옥절을 쓴다.〔守邦國者, 用玉節.〕"라고 하였다. 인부(麟符)는 고대에 조정에서 발급한 기린처럼 생긴 부절(符節)이다. 《신당서(新唐書)》 권24 〈거복지(車服志)〉에 "황태자가 감국(監國)할 때에는 쌍룡부(雙龍符)를 발급하고, 북도 유수(北都留守)에게는 인부를 발급한다."라고 하였다. 분정(分井)은 정전을 나눈 곳으로, 평양에 정전제를 시행한 유적이 있기에 한 말이다. 욕룡(浴龍)은 용을 목욕시킨다는 뜻으로, 개성이 고려의 수도였기에 한 말이다.

21 잇따라……누리네 : 오정위와 오정위의 형 오정일(吳挺一)이 선조들의 은덕으로 연달아 개성부 유수가 되었다는 말이다. 관약(管鑰)은 국도(國都)를 방어하는 요새지로, 여기서는 개성(開城)을 가리킨다. 《記言 別集 卷16 吳判書神道碑銘》 오정일은

다시 예성강 물이 흐르고 있어　　更有禮成江上水
해서의 모퉁이에서 빛이 체악에 출렁이네[22]　　光搖棣蕚海西隅

1653년(효종4)과 1660년(현종1)에 개성부 유수에 임명되었다.《承政院日記 孝宗 4年 9月 14日·顯宗 1年 12月 27日》

22 해서(海西)의……출렁이네 : 오정위 형제의 명성이 해서 지방에 드날린다는 말이다. 체악(棣蕚)은 형제간의 우애(友愛)를 뜻한다.《시경》〈상체(常棣)〉에 "아가위의 꽃이여, 꽃받침이 화사하지 않는가. 무릇 지금 사람들은, 형제만 한 이가 없느니라.〔常棣之華, 鄂不韡韡. 凡今之人, 莫如兄弟.〕"라고 하였다.

한산 군수 신숭구[23]를 전송하다

送申韓山嵩耈

남쪽으로 가서 일찍이 호수 지나는 배 띄웠으니	南遊曾泛過湖舡
제포의 운무 아득하였네[24]	薺浦雲煙極渺然
지난날 회상하며 늘그막 상심하는데	感我回頭傷暮境
인끈 찬 그대 보러 송별연에 달려가노라	看君結綬赴離筵
소반에 게 가득하니 부모 봉양에 충분할 테고	盤饒奠蟹三牲足
고향과 가까우니 오마로 오가기 쉬우리[25]	地近鄉閭五馬便
목은의 문풍 간직한 사당 있으니	牧老文風遺廟在
〈중화〉와 〈낙직〉의 전통이 잘 전해지겠지[26]	中和樂職好流傳

23 신숭구(申嵩耈) : 1604~1677. 본관은 평산(平山), 자는 주한(周翰), 호는 낙봉(洛峯)이다. 신숭구는 1664년(현종5)에 한산 군수(韓山郡守)에 임명되었다. 《淸臺集 卷12 洛峯申公墓碣銘 竝敍》

24 남쪽으로……아득하였네 : 이민구가 임천 군수로 부임할 당시를 추억하여 말한 것이다. 제포(薺浦)는 현재의 충청남도 보령시 웅천면에 있던 포구이다.

25 소반에……쉬우리 : 신숭구가 한산 군수로 부임하게 되면 부모님을 정성껏 봉양하고 고향에 오가기도 편리할 것이라는 말이다. 삼생(三牲)은 소와 양과 돼지인데, 이 세 가지 고기로 부모를 봉양하는 것을 의미한다. 오마(五馬)는 한(漢)나라 때 태수의 수레를 다섯 필의 말이 끌었던 데에서 유래하여 지방 수령이 타는 수레를 가리킨다.

26 목은(牧隱)의……전해지겠지 : 이색(李穡)의 문교(文敎)에 힘입어 임금의 덕을 칭송하는 유풍(遺風)이 한산에 남아 있을 것이라는 말이다. 한산에는 이색을 배향한 문헌서원(文獻書院)이 있다. 목로(牧老)는 이색을 가리킨다. 한 선제(漢宣帝) 때 익주자사(益州刺史) 왕양(王襄)이 천자의 풍화(風化)를 천하에 알리기 위하여 왕포(王褒)로 하여금 〈중화(中和)〉, 〈낙직(樂職)〉, 〈선포(宣布)〉 등의 시를 짓게 한 다음, 이를 〈녹명(鹿鳴)〉 시의 가락에 맞춰서 노래하게 했던 고사가 전한다. 《漢書 卷64 王褒傳》

가을비

涼雨

칠월에 캄캄하게 내리는 비 七月冥冥雨
가을 진흙탕 한 길이나 질펀하네 秋泥一丈渾
궂은비가 한 달 내내 내려 沈霾連晦朔
깊은 시름 온종일 이어지네 愁疾接朝昏
의자에 기댄 채 사람은 그대로 누워 있는데 隱几人猶臥
들보 떠나 제비는 비로소 날아가네 辭樑燕始翻
술과 음식 누가 내 사정 염려하랴만 壺飧誰念我
내 본성을 잃지 않으리 不足喪吾存

배를 띄우다
泛舟

한가한 날 배 두 척 띄우고	暇日排雙舸
맑은 강에서 노니노라	淸江放一遊
물결은 먼 들판까지 이어져 일렁이고	波連遙野動
산은 저녁 구름에 닿아 떠 있네	山接暮雲浮
가는 세월 되돌릴 수 없으니	歲月抛難挽
지나는 인생 쉬고 싶어라	人生逝欲休
오직 눈앞 가득한 술에 의지하여	唯憑滿眼酒
잠시나마 이 몸 위해 도모하노라	暫爲此身謀

2

작은 배로 자리 바꾸고	改席扁舟上
저 멀리 서쪽 포구로 술자리 옮긴다	移尊極浦西
드넓은 하늘에 뜬 이내 다 사라지고	天空浮靄盡
너른 들판에 늘어선 봉우리 야트막하네	野曠列峯低
가까운 물가에 새로 기러기 날아들고	近渚迎新雁
먼 마을에서 저녁 닭 울음소리 들려온다	遙村聽暮鷄
맑은 가을에 성대한 모임 많으니	淸秋多勝集
술에 취해 춤추며 서로 어울리노라	醉舞鎭相携

추사일이 열흘이나 지났는데도 날아다니는 제비를 보았다
秋社後十日見飛燕

백사에 가을바람 불어온 뒤에[27]	白社高風後
들보에는 팔월의 가을 되었는데	雕樑八月秋
훨훨 나는 제비 두 마리	翩翩雙燕子
주인 위해 머문 듯[28]	似爲主人留

27 백사(白社)에……뒤에 : 이민구의 집에 가을바람이 불어온다는 말이다. 백사는 흰 띠로 지붕을 덮은 집으로, 은사(隱士)의 집을 말한다.

28 훨훨……듯 : 외로운 이민구를 위해 추사일(秋社日)이 지났는데도 제비가 떠나지 않고 머물러 있는 것 같다는 말이다. 옛날에 토지신에게 제사 지내던 날을 사일(社日)이라고 하였는데, 일반적으로 입춘(立春)과 입추(立秋) 뒤의 다섯 번째 무일(戊日), 혹은 춘분(春分)과 추분(秋分)에서 가장 가까운 무일(戊日)을 각각 춘사일(春社日)과 추사일이라고 한다. 제비는 춘사일에 왔다가 추사일에 떠난다고 한다.

꿈에 내가 고요[29]가 되어 순 임금에게 진강하였는데 이것이 무슨 조짐인지 모르겠다

夢自身爲皐陶 進講于虞帝 未知是何祥也

정견이 죽은 지 수천 년이라	庭堅已去幾千年
구실에서 문답하던 일 아득한데[30]	衢室都兪事杳然
한 권의 《우서》를 경연에서 진강할 때	一部虞書細旃上
꿈에서 여전히 성인 앞에 있었네	夢中猶在聖人前

29 고요(皐陶) : 순(舜) 임금의 신하로, 자(字)는 정견(庭堅)이다. 사구(司寇) 즉 옥관(獄官)의 장(長)을 지냈다고 한다. 《춘추좌씨전》 문공(文公) 18년 기사에 "옛날 고양씨(高陽氏)에게 재주 있는 아들 여덟이 있었는데, 창서(蒼舒), 퇴애(隤敳), 도연(檮戭), 대림(大臨), 방항(尨降), 정견, 중용(仲容), 숙달(叔達)로서, 백성들이 팔개(八凱)라 불렀다."라고 하였다.

30 정견이……아득한데 : 고요가 죽은 지 수천 년이나 되었으므로, 당시 백성들의 의사를 묻고 정사(政事)를 논의하던 일이 아득한 옛일이 되었다는 말이다. 구실(衢室)은 옛날 요(堯) 임금이 백성들의 의사를 물었던 곳이다. 도유(都兪)는 도유우불(都兪吁咈)의 줄임말로, 도유는 찬성, 우불은 반대를 뜻하는데, 요 임금이 신하들과 정사를 토론할 때 찬성과 반대의 의견을 기탄없이 개진하였던 데서 유래하였다. 일반적으로 밝은 임금과 어진 신하가 서로 뜻이 맞아 정사를 토론하는 것을 뜻한다.

감사 이만[31] 만사

李監司 曼 挽詞

동쪽과 서쪽 마을에서 이웃해 살며 東西里巷接脩椽
경조사에 기쁨과 슬픔 여러 해 함께했지 慶弔悲歡積歲年
처음 어루만졌던 아이 백발 되었고 始撫童兒臻皓首
처음 과거에 급제하여 높은 자리 두루 거쳤지 初叨選試閱華躔
강호에 날 저물어 만나지 못하고[32] 江湖日暮違傾蓋
성곽에 옛사람들 아니니 세월의 빠름 알겠네 城郭人非感逝川
쇠약한 늙은이 두 눈 남아 獨有衰遲雙老眼
만사[33] 지으며 눈물 뿌리네 歌成薤露一潸然

31 이만(李曼) : 1605~1664. 본관은 전주(全州), 자는 지만(志曼)이다. 이만은 황해도, 평안도, 경상도, 전라도, 충청도의 관찰사를 역임하였다. 《記言 別集 卷18 大司憲完原君李公墓誌銘》

32 강호(江湖)에……못하고 : 늘그막에 이만을 만나지 못했다는 말이다. 경개(傾蓋)는 수레를 멈추고 일산을 기울인다는 뜻으로, 길에서 잠깐 만나는 것을 뜻한다. 《사기(史記)》 권83 〈추양열전(鄒陽列傳)〉에 "속어에 '백발이 되도록 오래 사귀어도 처음 사귄 듯하고, 수레를 멈추고 잠깐 만났어도 오래 사귄 듯하다.'라고 하였으니, 그 까닭은 무엇인가. 서로를 아느냐 모르느냐에 달려 있다.〔諺曰, 白頭如新, 傾蓋如故, 何則, 知與不知也.〕"라고 하였다.

33 만사(輓詞) : 해로(薤露)는 부추 위의 이슬처럼 덧없는 인생을 슬퍼한 만가이다. 한 고조(漢高祖)에게 패망한 전횡(田橫)이 죽자, 그를 추모한 만가에 "부추 위에 맺힌 이슬 어이 쉽게 마르나. 이슬은 말라도 내일이면 다시 내리지만, 사람은 죽어 한 번 가면 언제나 돌아오나.〔薤上朝露何易晞, 露晞明朝更復落, 人死一去何時歸.〕"라고 하였다. 《古今注 音樂》

가지를 뽑다

除茄林

가을밭이 날로 황폐해져	秋畦日荒落
식물들 이미 다 시들었지	植物俱已矣
가지는 비록 늦도록 푸르지만	茄林雖晩翠
어찌 찬 이슬에 시들지 않으랴	豈免寒露委
맛난 열매 다 따고 몇 개 안 남았으나	嘉實摘欲盡
빽빽한 잎은 그 빛깔 시들었지	密葉顏色死
오늘 아침 가지 대를 제거하는데	今晨事芟夷
뿌리 뽑으니 진흙도 따라 올라오네	拔本隨泥滓
가지 밭이 말끔해지자	園場旣濯濯
늙은 농부 부끄러워하네	老圃以爲恥
봄 되어 가지 씨 심으면	及春藝其子
내년에도 잘 자라겠지	亦有來歲美
한스럽다 천지 사이에	可歎天壤間
인생도 한 번 왔다 가는 것일 뿐	人生一終始

높은 곳에 올라 바라보다

登高臨眺

작은 국화 여기저기 피어 있고	細菊開花遍
평평한 들판 모조리 벼 수확했네	平郊穫稻齊
바람은 외로운 섬 밖까지 이어지고	風連孤島外
강은 한 봉우리 서쪽으로 흐르네	江動一峯西
잠시 속세의 허물 벗어났다가	暫去塵寰累
장차 돌아가려니 취한 눈 어질어질	將歸醉眼迷
산언덕 계수나무 더위잡는 곳[34]	山阿攀桂處
그윽한 생각에 거듭 쓸쓸하구나	幽意重悽悽

34 산언덕……곳 : 은자들이 사는 곳을 가리킨다. 한(漢)나라 때 회남왕(淮南王) 유안(劉安)이 〈초은사(招隱士)〉에서 산속 은자들의 삶을 표현하며 "계수나무 가지 더위잡고 애오라지 머무노라.〔攀援桂枝兮聊淹留〕"라고 하였다. 《楚辭集注 卷8》

중양절에

九日

강호에 가을 저물어 한 해도 다 가는데	江湖秋盡逼年衰
여윈 몸 길게 읊조리며 바보처럼 앉았네	瘦骨長吟坐似癡
동산의 나무 시들지 않으니 눈 견디는 줄기이고	園木不凋凌雪幹
정원의 꽃 피어나니 서리 아랑곳 않는 가지이네[35]	庭花猶發傲霜枝
궁도에 한스럽게도 굶주림 닥쳐오고	窮途有恨饑寒迫
늘그막에 질병마저 끊임없이 따르네	老境無端疾病隨
중양절에 끝내 술 마시지 못하니	九日壺觴終寂莫
백의 소식 동쪽 울타리에 막혔구나[36]	白衣消息阻東籬

35 동산의……가지이네 : 눈과 서리가 내려도 푸르름과 향기를 잃지 않는 소나무와 국화를 찬양하는 말이다. 진(晉)나라 도잠(陶潛)의 〈화곽주부(和郭主簿)〉에 "향기로운 국화는 숲에 피어나 빛나고, 푸른 소나무는 바위 위에 늘어서 있네. 이 곧고 빼어난 자태 마음에 품으니, 우뚝하여라 서리 밑의 호걸이로다.〔芳菊開林耀, 青松冠巖列. 懷此貞秀姿, 卓爲霜下傑.〕"라고 하였다. 《陶淵明集 卷2》

36 중양절(重陽節)에……막혔구나 : 중양절에는 술을 마시는 풍습이 있는데, 술을 보내 주는 사람마저 없어서 마시지 못한다는 말이다. 백의(白衣)는 고을 수령이 보낸 술 심부름꾼을 말한다. 도잠이 중양절을 맞아 술 생각이 간절한데도 마실 술이 없어서 집 가의 국화 떨기 가운데 들어가 앉아 시름에 잠겨 있었는데, 마침 강주 자사(江州刺史) 왕홍(王弘)이 보낸 흰옷 입은 사람이 술을 가지고 문에 들어섰다는 고사가 전한다. 《續晉陽秋》

하양 현감 변익한[37] 만사

邊河陽挽詞

새벽 해 비치는 청문의 길　　曉日青門道
잇따라 어머니와 아들 죽었구나[38]　　聯翩子母喪
길 가는 사람들 참담해하고　　路人紛慘惔
이웃들은 슬퍼하는데　　隣舍積哀傷
사랑 남긴 동향은 멀고[39]　　遺愛桐鄉遠
세월은 전광석화처럼 빠르구나　　徂輝石火忙
가을바람 골목에 부는데　　秋風吹巷陌
붉은 명정 암울하니 빛이 없도다　　丹旐黯無光

37 변익한(邊翊漢) : 생애는 미상이다. 《인조실록》 19년 12월 25일 기사에 변익한을 하양 현감(河陽縣監)으로 임명했다는 기록이 있다.

38 새벽……죽었구나 : 변익한이 어머니 상 뒤에 세상을 떠났다는 말이다. 청문(青門)은 본래 중국 장안성(長安城)의 동남문인 패성문(霸城門)을 가리키는데, 문의 색깔이 청색이어서 이렇게 불렀다. 여기서는 한양의 남소문(南小門)인 광희문(光熙門)을 가리킨다. 광희문은 시구문(屍軀門)이라고도 하는데, 옛날에 사람이 죽으면 이 문을 통해 나갔기 때문에 이런 별칭으로 불려졌다.

39 사랑……멀고 : 변익한이 선정(善政)을 베풀었던 하양이 멀다는 말이다. 유애(遺愛)는 지방관이 선정을 베풀어 그 사랑을 백성들이 잊지 못한다는 의미이다. 동향(桐鄉)은 지방관으로 나갔던 고을을 의미한다. 한(漢)나라 때 주읍(朱邑)이 젊어서 동향 색부(桐鄉嗇夫)로 있으면서 선정을 베풀어 고을 사람들이 모두 존경하였다. 주읍이 병들어 죽게 되자 아들에게 동향에 장사 지낼 것을 유언하고, 유언대로 주읍을 동향에 장사 지내자, 동향의 백성들이 묘 옆에 사당을 세우고 제사를 지냈다고 한다. 《漢書 卷89 循吏傳 朱邑》

입춘에 많은 눈이 내렸다

立春日大雪

가루눈 체 친 듯 내려 기왓고랑 사라지고	密雪篩空瓦隴平
빈집에 밤기운은 저녁에 더욱 맑구나	空堂夜氣晩彌淸
조각배로 산음 길 향하지 않더라도	扁舟不向山陰道
누더기 걸치고 읊는 시도 정 있구나[40]	擁褐吟詩亦有情

40 조각배로……있구나 : 눈 오는 날 친구를 찾아가지 않더라도 시 읊는 운치가 있다는 말이다. 진(晉)나라의 왕휘지(王徽之)가 산음(山陰)에 살았는데, 한밤중에 눈이 내리자 친구인 대규(戴逵)가 갑자기 생각나 배를 타고 대규가 사는 집 문 앞까지 갔다가 안으로 들어가지 않고 되돌아왔다. 어떤 사람이 그 까닭을 묻자, "나는 흥이 나서 갔다가 흥이 다해 돌아온 것이다."라고 대답하였다는 고사가 전한다. 《晉書 卷80 王羲之列傳 王徽之》

정양사[41] 승려의 시축에 쓰다

書正陽僧軸

스님 찾아와 정양사 얘기하니	僧來慣說正陽寺
만폭동 맑은 우레 소리 꿈속에 떨어지는 듯[42]	萬瀑晴雷落夢中
진헐대 앞 붉은 계수나무	眞歇臺前丹桂樹
밝은 달 아래 찬 잎은 몇 번이나 갈바람 맞았나[43]	月明寒葉幾秋風

41 정양사(正陽寺) : 금강산 표훈사(表訓寺) 북쪽에 있는 절이다.

42 스님……듯 : 스님이 찾아와서 정양사 소식을 전해 주니 맑은 우레처럼 울리는 만폭동의 폭포 소리가 귀에 들리는 듯하다는 말이다.

43 진헐대(眞歇臺)……맞았나 : 이민구가 금강산 유람을 다녀온 뒤 지나간 세월을 반추한 것이다. 진헐대는 정양사 앞에 있는 봉우리이다.

을사년(1665, 현종6) 설날 아침
乙巳元朝

인생은 먼 길 가는 것 같아	人生如適遠
장도에 멈추지 못하지	長路未可輟
어느덧 엄자산 바라보면	汲汲望崦嵫
다리 멈추고 지쳐 쉬게 되지[44]	駐脚倦方歇
빨리 걷노라면 넘어질까 두렵고	促步畏疾顚
천천히 가노라면 미치지 못할까 불안하지	徐行恐不及
내 나이 일흔일곱	我年七十七
날마다 늘그막 세월 빠른 줄 아노라	日覺暮景急
서쪽으로 푸른 바닷가 마주하니	西臨滄海岸
몽사가 눈에 삼삼하네[45]	濛汜森在眼
누가 이 이치 알아서	疇能豁斯理
후련하게 남은 한 풀어 줄까	曠懷釋遺恨
스스로 생각건대 야윈 몸	自惟羸老姿
매번 술 떨어질까 걱정이라네	每患壺觴竭
그만두어라 죽과 밥 아니어도	棄置粥飯外
큰 소리로 노래하며 봄 달에 취하노라	高歌醉春月

44 어느덧……되지 : 바삐 살다보면 어느덧 늘그막에 이른다는 말이다. 엄자(崦嵫)는 해가 진다는 전설상의 산 이름으로 말년을 비유한다.

45 몽사(濛汜)가 눈에 삼삼하네 : 죽을 날이 얼마 남지 않았다는 말이다. 몽사는 해가 넘어가는 곳으로, 죽음을 상징한다. 후한(後漢) 장형(張衡)의 〈서경부(西京賦)〉에 "해가 부상(扶桑)에서 떠올라 몽사로 넘어간다."라고 하였다.

세상을 잊은 지 어느덧 30년 지나 소요 자적하는 생활이 몸과 마음에 잘 맞으니 시를 써서 기쁨을 기록하다

與世相忘垂三十年 逍遙便適 甚愜身心 因書以志喜

인생살이 뜻에 맞는 건 한가한 생활이라	人生適意是身閑
뜬구름 같은 영욕이야 관심 없어라[46]	榮辱浮雲最不關
맑디맑은 산하에 한 번 누워	一臥湖山淸絶地
이십구 년간 소요 자적하였네[47]	逍遙二十九年間

46 인생살이……없어라 : 세상의 영욕에는 관심이 없고 유유자적한 삶이 좋다는 말이다. 진(晉)나라 강동(江東)의 오중(吳中) 사람 장한(張翰)이 고향의 순챗국과 농어회가 생각나 벼슬을 그만두고 돌아가며 "인생은 뜻에 맞게 사는 게 귀한데, 어찌 수천 리 밖에서 벼슬하며 명예와 작록을 구하겠는가.〔人生貴得適志, 何能羈宦數千里, 以要名爵乎.〕"라고 말한 고사가 전한다. 《晉書 卷92 文苑列傳 張翰》

47 맑디맑은……자적하였네 : 29년은 이민구가 영변으로 귀양 간 1637년(인조15)부터 이 시가 지어진 1665년(현종6)까지를 가리킨다. 이 기간 동안 이민구는 영변에서 아산으로 이배되었다가 풀려나 서호(西湖)에서 여생을 보냈다.

가을날

秋日

고즈넉이 맑은 가을날	境靜淸秋日
선선한 바람이 흰 대나무 문에 일어나네[48]	涼生白竹扉
헤엄치는 물고기들 즐거워하고	魚游眞自樂
깃드는 새들 돌아갈 줄 아네	鳥宿各知歸
근처 저자에 저녁 짓는 연기 깔리니	近市人煙合
먼 마을에 오가는 수레 드물구나	遙村轍跡稀
늙고 병까지 앓고 있을 뿐	衰頹兼疾病
진실로 기심 잊은 건 아니로다[49]	不是故忘機

48 선선한……일어나네 : 가을이 되어 선선한 바람이 불어온다는 말이다. 백죽비(白竹扉)는 흰 대나무로 만든 사립문으로, 당(唐)나라 육귀몽(陸龜蒙)의 〈습미제유거십수차운(襲美題幽居十首次韻)〉에 "들은 푸른 풀 우거진 거리로 들어가고, 비탈은 흰 대나무로 된 문에 침노한다.〔野入靑蕪巷, 陂侵白竹門.〕"라고 하였다.

49 늙고……아니로다 : 늙고 병들어서 세상사에 관심을 끊은 것이지 기심(機心)을 잊은 것은 아니라는 말이다. 기심은 기회를 엿보는 마음이다. 《열자(列子)》〈황제(黃帝)〉에 "해변에 한 사람이 매일 나가서 해오리들과 친하게 노는데, 하루는 그의 아버지가 아들에게 '네가 해오리들과 섞여서 논다 하니, 내일은 한 마리를 잡아 와서 나에게 보여다오.' 하였다. 이튿날 해변으로 가니 해오리가 멀리 피하고 가까이 오지 아니하였다."라고 하였다. 그것은 갈매기를 잡으려는 마음이 있었기 때문이다.

강가를 거닐며

江行

흰 배 타고 앞 포구로 나아가　白舫移前浦
가볍게 노 저어 얕은 백사장에 세우네　輕橈閣淺沙
나그네 시름 귀뚜라미 소리에 이어지는데　客愁連蟋蟀
사람들 말소리 갈대밭에서 나오네　人語出蒹葭
서쪽 언덕에 새로 가을 달 떠오르고　西陸新秋月
동쪽 성에 어느덧 저녁노을 지는구나　東城已暮霞
이 몸도 만물 따라　此身隨萬物
가는 세월을 눈여겨보노라　留眼閱年華

결명자꽃

決明花

동산 숲에 가을비 내려 꽃들 시드는데	園林秋雨靜繁華
국화만 쓸쓸히 저녁 모래밭에 피었네	菊蕊蕭蕭委晩沙
온종일 창에 기대 감상하노라니	盡日軒窓延眺賞
섬돌 가득 노랗고 푸르게 결명자꽃 피었구나	滿階黃綠決明花

맑은 가을

清秋

천지가 변화하며 짧은 해 재촉해	天地乘除短景催
맑은 가을 하얀 이슬이 먼지 씻어 내네	淸秋白露洗氛埃
시절 위태로워 지력이 온통 쓸모없어지니	時危志力渾無賴
늙도록 훈명은 문득 오지 않네	老去勳名却不來
들 밖에서 기심 잊고 도도하여도	野外忘機仍偃蹇
세상에 허물 많아 애써 배회하노라	世間多累强徘徊
문 앞의 다섯 버드나무 그림자 성글어지더니	門前五柳稀疏影
하룻밤에 서풍 불어 시원한 기운 돌아오네[50]	一夜西風爽氣回

50 문……돌아오네 : 가을이 깊어가며 낙엽 지고 찬바람 부는 정경을 도잠(陶潛)의 고사를 원용해 읊은 것이다. 동진(東晉)의 도잠이 벼슬을 그만두고 시골로 돌아가 집 앞에 다섯 그루의 버드나무를 심고 스스로 오류선생(五柳先生)이라 자호(自號)하였다. 《晉書 卷94 陶潛列傳》

임 감역 만사

任監役挽

삼십 년 동안 그 모습 보지 못하다가	一世乖容範
중년에야 우연히 이웃하였네	中年偶接隣
함께 고황 아래 병들어	俱纏膏下疾
끝내 그리운 사람 만나지 못했네[51]	終阻眼中人
남한에 가을바람 불고	南漢金風落
동쪽 나루 푸른 물에 잠기누나	東津碧水淪
천년 광릉 언덕	千秋廣陵土
거기 묻혀 황천으로 가시네	埋沒掩窮塵

51 함께……못했네 : 병을 앓는 신세라서 두 사람이 만나지 못했다는 말이다. 고하병(膏下病)은 치료할 수 없는 깊은 병을 말한다. 춘추 시대 진 경공(晉景公)이 병이 들어 진(秦)나라의 명의를 불렀다. 의사가 도착하기 전에 경공이 꿈을 꾸니, 두 아이가 말하기를 "내일 명의가 우리를 처치할 것인데, 우리가 고(膏)의 밑과 황(肓)의 위로 들어가면 명의라도 어쩌지 못할 것이다."라고 하였다. 이튿날 명의가 진찰한 뒤에 병이 고황에 깊이 숨어 고칠 수 없다고 하였다. 《春秋左氏傳 成公10年》 안중인(眼中人)은 보고 싶어 눈에 선한 사람을 의미한다. 두보(杜甫)의 〈단가행증왕랑사직(短歌行贈王郎司直)〉에 "반가운 눈빛으로 높이 노래하며 그대 바라보나니 눈앞에 있는 사람이여 나는 늙었도다.〔青眼高歌望吾子, 眼中之人吾老矣.〕"라고 하였다. 《杜詩詳註 卷21》

삼포
三浦

삼포는 도성 밖에 있고　三浦嚴城外
고즈넉한 마을 어지러운 강물 사이에 있네　孤村亂水間
차가운 물결에 구름 그림자 떠가고　涼濤雲影泛
어둠 내리자 새들 날아 돌아오네　暝色鳥飛還
말년의 질병 고황에 침범하고　末疾膏肓逼
오랜 가난에 계옥이 어렵구나[52]　長貧桂玉艱
몽사 가에 배회하며[53]　徘徊濛汜畔
하루해 다 가도록 청산만 바라보네　盡日望靑山

52 오랜……어렵구나 : 매우 가난하여 먹거리와 땔감이 부족하다는 말이다. 계옥(桂玉)은 땔나무와 밥을 말한다. 전국 시대 소진(蘇秦)이 초(楚)나라에 간 지 3일 만에 초나라 왕을 만났는데, 곧바로 돌아가려고 하자 초나라 왕이 그 까닭을 물었다. 이에 소진이 대답하기를 "초나라의 밥은 옥보다도 비싸고 땔감은 계수나무보다도 비쌉니다. 알자는 귀신을 만나는 것처럼 만나기 어렵고 임금은 천제를 뵙는 것처럼 뵙기 어려운데, 지금 신으로 하여금 옥을 먹고 계수나무를 때면서 귀신을 통해 천제를 만나게 하고 계십니다.〔楚國之食貴於玉, 薪貴於桂, 謁者難得見如鬼, 王難得見如天帝. 今令臣食玉炊桂, 因鬼見帝.〕"라고 하였다. 《戰國策 楚策3》

53 몽사(濛汜) 가에 배회하며 : 죽을 날이 얼마 남지 않았다는 말이다. 몽사는 해가 지는 곳으로, 늙음과 죽음을 상징한다.

배 안에서 이 공조에게 주다

舟中贈李工曹

맑은 가을 한강 서쪽에 배 띄웠더니	淸秋臨泛大江西
공조 판서의 풍류 취한 눈에 황홀하네	水部風流醉眼迷
사공에게 분부하여 배 돌리니	分付篙師且回棹
뉘엿뉘엿 지는 해가 나지막이 사람 비춘다	亭亭落日向人低

이석필이 와서 자기에 지어 주다

贈李碩苾來宿

늙고 병들어 몸 삭으니	老病筋骨廢
이 한 몸 진흙탕에 버려진 듯	一身如委泥
외로운 심사에 깊은 밤 조용히 있으려니	孤懷靜幽夜
밝은 달빛만 빈 방을 비추는데	亮月鑑空閨
근심스런 등불 가에	悄然燈影畔
누가 함께 어울렸나	誰與共提携
표연한 이씨의 아들	僊僊李氏子
맡은 일 마치고	觸事了端倪
골목 깊은 곳 찾아와	相過陋巷深
적막히 지내는 나의 짝 되었네	伴我寂莫棲
정성스레 보살펴 주는 마음	殷勤顧藉意
새벽닭 울 때까지 뜬 눈으로 뒤척이네	展轉到晨鷄
지극한 마음 밝은 의리 품어	至心抱明義
푸른 수정처럼 환히 빛나네	炯若青玻瓈
내게도 동오 있었는데	吾家有童烏
머문 자취 온천 서쪽에 있네[54]	滯跡溫泉西

54 내게도……있네 : 이민구에게도 똑똑한 아들이 있었는데 일찍 죽어 온천 서쪽에 묻었다는 의미로 이해된다. 《동주집(東州集)》 권19 〈염만아(殮萬兒)〉에 의하면 이만규로 추정되는 이민구의 아들이 매우 뛰어난 자질을 지녔지만 요절한 내용이 보인다.

고운 그 용모 어여뻤는데	娟娟好眉眼
맑은 눈빛 홀연 어그러졌으니	清眄忽已睽
어찌 세 사람 함께 앉을 수 있으랴	何當成鼎坐
다시는 슬픔 말하지 않으리라	不復論悲悽

동오(童烏)는 한(漢)나라 양웅(揚雄)의 아들 양오(揚烏)로, 아홉 살 때부터 부친의 《태현경(太玄經)》 저술을 도우며 함께 토론할 정도로 뛰어났다고 한다. 《揚子法言 卷4 問神》

김제 군수 심유[55]에게 주다

贈沈金堤

백발로 강담에서 사는 나그네	白首江潭客
옛 김제 군수라네	金堤舊使君
한평생 우리 모두 분주하였고	人生俱擾擾
세상일로 저마다 어지러웠지	世故各紛紛
파란 강물 가을 햇살에 밝은데	碧水明秋日
푸른 산은 저녁 구름에 숨는구나	青山隱暮雲
맑은 놀이에서 반갑게 만났다가	淸遊展良覿
가려니 취기가 얼근히 오르네	欲去倚微醺

55 심유(沈攸) : 1620~1688. 본관은 청송(青松), 자는 중미(仲美), 호는 오탄(梧灘)이다. 《陶谷集 卷11 黃海道觀察使沈公神道碑銘 并序》 1662년 김제 군수에 임명되었다. 《承政院日記 顯宗 3年 7月 17日》

차운하여 심유에게 보내다[56]

次韻酬沈攸

흰머리 늘어 양쪽 귀밑털 아롱지고	霜雪新添兩鬢斑
가을날 거적문은 낮에도 늘 닫혔네	席門秋日晝常關
풍진세상에 의지 무너지고	摧頹志力風塵下
우주 사이에 신명 사라졌네	埋沒身名宇宙間
그대 올까 기대하다 마음 이미 꺾였고	軒冕倘來心已折
운림에 가지 못한 채 꿈 먼저 돌아오네[57]	雲林不去夢先還
휴문이 최근 교외에서 지은 시 있으니	休文近有郊居作
홀로 회남 향해 소산 바라보네[58]	獨向淮南望小山

56 차운하여 심유(沈攸)에게 보내다 : 심유(1620~1688)의 본관은 청송(靑松), 자는 중미(仲美), 호는 오탄(梧灘)이다. 이민구가 차운한 시는 심유의 《오탄집(梧灘集)》 권7에 수록된 〈다시 동주 사백에게 드리다〔復呈東州詞伯〕〉이다.

57 그대……돌아오네 : 심유가 올지 모른다는 기대는 이미 깨지고, 심유를 찾아가지도 못한다는 말이다. 헌면(軒冕)은 고귀한 신분의 사람을 가리키는 말로 심유를 가리키고, 운림(雲林)은 구름이 끼어 있는 숲으로, 처사(處士)가 은둔(隱遁)해 있는 곳이니, 곧 심유의 거처를 가리킨다.

58 휴문(休文)이……바라보네 : 심유가 교외에서 지내며 지어 보낸 시에 산림에 은거할 생각을 담고 있다는 말이다. 휴문은 남조 양(南朝梁)의 시인 심약(沈約)의 자(字)로, 여기서는 심유를 가리킨다. 한(漢)나라 때 회남왕(淮南王) 유안(劉安)이 천하의 준걸들을 모아 시를 짓게 한 뒤 《시경》의 소아(小雅)와 대아(大雅)를 본떠 소산(小山)과 대산(大山)으로 시를 분류하였는데, 소산에 속하는 〈초은사(招隱士)〉에는 굴원(屈原)을 흠모하며 산택(山澤)에 은거하려는 뜻이 담겨 있었다. 《楚辭集注 卷8 招隱士》

중양절에 높은 곳에 올라 입으로 불러 짓다

九日登高口占

중양절 강 언덕에 들국화 아롱졌는데	九日川原細菊斑
높은 곳에서 멀리 바라보며 강어귀 굽어보네	憑高望遠俯江關
평생 편안한 기운은 석 잔 술 뒤에 찾아왔고	平生逸氣三杯後
늙은이 기쁨은 잠시 잠깐이라네	老大浮歡半餉間
기나긴 백 년 인생 사람들 쉬지 않는데	長路百年人不息
한 조각 외로운 구름은 새와 함께 돌아오네	孤雲一片鳥俱還
뉘엿뉘엿 기우는 해를 보시게나	請看冉冉西頹日
지팡이 짝해 푸른 산 내려가네	相伴枯筇下碧山

우정래가 멀리서 해산물을 보내 주고 시를 요청하므로 입으로 불러 사례하다

禹生鼎來遠寄海味 仍求詩什 口占以報

수토의 공을 이룬 뒤에	水土功成後
먼 후손의 사업 멀리까지 이어졌네[59]	玄孫緒業遙
문장을 몹시도 갈구하니	文章抱饑渴
읊조려서 바람에 의탁해 보내노라	吟嘯托風飆
한 병으로 시는 파리한데	一病緣詩瘦
가을날 흥은 넉넉하구나	三秋寄興饒
맛난 음식 목리가 아닌데	殊珍非木李
작은 보답 경요에 부끄럽네[60]	微贈愧瓊瑤

59 수토(水土)의……이어졌네 : 수토공(水土功)은 우(禹) 임금의 치수 사업을 가리킨다. 우정래(禹鼎來)가 우씨이므로 우 임금의 일을 말하여 우정래 집안의 오랜 전통을 말한 것이다.

60 맛난……부끄럽네 : 우정래가 귀한 해산물을 보내 주었는데, 이민구는 좋은 시로 보답하지 못한다는 겸사이다. 《시경》 〈목과(木瓜)〉에 "나에게 모과를 주거늘 경요로써 갚는다.〔投我以木瓜, 報之以瓊瑤.〕"라고 하였고, 같은 시에 "나에게 목리를 주거늘 경구로써 갚는다.〔投我以木李, 報之以瓊玖.〕"라고 하였다.

진사 이후가 말하기를 "책머리에 이름을 부쳐서 영원히 사라지지 않게 하고자 합니다."라고 하므로 마침내 써서 주다

進士李焞言願得寄名卷端 庶圖不朽 遂書贈

병 앓으며 쑥대 문 안에 누워	寢瘵臥蓬戶
멍하니 현해를 지키며 사노라[61]	茫然守懸解
이전에 익힌 것은 문자 뿐	舊習但文字
마른 창자에 온갖 기이한 생각 얽혀 있어	枯腸纏百怪
때때로 불평한 울림 지어내지만	時作不平鳴
누가 가려움 긁어 줄까[62]	誰與搔癢疥
동쪽 이웃에 사는 이 진사	東隣李氏子
필력이 금해를 비추네[63]	筆力映金薤

61 현해(懸解)를 지키며 사노라 : 번거로운 세상을 벗어나 본성대로 지낸다는 말이다. 현해는 《장자(莊子)》 〈양생주(養生主)〉에 보이는 말로, 그 글에 "때마침 이 세상에 태어난 것은 태어날 때였기 때문이고, 때마침 세상을 떠난 것은 갈 때였기 때문이다. 태어나는 때를 편안히 하고 죽는 때에 순함에 처하면 슬픔과 즐거움이 마음에 들어가지 못하니, 옛날에 이것을 일러 매달려 있는 것을 상제가 풀어 준다고 하였다.〔適來, 夫子時也, 適去, 夫子順也, 安時而處順, 哀樂不能入也. 古者, 謂是帝之懸解.〕"라고 하였다.

62 때때로……줄까 : 글을 지어도 감상해 줄 사람이 없다는 말이다. 불평한 울림〔不平鳴〕은 한유(韓愈)의 〈송맹동야서(送孟東野序)〉에 "대체로 사물이 화평함을 얻지 못하면 우나니, 본래 소리가 없는 초목을 바람이 흔들어서 울게 하고, 본래 소리가 없는 물을 바람이 출렁이게 해서 울게 한다.〔大凡物不得其平則鳴, 草木之無聲, 風撓之鳴, 水之無聲, 風蕩之鳴.〕"라고 한 데서 온 말로, 문장을 의미한다. 《韓昌黎集 卷19》

불러서 빠르게 쓰게 하면 呼來使疾書
종이에 거침없이 쓰지 落紙肆滂沛
나에게 폐추의 값을 더하게 하여[64] 益我敝帚價
비바람처럼 휘둘러 쓰니 風雨集揮洒
시원한 바람이 성긴 숲에서 일어나고 爽氣起疏樾
맑은 매미 소리 운치 있게 퍼지는 듯 淸蟬韻流暍
맑은 창 아래 흰 두루마리 펼치면 晴窓展素卷
한 번 즐기기에 충분하리 亦足當一快

63 필력(筆力)이 금해(金薤)를 비추네 : 이후의 글씨가 뛰어나다는 말이다. 금해는 염교의 잎을 거꾸로 한 것과 같은 글씨〔倒薤葉書〕라는 뜻으로, 전서(篆書)의 미칭(美稱)이다. 한유의 글에 "평생 지은 수많은 문장이여, 금해의 필체로 주옥처럼 드리웠네.〔平生千萬篇, 金薤垂琳琅.〕"라고 하였다. 《韓昌黎集 卷5 調張籍》

64 나에게……하여 : 이후가 이민구에게 시를 써달라고 부탁하여 자신의 글씨가 더욱 값나게 하였다는 말이다. 폐추(敝帚)는 낡은 빗자루인데, 보잘것없는 자기 소유의 물건을 스스로 보배처럼 소중히 여긴다는 뜻이다. 《동관한기(東觀漢記)》 권1 〈광무제기(光武帝紀)〉에 "집안에 낡은 빗자루가 있는데 천금의 값어치를 누린다.〔家有敝帚, 享之千金.〕"라고 하였다.

마당에 자색 국화 떨기가 있는데 문득 한 가지에서 눈처럼 흰 꽃이 피어나니 특이한 꽃이다

庭有紫菊叢 忽一枝開白花如雪 蓋花異也

뜰 앞에 핀 자색 국화 떨기	庭前紫菊叢
처마 가까이에 환하게 빛나네	榮耀近軒楹
문득 한 가지에 하얗게 피어나니	忽有一枝白
머금은 그 빛깔 얼음과 눈처럼 맑구나	色含氷雪淸
매화 혼이 두터운 땅에 의탁하여	梅魂托厚地
배태한 그 정기 드러낸 듯	透露胚胎精
푸르고 붉은 가지 쓸쓸한데	蕭蕭靑紫班
그 사이에 흰 옷으로 피어났네	間以白衣生
서랑의 반면 화장[65]	徐娘半面粧
비록 늙었지만 남은 마음 있네	雖老有餘情
조화의 근원에 세 번 감탄하며	三歎造化源
흔쾌히 석 잔 술 마시노라	快下三巨觥
한 번 취해 두 꽃이 오래가기를 바라며	一醉壽兩君
떨어진 꽃잎을 감히 먹지 않노라	不敢飡落英

65 서랑(徐娘)의 반면(半面) 화장 : 서랑은 양 원제(梁元帝)의 비(妃)로 이름은 소패(昭佩)이다. 원제가 애꾸눈이었으므로, 얼굴 반쪽만 화장하고 임금을 맞이했다가 임금의 노여움을 샀다. 그 뒤에 그녀는 원제의 근신(近臣)과 음통(淫通)하였다. 여기서는 자색 국화 떨기 속에 피어난 흰 국화를 서랑의 반쪽 화장에 비유한 것이다.

병오년(1666, 현종7) 설날
丙午正朝

새 봄에 닭 울고 개 짖자	鷄鳴犬吠接新春
사람 소리와 방아 소리 사방에서 들려오네	人語村舂競四隣
가만히 젊었던 날 헤아려 보니	默算平生少壯日
그럭저럭 일흔여덟 되었구나	依依七十八年身

회선[66]은 정월 14일 생으로 나와 생일이 같기에 기록한다
回仙以正月十四日生 與余初度相類 故記之

내 생일 회선과 같은데	吾生月日類回仙
그 이름 단대의 석실 앞에 있네[67]	名在丹臺石室前
팔십 평생 한바탕 꿈으로 돌아가니	八十人間歸一夢
찬바람이 안개 낀 동정호를 지나가네[68]	冷風飛過洞庭煙

66 회선(回仙) : 도교(道敎)의 이른바 팔선(八仙) 가운데 한 사람인 여암(呂巖)을 가리킨다. 자는 동빈(洞賓), 호는 순양자(純陽子)이다.

67 내……있네 : 생일은 회선과 같지만 신선이 되지는 못했다는 말이다. 단대(丹臺)는 신선이 사는 곳이다. 자양진인(紫陽眞人) 주계도(周季道)가 선인 선문자고(羨門子高)를 만나 장생결(長生訣)을 물으니 선문자고가 말하기를 "그대의 이름이 단대의 옥실 안에 있는데 왜 선인이 못 됨을 근심하는가.〔子名在丹臺玉室之中, 何憂不仙.〕"라고 했다는 고사가 있다. 《天中記 卷36 仙》

68 찬바람이……지나가네 : 여암이 악양루(岳陽樓)에 제한 시에 "세 번 악양에 왔어도 아는 사람 없어, 시 한 수 읊조리며 동정호 날아 지나가네.〔三入岳陽人不識, 朗吟飛過洞庭湖.〕"라고 하였으므로 인용한 것이다. 《岳陽風土記》

참판 신유[69] 만사
申參判濡挽詞

예전에 고비의 자리에 있을 때	舊忝皐比席
일찍이 옥과 눈 같은 모습 보았지[70]	曾瞻玉雪姿
청운의 벼슬길에서 나란히 걷다가	青雲聯步武
백발 되어서는 그 모습 보지 못했네	白首間容儀
매번 훌륭한 문장 감상했는데	每賞連珠好
새로 구슬 묻는 슬픔에 놀라노라[71]	新驚瘞璧悲
늙으신 어머니	慈闈西日暮
여전히 마을 문에 기댄 때와 같으리[72]	猶似倚閭時

69 신유(申濡) : 1610~1665. 본관은 고령(高靈), 자는 군택(君澤), 호는 죽당(竹堂)·이옹(泥翁)이다. 예조 참판을 역임하였다. 《旅庵遺稿 卷11 從曾祖禮曹參判竹堂公神道碑銘》

70 예전에……보았지 : 이민구가 성균관 대사성으로 있을 때 자질이 뛰어난 신유를 만났다는 말이다. 고비(皐比)는 호랑이 가죽을 말하는데, 옛사람들이 호랑이 가죽을 깔고 앉아서 강학(講學)하였기 때문에, 후대에는 사석(師席)의 뜻으로 쓰이게 되었다.

71 매번……놀라노라 : 신유의 아름다운 시문을 감상하며 좋아했는데 이제 그가 고인이 되어 슬프다는 말이다. 연주(連珠)는 구슬을 꿴 것과 같은 뛰어난 시문을 말한다.

72 늙으신……같으리 : 당시 신유의 어머니가 생존해 있었으므로 이렇게 읊은 것이다. 전국 시대(戰國時代) 제(齊)나라 왕손가(王孫賈)의 모친이 아들에게 "네가 아침에 나갔다가 저녁에 오면 내가 문에 기대서 바라보고, 네가 저녁에 나가서 돌아오지 않으면 내가 동구 밖에 나가서 기다렸다.〔女朝出而晩來, 則吾倚門而望, 女暮出而不還, 則吾倚閭而望.〕"라고 말한 고사가 있다. 《戰國策 卷13 齊策》

조 판서의 계비[73] 만사

趙判書繼妣挽詞

누구나 장수 바라지만	壽考人皆羨
다 그럴 수는 없어 애환이 반복되네	悲懽未盡然
규방에서 한낮의 곡소리 마음 아팠는데	閨房傷晝哭
난옥이 봄날의 어여쁨 잃었어라[74]	蘭玉失春姸
고요한 숲에 거센 바람 일고	樹靜驚風動
무덤 열리니 밝은 해 걸렸네	泉開皦日懸
누가 알까 백의 어머니	誰知白也母
그 영귀함을 세상에서 다투어 전하는 줄을[75]	榮貴世爭傳

73 조 판서(趙判書)의 계비(繼妣) : 조 판서는 조경(趙絅, 1586~1669)으로, 본관은 한양(漢陽), 자는 일장(日章), 호는 용주(龍洲), 시호는 문간(文簡)이다. 조경의 친모(親母)는 유개(柳愷)의 딸이고, 계비(繼妣)는 송응(宋應)의 딸이다. 조경의 계비는 그가 80세가 되던 1665년에 운명하였다. 《記言 卷40 龍洲神道碑》

74 규방(閨房)에서……잃었어라 : 조 판서의 계비가 남편을 여의고 슬퍼하였는데, 이제 본인이 운명하였다는 말이다. 주곡(晝哭)은 낮에 곡하는 것으로 남편의 죽음을 슬퍼한다는 의미이다. 춘추 시대에 경강(敬姜)이 남편 목백(穆伯)의 상을 당해서는 낮에만 곡을 하고, 아들 문백(文伯)의 상을 당해서는 주야로 곡을 하였는데, 공자(孔子)가 이를 두고 예(禮)를 안다고 평했던 고사가 있다. 《禮記 檀弓下》

75 누가……줄을 : 고인에 대한 좋은 평판이 세상 사람들의 입에서 입으로 전해질 것이라는 말이다. 백(白)은 자사(子思)의 아들 이름인데, 《예기》 〈단궁 상(檀弓上)〉에 "나의 아내가 된 사람은 내 아들의 어미가 되고, 내 아내가 아닌 사람은 내 아들의 어미가 아니다.〔爲伋也妻者, 是爲白也母, 不爲伋也妻者, 是不爲白也母.〕"라는 말이 있다.

판서 김세렴[76]의 선친을 천장할 때의 만사

金判書世濂大人遷葬挽詞

교단의 우호 잃은 뒤로	自失交壇好
큰 슬픔 속에 세월만 덧없이 갔어라	長悲隙駟催
그 풍류 천고에 다하여	風流千古盡
십 년 세월 지났구나	歲月十年來
효자가 송추에 느끼는 슬픔	孝子松楸感
그늘진 언덕에 물과 돌의 재앙 있었네[77]	陰陵水石災
가성에 밝은 해 옮겨 가니	佳城移白日
얕은 흙에 푸른 이끼 부서지네[78]	淺土破蒼苔
새 무덤 백 리나 떨어져	百里新阡隔
봄날 옛 무덤 열리네	三春故隴開
뜰에서 옥수 바라보니	階庭瞻玉樹

76 김세렴(金世濂) : 1593~1646. 본관은 선산(善山), 자는 도원(道源), 호는 동명(東溟)이다. 그의 아버지는 김극건(金克鍵)이다. 《東溟集 附錄 墓表陰記》

77 효자(孝子)가……있었네 : 김극건의 묘소 터가 좋지 않았다는 말이다. 송추(松楸)는 묘지에 많이 심는 나무들로 분묘(墳墓)나 선영(先塋)을 뜻한다.

78 가성(佳城)에……부서지네 : 김극건의 새 무덤을 마련한다는 말이다. 가성은 묘지를 가리킨다. 등공(滕公)으로 불린 서한(西漢)의 하후영(夏侯嬰)이 생전에 땅을 파다가 석곽(石槨)을 얻었는데, 거기에 "가성이 어둠에 묻혔다가 3천 년 만에 해를 보리니, 아, 등공이 이 방에 거하리로다.〔佳城鬱鬱, 三千年見白日, 吁嗟滕公居此室.〕"라는 명문이 새겨져 있었으므로, 죽은 뒤에 그곳에 장사 지내게 했다는 고사가 있다. 《西京雜記 卷4》

남은 경사가 무덤 비추네[79]　　餘慶照泉臺

79 뜰에서……비추네 : 김극건의 후손들이 잘 성장했다는 말이다. 옥수(玉樹)는 지란옥수(芝蘭玉樹)의 준말로 남의 집안의 우수한 자제(子弟)를 가리킨다. 진(晉)나라 사안(謝安)이 여러 자제들에게 어떤 자제가 되고 싶은지 묻자, 그의 조카인 사현(謝玄)이 대답하기를 "비유하자면 지란옥수가 뜰 안에 자라게 하고 싶습니다.〔譬如芝蘭玉樹, 欲使其生於階庭耳.〕"라고 하였다. 《世說新語 言語》

새봄

新春

음과 양이 기약한 듯 갈마들어	陰陽迭代每如期
자다 깨니 서쪽 창에 해 그림자 옮겨 가네	睡起西窓日影移
복잡한 세상일 손을 거두고	世事糾紛方袖手
번복하는 인정에 눈도 감노라	人情翻覆且低眉
성 모퉁이 궁벽한 곳에 오는 수레 적은데	城隅地僻車輪少
강가 봄 날씨 차가워 제비도 더디 오누나	江上春寒燕子遲
외진 골목에서 쓸쓸히 질병에 시달리는 몸	窮巷悄然淹疾病
어디에서 새 친구 찾을까	欲從何處覓新知

경상 감사 민점[80]을 전송하다

送嶺伯閔點

인생의 영예로움 등단을 중요하게 여기는데	人生榮貴重登壇
대를 이어 영남의 풍속 살피네[81]	嶺表觀風卽世官
들 밖의 얼굴 새벽 햇살 받으며	野外容顏披曉旭
강가의 수레 차가운 봄 날씨 뚫고 가네	江干車騎犯春寒
슬픔과 기쁨 겪으며 몸은 늘 옛날인데	悲歡閱眼身長昔
이별로 마음 놀라니 뼈까지 시리구나	離別驚心骨亦酸
임기 따져 보니 해 바뀌어야 교체될 터	屈指瓜期猶隔歲
모르겠다 하늘이 다시 보게 하려는가	未知天意許重看

80 민점(閔點) : 1614~1680. 본관은 여흥(驪興), 자는 성여(聖與), 호는 쌍오(雙梧)이다. 1666년에 경상 감사에 임명되었다. 《顯宗實錄 7年 1月 23日》

81 인생의……살피네 : 민점이 경상 감사가 되어 부임하게 되었는데, 그의 아버지 민응협(閔應協, 1597~1663)도 경상 감사를 역임하였기에 이렇게 읊은 것이다. 《孝宗實錄 卽位年 10月 13日》 민응협의 자는 인보(寅甫), 호는 명고(鳴皐)이다. 등단(登壇)은 본래 대장이 됨을 의미하는데, 여기서는 관찰사가 됨을 가리킨다.

봄비

春雨

푸른 버들 바람에 하늘거리고	綠柳迎風亂
붉은 앵두 비 맞아 살쪄 가네	朱櫻得雨肥
농작물 촉촉이 젖어들고	田功資潤濕
봄 경치 향기로운 꽃 피어 좋아라	春物悅芳菲
들 물에 물고기 떼 이리저리 노닐고	野水群魚散
강의 배는 불 밝히며 돌아오네	江舡一火歸
만물이 모두 생기발랄하니	熙熙同萬象
나도 사립문 안에 누웠노라	吾亦偃荊扉

진사 권환[82]이 배에 도착한 것을 기뻐하다
喜權進士瑍至舟次

금빛 물결에 배 띄우니	晴舫投金瀨
긴 파도가 옥빛 물결에 퍼져 가네	長波注玉流
좋은 때라 게으를 틈 없으니	良辰不暇懶
멋진 흥취에 근심도 사라진다	逸興且銷憂
더구나 마음 맞는 사람 있어	更有同心子
서로 이끌어 고운 배 함께 탔네	相携共綵舟
한가함 속에도 일이 많아	閑中亦多事
날마다 물가에 있구나	日日在河洲

82 권환(權瑍) : 1636~1716. 본관은 안동(安東), 자는 중장(仲章), 호는 제남(濟南)이다. 이민구에게 수학(受學)하였다.《藥山漫稿 卷19 嘉善大夫行成均館大司成權公墓誌銘》

우생에게 부치다

寄禹生

늙은이 여든 되려면	頹齡臨八秩
세 번의 봄 지나야지[83]	徂歲轉三春
속절없이 내 인생 꿈만 같고	忽忽身如夢
아득히 낮과 밤 반복되네	茫茫夜復晨
사립문에 찾아오는 이 드문데	柴荊稀剝啄
친한 이들 편지도 없어라	書疏間情親
상인이 오늘 아침 떠난다기에	估客今朝去
글 봉해서 벗의 소식 묻노라	緘辭問故人

83 늙은이……지나야지 : 이민구의 나이가 78세라는 말이다. 이민구는 1589년(선조22)에 태어났고, 이 시가 지어진 때가 1666년(현종7)이므로 세 번째 봄이 오는 해에 여든 살이 된다.

해당화가 떨어진 지 한 달이 지나 갑자기 한 송이가 피었기에 시를 지어 기이함을 기록하다

海棠落 過一月 忽發一朶 作詩記異

올해는 무더위가 하순까지 이어지고	今年徂暑涉終旬
초목의 무성한 꽃들 고요히 자취 감췄는데	草木繁華靜四隣
문득 보니 빨갛게 한 송이 피어	忽見嬌紅開一朶
정원에서 남은 봄빛을 펼치네	欲從庭院殿餘春

무더위

苦熱

기운 쇠해 예전의 병 도진 데다	氣衰嬰昔疾
한여름에 더위까지 먹었구나	朱夏添患暍
한낮에는 내장이 녹아내릴 듯하니	方午腸胃融
오나라 소가 달 보고 놀라 헐떡일 지경[84]	吳牛怯喘月
식사량도 줄었는데	飯食減匙箸
하물며 술 떨어짐을 따지랴	況論壺觴竭
나이 더 드는 건 생각지 않고	不思我年邁
더운 여름 끝나기만 바라네	但願炎序畢
애달피 바라노라 맑은 가을날에	悵望淸秋日
서리 이슬이 방을 시원하게 해 주기를	霜露洒闈闥
만 리 너머에서 바람 불어와	飄颻萬里風
서늘하게 귀밑머리에 스치겠지	颯爽吹鬢髮

84 오(吳)나라……지경 : 진(晉)나라의 만분(滿奮)이 평소 바람을 두려워하였는데 무제(武帝)와 함께 앉아 있을 때, 북쪽 창이 훤히 비치는 유리 병풍으로 되어 있었다. 실제로는 틈이 없어 바람이 새지 않는데도 만분은 난색을 표하였고, 무제는 이를 보고 웃었다. 만분이 말하기를 "저는 오 지역의 소가 달을 보고 헐떡이는 것과 같은 체질입니다.〔臣猶吳牛見月而喘〕"라고 하였다. 유준(劉峻)의 주(註)에 "지금의 물소는 강회 지방에서만 자라기 때문에 오우라고 한다. 남쪽 지방은 매우 더운데 이 소가 더위를 꺼려서 달을 보고도 해로 착각했기 때문에 달을 보면 헐떡인다.〔今之水牛, 唯生江淮間, 故謂之吳牛也. 南土多暑, 而此牛畏熱, 見月疑是日, 所以見月則喘.〕"라고 하였다. 《世說新語 言語》

기러기 떼 먼 하늘에서 내려오면　　連雁下遙空
찬 백사장이 닦은 듯 깨끗하리　　涼沙淨如刮
조각배로 급한 여울 거슬러 오르며　　扁舟泝危灘
좋은 계절 만난 것을 즐거워하리　　樂意值佳節
음과 양이 서로 주객이 되어　　陰陽相主客
추위와 더위 돌고 도네　　寒暑遞廻斡
인생살이 얼마나 될까　　人生詎幾何
대운 속에 잠시 왔다 갈 뿐　　大運俄興沒

병오년(1666, 현종7) 8월 22일에 밤새 우레가 쳤다
丙午八月二十二日 雷鳴終夕

소리 거둔 뒤에 우레 치니[85]	雷動收聲後
하늘의 마음이 아마도 편치 않은 모양이네	乾心恐未安
하늘 울려 한낮보다도 환하고	轟天陵白日
땅을 진동하여 푸른 산 흔드네	殷地撼青巒
큰 판세는 안정시키기 매우 어려운데	大局殊難靜
뭇 음이 갑자기 쉬이 침범하지	群陰劃易干
시국 위태로워 온갖 걱정에	時危關百慮
묵묵히 앉아 아침밥도 먹지 못한다	默坐廢朝餐

85 소리……치니 : 우레가 치지 않는 8월이 되었는데도 우레가 친다는 말이다. 《성호전집(星湖全集)》 권47 〈칠십이후집석(七十二候集釋)〉에 "8월에 기러기가 오고, 제비는 돌아가며, 뭇 새들은 먹이를 갈무리한다. 우레가 비로소 소리를 거두고, 겨울잠을 자려는 벌레들이 구멍 입구를 흙으로 돋우며, 물이 마르기 시작한다.〔八月, 鴻鴈來, 玄鳥歸, 群鳥養羞, 雷始收聲, 蟄蟲坯戶, 水始涸.〕"라고 하였다.

말규[86]가 매화첩을 얻어 내게 시를 지어 달라 청하였다

末揆得畫梅帖 請余賦詩

늘 언덕 위의 매화가 常嫌隴上梅
비바람에 어지러이 떨어지는 것 싫었는데 風雨紛紛落
매화첩 얻었으니 自得筆頭花
일 년 내내 흰 꽃 마주하겠네 終年對雪蕚

86 말규(末揆) : 이민구의 측실(側室) 소생이다.

황록당 팔영
黃綠堂八詠

남쪽 포구의 푸른 파도 南浦綠波

노 멈추고 갠 호수 바라보니 弭棹望晴湖
구름같은 물결 북쪽 물가까지 아득하네 雲濤渺北陼
얄밉다 남쪽 포구의 배 生憎南浦舡
친구 싣고 가는구나 只載故人去

북쪽 언덕의 누런 구름 北隴黃雲

벼 거두어 교외 집 고요하고 穫稻郊扉靜
마을마다 〈자야가〉[87] 울리네 連村子夜歌
금년에는 가을 농사 좋았으니 今年秋稼美
술 얻어먹을 일 응당 많으리 白酒貰應多

당포의 저물녘 돛단배 棠浦暮帆

돌아가는 조수 저물녘에 일어 歸潮日暮生
점점 파릉현[88]으로 들어가는데 稍入巴陵縣

87 자야가(子夜歌) : 진(晉)나라 때 악곡 이름이다. 《천중기(天中記)》 권43 〈가(歌)〉에 "자야는 진나라 노래이다. 진나라에 자야라는 여인이 있어 이 노래를 만들었는데 소리가 매우 애절하였다.〔子夜晉曲也. 晉有女子名子夜, 造此聲, 聲遇哀苦.〕"라고 하였다.

88 파릉현(巴陵縣) : 서울시 양천구(陽川區) 지역의 옛 이름이다.

저녁 무렵 석우풍[89] 불어와　　向晩石尤風
봉우리 돌아 돛단배 그림자 옮겨 가네　　峯回帆影轉

안현[90]의 저녁 봉우리 鞍峴夕峯

지척에 한림원[91] 이웃한 곳　　尺五隣鼇禁
도성이 말안장에 기대었네[92]　　嚴城倚馬鞍
저물녘에 전해 오는 변방의 봉화　　邊烽傳暮色
매일 평안을 알린다　　每日報平安

밤섬의 김매기 노래 栗島耘歌

두 물줄기가 두 섬을 만들어 내어　　二水開雙島
맑은 꽃 피고 푸른 버들 우거졌네　　晴花碧柳陰
시골 노래 곡조 이루지 못해도　　村謳不成曲
태평가임을 아노라　　知是太平音

89 석우풍(石尤風) : 역풍(逆風) 혹은 회오리바람을 말한다. 옛날 상인인 우모(尤某)의 부인 석씨(石氏)가 멀리 무역을 떠나 돌아오지 않는 남편을 그리워하다가 죽게 되었는데, 당시에 떠나는 배를 붙잡지 못한 것을 한스러워 하면서 "멀리 떠나는 배가 있으면 내가 마땅히 천하의 부인들을 위해서 큰 바람을 일으켜 저지하겠다."라고 말했다는 전설에서 유래하였다. 《江湖紀聞》

90 안현(鞍峴) : 현재의 서울특별시 서대문구 현저동에서 홍제동으로 넘어가는 고개로, 길마재 아래에 있었다.

91 한림원(翰林院) : 오금(鼇禁)은 한림원의 별칭이다.

92 도성이 말안장에 기대었네 : 엄성(嚴城)은 도성을 가리키고 마안(馬鞍)은 안현(鞍峴)을 가리키는데, 안현에 도성이 걸쳐 있는 모습을 표현한 것이다.

행정의 고기잡이 등불 杏亭漁燈

호수는 푸르게 멀리까지 일렁이고 湖水碧漫漫
낚싯줄은 길게 간들간들 늘어졌네 釣絲長裊裊
어둑어둑 운무 사이로 冥茫雲靄間
한 점 고기잡이 등불 작게 빛나네 一點漁燈小

선봉의 지는 해 仙峯落日

하늘가 세 장대만큼 남은 해 天際三竿日
서쪽으로 넘어가면 다시 돌아오지 않나니 西流更不回
늙고 병들어 괴로운 인생 人生老病苦
바로 이 가운데에서 재촉하는구나 正爲此中催

현석[93]의 밥 짓는 연기 玄石炊煙

닭 울자 마을 방아 소리 급한데 鷄叫村舂急
몽롱하게 잠 깨지 않네 瞢騰睡未分
밥 짓는 한 가닥 푸른 연기 炊煙靑一抹
강 건너 구름 되었네 去作度江雲

93 현석(玄石) : 현재의 서울특별시 마포구 현석동 일대로 보인다.

중양절에 높은 곳에 올라 입으로 불러 짓다
九日登高口占

맑은 아침 좋은 계절 중양절인데	淸朝佳節是重陽
국화의 성긴 가지 반도 노랗지 않네	菊樹疏枝半未黃
문 닫고 있자니 시름 달랠 길 없는데	閉戶自無愁可遣
높이 오르려 해도 병이 방해하네	登高實有病相妨
세월은 시나브로 흘러 가을도 다 지나고	年華荏苒三秋盡
쓸쓸한 내 신세 어느덧 팔순 되었네	身事蕭條八袠忙
텅 빈 술잔 누가 내게 물을까	寂莫壺觴誰問我
흰 옷 입은 행차 시상에 막혔네[94]	白衣行色阻柴桑

94 텅……막혔네 : 이민구에게 술을 보내 줄 사람이 없다는 말이다. 시상(柴桑)은 진(晉)의 처사(處士) 도잠(陶潛)의 고향이다. 도잠이 중양절(重陽節)에 술 생각은 간절한데 마실 술이 없던 차에, 마침 자사(刺史)인 왕홍(王弘)이 흰 옷 입은 하인을 보내 술을 전달했다는 고사가 있다. 《宋書 卷93 隱逸列傳 陶潛》

새를 그린 여덟 폭 병풍에 쓰다
題翎毛八幅

봄새들 매화나무 가지 끝에 모여　　春鳥集梅梢
구름옷 입은 새 매화 곁에 있구나　　雲衣傍雪蕚
천년토록 날아가지 않으니　　千年立不飛
맑은 꽃이 떨어질까 안타까운 듯　　似惜晴花落

2

참새는 어찌나 작은지　　野雀何微細
돌아가는 하늘 길 험난하네　　歸飛天路難
새로 자란 대나무 겨우 몇 척이라　　新篁纔數尺
맑은 이슬이 깃에 차갑게 내리네　　淸露洒毛寒

3

가시나무 숲에 나지막이 사니　　卑棲棘樹林
너의 욕망 언제나 채우려나　　爾欲何時足
태창의 묵은 곡식에 날아가지 말라　　莫趁太倉陳
수레 앞에 엎어진 곡식 있다네[95]　　車前有覆粟

95 수레……있다네 : 공자의 제자 공야장(公冶長)이 새들의 소리를 알아듣고 말하기를 "짹짹짹짹 백련수 가에 곡식 싣고 가던 수레가 엎어졌는데 수레바퀴는 진흙에 빠지고 소는 뿔이 부러졌다. 다 주워 담지 못했으니 서로 불러서 함께 쪼아 먹자.〔唶唶嘖嘖,

4

깃은 여려서 날지 못하고	羽毛弱未齊
갈대는 성글어 깃들기 어렵네	蘆葦淺難棲
구슬 물어다 주는 보답 바란 것은 아니지만	銜珠非望報
응당 밤에 우는 까마귀와 짝하리[96]	應伴夜烏啼

5

백로는 어쩌면 그리도 깨끗한지	雪衣何皎潔
못 가운데 얕은 곳에 서 있는데	淺立陂塘中

白蓮水邊, 有車覆粟, 車脚淪泥, 犢牛折角, 收之不盡, 相呼共啄.〕"라고 한다고, 하므로 가보니 과연 그 말이 맞더라는 고사가 전한다.《巵林 卷5 解鳥獸語》

96 구슬……짝하리 : 어미 새의 은혜를 갚는 까마귀처럼 참새도 은혜를 갚을 줄 안다는 말이다. 함주(銜珠)는 황작(黃雀)이 옥환(玉環)을 물고 와서 보은(報恩)한 고사를 말한다. 한(漢)나라 양보(楊寶)가 9세 때에 올빼미에게 채여 나무 밑에 떨어져서 개미들에게 곤욕을 당하고 있는 황작을 보고 집으로 데려와 100여 일 동안 잘 보살펴서 날려 보냈다. 어느 날 밤 삼경(三更)에 그 황작이 황의동자(黃衣童子)로 변신하여 찾아와, 지난번에는 서왕모(西王母)의 사자(使者)로 봉래(蓬萊)에 심부름 가던 중이었다면서, 은혜에 보답하는 뜻으로 옥환(玉環) 4개를 주며 자손들이 출세하여 삼공(三公)의 지위에 오를 것이라고 하였다. 그 후 과연 그 말대로 양보의 후손들이 4대에 걸쳐 모두 대신(大臣)이 되었다는 이야기가 진(晉)나라 간보(干寶)의 《수신기(搜神記)》 권20에 나온다. 야오제(夜烏啼)는 효성스러운 새를 표현한 말이다. 백거이(白居易)가 〈자오야제(慈烏夜啼)〉에서 까마귀의 효성을 노래하여 "자애로운 까마귀가 그 어미 잃고, 까악까악 구슬피 우누나. 밤낮으로 날아가지 않고, 해가 지나도록 옛 숲을 지키네. 밤이면 밤마다 한밤중에 우니, 듣는 이 눈물로 옷깃을 적시네.……자애로운 까마귀여 자애로운 까마귀여, 새 중의 증삼이로다.〔慈烏失其母, 啞啞吐哀音. 晝夜不飛去, 經年守故林. 夜夜夜半啼, 聞者爲沾襟.……慈烏彼慈烏, 鳥中之曾參.〕"라고 하였다.《白香山詩集 卷1》

물이 차가워 물고기 오지 않으니 水寒魚不至
머리 들어 가을 하늘만 바라보네 矯首望秋空

6
밝은 달 황홀할 정도로 깨끗한데 白月淨如洸
가을 물가에 낟알 비어[97] 稻粱秋渚空
갈대 물고 북쪽에 마음 두니 銜蘆意在北
만 리 밖 안문에서 바람 불어오네[98] 萬里雁門風

7
새들 높이 날지 못하고 毛羽䙜毸短
숲속에 깃들어 목숨 미약한데 林棲性命微
인간 세상 그물과 주살 많으니 人間饒畢弋

97 가을……비어 : 기러기가 먹을 만한 낟알이 없다는 말이다. 도량(稻粱)은 보통 곡물(穀物)의 대칭(代稱)으로 쓰이나, 여기서는 새들의 모이라는 뜻으로 쓰였다. 두보(杜甫)의 시에 "그대는 양지 찾아 떠나는 기러기 철새를 보았나. 각자 모이 찾는 꾀를 가지고 있다네.〔君看隨陽雁, 各有稻粱謀.〕"라는 표현이 있다. 《杜少陵詩集 卷2 同諸公登慈恩寺塔》

98 갈대……불어오네 : 기러기가 고향을 생각한다는 말이다. 함로(銜蘆)는 기러기가 일종의 자위본능(自衛本能)으로 입에 갈대를 물고 날아가는 것을 뜻하는데, 여기서는 기러기를 지칭하는 말로 쓰였다. 《회남자(淮南子)》〈수무훈(修務訓)〉에 "기러기는 바람을 이용하여 그 기력을 아끼고, 갈대를 물고 날아가 주살에 맞는 것을 예방한다.〔夫鴈順風以愛氣力, 銜蘆而翔以備矰弋.〕"라는 말이 있다. 안문(雁門)은 중국 산서성(山西省) 대현(代縣)의 옛 군명으로, 관문(關門)이 있는 요충지를 말하나, 여기서는 기러기가 날아 돌아갈 곳을 가리킨다.

농지 가까이 날지 마라	莫近野田飛

8

흰 눈이 들판을 뒤덮었는데	白雪遍郊野
먼저 마른 나뭇가지를 차지했네	先封枯樹枝
날씨 추워 벌레들 다 사라졌으니	氣寒蟲蟻盡
네가 오래 굶주릴 줄 알겠노라	吾見爾長飢

판중추부사 오준[99] 만사
吳判府 竣 挽

평생의 벗들 아득해지니	落落平生友
막막하다 나는 어디로 갈까	茫茫我安適
먼저 돌아간 그대는 편히 쉬련만	先歸子佚休
살아 있는 나는 슬픔 가득하네	後死余含戚
시문으로 일찍부터 친근하였고	風雅早纏綿
사돈 맺어 정의가 남달랐지[100]	婚媾義不隔
다정하고 정성스런 평생의 말들	宴款百年言
가슴 속에 선명하게 남았는데	銘肝彌鑿鑿
지금 일이 잘못되어	到今事反覆
갑자기 이승과 저승으로 갈리니	明幽忽潛閡
늙고 병든 이 몸 홀로 어떤 마음일까	衰病獨何心
해 저문 길을 더듬더듬 찾는 것 같네	暮途行擿埴
예전에는 왕래가 잦아	宿昔富還往
벼슬아치들 길에 늘어섰었는데	冠蓋亘阡陌
순식간에 날로 세상 떠나니	轉眄日凋零

99 오준(吳竣) : 1587~1666. 본관은 동복(同福), 자는 여완(汝完), 호는 죽남(竹南)이다.《藥山漫稿 卷18 高祖輔國崇祿大夫……世子左賓客府君墓誌銘》1662년(현종 3) 판중추부사(判中樞府事)에 임명되었다.《承政院日記 顯宗 3年 6月 21日》

100 사돈……남달랐지 : 오준은 4남 2녀를 두었는데, 장녀가 이민구의 큰아들 이원규(李元揆)와 결혼하였다.

새벽 별이 푸른 하늘에서 사라진 듯[101]	晨星掃空碧
묵지 가에 서성이노니	回遑墨池畔
뛰어난 솜씨를 누구에게서 다시 볼까[102]	絶藝復誰覿
서글프다 하늘과 땅 사이에	惻愴天壤內
교제를 저승에 부치네	交期付冥莫

101 순식간에……듯 : 신성(晨星)은 새벽별이라는 뜻인데, 벗들이 잇달아 죽어 마치 새벽별처럼 얼마 남지 않았음을 비유한 말이다. 당(唐)나라 시인 유우석(劉禹錫)의 〈송장관부거병인(送張盥赴擧幷引)〉에 "옛날에 함께 급제했던 벗들과 어울려 노닐 때에는 말고삐를 나란히 하고 마치 병풍처럼 대로(大路)를 휩쓸고 돌아다녔는데, 지금은 마냥 쓸쓸하기가 새벽 별빛이 서로 멀리서 바라보는 것 같기만 하다."라고 하였다.

102 묵지(墨池)……볼까 : 오준처럼 서예에 능한 사람을 다시 볼 수 없으리라는 말이다. 묵지는 먹물이 모이는 벼루 속의 오목한 곳으로, 연지(硯池)라고도 한다. 오준은 한호(韓濩)에게서 글씨를 배웠다. 오준이 어렸을 때 춘첩(春帖)을 문짝에 써놓았는데, 한호가 마침 문에 이르러 "세상에 이름을 떨칠 만한 글씨이다."라며 만나기를 청하였다고 한다. 《藥山漫稿 卷18 高祖輔國崇祿大夫……世子左賓客府君墓誌銘》

정미년(1667, 현종8) 설날 아침

丁未元朝

아련히 지나간 칠십구 년 인생	依依七十九年來
어제 흘러간 세월 아득히 돌아오지 않누나	昨日流光杳不回
시간 재촉하는 먼 종소리 그치지 않는데	促漏遙鍾猶未已
처마 근처 닭 울음도 함께 재촉하네	近簷鷄唱又相催

약산 동대 노래

藥山東臺行

서쪽으로 유람을 떠나는 박사 이옥(李沃)[103]을 전송하다.

동대 제일봉	東臺第一峯
나는 구름 위로 높이 솟았네	逈出飛雲上
성과 해자가 인간 세상 막고	城池隔人世
그곳은 뜨거운 장기 없어라	地位屛炎瘴
쓸쓸히 〈복조부〉 짓던 곳	蕭條賦服舍
칠 년 세월 여러 생각에 괴로웠지[104]	七年疲意匠
먼지 날리는 서울로 돌아와서도	歸來京華塵
높은 산 언제나 눈에 선했네	喬嶽恒入望
옛날에 다니던 곳 생각나고	尙想舊經行
꿈에 나타나 매번 슬프게 하네	發夢每惆悵
그대 이제 유람 떠난다 하니	君今理遊筇

103 이옥(李沃) : 1641~1698. 본관은 연안(延安), 자는 문약(文若), 호는 박천(博泉)이다. 이민구의 형 이성구의 둘째 아들 이동규(李同揆)의 사위이다.《息山集 卷22 先府君家狀》

104 쓸쓸히……괴로웠지 : 이민구가 영변에서 유배 중이던 7년간을 회상하며 쓴 표현이다. 부복사(賦服舍)는 〈복조부(鵩鳥賦)〉 짓던 집이란 말로, 이민구가 유배지인 영변에서 살던 집을 가리킨다. 전한(前漢)의 가의(賈誼)가 장사왕 태부(長沙王太傅)로 좌천되었는데 집에 올빼미가 날아와 앉자, 자신의 죽음을 예상하고 〈복조부〉를 지었다고 한다.《史記 卷84 賈生列傳》

머리 돌려 서쪽 향하는 이 위로하네　回首勞西向
평생을 한 켤레 나막신[105] 신고　平生雙蠟屐
높은 산 가파른 언덕 쏘다녔지　疾足走厓嶂
황곡이 가을바람 타고 가니　黃鵠九秋風
높은 의표를 어찌 쳐다보랴[106]　高標安可仰
명승지 다닐 채비 갖춰　脩治濟勝具
높이 오르니 그 뜻 더욱 장하네　登陟志彌壯
거듭 백 편의 글 본다면　重閱百篇文
강호의 호방한 정취 더욱 볼 수 있으리[107]　益見江河放

105 나막신 : 납극(蠟屐)은 밀을 발라 반질반질하게 손질한 나막신을 가리킨다. 남조 송(南朝宋)의 사영운(謝靈運)이 평소 등산을 좋아하였는데, 산에 오를 때는 나막신의 앞굽을 떼어 버리고 산을 내려갈 때에는 뒷굽을 떼어 걷기에 편하도록 했다는 고사가 있다. 《宋書 卷67 謝靈運列傳》

106 황곡(黃鵠)이……쳐다보랴 : 이옥의 높은 의표를 찬미하는 말이다. 황곡은 큰 고니로 높이 나는 새인데, 여기서는 이옥을 가리킨다.

107 거듭……있으리 : 약산의 동대를 유람하면서 많은 글을 지어 보여 달라는 말이다.

즉흥시
卽事

아련히 죽과 밥 먹으며 하루하루 보내나니	悠悠粥飯送朝晡
문틈으로 달리는 백마 보듯 세월 흘렀네[108]	過隙流光閱白駒
날마다 아이들이 나고 늙고 죽는 걸 보고	日見兒童生老死
때때로 초목이 피고 시드는 것 보네	時看草木遞榮枯
문 앞엔 해오라기 한가로이 늘 있고	門前鷗鷺閑常在
포구엔 구름 연기 깨끗이 없어지려 하네	浦口雲煙澹欲無
취해 누워 처마 밑으로 볕 들어오는 줄 몰랐는데	醉臥不知簷景入
먼 산 한 쪽에 푸른 병풍 둘렀구나	遙山一面翠屛紆

108 아련히……흘렀네 : 세월이 빨리 지나갔다는 말이다. 《장자(莊子)》 〈지북유(知北遊)〉에 "사람이 천지간에 사는 시간은 마치 문틈으로 흰 망아지가 지나가는 것을 보는 것처럼 잠깐이다.〔人生天地之間, 若白駒之過隙, 忽然而已.〕"라고 하였다.

꿈에서 짓다

夢作

다음 날 서용한다는 명령을 받았는데 대론(臺論)에 의해 막혔다.[109]

자취 감추고 지낸 삼십일 년 세월	沈冥三十一年餘
누항에서 안빈하며 태연히 앉아 보냈네[110]	陋巷安貧坐自如
누가 마른 뿌리에 우로 적셔 주랴	誰遣枯荄沾雨露
창합문에서 몇 줄의 글만 번거로웠네[111]	只煩閶闔數行書

109 다음……막혔다 : 《현종실록》 8년 3월 6일 기사에 "이민구를 군함(軍銜)에 붙였다. 이민구는 병자년 강도(江都)의 죄 때문에 오랫동안 폐기되어 있었는데, 이때에 와서 별세초(別歲抄)로 인하여 서용하라는 명을 받은 것이다."라고 하였고, 3월 22일 기사에 "헌부가 아뢰던 이민구의 서용을 도로 거두라는 일을 이때 와서 따랐다."라고 하였다.

110 자취……보냈네 : 병자호란(丙子胡亂) 때 지은 죄로 1637년(인조15) 영변에 유배되고, 그 후 이 시가 지어진 1667년(현종8)까지 31년여 세월 동안 서용되지 못한 상황을 말한 것이다. 누항안빈(陋巷安貧)은 《논어》 〈옹야(雍也)〉의 "어질다, 안회여. 한 그릇 밥과 한 표주박 물을 마시며 누항에 사는 것을 사람들은 근심하며 견디지 못하는데, 안회는 그 즐거움을 바꾸지 않으니, 어질도다, 안회여.〔賢哉回也. 一簞食一瓢飮, 在陋巷, 人不堪其憂, 回也不改其樂, 賢哉回也.〕"라는 말을 원용한 것으로 가난한 환경 속에서도 도(道)를 즐기는 생활을 의미한다.

111 누가……번거로웠네 : 이민구가 임금의 은혜를 받아 서용되지 못했다는 말이다. 창합(閶闔)은 창합문으로 궁궐의 문을 의미한다.

금수정[112] 팔영

金水亭八詠

동대의 초승달 東臺新月

백사장 손바닥처럼 평평하고	沙面平如掌
동쪽 봉우리에 달이 막 떠오르네	東峯月上初
누가 알랴 티 없는 거울이	誰知無累鑑
밤마다 허공 비추는 줄을	夜夜照空虛

노고산[113]의 저녁빛 姑山暮色

강 건너에 노고산 가까운데	隔水姑山近
푸르른 저녁 빛 짙어 오네	蒼然暮色來
인생은 천지조화에 얽매이니	人生拘大化
누군들 바삐 가는 이 길 면하랴	誰免此行催

창옥병[114]에서 물고기 낚기 蒼玉抽魚

112 금수정(金水亭) : 경기도 포천의 영평천(永平川) 가에 있는 정자이다. 처음에 김명리(金明理)가 지어 우두정(牛頭亭)이라 하였다가 얼마 후 양사언(楊士彦)에게 주었는데, 양사언이 금수정으로 고쳤다.

113 노고산(老姑山) : 경기도 포천에 있는 산으로 고모산(古毛山)이라고도 한다.

114 창옥병(蒼玉屛) : 영평천 가에 있는 절벽으로 기암괴석이 병풍처럼 둘렀다고 해서 붙여진 이름이다. 《해동지도(海東地圖)》에 "창옥병은 영평천 가의 벼랑으로 푸른 바위가 옥 병풍처럼 펼쳐져 있어 생긴 이름이며, 영평 팔경의 하나이다."라고 하였다.

시냇물 굽이도는 곳 彎回溪水曲
땅 위엔 푸른 병풍 펼쳐졌네 列地翠屛舒
동이 열어 술상에 따르고 開甕槽床注
겸하여 병혈의 물고기[115] 낚노라 兼抽丙穴魚

준암[116]에서 술 떠서 마시기 尊岩汲酒

평소 낭만 즐기는 늙은이 平生漫浪翁
스스로 준암의 술 떠서 마시네 自汲尊岩酒
시냇물은 날마다 동으로 흘러가도 溪水日東流
맑은 술잔은 날 저버리지 않는구나 淸觴不我負

나루터에서 배타기 野渡挐舟

시냇물 빠르게 흐르고 溪水奔流疾
행인은 다급히 뱃사공 부르네 行人喚渡忙
조각배 밤에도 대어 두지 않아 扁舟夜不泊
가시 울타리 옆에 떠 있구나 漂在棘籬傍

115 병혈(丙穴)의 물고기 : 병혈어(丙穴魚)는 병혈에서 나는 물고기라는 말인데, 여기서는 창옥병에서 낚는 물고기를 의미한다. 병혈은 맛좋은 고기가 나는 동혈(洞穴)로, 중국 한중(漢中) 면양현(沔陽縣) 북쪽에 있다. 동혈의 입구가 병향(丙向)인 까닭으로 병혈이라 하였다. 좌사(左思)의 〈촉도부(蜀都賦)〉에 "좋은 물고기는 병혈에서 나오고 좋은 나무는 부곡에 많다.〔嘉魚出丙穴, 良木攢裒谷.〕"라고 하였다. 《太平御覽 卷167 州郡部13 興州》

116 준암(尊岩) : 영평천에 있는 바위인데 그 모양이 술잔과 비슷하다고 해서 붙여진 이름이다.

배견와[117]에서 찾은 옛 자취 鵑窩訪古

상국께서 기미성 타신 뒤로	相國乘箕後
두견새 우는 소리 처량하네[118]	凄涼杜宇聲
외로운 마을에 사람은 보이지 않고	孤村人不見
여우와 쥐들만 밤에 날뛰는구나	狐鼠夜橫行

사암의 정자 이름이 배견와(拜鵑窩)이다. 서자가 후에 모반한 죄로 주살되었다.[119]

117 배견와(拜鵑窩) : 박순(朴淳)이 영평에 지은 집이다. 송시열의 〈사암박공신도비명(思菴朴公神道碑銘)〉에 "병술년(1586, 선조19) 8월에 휴가를 요청하여 영평에 가 목욕하려고 떠나……공이 그냥 그곳에 눌러 앉아 집을 짓고 살았다.……배견와, 이양정, 토운상으로 불리는 곳이 있는데, 백운계, 금수담, 창옥병이 그 주위를 에워쌌다.〔丙戌八月, 乞暇沐浴于永平……公仍卜築居之……有拜鵑窩二養亭吐雲床名號, 環以白雲溪金水潭蒼玉屛.〕"라고 하였다. 《宋子大全 卷155》

118 상국(相國)께서……처량하네 : 박순이 운명한 뒤에 들른 배견와의 분위기가 처량하다는 말이다. 상국은 영의정을 역임한 박순을 가리킨다. 그의 본관은 충주(忠州), 자는 화숙(和叔), 호는 사암(思菴), 시호는 문충(文忠)이다. 《宋子大全 卷155 思菴朴公神道碑銘 幷序》 승기(乘箕)는 기미성을 탄다는 의미로 조정 대신(大臣)의 죽음을 의미한다. 《장자(莊子)》 〈대종사(大宗師)〉에 은(殷)나라 고종(高宗)의 명재상이었던 부열(傅說)에 대해 "동유에 올라 기미를 타고 열성과 나란히 하였다.〔乘東維騎箕尾, 而比於列星.〕"라고 하였다. 두우성(杜宇聲)은 두견새 우는 소리이다. 배견은 두견새에게 절을 한다는 말로 임금에 대한 충절을 의미한다. 두보(杜甫)의 시에 "두견새가 늦은 봄 날아와, 슬프게 집 곁에서 우네. 내가 보고 항상 재배한 건, 옛 망제의 넋을 존중해서지.〔杜鵑暮春至, 哀哀叫其間. 我見常再拜, 重是古帝魂.〕"라고 하였다. 《杜少陵詩集 卷14 杜鵑》

119 서자가……주살되었다 : 박순의 서자 박응서(朴應犀) 일행이 일으킨 사건을 말한다. 박응서와 명문가의 서자인 심우영(沈友英), 서양갑(徐羊甲) 등은 서로 어울려 다니며 강변칠우(江邊七友)를 자처하다가 1613년(광해군5) 3월 조령(鳥嶺)에서 은상인(銀商人)을 살해하였다. 이 사건은 당시 대북파(大北派)의 이이첨(李爾瞻)에 의해

동음의 관사 洞陰官舍

동음은 영평(永平) 고을의 옛 이름이다.

작은 고을 외진 곳에 있는 관사　十室官居僻
맑은 새벽에 들려오는 화각 소리　清晨畫角聲
몽롱한 꿈결 속에서　朦朧殘夢裏
응당 봄 농사 생각하리　應自念春耕

양문역 마을 梁門驛里

십 리 밖에 양문역 가까이 있어　十里梁門近
떠들썩하게 사신들 지나누나　喧呼閱使星
중국 도성도 멀지 않아　神京猶不遠
여기부터 장정 달려가네[120]　自此赴長亭

영창대군(永昌大君)과 그를 옹립하려는 소북파(小北派)를 제거할 기회로 이용되는데, 이이첨의 회유를 받은 박응서는 영창대군 옹립을 위한 거사 자금을 마련하기 위해 범행을 저질렀다고 허위 자백을 하여 계축옥사(癸丑獄事)의 빌미를 제공하였다. 이 일로 박응서는 일당 중에서 홀로 죄를 용서받고 후에 사면되어 관직에 올랐으나, 인조반정(仁祖反正) 때 다시 잡혀 주살되었다.

120 중국……달려가네 : 중국 도성과의 거리가 멀지 않아 십 리에 한 번씩 쉬며 간다는 말이다. 장정(長亭)은 10리 마다 설치한 정(亭)이며, 5리 마다 설치한 것은 단정(短亭)이라 하였다.

침랑인 조카가 우는 닭을 보내 밤 시간을 알리게 하다
家姪寢郎送鳴鷄警夜

도성[121]에서 보내온 닭	窓禽來自廣陵棲
푸른 꼬리 붉은 볏에 깃 가지런하네	翠尾朱冠羽翮齊
적막하고 고요한 처마에서 맑은 밤 지난 뒤에	寂莫幽簷淸夜後
처량하게 짝을 이뤄 오경에 울어대네	凄凄相伴五更啼

121 도성(都城) : 광릉(廣陵)은 한성(漢城)의 옛 이름이다.

임금께서 온양에 가서 목욕한 뒤에 궁으로 돌아오시다
上御溫陽 沐浴後還宮

온천에 영험한 물 맞느라	溫泉注靈液
찬바람[122] 속에 이름난 고을에 계셨네	觱發在名區
말끔하게 더러움 제거하니	滌蕩邪穢除
임금님 몸 신께서 지키시네	聖體支神扶
오위의 군사 황도[123]로 돌아오니	五衛返黃道
거리마다 구경꾼 늘어섰네	縱觀竟街衢
임금님 모습 편안하시고	天顧穆恬愉
옥빛 안색 진정 환하게 펴지네	玉色正敷腴
먼지 속에 백성들 모여	塵埃聚黎老
고을마다 모두들 환호하니	邑里盡歡呼
알겠노라 백성들 마음	乃知百姓心
만대까지 창성하기 바라는 줄을	萬代鞏昌圖

122 찬바람 : 필발(觱發)은 본래 음력 동짓달의 쌀쌀한 추위를 말한다. 《시경》 〈칠월(七月)〉에 "정월에는 바람이 쌀쌀하다.〔一之日觱發〕"라고 하였는데, 주(周)나라는 자월(子月)인 동짓달을 세수(歲首)인 정월로 삼았다. 《승정원일기》 현종 8년 4월 11일 기사에 "임금께서 자전(慈殿)을 모시고 온천으로 가시는 길에 과천에 머무셨다."라고 하였고, 4월 15일 기사에 "임금께서 자전을 모시고 온천 행궁에 머무셨다."라고 하였으므로, 현종이 온천에 간 것은 4월의 일로 추정된다. 따라서 여기의 필발은 동짓달을 가리키는 것이 아니고, 단순히 날씨가 차갑다는 의미로 쓰인 듯하다.

123 황도(黃道) : 태양이 지나는 궤도인데, 제왕이 다니는 큰 길을 의미한다.

비천한 이 사람 팔순 바라보는 나이로	賤子望八歲
미천한 목숨 잠시 더 연장하여	微命得須臾
거마 달리는 지역에서 머리 들고	矯首車馬域
일어나려다 또 머뭇거리네	欲起且踟躕
절하고 춤추려니 기운 먼저 떨어지고	拜舞氣先竭
하늘 바라보려니 눈이 이미 말랐어라	瞻天眼已枯
오직 임금의 장수 바라는 마음은	唯有祝聖心
죽을 때까지 변치 않으리	抵死期不渝

정미년(1667, 현종8) 7월 10일 도성을 나와 강가의 집에 도착하였는데 병든 몸이라 다시 도성에 들어갈 가망이 없으므로 서글피 짓다

丁未七月十日 出城到江寓 病身無望再入城中 悵然賦之

저잣거리 뚫고 지나 근기로 나오니	穿街歷市出邦畿
성곽의 사람들 반은 옛사람 아니구나	城郭人民半是非
화표주 꼭대기의 천 년 학	華表柱頭千歲鶴
어느 해에 다시 옥경 향해 날아갈까[124]	何年重向玉京飛

124 화표주(華表柱)……날아갈까 : 다시 도성으로 들어갈 가망이 없음을 읊은 것이다. 한(漢)나라 때 요동(遼東) 사람 정 영위(丁令威)가 일찍이 영허산(靈虛山)에 들어가 선술(仙術)을 배우고 뒤에 학으로 변하여 자기 고향에 돌아가서 성문(城門)의 화표주에 앉아 있었다는 고사가 전한다.《搜神後記 卷1》 옥경(玉京)은 도가(道家)에서 천제(天帝)가 거주한다는 황도(皇都)를 가리키는데, 여기서는 도성을 의미한다.

가을날

秋日

세상에 머물러 사는 나그네 宇內淹爲客
강가에서 좌선 익히네 江邊習坐禪
초가을에 흰 이슬 바라보며 新涼看白露
오래된 물건 청전을 생각하네[125] 舊物念青氈
처마 트여 가을 제비 가련하고 簷豁憐秋燕
숲 성글어 저물녘 매미 소리 서글프네 林疏感暮蟬
한가로운 때 만물과 나 바라보며 閑時觀物我
온종일 쓸쓸하기만 하네 盡日只蕭然

125 오래된……생각하네 : 가문에 세전(世傳)하는 유물을 생각한다는 말이다. 청전(青氈)은 선대(先代)로부터 전해진 귀한 유물을 가리킨다. 진(晉)나라 왕헌지(王獻之)가 누워 있는 방에 도둑이 들어와서 물건을 모조리 훔쳐 가려 할 적에 "도둑이여, 그 푸른 모포는 우리 집안의 유물이니, 그것만은 놓고 가는 것이 좋겠다.〔偸兒, 青氈我家故物, 可特置之.〕"라고 하자, 도둑이 질겁하고 도망쳤다는 고사가 있다. 《晉書 卷80 王羲之列傳 王獻之》

정미년(1667, 현종8) 추분에 입으로 불러 짓다
丁未秋分口占

제비가 오늘 아침 떠나가니	玄鳥今朝去
청량한 가을 오늘 나뉘네	淸秋此日分
티끌 세상에 사람은 나그네이고	塵埃人是客
늙어버린 나는 그대가 아니로세	衰朽我非君
세상만사 근심 속의 꿈같고	萬事愁中夢
남은 인생 물 위의 구름인 듯	餘生水上雲
적막한 곳 찾아 줄 사람 누구일까	誰歟問孤寂
홀로 앉았으니 외톨이 신세라네[126]	獨坐卽離群

126 홀로……신세라네 : 벗들과 떨어져 혼자 쓸쓸히 지낸다는 말이다. 이군(離群)은 이군삭거(離群索居)의 준말이다. 자하(子夏)가 노년에 서하로 물러나 살다가 아들을 잃고 너무 슬퍼한 나머지 실명하였는데, 증자(曾子)의 꾸지람을 받고 자책하여 말하기를 "내가 벗들을 떠나 혼자 지낸 지 너무 오래되었다.〔吾離群而索居, 亦已久矣.〕"라고 한 고사에서 유래하였다. 《禮記 檀弓上》

최 침랑에게 부쳐 주다

寄贈崔寢郎

번천 백 리에 소식 끊겨	樊川百里間音徽
꿈속에 가려 해도 길 몰라 하노라	夢裏追尋道路疑
옛 집 남쪽 끝 강물과 가까운데	古屋南端近江水
홀로 두 잉어 없어 그리워하네[127]	獨無雙鯉抵相思

127 홀로……그리워하네 : 소식을 받지 못해 그립다는 말이다. 쌍리(雙鯉)는 두 마리 잉어라는 말로, 편지를 의미한다. 〈음마장성굴행(飮馬長城窟行)〉에 "길손 먼 곳에서 와서, 내게 잉어 한 쌍 주었지. 동자 불러 삶게 했더니 뱃속에 한 척 편지가 들어있구려.〔客從遠方來, 遺我雙鯉魚. 呼童烹鯉魚, 中有尺素書.〕"라고 하였다. 《樂府詩集 卷38 相和歌辭》

매화 그림에 쓰다

題畫梅

새어 나오는 봄빛 붓 끝에 감도니	漏泄春光筆底回
천시도 인사도 바쁘게 가는구나	天時人事兩相催
맑은 창 아래 비낀 그림 홀로 마주하니	晴窓獨對橫斜影
찾아오는 고산처사 볼 수 없네[128]	不見孤山處士來

128 맑은……없네 : 매화 그림 속에 매화를 구경하러 온 고산처사(孤山處士) 임포(林逋)의 모습은 그려져 있지 않다는 말이다. 임포는 항주(杭州) 전당(錢塘) 사람으로, 서호(西湖)의 고산에 초막을 짓고는 매화를 심고 학을 기르며 숨어 살았으므로 당시 사람들이 매처학자(梅妻鶴子)라고 일컬었다.《林和靖集 卷2》그가 매화를 읊은 〈산원소매(山園小梅)〉에 "맑고 얕은 물 위에 성긴 그림자 가로 비끼고, 황혼 녘 달빛 속에 은은한 향기 떠도누나.〔疎影橫斜水淸淺, 暗香浮動月黃昏.〕"라고 하였다.

정미년(1667, 현종8) 겨울밤에 붓을 끊으면서 입으로 불러 짓다
丁未冬夜 絶筆口占

하늘 비고 얼음 단단하고 강물 차가우니　天虛氷壯大江寒
나그네 잠자리 처량하여 잠 못 들어 하노라　客寢凄凄着睡難
처마 너머 은하수가 문 가까이 낮게 드리우는데　簷外星河低近戶
깊은 밤 백사장 가의 달빛을 뉘 함께 볼까나　夜深沙月共誰看

토끼 달리고 까마귀 날아 해 바뀌고[129]　兎走烏飛歲序遷
닭 울음과 종소리 문득 서글프다　鷄鳴鍾動却悽然
늙은 내게 다시 한 달만 더해진다면　更加一月添吾老
인간 세상의 여든 살 되는구나　的是人間八十年

129 토끼……바뀌고 : 세월이 흐른다는 말이다. 신화에 해 속에는 세 발 달린 까마귀가 있고 달 속에는 옥토끼가 있다고 여겼다. 그러므로 해와 달을 가리켜 오토(烏兎)라고 한다.

술자리에서 의창 공자[130]의 노래하는 기생에게 주다

酒席 贈義昌公子歌妓

풍류 즐기던 공자 벌써 구름 타고 가셨는데	風流公子已乘雲
남국의 미인 빼어나기도 하구나	南國佳人妙絶群
좋은 일 지금까지 오래도록 적막하니	好事秖今長寂寞
맑은 노래를 몇 번이나 들을런가	淸歌能得幾回聞

130 의창 공자(義昌公子) : 의창군(義昌君, 1589~1645)을 가리키는 것으로 보인다. 이름은 광(珖), 자는 장중(藏中)이다. 선조(宣祖)의 서자로, 서예에 능했다.

매화 그림에 쓰다
題畫梅

사월 화려한 집에 풍경 새로운데	四月華堂物態新
강가 매화에는 아직도 한 가지 봄이 남았어라	江梅尙有一枝春
천륜의 형제 함께하지 못함이 안타까워	應憐不與天倫竝
짐짓 푸른 대나무로 이웃하게 하였네[131]	故遣靑靑竹弟隣

131 천륜(天倫)의……하였네 : 매화 그림 옆에 대나무가 함께 그려졌다는 말이다. 일반적으로 대나무와 매화를 아울러 일컬을 때에 죽우매형(竹友梅兄) 또는 죽제매형(竹弟梅兄)이라고 한다.

참판 신익전[132]을 천장할 때의 만사

申參判翊全遷葬挽詞

내 나이 여든에도 살아남아	吾年八十寄人間
가성 익히 보며 세월 흘러왔네[133]	慣見佳城歲月還
붉은 만장 쌍협으로 새로 옮겨 가니[134]	丹旐新移雙峽路
강 올라가는 배 푸른 산 곁에 있네	上江舟楫傍靑山

132 신익전(申翊全) : 1605~1660. 본관은 평산(平山), 자는 여만(汝萬), 호는 동강(東江)이다. 《東江遺集 卷17 附錄 家狀》

133 내……흘러왔네 : 이민구가 팔십까지 장수하면서 많은 사람들의 장례를 보게 된다는 말이다. 가성(佳城)은 무덤을 뜻한다. 66쪽 주78 참조.

134 붉은……가니 : 신익전의 유골을 옮겨 간다는 말이다. 신익전은 1668년(현종9)에 충주의 서쪽 중방동(中房洞)으로 이장되었다. 《瑞石集 卷16 嘉義大夫……申公墓誌銘 幷序》

이후를 조상하다

弔李煦

그대와 일찍부터 잘 맞아	與君夙方便
벗으로 늘그막까지 함께하자 기약했지	結託期抵老
쓸쓸한 노년의 마음	蕭瑟暮年情
세덕도 있고 좋은 이웃이기도 했지	世德兼隣好
덧없이 세월 지나가니	荏苒閱朝夕
어찌 흰머리 한하랴	何敢恨華皓
뉘엿뉘엿 넘어가려는 해	奄奄將落日
매번 한낮의 이른 해 부러웠는데[135]	每羨午景早
희화의 수레 문득 어긋나니	羲馭忽蹉跎
수명을 어찌 항상 장담하랴[136]	壽命豈常保
허둥대는 삶 중도에서	回遑行半途
나의 천금 같은 보배 잃었구나	喪我千金寶
달인은 뛰어난 식견으로	達人運遐觀
장수와 요절이 같다 했지[137]	興言齊壽夭

135 뉘엿뉘엿……부러웠는데 : 이민구는 노쇠한 모습이 역력했지만 이후(李煦)는 나이에 비해 건강했다는 말이다.

136 희화(羲和)의……장담하랴 : 장수하리라 믿었던 이후가 도리어 먼저 죽었다는 말이다. 희어(羲馭)는 희화가 모는 수레라는 뜻으로, 태양을 말한다. 희화는 고대 신화 속의 인물로, 해 수레를 모는 신의 이름이다.

137 달인(達人)은……했지 : 《장자(莊子)》 〈제물론(齊物論)〉의 "천하에는 털끝보다

생과 사는 각각 하나의 길이지만　生死各一行
캄캄해지는 것은 우리의 도라네　沈冥乃吾道
이런 말로 위로하려 하지만　持此欲相慰
밀려오는 슬픔 달랠 수 없다오　悲來不可掃

더 큰 것이 없을 수 있는 반면에 태산이 작은 것이 될 수도 있고, 요절한 아이보다 더 장수한 이가 없을 수 있는 반면에 800세를 산 팽조를 요절했다고 할 수도 있다.〔天下莫大於秋毫之末而大山爲小, 莫壽乎殤子而彭祖爲夭.〕"라는 말을 원용한 것이다.

도사 이옥[138]을 전송하다

送李都事沃

백제 옛 성 오래전에 다스렸으니[139]	百濟孤城舊按廉
그 앞에서 남쪽 바라보면 한 봉우리 뾰족하지	前頭南望一峯尖
봄날 재자들 꽃놀이 가는 곳에	青春才子尋芳處
열두 붉은 난간 모두 주렴 올렸으리	十二朱欄盡上簾

138 이옥(李沃) : 1641~1698. 본관은 연안(延安), 자는 문약(文若), 호는 박천(博泉)이다. 《息山集 續集 卷6 先考嘉善大夫禮曹參判府君墓誌》 충청도 도사를 역임하였다. 《承政院日記 顯宗 9年 8月 11日》

139 백제(百濟)……다스렸으니 : 이민구가 1626년(인조4)에 임천 군수로 나간 사실을 말한다.

우연히 읊다 기유년(1669, 현종10) 설날

偶占 己酉元日

세상에 또 한 해 머물게 되었지만	駐得人間又一年
그로 인해 늘그막 세월 황천에 가까워졌네	從他老境接窮泉
오늘 아침 우연히 나이 먹는 즐거움 얻었으니	今朝偶得添齡趣
한낮까지 조용한 창가에서 맘껏 잤노라	日午幽窓恣意眠

동쪽으로 풍악산 유람을 떠나는 조카 동규[140]에게 취해서 주다

醉贈家姪同揆東遊楓嶽

명산 저버린 지 오십 년[141]	辜負名山五十年
도성 먼지 속에서 마음 아련했네	京華塵土意茫然
그대가 동으로 가서 오르는 좋은 일 보게 되니	看君東去躋攀好
인간 세상 돌아보며 감히 스스로 안타까워하노라	回首人間敢自憐

140 동규(同揆) : 1623~1677. 이민구의 형 이성구(李聖求)는 5남 2녀를 두었는데 맏아들 이상규(李尙揆)는 병자호란 당시 강화도에서 죽었고, 둘째아들이 이동규이다. 《東州集 卷7 伯氏領議政分沙李公神道碑銘》 그의 자는 조연(祖然), 호는 혼천(混泉)이다. 《息山集 續集 卷6 外王考贈嘉善大夫……混泉先生墓誌銘》

141 명산……오십 년 : 이민구가 금강산을 다녀오고 나서 많은 세월이 흘렀다는 말이다. 이민구는 1631년(인조9)과 1635년에 금강산을 유람한 바 있으므로 이 시를 쓰고 있는 1669년까지를 계산해 보면 실제로는 35년의 세월이 흐른 셈이다.

장령 조속[142] 만사

趙掌令涑挽

빼어난 자질 본래 우뚝하였는데	曾標擢秀本亭亭
산림에 있지 않으면 호정에 있었네[143]	不在山林在戶庭
진흙탕에 넣어도 옥과 눈 같은 자태 남았지만	推去泥塗餘玉雪
이후로 벼슬길에서 자취 감췄지	却來簪組見沈冥
유서 깊은 양주현 송추 가까이로	維楊縣古松楸近
한강의 차가운 물결 그 길 지나가네[144]	江漢波寒道路經
늙은이 애통한 마음으로 눈물 뿌리며	老子含哀垂涕淚

142 조속(趙涑) : 1595~1668. 본관은 풍양(豐壤), 자는 희온(希溫)·경온(景溫), 호는 창강(滄江)·창추(滄醜)이다. 《宋子大全 卷191 滄江趙公墓表》

143 빼어난……있었네 : 조속이 훌륭한 자질을 가진 사람이었지만 출세(出世)에 뜻을 두지 않았다는 말이다. 《주역》 〈절괘(節卦) 초구(初九)〉에 "문밖 뜰을 나가지 않으면 허물이 없다.〔不出戶庭, 无咎.〕"라고 하였고, 그 상(象)에 "문밖 뜰을 나가지 않음은 통하고 막히는 때를 알기 때문이다.〔不出戶庭, 知通塞也.〕"라고 하였다. 조속의 선친 풍옥헌(風玉軒) 조수륜(趙守倫, 1555~1612)은 광해군 때에 형벌을 받아 운명하였다. 조속은 그 뒤 인조반정에 참여했으나 관직에 나가지 않았으므로 이렇게 읊은 것이다. 《宋子大全 卷191 滄江趙公墓表》

144 유서……지나가네 : 조속이 선친 조수륜의 묘소 근처로 운구되는 모습을 읊은 것이다. 윤증(尹拯)이 지은 묘갈명에 "임자년(1612) 무고(誣告)의 옥사에 걸려 4월 3일 옥중에서 돌아가셨으니, 향년이 겨우 58세였다. 양주(楊州)의 치소 동쪽 광암리(廣巖里) 간좌(艮坐)의 언덕에 안장하였으니, 선영을 따른 것이다."라고 하였다. 《明齋遺稿 卷40 平澤縣監風玉軒趙公墓碣銘》 송추(松楸)는 무덤 주위에 심는 나무로, 여기서는 조수륜의 무덤을 가리킨다.

가을 하늘 향해 부질없이 소미성 바라보네[145] 秋天空望少微星

145 가을……바라보네 : 소미성(少微星)은 처사성(處士星)으로, 소미성이 희미하거나 떨어지면 인간 세상의 처사(處士)가 죽는다고 한다. 진(晉)나라 사부(謝敷)는 자가 경서(慶緖)인데 성품이 맑고 욕심이 없어 벼슬길에 나가지 않고 태평산(太平山)에 10여 년 동안 은거하였다. 하루는 달이 소미성을 범하자 점치는 사람이 "처사가 죽을 것이다."라고 하였는데, 당시 명망이 높았던 대규(戴逵)가 죽을 것이라는 예상과는 달리 사부가 죽었다고 한다.《晉書 卷94 隱逸列傳 謝敷》 조속이 벼슬하지 않고 죽었기 때문에 이렇게 읊은 것이다.

임지로 가는 함평 현감 오시복[146]을 전송하다

送吳咸平之任

가을 하늘 너머에 있는 수국　　水國秋天外
외로운 성 바다 남쪽에 있네[147]　　孤城裨海南
사람들은 벼슬살이 고되다 말하지만　　人言宦情苦
스스로 묵은 김도 달게 먹겠지　　自喫古苔甘
마을에선 소와 양을 기르고　　邑里牛羊牧
나루터 정자에는 기러기와 오리 날아들겠지　　津亭雁鶩參
헤어지며 둘 다 애틋하여　　分擕兩脈脈
말없이 오래도록 아쉬워하네　　無語但長慙

146 오시복(吳始復) : 1637～1716. 본관은 동복(同福), 자는 중초(仲初), 호는 휴곡(休谷)이다. 《승정원일기》 현종 9년 8월 22일 기사에 오시복을 함평 현감으로 임명한 내용이 실려 있다.

147 가을……있네 : 오시복이 부임하는 함평이 남쪽 바닷가에 있는 고을이라는 말이다. 비해(裨海)는 구주(九州), 즉 중국 밖의 작은 바다를 의미하는데 여기서는 서해(西海)를 가리킨다. 《史記 卷74 孟子列傳》

관서 지방의 이생과 이별하며 겨울옷을 마련해 준 것에 사례하다

贈別關西李生 謝惠寒衣

겨울철 바람 매섭고 눈보라 몰아치는데 冬月高風閉雪天
외롭고 궁한 신세를 누가 가여워할까 孤窮身事苟誰憐
솜옷 준 두터운 마음 갚기 어려우니 綈袍厚誼知難報
죽음 앞둔 몸 홀로 서글퍼하네 溝壑前頭獨悵然

도사 이성전[148] 만사

挽李都事晟傳

이 세상 살아온 지 팔십 년	宇宙棲遑八十年
눈앞의 생사 늘 있었네	眼中存沒只依然
동쪽 교외 백 리 길 서글퍼라	凄涼百里東郊路
풍상 속에 기러기 나는 하늘에 한이 흐르오	流恨風霜雁鶩天

148 이성전(李晟傳) : 1606~1668. 본관은 전의(全義), 자는 사회(士晦)이다. 《승정원일기》 인조 25년 4월 12일 기사에 이성전을 평안도 도사(平安道都事)에 임명한 내용이 실려 있다.

취한 뒤에 입으로 불러 짓다

醉後口占

하얀 달빛 은은한 삼경 뒤	雪月三更後
노란 국화 한 그루 향기롭다	黃花一樹香
쓸쓸히 앉아 잠 못 드는데	蕭然坐不寐
맑은 밤 끝나지 않네	淸夜未渠央

서쪽으로 돌아가는 이생을 전송하다

送李生西還

강가의 생활 갈수록 의지할 이 없는데	江干行止轉無依
이끼 낀 외진 골목에 손님도 드물어라	窮巷蒼苔客到稀
늘그막에 이별의 한 많으니	老境別離多少恨
구름 낀 산 멀리로 돌아가는 그대 전송하네	雲山千里送君歸

기유년 진사 회년연[149]에서 입으로 불러 짓다

己酉進士回年宴口占

인간 세상에 잠깐 머무른 지 팔십 년	少住人間八十年
우연 서쪽이 곧 황천이겠지[150]	虞淵西畔是窮泉
오늘부터 수레 매달고 말 멈추노니	懸車息馬從今日
오히려 멋진 글 보면서 술에 취해 잠들리라[151]	猶把高文倚醉眠

149 기유년 진사 회년연(回年宴) : 회년연은 과거 급제 후 60년 만에 여는 잔치이다. 이민구는 1609년(광해군1)에 진사시에서 장원으로 합격하였고, 60년 뒤인 1669년(현종10)에 회년연을 열었다. 《백호전서(白湖全書)》 권24 〈동주의 사마 회년연 시첩 후미에 쓰다〔書東洲司馬回年宴詩帖後〕〉에서 자세한 내용을 살펴볼 수 있다.

150 우연(虞淵)……황천이겠지 : 이민구 자신이 죽을 날이 머지않았다는 말이다. 우연은 전설에서 해가 지고 난 후에 들어가는 곳이라고 한다. 《회남자(淮南子)》 〈천문훈(天文訓)〉에 "해가 우연에 도달하는 것을 황혼이라고 한다.〔日至于虞淵, 是謂黃昏.〕"라고 하였다.

151 오늘부터……잠들리라 : 이민구가 바깥출입을 하지 않고 회년연에 참석한 사람들이 지어 준 작품을 읽으며 여생을 보낼 것이라는 말이다. 현거(懸車)와 식마(息馬)는 수레를 타고 다닐 일이 없어서 집안에 세워 놓는다는 뜻이다.

동주집

문집 제1권

교서敎書 차箚 서書

교서 教書

계해반정[1] 뒤에 팔도 군민에게 내리는 교서
癸亥反正敎八道軍民書

왕은 다음과 같이 이르노라.

"아, 우리 백성들아. 모두 내 말을 들을지어다. 내 말에는 걱정이 많노라.

생각건대 우리나라는 성스러운 임금이 창업하고 신령스런 임금들이 계승하여 우리 후손들에게 복을 드리우셨으니, 엄숙하고 공손하며, 공경하고 긍휼(矜恤)하게 여겨서 민심의 험함을 돌아보고 두려워하여 백성 보호하기를 갓난아이 보호하듯이 하였다.[2] 그러므로 아래의 백성

1 계해반정(癸亥反正) : 1623년(인조1)에 서인(西人) 일파(一派)가 광해군(光海君) 및 대북파를 몰아내고, 능양군 곧 인조(仁祖)가 왕위(王位)에 오른 인조반정(仁祖反正)을 말한다.

2 민심(民心)의……하였다 : 《서경》 〈소고(召誥)〉에 "아, 왕은 비록 나이가 어리시나 하늘의 원자이시니, 크게 백성들을 화하여 이제 아름답게 하소서. 왕은 감히 뒤늦게 하지 마시어 백성들의 험함을 돌아보고 두려워하소서.〔嗚呼, 有王雖小, 元子哉, 其丕能諴于小民, 今休. 王不敢後, 用顧畏于民碞.〕"라는 말과 〈강고(康誥)〉에 "마치 갓난아이를 보호하듯이 하면 백성들이 편안히 다스려질 것이다.〔若保赤子, 惟民其康乂.〕"라고 한 말을 원용하였다.

들은 그리워하고 윗사람은 편안하여 그 정성이 하늘에까지 이르렀는데 오늘에 이르러 국운이 항상 태평하지는 않아 하늘이 돌봐 주지 않으시니, 이에 우리나라가 16년 동안 큰 어려움을 겪었다. 일마다 헤어나지 못해 혼란하고 편벽되니 우리 선왕(先王)과 선성(先聖)의 원대한 계책과 큰 법을 무너뜨렸으며, 강상과 인륜을 돌보지 않고 도모하지 않아 나쁜 명성이 퍼지고 더러운 일을 일으키니[3] 위에서 천명이 끊어지게 되었도다.

그러나 황천이 우리 제사를 끊지 않으시려고 나의 마음을 밝게 격동시키므로 돌봐 주는 황천의 뜻에 크게 부응하여 이 혼란을 구제하였으니, 실로 혁혁히 굽어보시는 천지의 백령(百靈)들과 종묘사직의 밝은 신들의 덕택에 힘입은 일이다. 잘못된 묵은 것을 고쳐 새롭게 확립하는 데[4] 시간을 지체하지 않았으니 온 세상이 맑고 평안해져서 어두운 기운이 비로소 사라졌다. 이는 오직 우리 조상들의 빛이며 또한 너희 백성들의 경사이다. 온갖 곤충들과 식물들, 그윽하고 은미한 곳까지 모두 이 아름다운 일에 참여하여 모든 교화를 새롭게 하는 것이 오늘부터 시작이며, 너희 만백성이 그동안의 액운(厄運)을 모두 털어버리고 대도(大道)를 함께 행하는 것도 또한 오늘부터 시작이다.

3 더러운 일을 일으키니 : 광해군 집권 시기의 폭정을 의미한다. 기예(起穢)는 더러운 일을 일으킨다는 뜻으로, 《서경》 〈반경 중(盤庚中)〉에 "지금 내가 너희들에게 명하노니 한 마음으로 내 말을 들어서 더러움을 일으켜 스스로 냄새나게 하지 말라.〔今予命汝, 一, 無起穢以自臭.〕"라고 하였다.

4 잘못된……데 : 혁구정신(革舊鼎新)은 옛 것을 고쳐 새롭게 확립한다는 의미인데, 《주역》 〈잡괘전(雜卦傳)〉의 "혁은 옛 것을 없앰이요, 정은 새 것을 세움이다.〔革, 去古也. 鼎, 取新也.〕"라고 하였다.

내가 길이 너희 만백성을 이 도탄에서 건져서 비로소 편안한 자리에 안정시키려고 하는데 필부필부(匹夫匹婦)들이 나의 지극한 정성과 간절한 마음을 다 알지 못하고, 사민(四民) 중에 외로운 사람과 과부들이 때로 나의 혜택을 받지 못하여 혹 위망(危亡)한 처지에 놓여 있다. 이에 내가 좌우의 가까운 신료들을 팔도에 나누어 보내 크게 전파하여 너희들의 귀를 끌어대고 너희들의 마음에 파고들도록 하니, 마음을 기울이고 눈을 씻고서 나의 이 덕음을 받들지어다. 나는 오직 부지런히 노력할 것이다.

지난날 원흉(元兇)[5]이 정권을 휘두르고 혜택을 끊어 나라의 기강을 어지럽히고 사람의 도리를 없애버렸다.[6] 이에 하늘의 명을 받들어 원흉을 쳐서 왕법(王法)을 베풀었다. 궁궐을 짓는 일에 널리 동제(銅鞮)를 모방하여 우리 백성들의 고혈을 착취하니[7] 온갖 고통을 받았다. 이러므로 동원된 사람들을 해산하고 공정(工程)을 완화하여 너희와 함께 쉬게 하였다. 거간꾼과 백도(白徒)[8]들이 그 이익을 주관하고 관

5 원흉(元兇) : 대대(大憝)는 원흉이라는 의미로, 광해군(光海君)을 지칭한다.

6 나라의……없애버렸다 : 광해군이 어머니 인목대비(仁穆大妃)를 유폐하고 이복동생 영창대군(永昌大君)을 죽이는 등 폭정을 일삼았다는 말이다.

7 궁궐을……착취하니 : 춘추 시대 진(晉)나라 동제궁(銅鞮宮)처럼 광대한 규모의 궁궐을 축성하여 백성들을 괴롭게 하였다는 말이다. 동제(銅鞮)는 진나라 이궁(離宮)인 동제궁을 가리킨다. 《춘추좌씨전》 양공(襄公) 31년 기사에 "지금 동제궁이 몇 리에 걸쳐 뻗어 있고, 제후들이 묵는 집은 종들의 집과 같다.〔今銅鞮之宮數里, 而諸侯舍於隸人.〕"라는 말이 있다. 광해군은 궁궐 등 왕실과 관련된 건축물을 새로 짓고 화려하게 꾸몄다. 선조(宣祖) 말기에 시역한 창덕궁을 즉위년인 1608년에 준공하였고, 1619년에는 경덕궁, 1621년에는 인경궁을 중건하였다.

8 거간꾼과 백도(白徒) : 장쾌(駔儈)는 소와 말을 팔고 사는 사이에 소개하는 사람을

직에 의지하여 무리 지어 다니며 위세를 부렸다. 이러므로 모두 진상을 조사하여 경중에 따라 처벌하였다.

여러 궁첩(宮妾)들과 왕실의 외척들과 환관들, 그리고 요직(要職)을 차지한 관리들이 만족할 줄 모르는 탐욕으로 앞다투어 제집만을 부유하게 하여 안으로는 집을 높이 짓고 수레와 복식을 사치스럽게 꾸몄으며 자잘한 이익만을 추구하여 나라의 재물을 도둑질하였다. 밖으로는 너희 조상들이 물려준 농토와 집을 빼앗고 세금을 납부하지 않아 제 몸만 살찌웠다. 이러므로 잘못된 제도를 개정하고 흉악한 무리들을 내쳤으며,[9] 토지를 구획하여 경계를 바로잡아 본래의 주인에게 모두 돌려주었으며, 저들이 부정하게 모은 재물은 변방을 지키는 장졸(將卒)들에게 나누어 주었다.

위로 왕궁의 높은 지위에 있는 근신들이 너희들 개인의 노복(奴僕)을 빼앗거나 아니면 기강을 내세워 무고한 사람을 처벌하고 세족(世族)들을 능멸하고 괴롭혔으니, 가슴을 치고 고통을 참으며 죽어도 하소연할 곳이 없었다. 이러므로 교활하고 포악한 무리를 주벌하여 원적(原籍)대로 바로잡았다. 너희들이 탐관오리들에게 곤액을 당하였으니, 간장(奸贓)의 법률[10]을 엄격하게 하여 방비를 준엄하게 하였으며, 너희들이 주구(誅求)에 시달렸으니, 급하지 않은 공물을 폐지하여 너

말하고, 백도는 벼슬하지 못한 유생이나 훈련을 받지 못한 채 징집된 병졸을 뜻한다.

9 흉악한 무리들을 내쳤으며 : 연수(淵藪)는 못에 물고기가 모여들고 숲에 새와 짐승이 모여드는 것처럼 여러 사물이나 사람이 모이는 곳을 비유한 말로, 가렴주구(苛斂誅求)하는 벼슬아치들이 모이는 곳을 가리킨다.

10 간장(奸贓)의 법률 : 사사로이 뇌물을 받아 부정한 방법으로 재물을 축적하거나 관물(官物)을 횡령하는 행위 등에 관한 법률을 말한다.

희들의 생활을 안정시켰다.

뇌물을 써서 마음먹은 대로 성사시키는 것을 내가 이와 같이 징계할 것이며, 부녀자의 청탁을 통해 은택을 구하는 것도 내가 이와 같이 징계할 것이다.[11] 관직의 법도가 오늘날보다 더 문란한 때가 없었으니, 나는 인재들의 능력을 헤아려 빼어난 이를 임명할 것이며, 인재 선발이 오늘날보다 더 혼란한 적이 없었으니, 나는 공도(公道)에 의거하여 뛰어난 선비를 등용할 것이다. 하나라도 너희들의 삶을 방해하는 고질적인 폐단과 남은 병폐가 있다면 내가 능히 그 해결책을 도모할 수 없을 것이라고 여겨서 그 뜻을 숨기지 말라. 혹 너희 백성들 중에는 이리저리 흩어져 떠돌아다니며 상주(常住)할 곳이 없는 사람도 있을 것이다. 사람은 오직 고향을 생각하는 법이니 살기 좋은 곳이 어디이겠는가? 너희들이 너희들의 고향으로 돌아가 편안하게 살 수 있도록 하겠다.

두려워할 만한 것은 오직 백성이며 사랑할 만한 것은 오직 임금이니,[12] 오직 임금이 하늘과 같이 하여야 백성들이 일정한 표준이 있을 것이다. 뭇 백성들이 근심이 있고 흠이 있는 것은 내가 덕을 버리고

11 뇌물을……것이다 : 회뢰(賄賂)는 뇌물이고, 여알(女謁)은 임금의 총애를 받는 궁중의 여인들을 통해 청탁이 오가는 것을 말한다. 《십팔사략(十八史略)》 권1 〈은(殷)〉에 "정치가 절도가 없는가, 백성들이 직업을 잃었는가, 궁실이 너무 높고 화려한가, 여인들의 청탁이 성행하는가, 뇌물이 성행하는가, 남을 모함하는 사람이 많은가.〔政不節歟, 民失職歟, 宮室崇歟, 女謁盛歟, 苞苴行歟, 讒夫昌歟.〕"라고 하였다.

12 두려워할……임금이니 : 《서경》 〈대우모(大禹謨)〉에 "사랑할 만한 것은 군주가 아니겠으며, 두려워할 만한 것은 민중이 아니겠는가.〔可愛非君, 可畏非民.〕"라고 한 말을 원용하였다.

부도(不道)한 데 원인이 있는 것이지 너희 만백성 때문이 아니다. 아, 무릇 사람이 십 금의 재산만 얻어도 생업을 보호하며 실추함이 없게 하려고 생각하지 않는 이가 없으니,[13] 너희들이 십 금의 재물을 잃지 않는다면 나라가 길이 천년의 운을 누려 수역(壽域)[14]에 이르고, 능히 하늘이 내려준 복록을 편안하게 누릴 것이다. 어찌 아름답지 않겠는가."

13 무릇……없으니 : 송(宋)나라 소식(蘇軾)의 글에 "백성들이 바야흐로 곤궁할 때에 바라는 것은 십 금의 재물에 지나지 않는다.〔夫民方其窮困時, 所望不過十金之資.〕"라고 하였다. 《東坡全集 卷47 策別十三》

14 수역(壽域) : 인수지역(仁壽之域)의 준말로, 일반적으로 태평성대를 뜻한다. 《한서(漢書)》 권22 〈예악지(禮樂志)〉에 "구례를 찬술하고 왕제를 밝혀서 온 세상의 백성들을 이끌어 인수의 지역에 오르게 하면, 풍속이 어찌 주나라 성왕과 강왕 때의 태평시절 같지 않겠으며 수명이 어찌 은나라 고종 때와 같지 않겠습니까.〔述舊禮明王制, 驅一世之民, 躋之仁壽之域, 則俗何以不若成康, 壽何以不若高宗.〕"라고 하였다.

차箚

《간언귀감》을 올리는 차자[15] 병자년(1636, 인조14)

進諫言龜鑑箚 丙子

삼가 생각건대 군주가 힘써야 할 일은 간언(諫言)을 받아들이는 것보다 절실한 것이 없으니, 누군들 충간(忠諫)을 구하여 스스로를 돕게 해서 나라를 밝히는 아름다움을 누리려고 하지 않았겠습니까만, 정작 간언을 받아들이는 군주는 항상 적었습니다. 신하의 직무는 간언을 올리는 것보다 먼저 해야 할 것이 없으니, 누군들 부족한 점을 보완하고 어긋나는 것을 보필하여 현명한 왕의 복[16]을 이루려고 하지 않았겠습니까만, 나약하고 유순한 자들이 항상 많았습니다. 이는

15 간언귀감(諫言龜鑑)을 올리는 차사 : 1636년(인조14) 이민구가 도승지로 재직할 당시 중국의 우하(虞夏)로부터 우리나라에 이르기까지 임금들의 납간(納諫)과 거간(拒諫)에 관련된 기사를 모아 2권으로 엮어 《간언귀감》을 만들고 이것을 진헌하며 올린 차자이다. 《승정원일기》 인조 14년 6월 8일 기사에 "도승지 이민구가 《간언귀감》과 차자를 지어 올렸다."라는 기록이 있다.

16 현명한 왕의 복 : 왕명지복(王明之福)은 왕이 현명할 때 백성이 누리는 복을 의미한다. 《주역》 〈정괘(井卦) 구삼(九三)〉에 "우물을 깨끗이 했는데도 먹지를 않으니 내 마음이 슬프다. 물을 길어 먹을 만하니 왕이 현명하면 모두 복을 받으리라.〔井渫不食, 爲我心惻, 可用汲, 王明, 竝受其福.〕"라는 말이 있다.

그 이유를 알 수 있습니다.

무릇 군주가 지극히 높은 권세의 자리에 앉아 생사를 결정하는 권한을 가지고 있으니 말 한 마디라도 임금의 비위를 거스르면 몸 둘 곳이 없게 됩니다. 이는 신하와 군주가 함께 근심하는 바이며 예나 지금이나 슬피 여기는 바입니다. 그 누가 지극히 낮은 지위에 있으면서 지극히 높은 임금에게 맞설 것이며 이로운 것을 버리고 해로운 것을 취하여 한 몸으로 벼락같은 군주의 위엄 앞에 시험하겠습니까.

간혹 분발하고 감격하여 군주의 과실을 분명히 말하다가 역린(逆鱗)을 건드리고[17] 기휘(忌諱)하는 바를 범해서 처벌을 받아도 후회하지 않는 사람이 있습니다. 이런 사람은 틀림없이 안으로 지극한 충성을 간직하고 있어서 간절한 정성에 절박하여 군주의 과실을 보면 나라가 전복되는 것을 차마 볼 수 없기에 이토록 정성스럽게 간하는 것입니다. 군주가 뜻을 낮추고 개도(開導)해서 그가 간하는 말이 나를 아끼는 것임을 알아서, 표창하고 높은 자리에 임용하여 책망하는 말을 물 흐르듯 받아들이는[18] 아름다운 태도를 드러내셔야 합니다. 그렇게 하시더라도 담력이 약하고 어눌한 사람은 오히려 자신의 의견을 모두

17 역린(逆鱗)을 건드리고 : 임금의 위엄을 범한다는 말이다. 《한비자(韓非子)》 〈세난(說難)〉에 "용은 평소에 순하여 길들일 수 있으나, 턱 밑에 있는 역린을 건드리면 갑자기 성을 내어 화를 당한다."라고 하였는데, 용은 군주를 상징하므로 이렇게 비유한 것이다. 역린은 용의 목덜미 아래에 있는 거꾸로 난 비늘이다.

18 책망하는……받아들이는 : 남이 책망하는 말을 잘 받아들여야 한다는 말이다. 《서경》 〈진서(秦誓)〉에 "사람을 책함이 어려운 것이 아니라, 오직 책함을 받아들이기를 흐르는 물처럼 하기가 어려운 것이다.〔責人斯無難, 惟受責俾如流, 是惟艱哉.〕"라고 하였다.

말하지 못합니다. 하물며 안색을 엄격하게 하고 노기를 띠고 마치 원수 보듯이 해서 작은 혐의를 들춰내어 꾸짖고 위엄을 한껏 나타내 진노한다면, 아첨하며 아양을 떠는 무리들은 날로 전하의 앞에 나와 거짓을 꾸밀 것이고 도(道)를 지키는 정직한 선비는 이런 풍조를 보고 자취를 감출 것입니다. 그리하여 정사가 어지러운데도 군주는 깨닫지 못하고 나라가 위태로운데도 군주는 알지 못하여 국가가 패망하는 지경에 이르는 경우가 역대로 이어 발생하였습니다. 통탄스러운 마음을 견딜 수 있겠습니까.

생각건대 우리 주상전하께서는 지극한 정성으로 일을 처리하고 지극한 명철함으로 이치를 밝히시니, 노둔하고 용렬한 뭇 신하들이 진실로 그 만분의 일도 감히 바라지 못합니다. 그러나 일은 매우 많고 의리는 끝이 없기에 한 가지 일이라도 잘못된 것이 있으면 사람들이 보게 되고 한 마디 말이라도 그릇된 것이 있으면 사람들이 간섭하게 되니 전후로 간쟁한 신하들의 말이 어찌 군주를 사랑하고 나라를 염려하는 정성에서 나오지 않았겠습니까. 그러나 조금이라도 실상에서 벗어난 것이 있다거나 간혹 지나치게 권면하면, 전하께서는 매번 불만스러운 음성과 노기(怒氣)에 찬 안색을 보여 때때로 가볍게 또는 무겁게 처벌을 내리셨으니, 곧은 기상이 꺾이고 사론(士論)이 사라졌습니다.

바른말을 하다가 처벌을 받는 것은 훌륭한 세상의 일이 아닙니다. 한 선비가 견책을 받으면 온 조정이 위축되고 작은 잘못을 가볍게 여겨 쌓아두면 혼란에 빠지는 계제(階梯)가 되니, 지난 역사를 살펴보면 모두 그러하였습니다. 신이 이를 두려워하여 보잘것없는 능력도 헤아리지 못한 채 삼가 우하(虞夏 순 임금과 우 임금) 이래 조송(趙宋 조광윤(趙匡胤)이 세운 송나라), 그리고 아래로 우리나라에 이르기까지 당시의 군주들이 간언을 받아들였느냐의 여부에 따라 흥하기도 하고 혼란스럽기도 하며, 보존되기도 하고 멸망하기도 했던 분명히 드러난 징험과 일들을 모아 상하 두 권으로 만들고, 《간언귀감》이라 명명하였습니다. 해를 넘겨가며 편집하여 이제야 완성하였는데, 마침 전하께서 분발하여 갈고 닦으시려는 때를 만났기에 감히 만 번 죽을 것을 무릅쓰고 차자와 함께 올립니다.

만약 전하께서 어리석고 주제넘은 신을 용서하고, 한가한 여가에 때때로 열람하면서 고금의 일을 모두 살펴 성패(成敗)를 귀감으로 삼으며, 득실에 관한 수많은 사례를 깊이 생각하고 나라가 흥하고 쇠한 자취를 샅샅이 살펴 밤낮으로 생각하여 옛날 흥하고 의로웠던 군주가 창언(昌言)에 절하거나[19] 직언을 표창했던 도와 합하기를 구하고, 어둡고 편벽된 군왕이 충언을 버리고 직언을 싫어하다가 스스로 멸망에 이른 것을 반드시 경계하며, 삼가고 조심하여 한결같은 마음을 변치 않고 시종 여기에서 반복함으로써 우리 동방의 억만 년 끝없는 기틀로 삼으신다면, 진실로 종묘사직의 매우 다행한 일일 것입니다.

비답에 "경의 차자(箚子)를 보니 임금을 사랑하고 나라를 염려하는 정성이 사람들로 하여금 감탄을 자아내게 한다. 지난날 내가 듣기 좋은 말을 좋아하고 듣기 싫은 말을 싫어하였는데, 지금 이 글을 보니 나의 허물을 더욱 알게 되었다. 경의 간절한 충심에 감동하여 이에 피물(皮物)을 하사해서 나의 뜻을 표하노니 경은 받을 것이요, 사양하지 말지어다."라고 하셨다. 다음 날 대신(大臣)이 입대(入對)하였는데, 임금께서 말씀하시기를 "도승지가 진달한 간언을 보니, 간절한 충심이 가상할 뿐만 아니라 그의 뜻이

19 창언(昌言)에 절하거나 : 《서경》 〈고요모(皐陶謨)〉에 "우가 고요의 좋은 말을 듣고 절하며 옳다고 하였다.〔禹拜昌言曰兪〕"라는 말이 있고, 《맹자》 〈공손추 상(公孫丑上)〉에 "우는 좋은 말을 들으면 절했다.〔禹聞善言則拜〕"라는 말이 있다.

처벌 받은 사람들까지도 너그럽게 용서해 주자는 데에 있다. 나도 풀어 주고자 한다."라고 하셨다. 그리고는 곧바로 하교하여 전후로 예(禮)에 대해 논의했다가 유배 이하의 처벌을 받은 신하들을 모두 서용하라고 하셨다. 전 승지 이덕수(李德洙)[20]가 죄적(罪籍)에 기록되었다가 다시 승지에 제수되었다.

20 이덕수(李德洙) : 1577~1645. 본관은 한산(韓山), 자는 사로(師魯), 소자(小字)는 여숙(汝淑), 호는 이유당(怡愉堂)이다. 《승정원일기》 인조 14년 4월 27일 기사에 이덕수를 석방하라는 전교가 내려졌다.

서書

판서 오준[21]에게 보내 중국 편지지를 구하는 편지
기축년(1649, 인조27)

與吳判書求華牋書 竣○己丑

이별의 말을 구하는 정성이 간절하고 보내 준 생지(生紙)도 좋습니다. 저의 시는 거칠고 보잘것없으며 글씨도 대단히 졸렬합니다. 그러나 진실로 중국 편지지를 구해서 쓰고자 하는 것은 그만한 이유가 있습니다. 비록 게 알 같은 옥색을 띤 징심당지(澄心堂紙)[22]는 얻지 못하더라도 대개 종이란 모름지기 얇고 매끄러우며 부드럽고 깨끗하며 거칠지 않아야 좋은 것입니다. 우리나라에서 생산되는 수십 종의 종이는 빛깔과 깨끗함과 매끄러움이 뒤지지 않아서 정화(政和 북송 휘종(徽宗)의 연호) 이래로 중국에서 귀중하게 여겨 장정하기에 가장

21 오준(吳竣) : 1587~1666. 본관은 동복(同福), 자는 여완(汝完), 호는 죽남(竹南)이다. 《藥山漫稿 卷18 高祖輔國崇祿大夫……世子左賓客府君墓誌銘》

22 징심당지(澄心堂紙) : 중국 오대(五代) 남당(南唐)의 후주(後主)가 만든 종이이다. 징심당은 후주가 거하면서 업무를 보던 곳으로, 이곳에서 후주의 명령을 기록하던 종이를 특별히 제작하여 사용하였는데 이를 징심당지라 한다. 징심당지는 얇고 광택이 나는 상품으로 매우 귀한 물건으로 여겨졌다. 《海東繹史 卷27 文房類》

좋은 물건으로 인정받았습니다. 왕원미(王元美)가 말한 견지(繭紙)에 이르러서도 그 말이 또한 이와 같았으니[23] 대개 성질이 질겨서 내구성만 좋아 서화를 보호하기에는 알맞지만 한묵의 맑은 풍미에는 적당하지 않기 때문입니다.

예전에 수가(須賈)가 제후의 빈객으로 함양(咸陽)에 가서 승상부의 문 아래에서 절뚝거리며 걸으면서도 뜻은 네 마리 말이 끄는 높은 수레를 타고자 하여 그것을 타지 못하면 나가지 않겠다고 하였습니다.[24] 제가 중국 편지지를 구해 졸렬한 시를 쓰려는 것도 이와 같은 일이 아니겠습니까.

23 왕원미(王元美)가……같았으니 : 왕원미는 명대의 문장가 왕세정(王世貞, 1526~1590)으로, 자는 원미, 호는 봉주(鳳州)·엄주산인(弇州山人)이다. 견지(繭紙)는 중국의 온주(溫州)에서 나오는 유명한 종이로, 주로 책의 표지를 만드는 데에 사용되었다. 그러나 왕세정이 견지에 대해 말한 내용은 고증할 수 없다. 《지봉유설(芝峯類說)》 권19 〈기용(器用)〉에 "패사에 '온주의 견지는 깨끗하고 희며 질기고 매끄러워서 고려지와 유사하다.'라고 하였다. 또 '고려에서는 해마다 만지를 바치는데, 책을 만들 때 츤을 만드는 용도로 많이 썼다.'라고 하였다. 대개 츤은 곧 책을 장정하는 것으로서, 그 종이의 품질이 질기고 두껍기 때문이다.〔稗史云溫州繭紙, 潔白堅滑, 類高麗紙. 又云高麗歲貢蠻紙, 書卷多用爲襯. 蓋襯乃粧貼, 以其紙品堅厚故也.〕"라고 하였다.

24 수가(須賈)가……하였습니다 : 수가는 전국 시대 위(魏)나라 사람이다. 사신으로 진(秦)나라에 가서 진나라 재상 장록(張祿)을 만나려 할 때, 예전 자신의 문객이었던 범저(范雎)가 장록임을 알지 못하고 "나의 말은 병들고 수레는 차축이 부러졌네. 네 마리 말이 끄는 큰 수레가 아니면 나는 나갈 수 없네.〔吾馬病車軸折, 非大車駟馬, 吾不出.〕"라고 하였다는 고사가 전한다. 《史記 卷79 范雎列傳》

이태지에게 보내는 편지
與李泰之書

태지께서 지난번 누추한 나의 집을 찾아 주었으니 참으로 좋았습니다. 당신과 헤어진 지 15년이 지나 이는 빠지고 머리칼은 세었으며 걸음걸이도 불편합니다. 당신은 나보다 4년이나 연장이니 어찌 이와 같지 않겠습니까? 다시 4년이 지나면 나도 당연히 당신과 같아질 것입니다. 깊이 탄식하고 거듭 슬퍼하며 오래도록 마지못하니, 당신을 위해 슬퍼할 뿐만 아니라 실로 나 스스로를 슬퍼합니다.

그 뒤에 어떤 사람이 와서 당신이 과거에 응시하기 위해 도성으로 들어갔다고 말하기에 내가 그 사람을 헛소리한다고 책망하였습니다. 얼마 뒤에 또 과장(科場)에서 온 어떤 사람이 당신이 책을 끼고 넓은 마당에 앉아 있다가 제일 먼저 시권을 제출하고 나가므로 많은 사람들이 눈여겨보는 장면을 목격했다고 하였습니다. 내가 처음 듣고서는 놀랐고, 중간에는 의심이 되었습니다. 조금 있다가 다시 생각해 보니 당신이 당신 스스로를 잘 아는 것이 반드시 다른 사람들이 겉으로 보는 것보다는 나을 것이라 여겼습니다.

대단하십니다. 당신의 용기는 맹분(孟賁)[25]보다도 뛰어나십니다. 지금 한 길 깊이의 물과 우뚝 솟은 험난한 산을 갑자기 마주하면 사람

25 맹분(孟賁) : 전국 시대 제(齊)나라의 역사(力士)로, 매우 용맹하다는 명성이 있었다. 물속에서는 교룡(蛟龍)을 피하지 않았고 뭍에서는 호랑이를 피하지 않았다고 한다. 《天中記 卷27》

들이 감히 뛰어넘지 못하는 것은 두려움 때문입니다. 당신은 칠십을 바라보는 나이로 새벽과 밤을 마다하지 않고 눈서리 맞으며 길을 가서 여러 젊은이들 사이에 밀치고 들어가 그들과 함께 예능을 겨루고 당락(當落)을 다투는 일을 하였으니 당신은 진실로 따라갈 수 없는 경지의 사람입니다.

당신은 젊어서 스승에게 글을 배워 만 권을 독파하였습니다. 육경(六經)과 제자서(諸子書)와 사서(史書)는 모두 천 번 이상 읽었고, 《소미통감(少微通鑑)》과 《맹자》와 한유(韓愈)의 글에는 더욱 익숙하였습니다. 손쉽게 과거에 합격하여[26] 부모와 향당(鄕黨)을 빛내리라 여겼습니다. 그러나 운수가 어긋나서 늘그막에 이르도록 끝내 성취하지 못하였습니다.

다만 저렇게 부지런히 공부하였고 저렇게 지극히 노력하였으니 차마 이것을 버리고 다른 일을 할 수는 없기에, 반드시 유사(有司)에게 한 번 인정받고자 하여, 나이도 너무 많고 기력도 너무 쇠해서 그만두어야 하는데도 그만둘 줄을 알지 못합니다. 비유하자면, 파촉(巴蜀)의 장사꾼이 자기 재산을 몽땅 투자하여 아름다운 비단과 특이한 재화를 팔려고 중원으로 마차를 몰고 갔으나, 사람들이 좋아하는 물건이 아니라서 서사의 문으로 들어가 한 해가 다 가도록 팔지 못하는데도 쉽사리 그만두지 못하는 것과 같습니다. 전대의 돈은 날로 줄고 동료들은 날로 흩어지므로 이리저리 방황하며 서글피 후회하니 어찌 안타

26 손쉽게 과거에 합격하여 : 《한서(漢書)》 권75 〈하후승전(夏侯勝傳)〉에 "경술에 진실로 밝으면 고관대작을 취하는 것은 마치 땅에 떨어진 티끌을 구부려 줍는 것과 같다.〔經術苟明, 其取青紫, 如俛拾地芥耳.〕"라고 하였다.

깝지 않겠습니까.

그러나 당신의 뜻은 오히려 반계(磻溪)에 있는 것입니까?[27] 선비가 이 세상에 태어나 때를 만나는 사람은 늘 적고 때를 만나지 못하는 사람은 늘 많았습니다. 태공(太公)처럼 뒤늦게 때를 만난 경우는 수천 년에 한 번 있는 일이니 어찌 바랄 수 있겠습니까?

옛날 염파(廉頗)가 이미 늙었을 때 다시 기용되기를 기대하였으나 조(趙)나라 사람이 곽개(郭開)의 참소를 듣는 바람에 뜻을 이루지 못하였습니다.[28] 마원(馬援)이 이미 늙은 몸으로 무릉(武陵) 정벌을 자청하였으나 양송(梁松)의 비방 때문에 죄를 얻었습니다.[29] 이전의

27 당신의……것입니까 : 이태지가 늘그막에 과거를 본 이유가 여상(呂尙)처럼 되기를 바라는 것 같다는 말이다. 반계(磻溪)는 태공망(太公望) 여상을 가리킨다. 그는 위수(渭水) 가의 반계에서 늙도록 낚시질하며 때를 기다리다가 문왕(文王)을 만나 사부(師傅)로 추대되고, 무왕(武王) 때에는 마침내 은(殷)을 물리치는 공을 세웠다.

28 염파(廉頗)가……못하였습니다 : 조(趙)나라의 장수 염파가 끝내 기용되지 못한 일을 가리킨다. 조나라의 도양왕(悼襄王)이 당시에 위(魏)나라의 대량(大梁)에 망명 중이던 염파를 다시 기용하고자 사신을 보내 귀국을 허락하며 살펴보게 하였다. 염파는 80이 넘은 몸으로도 한 끼에 밥 한 말과 고기 열 근을 먹고 갑옷을 입고 말에 오르며 여전히 쓸모 있음을 보였는데, 곽개(郭開)에게 매수된 사신이 조왕에게 염파가 자신과 앉아 있는 동안 오줌을 세 번이나 지렸다고 참소하자, 도양왕은 염파가 늙었다는 이유로 기용하지 않았다. 《史記 卷81 廉頗藺相如列傳》

29 마원(馬援)이……얻었습니다 : 후한(後漢)의 복파장군(伏波將軍) 마원이 늘그막에 나선 정벌에 실패하고 불명예스런 말년을 보낸 고사를 가리킨다. 후한의 광무제(光武帝) 때 마원이 말년임에도 불구하고 무릉(武陵) 만이(蠻夷)의 토벌을 자청하여 출정하였다. 하지만 험한 지형과 열병으로 고전하고 있었는데, 마원을 비방하는 편지를 받은 광무제가 양송(梁松)을 보내 마원을 문책하고 대신 군을 통솔하게 하였다. 양송은 예전에 마원에게 문병을 갔을 때 마원이 보여 준 태도에 불만을 품고 있다가 마원이 죽자 그를 모함했고, 황제는 크게 노하며 마원에게 내린 신식후(新息侯)의

사가(史家)는 한 끼에 한 말의 밥을 먹고 갑옷을 걸치고 말안장에 올랐다는 사실을 장황하게 말하여 다 쓰이지 못한 것을 대단히 애석해하였습니다.[30] 그러나 염파는 한 번 초(楚)나라 장군이 되어 아무런 공도 없이 얼마 못가서 죽었고,[31] 마원은 호두(壺頭)에서 실리(失利)하여 말가죽에 싸여 돌아왔습니다.[32] 비록 곽개(郭開)와 양송(梁松) 두 사람이 이간질하지 않았더라도 반드시 성공하지 못했을 것입니다. 왜 그렇겠습니까?

무거운 짐을 들려는 사람은 힘의 강약을 헤아리고 먼 길을 가려는 사람은 해가 얼마나 남았는지를 살피는 법입니다. 훌륭한 계책이 있으나 인생이 짧은 것을 옛사람들이 슬퍼하였습니다. 몸은 늙고 살 날은

인수(印綬)를 몰수하였다.《後漢書 卷54 馬援列傳》

30 이전의……애석해하였습니다 : 사마천(司馬遷)이 조(趙)나라 장수 염파(廉頗)의 건강 상태를 자세하게 묘사하여 그가 늘그막에도 건재했으나 등용되지 못한 사실을 아쉬워했다는 말한다. 140쪽 각주28 참조.

31 염파는……죽었고 :《사기(史記)》 권81 〈염파인상여열전(廉頗藺相如列傳)〉에 "초나라가 염파가 위나라에 있다는 말을 듣고 몰래 사람을 보내 맞아들였다. 염파가 한 번 초나라의 장수가 되었으나 아무런 공도 세우지 못한 채 '나는 조나라 병사들을 지휘하고 싶다.'라고 말하였다. 염파는 마침내 수춘에서 죽었다.〔楚聞廉頗在魏, 陰使人迎之. 廉頗一爲楚將無功曰, 我思用趙人. 廉頗卒死於壽春.〕"라고 하였다.

32 마원은……돌아왔습니다 : 마원이 호두산(壺頭山)에서 죽은 일을 말한다.《후한서(後漢書)》 권54 〈마원열전(馬援列傳)〉에 "복파장군은 서역의 장사꾼처럼 한 곳에 이르면 문득 멈추기 때문에 이로움을 잃는다.〔伏波類西域賈胡, 到一處輒止, 以是失利.〕"라고 하였다. 또 마원이 "남자는 마땅히 변방의 들판에서 죽어 말가죽에 시체가 싸여 돌아와 매장될 뿐, 어찌 침상에 누워 아녀자의 손에 죽을 수 있겠는가.〔男兒要當死於邊野, 以馬革裹屍還葬耳, 何能臥牀上在兒女子手中邪.〕"라고 하였는데, 무릉(武陵) 정벌에서 전략적으로 택한 호두산에서 더위와 역병(疫病)에 시달리다가 죽었다.

다하였으니 무슨 일을 이룰 수 있겠습니까?

촉(蜀)의 장수 황충(黃忠)은 늙어서도 근력이 더욱 넘쳐서 한천(漢川)에서 하후연(夏侯淵)을 참했지만 후장군(後將軍)이 되었을 때에 관우(關羽)는 같은 대오에 있는 것을 부끄러워했습니다.[33] 가령 당신이 한 번 응시해서 합격하여, 호명[34]된 뒤에 후배들과 섞여 길거리에서 오물을 뒤집어쓴다면 어찌 사람들의 비웃음거리가 되지 않겠습니까?[35]

산속 집은 그윽하고 조용하며 처마에 비치는 햇살은 매우 따뜻합니다. 아침에는 죽을 먹고 저녁에는 밥 먹어서 배가 부르면 그치고 무릎을 끌어안고 길게 노래하며, 편안한 곳에 마음을 두고 손주들과 놀면서 노년을 즐기다가 세상을 마치는 것도 또한 즐겁지 않겠습니까? 만약 "내가 반드시 종남산(終南山)의 종규(鍾馗)처럼 국가를 위해 허망한 귀신을 제거하겠다."[36]라고 하신다면 제가 감히 알 바가 아닙니

33 촉(蜀)의……부끄러워했습니다 : 황충(黃忠)은 노령에도 하후연(夏侯淵)을 죽이는 등 많은 공을 세웠지만 소열제(昭烈帝) 유비(劉備)가 후장군(後將軍)으로 삼자, 전장군(前將軍) 관우(關羽)가 "대장부는 끝내 늙은 병사와 동렬에 있지 않는다.〔大丈夫終不與老兵同列〕"라고 하며 좋아하지 않았다. 《三國志 卷41 蜀書 費詩傳》

34 호명 : 여전(臚傳)은 전상(殿上)에서 과거 급제자의 이름을 부르면 계하(階下)의 위사(衛士)들이 일제히 그 소리를 전달하던 것을 말한다.

35 길거리에서……않겠습니까 : 늘그막에 신래침학(新來侵虐)을 당하면 웃음거리가 될 것이라는 말이다. 신래침학은 조선 시대 과거 급제자에게 가해진 일종의 통과의례인데, 그 중에 급제자의 얼굴에 똥이나 오줌 등의 오물을 묻힌 풍습이 있었다.

36 내가……제거하겠다 : 당 현종(唐玄宗)이 병에 걸려 누워 있을 때, 꿈에 작은 귀신이 나타나서 현종의 물건으로 장난을 치며 못살게 굴었다. 현종이 큰 소리로 신하를 부르자 한 큰 귀신이 나타나 그 작은 귀신을 잡아먹어 버렸다. 현종이 누구냐고 묻자,

다. 한번 웃습니다.

"신은 종남산의 진사 종규라고 합니다.〔臣終南山進士鍾馗也〕"라고 대답하였다. 종규는 무덕(武德) 연간에 과거에 실패하고 기둥에 머리를 부딪쳐 죽었는데, 이때 꿈에 나타나 현종의 병을 고친 것이다. 현종이 장례를 정중히 치러 주자 종규는 천하의 요물을 제거하는 일에 함께하겠다고 맹세하였다고 한다.《古今事文類聚 前集 卷6 夢鍾馗》 허모(虛耗)는 현종의 꿈에 나타난 작은 귀신을 가리킨다.

신백거[37]에게 보내는 답장
答愼伯擧書

백거 족하(足下)가 여러 번 정성스러운 편지를 보내 주니 참으로 좋네. 몇 해 전 그대가 두 번이나 대관(臺官)으로 서울에 왔을 때 내가 문득 찾아가 만났는데 계산해 보면 지금 20여 년의 세월이 흘렀네. 그 뒤로 벗들은 대부분 죽고 나는 법망에 걸려 고생고생하며 이리저리 떠도느라 이는 빠지고 머리카락은 세었으니, 때때로 거울을 보더라도 거기 비친 것이 나 자신이 맞나 싶다네. 비록 그대가 타고난 그대로 본성을 따르며 외물(外物)에 마음을 두지 않는다 해도 어찌 젊었을 때처럼 강건하겠는가. 이러므로 한 번 만나서 가슴에 맺힌 것을 풀어 보려고 늘 생각하였으나 사는 곳이 멀리 떨어져 있기에 우연이라도 만나서 평소 도모하던 것을 이룰 길이 없었으니 서글피 슬퍼하였다네. 이제 그대가 올라왔으니 비록 곧바로 만나지는 못하더라도 끝내 못 만나는 지경에 이르지는 않을 것이니 설레어 기대하는 마음이 어떠하겠는가?

그대가 내 글을 지나치게 칭송하여 옛 작가와 견줄 만하다고 하였는데, 어쩌면 대단히 늙고 게으른 내가 거듭 환난(患難)을 만나 조금의 여력도 없지만 그래도 한두 가지 근사한 점이 있으므로 부족한 점을 더욱 힘써 닦아서 이러한 경지에 오르게 하려고 하는 말인가. 그렇지

37 신백거(愼伯擧) : 신천익(愼天翊, 1592~1661)으로, 본관은 거창(居昌), 자는 백거, 호는 소은(素隱)이다. 《性潭集 卷17 參判愼公神道碑銘 幷序》

않고서야 그대는 의기양양하게 고상한 태도를 지켜서 일찍이 남들을 경솔하게 헐뜯거나 칭찬하지 않는 사람인데 이처럼 실정보다 지나친 말을 하였겠는가. 나로서는 그대의 말을 감당할 수 없네. 감당할 수 없어.

내가 붓을 잡고 글공부를 한 지도 오래되기는 했네. 벼슬살이할 때는 다급히 업무를 보느라 겨를이 없었으니 간간이 세속에 응하는 글을 짓기는 했지만 천박했을 뿐이며 화려하게 꾸몄을 뿐이었네. 문장을 모르는 사람이야 혹 잘 짓는다고도 하겠지만 안목 있는 사람의 눈에는 어떻게 보이겠는가.

처음 죄를 얻었을 때는 막 호란(胡亂)을 겪은 뒤였으며 창졸간에 도성을 나서느라 한 권의 책도 가져가지 못했고, 변방에는 또 소일할 만한 책도 없었네. 질병과 근심 걱정 속에 아침이 아니면 저녁에 죽음이 닥칠 것 같았네. 오직 눈을 감고 생각을 맑게 하여 마치 선승(禪僧)이 벽을 마주하고 내면을 살피는 것처럼 하였네. 아침저녁으로 식사하는 일 이외에는 모든 세상을 깨끗이 잊어서 마음에 걸린 것이 하나도 없었네. 이렇게 한두 해를 지내고 나니 가슴속에 자연히 아무 것도 없게 되어 평소에 읽었던 책의 내용이 분명하게 떠올랐네. 그때서야 비로소 어떤 사람에게서 두보(杜甫)의 문집을 빌려 한두 번 살펴보았더니, 안목이 달라져서 고금 시문의 품격(品格)의 고하와 득실이 눈앞에 환히 보였다네. 종이를 펼쳐 써 내려가면 의도한 것과 말이 일치하고 정회(情懷)와 경계(境界)가 모두 이르므로 술 한 잔 마시고 시 한 번 읊조리며 자적(自適)할 수 있었네. 비록 그렇더라도 가을날의 곤충과 여름날의 지렁이도 스스로 그 불평(不平)함을 울어대는 것이니 어찌 감히 작자의 반열에서 함께 논의될 수 있겠는가. 나는 자네의 말을 감당할 수 없네. 감당할 수 없어.

행문(行文)의 요령에 대해서는 젊어서 경서(經書)와 한유(韓愈)의 글을 배웠지만 전혀 얻은 것이 없었고, 그 뒤에는 책도 없고 또 저술을 일삼지 않아 조금도 마음을 쓰지 않았다네. 근년(近年)에 어떤 사람이 소 장공(蘇長公)[38]의 책을 보여 주기에 서너 번 읽자 깨닫는 것이 있는 것 같았네. 이윽고 글을 지어보니 마음과 손이 상응하여 젊은 시절 익혔던 경서와 한유의 글이 비로소 온전한 나의 것이 되어 내달리지도 않고 거꾸러지지도 않아 오직 내가 의도한 대로 되더군. 그러므로 세상의 학자(學者)들이 책을 두루두루 충분히 익히지 않고 읽다 말다 하면서 매일 이 책을 읽어도 이로운 점이 없고 매일 이 글을 배워도 이룰 수 없다고 하는 것은 망녕되다고 여겼네.

그대는 식견이 이미 밝은데다 감식안도 정밀하고 타당하여 세속의 논의를 따라 비평하거나 사람들의 뜻을 따라 평가하지도 않으니, 시(詩)와 부(賦)의 행문 요령과 사륙문(四六文)에 대해 정한 순서를 내가 어찌 따르지 않겠는가. 옛 사람은 천백 세 이전의 사람들 중에서 지기(知己) 한 사람을 얻어도 마치 아침저녁으로 어깨를 나란히 하고 있는 것처럼 여겼네. 하물며 같은 시대에 태어나 식자(識者)에게서 이런 말을 들었으니 무엇으로 보답한단 말인가.

그대는 재주가 높고 운치가 전아하여 작성한 글이 고풍스럽고 간결하며 기묘한 곳은 마치 《노자(老子)》와 《주역》에서 나온 듯하니 대개

38 소 장공(蘇長公) : 송(宋)나라의 소식(蘇軾)을 높여 부르는 말이다. 소식이 소순(蘇洵)의 장자이며 그 문장이 훌륭하여 장공이라 불렸고, 그의 아우 소철(蘇轍)은 소공(少公)이라 불렸다.

천부적으로 타고난 솜씨일세. 오언시(五言詩)[39]는 장중하고 맑고 깨끗하니 결코 한(漢)나라 이후의 부(賦)를 짓는 작가의 솜씨가 아닐세. 반드시 후세에 전해질 것을 의심할 여지가 없네.

고쳐준 세 글자는 삼가 잘 이해하네만 외(外)와 의(議) 두 글자는 오히려 너절한 말 같으니 혹 이보다 더 좋은 것이 있겠는가. 보잘것없는 나의 견해를 감히 함께 펼쳐보였네. 용서하시게나.

39 오언시(五言詩) : 단소(短騷)는 신천익이 이민구에게 보낸 오언시를 말하는 것으로 보인다. 《동주집(東州集)》 시집(詩集) 권16에 〈신백거가 단소를 준 것에 사례하다〔謝愼伯擧贈短騷〕〉라는 시가 있다.

판서 정세규[40]에게 보내는 답장

答鄭判書書 世規

군칙(君則)께서 서한을 보내 지난 일을 언급하여 낡은 장구와 벙어리 종 같은 저로 하여금 당시의 일을 다시 말하게 하시니 대단히 다행입니다.

제가 처벌받은 지 이제 20년인데, 그동안 위축되고 두려운 가운데 대단히 곤욕스러웠습니다. 강화도의 일에 대해서는 한두 가지 말할 만한 것이 없지 않지만 당시 비변사에서 일을 담당했던 삼공(三公) 이하의 신하들이 모두 세상을 떠나고 오직 저만 모질게 살아남았습니다. 세상 사람들이 바야흐로 모난 말을 갈아 만들어 법을 심하게 적용한 것이 뼈에까지 사무치고 있습니다. 오로지 사람을 함정에 밀어 넣으려고만 할 뿐 일찍이 일의 시말(始末)에 대해 차분하게 따져 보지 않습니다. 죄를 쌓아 죄안(罪案)을 만드는 데 마음을 다할 뿐 불쌍하게 여겨주지 않으니, 진실로 머리를 들고 입을 열어 그렇지 않다는 사실을 스스로 밝히고자 해도 세속 사람들이 믿지 않아 아무런 도움은 없고 다만 더욱 비방을 들을 뿐입니다. 이러므로 입과 귀를 닫고 묵묵히 죽기만을 기다리고 있으니, 죽어서 한 사람도 나를 알아주는 이가 없더라도 또한 근심할 것이 없습니다. 비록 그렇지만 군자가 공정하고

40 정세규(鄭世規) : 1583~1661. 본관은 동래(東萊), 자는 군칙(君則), 호는 동리(東里), 시호는 경헌(景憲)이다. 이조 판서(吏曹判書)를 역임하였다. 병자호란 당시 충청도 관찰사였다. 《歸鹿集 卷17 吏曹判書鄭公諡狀》

자세하게 듣고 살펴서 그 실제적 사실을 자세히 채택해 준다면 엎어진 동이의 아래라도 쉽게 드러날 수 있습니다.[41]

병자년(1636, 인조14) 12월 14일, 오랑캐들의 침입 소식이 매우 다급하게 전해졌습니다. 임금께서 강화도로 가기로 결정하고 판윤 김경징(金慶徵)[42]을 검찰사(檢察使)로 임명하시자 김경징이 저를 부검찰사로 뽑았습니다. 저는 옥당(玉堂)의 장관이므로 마땅히 대가(大駕)보다 앞서 출발할 수 없다는 말로 승정원에 나아가 호소하였습니다. 승지 이경증(李景曾)[43]이 나와서 접촉하는 사이에 원단(原單)이 이미 내려왔으므로 부득이 하직인사를 하고 나왔습니다만 이때 이미 초패(招牌)가 막 내려왔습니다.

미시(未時)에 대가가 숭례문(崇禮門)에 도착하였는데 오랑캐 군대가 서교(西郊)까지 압박해 왔습니다. 조정 신료들이 당황하여 대가를 모시고 남한산성(南漢山城)으로 들어가니 적들이 곧바로 포위하였습니다. 오직 강화도로 가는 길만 막히지 않았는데 바람과 파도가 바다에 일렁이고 얼음덩이가 산처럼 쌓여 있었습니다. 16일에 이르러 빈궁

41 엎어진……있습니다 : 밝혀지기 어려운 죄상도 그 진실을 밝힐 수 있다는 말이다. 복분(覆盆)은 엎어진 동이라는 말로, 억울한 사정을 남들이 알아주지 않음을 비유하는 말이다. 《포박자(抱朴子)》 〈변문(辨問)〉에 "해와 달도 비치지 못하는 곳이 있고, 성인도 알지 못하는 것이 있다. 어찌 성인이 하지 않는 것이라고 해서 천하에 선도가 없다고 하겠는가. 이것은 삼광이 엎어진 동이의 안을 비추지 못한다고 책망하는 것과 같다.〔日月有所不照, 聖人有所不知. 其可以聖人所不爲, 便云天下無仙. 是責三光不照覆盆之內也.〕"라고 하였다.

42 김경징(金慶徵) : 1589~1637. 본관은 순천(順天), 자는 선응(善應)이다.

43 이경증(李景曾) : 1595~1648. 본관은 덕수(德水), 자는 여성(汝省), 호는 미강(眉江)・송음(松陰)이다. 《寒水齋集 卷24 判書李公神道碑銘 幷序》

(嬪宮)께서 비로소 광성진(廣城津)을 통해 강화도에 들어오셨습니다. 검찰사의 직분은 다만 도로와 배편 마련을 관리하는 것이므로 이미 강화도에 들어온 이상 저희들은 실상 필요 없는 관직이었습니다.

며칠 뒤에 무인 최상원(崔尙元)이 남한산성으로부터 밀랍으로 봉한 글을 가지고 도착하였습니다. 유지(有旨)에 이르기를 "수륙(水陸)의 방비를 모두 유수 장신(張紳)[44]에게 위임하니 간섭하는 문제가 없도록 하라."라고 하였습니다. 이틀 뒤에 이름을 기억할 수 없는 승려가 또 남한산성으로부터 왔는데 유지의 내용은 이전과 같았습니다. 대개 행조(行朝)에서 밖의 포위망이 단단하므로 최상원이 전달하지 못할까 염려하여 앞의 유지를 다시 내린 것이었습니다.

저희들은 애초에 강화도를 방어할 책임이 없었고, 조정의 뜻도 이와 같았으니 강화도의 기무(機務)에 대해서는 감히 알 수가 없습니다만 김경징과 장신이 많은 말로 옥신각신 다투리라고는 생각지도 못했습니다. 그러나 한 때 의견이 일치하지 않은 것이 어찌 문득 패망의 원인이 되겠습니까. 장신 또한 적을 바라만 보다가 일을 그르쳐 나라가 잘못되게 하고자 했던 것이 아니라, 다만 지나치게 사람들의 뜻을 따라 군사를 징발하는 데 신중하였으니, 오랑캐들이 바다를 건너오지 못할 것이라고 생각한 것입니다. 간혹 군교(軍校)들이 와서 적들의 실상을 보고하고 동료들이 더욱 삼엄하게 대비해야 한다고 권하는 말을 했지만, 문득 지나친 걱정이며 쓸데없이 겁을 내는 것이라고 여긴 것은 그의 지기가 대단히 사나워 마음을 쓰지 않은 것이니, 이것도

44 장신(張紳) : ?~1637. 본관은 덕수(德水), 자는 현국(顯國), 호는 취애(翠崖)이다. 병자호란 당시 강화부 유수(江華府留守)였다.

천운(天運)입니다.

정월 21일에 이르러 오랑캐들이 뭍으로부터 배를 끌고 강화도 동쪽 해안에 도착하니 온 섬 안에 사람의 기색이 다 사라졌습니다. 장신이 광성진에 있었기에 수군과 육군을 다 모았으므로 부중(府中)에는 한 명의 군사도 없었습니다. 금상(今上)께서 당시 봉림대군(鳳林大君)이셨는데 외사(外司)에 나와 여러 재신(宰臣)들에게 이르시기를 "공들 가운데 한 사람이 먼저 가서 적정(賊情)을 살펴보라."라고 하셨는데 좌우의 사람들이 모두 입을 다물고 대답하지 않으니 제가 속으로 비루하게 여겼습니다. 제가 대답하기를 "제가 먼저 나가보겠습니다. 다만 수하에 병사가 없으니 적의 실태를 살필 수는 있겠으나 적을 막는 일은 어찌한단 말입니까?"라고 하였습니다. 대군(大君)[45]께서 말씀하시기를 "내가 공에게 적을 공격하라고 하는 것이 아니니 다만 가서 살펴보고 보고하라. 내가 마땅히 병사들을 모아 뒤따라 달려갈 것이다."라고 하셨습니다. 저는 곧바로 일어나 하직 인사를 하고 가는 길에 임시 거처를 지나게 되었지만 들어가지 않은 채 갑곶 도청(甲串都廳)으로 달려갔습니다. 당시 시각이 이경(二更)에 가까웠고 칠흑(漆黑)처럼 어두웠는데 적진의 불빛이 물 너머에서 깜빡이는 것을 보고는 작은 종이에 제가 본 것을 직접 써서 보고하였습니다.

동이 틀 무렵에 살펴보니 적들의 털 장막 대여섯 줄이 문수산(文殊

45 대군(大君) : 상(上)은 임금 곧 효종(孝宗)을 가리킨다. 이 편지를 쓸 때 효종이 재위하고 있었으므로 이렇게 표현했으나 글의 내용은 강화도에 있을 당시의 일을 말하고 있으므로 여기서 상은 강화도에 피란했던 봉림대군을 가리키기에 대군이라 풀이하였다. 이후로도 동일하게 적용하여 풀이하였다.

山) 아래에 설치되어 있었고 곳곳에서 연기가 피어났습니다. 사시(巳時) 쯤 되었을 때 적들이 대포를 이용해 서쪽 해안을 연이어 폭격하니 흙과 돌이 부서졌습니다. 작은 배 수십 척이 앞 바다에 떠서 장차 건너오려는 형세였습니다. 조금 있다가 대군께서 도착하셨고, 재상 김상용(金尙容)[46]과 판서 이상길(李尙吉)[47]과 판서 조익(趙翼)[48]과 동지 여이징(呂爾徵)[49]과 참의 유성증(兪省曾)[50]과 헌납 이일상(李一相)[51]과 전적 이행진(李行進)[52] 등 10여 명도 이어서 도착하였습니다. 충청도의 전선(戰船) 7척은 급류에 정박해서 갑자기 제어할 수 없었고,

46 김상용(金尙容) : 1561~1637. 본관은 안동(安東), 자는 경택(景擇), 호는 선원(仙源)·풍계(楓溪)·계옹(溪翁)이다. 1636년(인조14) 병자호란 때 묘사(廟社)의 신주를 받들고 빈궁(嬪宮)과 원손(元孫)을 수행해 강화도에 피난했다. 이듬해 성이 함락되자 성의 남문루(南門樓)에 있던 화약에 불을 지르고 순절하였다.《樂全堂集 卷14 右議政金公諡狀》

47 이상길(李尙吉) : 1556~1637. 본관은 벽진(碧珍), 자는 사우(士祐), 호는 동천(東川)이다. 병자호란 당시 묘사의 신주를 모시고 강화도에 들어갔다가 1637년(인조15) 운명하였다.《潛谷遺稿 卷11 資憲大夫工曹判書贈左議政李公諡狀》

48 조익(趙翼) : 1579~1655. 본관은 풍양(豐壤), 자는 비경(飛卿), 호는 포저(浦渚), 시호는 문효(文孝)이다.《宋子大全 卷162 浦渚趙公神道碑銘 幷序》

49 여이징(呂爾徵) : 1588~1656. 본관은 함양(咸陽), 자는 자구(子久), 호는 동강(東江)이다.

50 유성증(兪省曾) : 1576~1649. 본관은 기계(杞溪), 자는 자수(子修), 호는 우곡(愚谷)이다.《白軒集 卷42 江原道觀察使兪公神道碑銘》

51 이일상(李一相) : 1612~1666. 본관은 연안(延安), 자는 함경(咸卿), 호는 청호(青湖)이다.《芝村集 卷23 伯父青湖府君墓誌》

52 이행진(李行進) : 1597~1665. 본관은 전의(全義), 자는 사겸(士謙), 호는 지암(止菴)이다.《老村集 卷5 嘉善大夫吏曹參判止庵李公墓表陰記》

본부(本府)의 수군 27척은 광성진에서 북쪽으로 올라왔는데 조수가 밀려나가자 전진하지 못하였습니다.

이때에 본부의 중군 황선신(黃善身)이 광성진에서 비로소 육군 113명을 이끌고 와서 개펄에서 저지하며 멀리 돌아서 왔습니다. 막 봉우리의 정상에 올라서서 미처 진을 펼치지 못했는데 적선(賊船)이 이미 중류를 지나고 있었습니다. 대군께서 저에게 일러 말씀하시기를 "공은 여기에 머물러 있으라. 내가 군사들을 더 모아서 오겠다."라고 하셨습니다. 가시면서 또 저를 돌아보고 거듭 신신당부하고는 말을 달려 부중(府中)으로 돌아가셨고, 여러 재신(宰臣)들도 따라 흩어졌습니다. 뒤에 들으니 대군께서 부중에 도착하여 갑옷을 걸치고 군사를 모으다가 남문에 도착하여 적을 만나게 되자 그치셨다고 하였습니다.

저는 그대로 갑곶 도청의 북쪽 언덕에 있었는데 적들이 배를 댄 곳과는 겨우 4, 5십 보 밖에 떨어져 있지 않았습니다. 적들은 재빠르게 본부의 군사를 무찌르려고 곧장 진격하여 성으로 접근하였습니다. 갑옷을 걷어붙이고 재빨리 달려 곧장 황선신의 군대와 마주쳤는데 황선신의 군대는 패하고 말았습니다. 만약 저의 수하에 다소의 군사가 있었다면 적들이 반드시 먼저 섬멸했지 무시하고 지나치지 않았을 것입니다. 순식간에 언덕 위는 텅 비어 적들이 없었습니다. 멀리 성 밖을 바라보니 적들의 기마병이 내달리며 사람들을 죽이고 있었습니다. 저는 다만 편비(偏裨) 이하 여섯 사람과 서둘러 부내(府內)로 돌아가고자 했으나 대세는 결판나고 흐르는 피가 도랑을 이루었습니다. 제가 있던 곳은 삼면이 물로 막혀 있어서 다시 발길을 옮길 곳도 없었습니다. 푸른 바다가 눈에 들어오고 날카로운 검을 허리에 차고 있었으니 투신자살하여 오직 한 번 죽는 길 밖에 없었습니다.

그러나 스스로 생각해 보니 그 지역은 제가 지킬 책임이 없었고, 군사는 제가 지휘할 권한이 없었습니다. 또 거듭 중지(中旨)[53]를 받아 수륙(水陸)의 방비를 수신(守臣) 장신(張紳)에게 맡겼으니 저에게는 죽을 책임이 없었습니다. 돌아보건대 적들 속에 홀로 서 있다가는 조만간 칼을 맞을 뿐이었습니다. 정오를 지날 무렵 문득 보니 방석만 한 작은 배가 부(府)의 남쪽 고속포(古束浦) 쪽에서 내려오는데 한 아이가 노를 잡고 있었습니다. 저는 그 배를 타고 해선(海船)에 도달하여 죽을 고비를 넘기며 지금까지 목숨을 보존하고 있습니다. 하늘의 해가 위에 있으니 이것은 감히 거짓말이 아닙니다.

아아, 처음 명령을 받고 성을 나가 적정을 살필 때까지의 정황, 적들이 다가왔지만 성으로 돌아가지 못한 사정, 성이 함락되었지만 목숨을 건져 바다로 빠져나온 일이 모두 이처럼 전말(顚末)이 있습니다. 그러나 지금 말하는 사람들은 반드시 용서할 수 없는 땅에 두려고 하여 장수가 되어 일을 그르친 법률로 다스리니, 그 하나는 호서에 가지 않았다는 것이며, 다른 하나는 부중(府中)으로 돌아오지 않았다는 것입니다. 한 집안의 모든 식구들이 전란의 불구덩이 속에서 희생되어 하나도 살아남은 사람이 없는데 처자식을 탈출시키려고 꾀하였다[54]고

53 중지(中旨) : 임금이 조정을 거치지 않고 직접 어필로 써서 내린 명령을 말한다. 여기서는 앞서 언급한 무인 최상원(崔尙元)과 이름을 알 수 없는 승려가 남한산성에서 가져온 명령서를 말한다.

54 처자식을 탈출시키려고 꾀하였다 : 이상형(李尙馨)의 글에 "김경징과 장신은 그들의 늙은 어미를 적들의 칼날 아래 버려둔 채 염려하지 않았고, 이민구는 살기 위해 가장 먼저 도망쳐 처자식을 구출하려고 하였으니 이런 짓을 한다면 무슨 짓인들 못하겠습니까.〔慶徵紳則其老母置之鋒刃上, 而曾不顧念. 敏求則逃生最先, 謀出妻子, 是可忍

까지 하니 죄를 더하고자 하여 오히려 더 다른 말이 없을까 걱정하고 있습니다.

전란이 발생한 처음에 대가(大駕)가 갑자기 출발하여 강화도로 가려다가 행렬이 성문에 이르자 방향을 바꿔 남한산성으로 들어갔으니 처음의 계획대로 된 것이 아닙니다. 대가가 출발하기에 앞서 한 시각 먼저 별도로 방어할 장수를 보내 큰일을 맡겼다면 반드시 이런 일은 없었을 것입니다. 처음 강화도에 들어갔을 때 곧바로 이어서 중지(中旨)를 내려 보내 강화 유수에게 중대한 일을 맡겼으니 검찰사의 관직은 그 책임이 저절로 달라집니다. 그런데 방어에 실패한 뒤에 비로소 죄를 나누어 처벌하면서 죄에 빠뜨리고자 하는 사람을 죽음에 해당하는 사람과 대등하게 처벌하려고 하니 이럴 수가 있단 말입니까.

가령 우윤문(虞允文)에게 섭의문(葉義問)의 막부 직권이 없었고, 이현충(李顯忠)의 산후(山後)의 기고(旗鼓)가 없었는데 채석(采石)의 험준한 지형을 빼앗겨 역적 완안량(完顔亮)이 갑자기 건너왔다면 우윤문으로 하여금 시신을 수레에 싣고 가는 책임을 감당하게 할 수 있었겠습니까.[55] 일을 논하는 사람들이 다만 재앙을 만들 생각만 하고

也, 孰不可忍也.〕"라는 내용이 보인다. 《天默遺稿 卷2 論江都二臣箚》

55 가령……있었겠습니까 : 우윤문(虞允文)은 남송(南宋) 효종(孝宗) 때의 문신으로, 자는 채보(彬甫)이며, 융주(隆州) 인수(仁壽) 사람이다. 섭의문(葉義問)과 이현충(李顯忠) 역시 효종 때의 인물들이다. 우윤문이 섭의문의 막부에 참모군사(參謀軍事)로 있을 때 금(金)의 완안량(完顔亮)이 군대를 이끌고 남송의 과주(瓜洲)를 공격하여 강을 건너려고 하였다. 이때 우윤문은 채석에서 군사를 동원하고 있었는데, 남송의 군대가 금나라 군대에 패하여 전멸의 위기에 놓였다. 이에 우윤문이 군사들에게 충의(忠義)를 권면하여 다시금 싸우게 하였다. 또 광주(光州)에서 온 패잔병들에게 기와 북, 즉 기고(旗鼓)를 주어 산후(山後)에서 나오게 함으로써 지원군이 도착한 것처럼

의문을 조정하지도 않아 아침에 보태고 저녁에 더하니 10년 20년에 이르도록 비방이 더욱 심해지고 있습니다. 저와 함께 견책을 받았던 사람들 가운데 일을 망치고 나라를 저버린 사람이 한둘이 아닙니다. 그러나 같은 붕당(朋黨)의 사람들이 사사롭게 사귀어 정의가 친밀한 이들은 근거 없는 말과 꾸며낸 말로 온갖 방법을 동원해 구제해 내려고 하였습니다. 그로 인해 죄적(罪籍)에서 이름을 씻어 내고 환로(宦路)에 오른 사람이 많습니다.

그런데 홀로 저에게만은 많은 사람들이 노여워하고 원망하여 반드시 죽을 땅에 밀어 넣고 큰 죄를 진 사람에게 적용하는 법률을 적용시켰습니다. 전후의 두 임금[56]께서 어진 은혜를 베풀어 주어 법을 너그럽게 적용해 주신 덕분에 거듭 위태로운 목숨을 이어오고 있으니 진실로 저처럼 보잘것없는 사람이 바랄 수 있는 바가 아닙니다.

청음(淸陰)[57] 공의 문집에서 무함(誣陷)한 한 조목에 이르러서는

꾸며 적을 무찌른 고사가 있다.《宋史 卷383 虞允文列傳》이 글에서 이민구는 자신에게 군사를 지휘할 권한이 없었고 수하에 병사도 없었다고 말하고 있는데, 그와 반대로 우윤문은 참모군사의 직권이 있었고, 비록 패잔병이지만 이현충의 지원군이 있었기 때문에 채석을 지킬 수 있었다고 말하고 있다. 만일 이현충이 자신처럼 지휘 권한도 없고 군사도 없었다면 채석을 지키지 못했다고 해서 그에게 패전의 책임을 물을 수는 없을 것이라는 논리이다. 여시(輿尸)는 전쟁에 패하여 시신(屍身)을 수레에 실어 가는 것을 이른 말이다.《주역》〈사괘(師卦) 육삼(六三)〉에 "싸움에서 패하여 시체를 싣고 오면 흉하다.〔師或輿尸, 凶.〕"라고 하였다.

56 두 임금 : 인조(仁祖)와 효종(孝宗)을 가리킨다.

57 청음(淸陰) : 김상헌(金尙憲, 1570~1652)으로, 본관은 안동(安東), 자는 숙도(叔度), 호는 청음·석실산인(石室山人)이다.《宋子大全 卷182 石室金先生墓誌銘 幷序》

더욱이 무엇에 근거해서 이처럼 허망한 말을 하였는지 알지 못하겠습니다. 그 당시 상황을 보고하는 사람들이 와서 전하기를 호서의 군대가 들어와 남한산성을 돕다가 오랑캐들에게 습격을 받아 방백(方伯)이 벼랑에 떨어져 죽는 불행한 일이 있었다고 하였습니다. 저는 남쪽을 바라보고 눈물을 흘리며 그대가 본도에서 저에게 보낸 편지를 취해서 손수 단단히 봉해 일이 안정되기를 기다려 공의 집에 전하려고 하였습니다. 당시의 심사를 어찌 말로 다 표현할 수 있겠습니까.

그 다음 날 제가 밖에서 돌아오니 재상 윤방(尹昉)[58]과 김상용(金尙容)이 방 안에 있다가 저를 불렀습니다. 들어가 보니 김경징이 먼저 자리에 있었는데 무슨 말을 하고 있었는지는 알 수 없었습니다. 재상 윤방이 말하기를 "호서 방백의 생사를 알 수 없소. 호서에 주장(主將)이 없고 남한산성의 명령이 통하지 않으니 공이 가서 그 임무를 살피는 것이 마땅하오."라고 하였습니다. 아마도 재상 김상용이 처음 그런 의사를 말했고, 윤방이 저에게 말해 주는 것이었습니다. 제가 말하기를 "잘 알겠습니다."라고 하고, 장신(張紳)에게 이르기를 "내가 지금 바다로 나갈 것이니 배와 식량과 노꾼을 공이 곧바로 준비해서 보내주시오."라고 하였습니다.

그날 저녁 성 동쪽에 있는 재상 김상용의 우사(寓舍)에 가서 하직하였는데, 공의 아들 춘천 부사(春川府使) 김광환(金光煥)[59]이 아버지

58 윤방(尹昉) : 1563~1640. 본관은 해평(海平), 자는 가회(可晦), 호는 치천(稚川)이다. 병자호란 당시 묘사 제조(廟社提調)로서 신주(神主)를 모시고 강화도로 피난하였다. 《澤堂集 別集 卷7 領議政海昌君尹公神道碑銘 幷序》

59 김광환(金光煥) : 1579~1642. 본관은 안동(安東), 자는 회숙(晦叔)이다.

를 뵈러 왔기에 그와 잠시 이야기를 나누고 일어났습니다. 제 우사에 들러 행장을 꾸리는데 피란한 유생 김익겸(金益兼)[60]과 윤선거(尹宣擧)[61]가 와서 보고 헤어졌습니다. 선원리에 있는 촌사로 나와 자고서 배를 준비하고 식량을 실었습니다. 다음 날 아침 재상 윤방이 사람을 시켜 말을 전해 오기를 "듣자니 호서 방백이 다행히 무사하다고 하니 공은 갈 필요가 없겠소."라고 하였습니다. 저는 이에 성으로 돌아와 비로소 재상 김상용이 김경징과 주고받은 말이 있음을 들었지만 그 자세한 내용을 알지 못하였으니 이와 같을 뿐입니다.

지금 재상 김상용의 행장과 비문에 "눈물을 흘리며 가려고 하지 않았다."[62]라고 하고, "가려는 의사가 없었으니 어찌할 수가 없었다."[63]라

60 김익겸(金益兼) : 1614~1637. 본관은 광산(光山), 자는 여남(汝南), 시호는 충정(忠正)이다.

61 윤선거(尹宣擧) : 1610~1669. 본관은 파평(坡平), 자는 길보(吉甫), 호는 미촌(美村)·노서(魯西)이다. 《魯西遺稿 附錄 下 成均生員贈通政大夫吏曹參議魯西先生尹公行狀》

62 김상용의……않았다 : 청음 김상헌이 쓴 김상용의 신도비명에 "공이 분연히 떨쳐 일어나 이르기를 '행재소가 포위된 지 오래 되었다.……강화도에 검찰사는 한 사람이면 충분하니 부검찰사가 마땅히 호서로 가서 흩어진 병사들을 모으고 의병들을 모으며, 호남의 군사들 가운데 후방에 있는 이들을 독려하여 위급한 상황에 처해 있는 군부에게 달려가야 한다. 이 일은 지체할 수 없다.'라고 하셨는데 이민구가 눈물을 흘리며 가지 않았다.〔公奮謂行在受圍日久.……江都檢察一人足了, 副使宜往湖西, 收散卒糾義旅, 督湖南兵在後者, 以赴君父之急, 機不可緩, 敏求涕泣不行.〕"라고 하였다. 《淸陰集 卷26 伯氏議政府右議政仙源先生神道碑銘 幷序》

63 가려는……없었다 : 청음 김상헌이 쓴 김상용의 행장에 위의 각주에 보이는 신도비명의 내용과 유사한 내용이 있는데 그 가운데 "이민구가 가려는 마음이 없어서 눈물을 흘리며 두려워하기까지 하였다.〔敏求殊無意行, 至涕泣危懼.〕"라는 내용이 보인다.

는 말이 있습니다. 바야흐로 당시에 행조(行朝)는 강화도와 길이 막혔고, 논의가 분분하여 상하의 신하들이 분규되고 있었습니다. 제가 틈에 끼어 견제를 받으며 묵묵히 있을 뿐 할 수 있는 일이 없었기에 재상의 지위에 있는 사람에게 병든 사정을 말하고 여러 날 동안 물러나 누워 있었으니 만일 발을 빼어 섬을 떠났다면 진실로 좋았을 것입니다. 하물며 호서의 직로(直路)에 있는 몇 개 고을이 침략 당한 것을 제외하면 대부분은 안전하게 보존되었다는 소식을 들었으니 섬을 지키는 것과 뭍으로 나가는 것은 이로움과 해로움의 차이가 대단히 큰데 어찌 눈물을 흘리며 가지 않으려는 이치가 있었겠습니까. 지금 김광환과 윤선거가 아직도 살아 있으니 가려고 했는지 가려고 하지 않았는지는 사실을 조사해 보면 알 수 있습니다.

그러나 청음(淸陰) 공은 스스로 정직한 분이니 반드시 말과 행동에 신중했을 것이므로 마땅히 좋아하고 미워함에 마음을 두고 일부러 말을 만들어 지금과 후대의 사람들에게 보여 주려고 하지 않았을 것입니다. 그 일을 직접 눈으로 본 것이 아니고 말은 여러 사람들에게서 들은 것이기 때문에, 증거 없는 말을 취해서 여러 사람이 내버린 저에게 더한 것인데, 돌봐 주는 이도 없고 뒤집어 주는 사람도 없어서 이러한 지경에 이르렀습니다.

애석합니다. 청음 공같이 어진 분이 사람을 논하는 데 신중한 입장을 취하지 않았고, 청음 공의 뛰어난 문장 실력으로 입언(立言)한 글이 사람들에게 신뢰를 받지 못하게 되었습니다. 여러 사람들의 말은 삼호(三虎)보다도 지나쳐서 깨뜨릴 수가 없고,[64] 새로운 글은 백금(百

《淸陰集 卷37 伯氏右議政仙源先生行狀》

金)보다도 비싸서 깎아 낼 수가 없습니다. 이러한 때에 사람을 불러 증거를 삼고 북을 울려 원통함을 하소연하고자 한다면 저는 반드시 그렇게 할 수 없는 것을 알고 있습니다.

당신과 평생 동안의 이야기를 나눈 것이 여러 번이었는데, 제가 일언반구라도 이 일에 대해 언급하는 것을 들은 적이 있습니까. 옛날에 말하지 않던 것을 지금 말하는 것은 죽을 날이 다가왔고 남은 날이 얼마 없기 때문입니다. 머리도 두렵고 꼬리도 두려우니 몸에 두렵지 않은 곳이 얼마나 되겠습니까.[65] 하나라도 나를 알아주는 사람에게 조금이나마 속사정을 털어놓지 않는다면 맺힌 마음이 끝이 없어서 죽어서도 한이 남을 것입니다. 그러나 이미 헐뜯음이 더욱 심해져서 끝내 그치지 않을 것을 알고 있으니 또 하나의 죄입니다.

민구는 머리를 조아려 아뢰니다.

처음 강화도에 들어갈 때 빈궁 일행은 바다에서 운행하는 배를 탔는데 바다에서 운행하는 배는 느리기 때문에 얼음덩이에 막히게 되었습니다. 김경징은 강에서 운행하는 배를 탔는데 강에서 운행하는 배는 빨라서 얼음을 타고 넘어 먼저 건너갔습니다. 그 다음날 빈궁 일행이 탄 배가 비로소 덕포에 도달하였습니다. 제가 승지 한홍일(韓興一)[66]과 더불어 빈궁 일행의 배를 따라 건넜습니다. 가을에 이르러 김경징이 김시양(金時讓)[67]의 말로 인해 빈궁 일행을 기다리지 않고 먼저 강화도에 들어갔다는 이유로 죄를 받았으

64 여러……없고 : 여러 사람이 말하면 사실이 아닌 일도 사실로 굳어져서 진상을 밝히기 어렵다는 말이다. 《회남자(淮南子)》 〈설산훈(說山訓)〉에 "세 사람만 모이면 저자에 호랑이도 만든다.〔三人成市虎〕"라고 하였다.

65 머리도……되겠습니까 : 두려움이 온 몸에 얽혀 있다는 말로, 《춘추좌씨전》 문공(文公) 17년 기사에 보인다.

66 한홍일(韓興一) : 1587~1651. 본관은 청주(淸州), 자는 진보(振甫), 호는 유시(柳市)이다. 《龍洲遺稿 卷19 右議政韓公墓碑銘 幷序》

니 추안(推案)에 그러한 내용이 갖추어져 있습니다. 그런데 많은 사람들이 강화도가 함락된 일로 처벌되었다고 말하여 분별하는 자가 없으니 또한 이상한 일입니다.

67 김시양(金時讓) : 1581~1643. 본관은 안동(安東), 초명은 시언(時言), 자는 자중(子中), 호는 하담(荷潭)이다.《歸巖集 卷10 外王考荷潭金先生行狀》

판서 김광욱[68]에게 보내는 답장

答金判書書 光煜

보내 주신 편지를 받아보니 위로의 말씀이 매우 지극하였습니다. 비록 저에게 말을 다하여 스스로를 변론하게 하더라도 어찌 이보다 더 잘할 수 있겠습니까.

당신께서 저를 알아줌이 진실로 깊고, 저를 아껴줌이 진실로 두텁습니다. 그러나 저를 돕고 이롭게 해 주시는 일이 아닙니다. 저를 도우려다가 이루지 못하면 때로는 저를 해치게 되고, 저를 이롭게 하려다가 이루지 못하면 때로는 저를 곤란하게 합니다. 저를 알아주고 아껴주는 사람들 중에 당신처럼 깊고 두터운 사람이 있겠습니까. 그러나 만약 당신께서 저에 대해 이처럼 깊이 알고 이처럼 두텁게 아껴주어 시종일관 돌봐 주고 도와줌이 이와 같음을 남들이 듣게 된다면 화들짝 의심하고 발끈 노하여 기름을 들이붓고 장작을 더 쌓고서 불을 댕기고 더 뜨겁게 타오르도록 부채질하지 않을 사람이 있겠습니까. 장차 서로 돕고 이롭게 하지는 못하면서 해로움만 따를 것입니다.

얼마 전에 일어난 양사(兩司)의 논의는 그 파급이 너무 심하였습니다. 이는 제가 감히 스스로 애석해하지 못할 바이고 거듭 당신을 위해

68 김광욱(金光煜) : 1580~1656. 본관은 안동(安東), 자는 회이(晦而), 호는 죽소(竹所)이다. 《효종실록》 즉위년 11월 8일 기사에 김광욱을 형조 판서에 임명한 내용이 보인다. 이 글은 내용상 1650년(효종1)에 일어났던 이민구의 서용(敍用)과 관련하여 주고받은 편지로 추정된다.

두려워할 일입니다. 명성 때문에 미움 사는 일은 예나 지금이나 이야기꺼리가 되니 군자의 마음이 명성을 꺼리는 데서 나왔기 때문이 아니라 명성은 좋은 그릇이기에 사람들에게 미움 사게 되는 이치가 있는 것입니다. 저는 본래 그런 명성이 없으니 어찌 미움을 사겠습니까. 그러나 옛 사람들 가운데 이러한 환난에 걸린 경우가 있었습니다. 태백(太白)이 야랑(夜郎)으로 유배 가자 세상 사람들이 모두 그를 죽이려 하였고,[69] 자첨(子瞻)이 혜주(惠州)로 쫓겨나자 재상이 그를 죽이려고 하였습니다.[70] 저들이 이처럼 당시 사람들에게서 미움을 산 것은 무엇 때문이겠습니까. 명성은 조물주도 꺼리는 것인데[71] 하물며 사람에게 있어서이며, 하물며 예업(藝業)을 함께 하면서 출세를 다투는

69 태백(太白)이……하였고 : 당(唐)나라 이백(李白)이 일찍이 영왕(永王) 이린(李璘)의 막좌(幕佐)가 되었는데, 안녹산의 난 당시에 이린이 새로 즉위한 황제 숙종(肅宗)과 대립하다가 싸움에 패하였다. 이백은 이 일에 연좌되어 처형당하게 되었으나, 곽자의(郭子儀)의 주선 덕분에 야랑(夜郎) 땅에 귀양 가는 것으로 그쳤다. 《新唐書 卷202 文藝中 李白》

70 자첨(子瞻)이……하였습니다 : 자첨은 송(宋)나라 소식(蘇軾, 1037~1101)의 자로, 호는 동파(東坡)이다. 소식은 왕안석(王安石) 등이 주창한 신법(新法)에 반대하다가 1094년에 혜주로 유배되었고, 3년 후에는 해남도로 귀양 갔다. 그때 황정견(黃庭堅)이 준 시에 "자첨이 해남으로 귀양을 가니, 당시의 재상이 그를 죽이려 했네. 귀양지인 혜주의 밥 배불리 먹고, 꼼꼼하게 연명의 시에 화답하였네. 팽택은 천 년토록 이름 남겠고, 동파 역시 백세까지 전해지리라. 두 사람의 출처가 비록 같지 않지만, 기상과 취미만은 서로 같아라.〔子瞻謫海南, 時宰欲殺之. 飽喫惠州飯, 細和淵明詩. 澎澤千載人, 東坡百世士. 出處雖不同, 氣味乃相似.〕"라고 하였다. 《山谷集 卷7 跋子瞻和陶詩》

71 명성은……것인데 : 진단(陳摶)이 문인(門人) 충방(种放)을 경계한 말에 "명성은 고금의 아름다운 그릇이지만 조물주가 깊이 미워한다.〔名者古今美器, 造物者深忌之.〕"라고 하였다. 《山堂肆考 卷103 人品》

사람에게 있어서이겠습니까.

하늘이 이미 지초와 난초에게 아름다움을 부여하였으나, 거센 바람으로 떨어뜨리고 눈서리 내려 시들게 해서 일찍이 아까워하지 않습니다. 그러나 저력(樗櫟)은 쓸모없는 목재인데도 타고난 수명을 온전히 보전합니다.[72] 사람이 기이한 재주를 지니고 아름다운 명성을 드날리는 것이 지초나 난초와 비교해서 무엇이 다르겠습니까. 어진 사람은 적고 어질지 못한 사람은 많으니, 다른 사람이 잘되는 것을 듣고서 노여운 낯빛을 띠고 거슬리는 말을 하지 않는 자는 드문데, 구덩이에 밀어 넣고서 바위를 떨어뜨려 구덩이를 메우는 것은[73] 온 세상 사람들이 다 그렇습니다. 이백과 자첨이 겪은 일은 모두 이러한 것들입니다.

이뿐만이 아닙니다. 어떤 사람이 특별하고 빼어난 자질을 자부하여 뜻이 높고 의기양양하여 고개를 숙이고 기색을 낮추고서 사람들에게 곱게 보이지 않는다면, 사람들이 그를 대할 때도 다른 사람과는 달리 봅니다. 그 사람의 말소리를 들으면 꺼리고 그 사람을 만나면 엄격한

72 저력(樗櫟)은……보전합니다 : 저력은 가죽나무와 떡갈나무의 합칭으로, 크기만 할 뿐 아무 쓸모가 없어서 어떤 목수도 찾지 않아 타고난 수명을 누린다는 뜻으로 쓰이는데, 전하여 재능이 부족한 사람을 비유한다. 《장자(莊子)》 〈소요유(逍遙遊)〉에 "가죽나무는 밑동이 크고 옹이가 많아서 먹줄에 맞지 않고, 가지가 작고 굽어서 규구(規矩)에 맞지 않는다. 이 때문에 길거리에 서 있어도 장인(匠人)이 돌아보지 않는다."라고 하였다.

73 구덩이에……것은 : 한유(韓愈)의 〈유자후묘지명(柳子厚墓誌銘)〉에 "어느 날 갑자기 털끝만큼이라도 작은 이해에 관련이 되면, 언제 보았느냐는 듯 눈길을 돌리고는, 함정에 빠졌어도 손을 한 번 내밀어서 구해 주려고 하기보다는 오히려 뒤로 밀치면서 돌멩이를 던지기까지 한다.〔一旦臨小利害, 僅如毛髮比, 反眼若不相識, 落陷穽, 不一引手救, 反擠之, 又下石焉.〕"라고 하였다.

자세를 취합니다. 무엇을 물었을 때 다 말하면 거짓으로 알지 못하는 것까지 말한다고 여기고, 피하여 말하지 않으면 헐뜯으며 비루하게 여겨 함께 이야기하지 않는다고 여깁니다. 지은 글이 고상하면 한 명은 칭찬하고 아홉 명은 비난하며, 구사한 말에 잘못이 있으면 많은 사람들이 비웃고 헐뜯습니다. 칭찬하면 마음으로 분해하고, 헐뜯으면 기쁜 낯빛을 띱니다. 함께 자리한 사람들이 머뭇머뭇 눈치를 보며 일어나고 말하는 사람들이 이리저리 계산한 뒤에 말을 꺼냅니다. 하물며 그로 하여금 커다란 샘물과도 같은 천 편의 글들[74] 사이에서 흘겨보아 흠을 찾게 한다면 땀을 뻘뻘 흘리면서 바삐 달려 창을 잡고 칼을 만지지 않는 자가 있겠습니까.[75]

재주는 자기 자신이 소유한 것이고, 명성은 남이 주는 것입니다. 자신이 소유한 것이므로 사양할 수 없고, 남이 주는 것이기에 도리어

74 커다란……글들 : 이민구가 지은 글들을 가리킨다. 소식(蘇軾)이 "나의 문장은 만 곡의 샘물이 지형을 가리지 않고 어디든 뻗어 나가는 것과 같다.〔吾文如萬斛泉源, 不擇地皆可出.〕"라고 하였다. 《東坡全集 卷100 論文》

75 창을……있겠습니까 : 이민구의 글에 비평을 가해 흠을 잡을 것이라는 말이다. 조과(操戈)는 그 사람의 설(說)을 가지고 그 사람을 반박하는 것을 뜻한다. 한(漢)나라 때 하휴(何休)가 공양학(公羊學)을 좋아하여 《공양묵수(公羊墨守)》, 《좌씨고황(左氏膏肓)》, 《곡량폐질(穀梁廢疾)》을 지었는데, 정현(鄭玄)이 이 책들에 대해 반박하는 저술을 내놓았다. 하휴가 읽어 보고 "정강성(鄭康成)은 나의 방에 들어와 나의 창을 잡고 나를 치는구나."라고 탄식하였다. 《後漢書 卷65 鄭玄列傳》 안검(按劍)은 사람들이 까닭 없이 오해하여 미워함을 뜻한다. 《사기(史記)》 권83 〈추양열전(鄒陽列傳)〉에 "명월주와 야광벽 같은 좋은 보배를 암암리에 길 가는 사람에게 던져 주면 칼자루를 잡고 노려보지 않을 사람이 없으니, 그 이유는 까닭 없이 자기 앞에 떨어졌기 때문이다.〔明月之珠夜光之璧, 以闇投人於道路, 人無不按劍相眄者, 何則. 無因而至前也.〕"라고 한 데서 유래하였다.

원수로 여겨 이리저리 떠돌며 온갖 고생을 하다가 끝내 불우하게 죽습니다. 옛말에 "천 명의 사람이 손가락질하면 병이 없어도 죽는다."라고 하였으니 심하게 미워하면 그 속에 사람을 죽게 만드는 이치가 있는 것입니다. 하물며 빈 들보의 제비가 물어온 진흙도 사람을 죽게 하니 더 말할 것이 있겠습니까.[76]

하늘이 이 사람을 아껴 주어 이미 태어나게 하고 또 미워하여 몸을 고되게 하며, 사람들이 이 사람을 미워하지만 이미 죽은 뒤에 아껴 주어 세상에 전해지게 하니 아껴 주고 미워하는 이치는 또 알 수 없는 것입니다.

당신께서 또 "송(宋)나라가 남쪽으로 도읍을 옮긴 뒤에 인사(人士)들이 처벌되어 유배 가도 불명예나 모욕으로 여기지 않았으니, 이것은 옥을 이루어 주는 것이다."[77]라고 하셨는데 이 논의는 지나칩니다. 예의가 무너지고 온 세상이 어두워져서 위로 공경(公卿) 이하로부터

76 빈……있겠습니까 : 좋은 글귀 때문에 목숨을 잃을 수도 있다는 말이다. 공량연니(空梁燕泥)는 수(隋)나라 설도형(薛道衡)의 〈석석염(昔昔鹽)〉에 보이는 시구이다. 《수당가화(隋唐佳話)》에 따르면, 양제(煬帝)는 글을 잘 지었지만 자기보다 나은 사람이 나오기를 바라지 않았다. 그런데 당시 사예(司隷)인 설도형이 "어두운 창에는 거미줄만 걸려 있고, 텅 빈 들보에선 제비가 물어온 진흙만 떨어진다.〔暗牖懸蛛網, 空梁落燕泥.〕"라는 시구를 지어 양제의 미움을 샀다. 훗날 양제가 그를 주별하면서 "다시 '공량낙연니'라고 지을 수 있겠느냐?〔更能作空梁落燕泥否〕"라고 하였다.

77 송(宋)나라가……것이다 : 남송의 인사들 가운데 유배 간 사람이 굴욕으로 여기지 않고 곤경 속에서 인격이 더욱 성취되는 기회로 여겼다는 말인데, 여기서는 이민구의 처지를 남송의 인사들에게 비유하여 말한 것이다. 옥성(玉成)은 송(宋)나라 장재(張載)의 〈서명(西銘)〉에 "그대를 빈궁하게 하고 시름에 잠기게 하는 것은 장차 그대를 옥으로 만들어 주려 함이다.〔貧賤憂戚, 庸玉汝於成也.〕"라고 한 데서 유래하였다.

백성까지 짐승 같은 오랑캐 앞에 무릎을 꿇었습니다. 이러한 때에 뻔뻔스럽게 자취를 감추고 다만 구차히 죽음을 면한 것을 다행으로 여긴다면 마땅히 노중련(魯仲連)과 호담암(胡澹庵)에게 부끄럽지 않겠습니까.[78] 만약 "지리소(支離疏)가 나라에서 부역(賦役)이 있어 인부를 징집해도 고질병 때문에 부역을 담당하지 않은 것과 같다."[79]라고 한다면 가할 것입니다. 민구가 아룁니다.

78 노중련(魯仲連)과……않겠습니까 : 병자호란에 패해 치욕을 당했는데 목숨 보전한 것을 다행으로 여길 수는 없다는 말이다. 노중련은 전국 시대 제(齊)나라의 고사(高士)이다. 그가 조(趙)나라에 가 있을 때 진(秦)나라 군대가 조나라의 서울 한단(邯鄲)을 포위하였다. 이때 위(魏)나라가 장군 신원연(新垣衍)을 보내 진나라 임금을 천자로 섬기면 포위를 풀 것이라고 하였다. 이에 노중련이 "진나라가 방자하게 천자를 참칭(僭稱)한다면 나는 동해를 밟고 빠져 죽겠다."라고 하니, 진나라 장군이 이 말을 듣고 군사를 후퇴시켰다고 한다. 《史記 卷83 魯仲連列傳》 호담암(胡澹庵)은 송(宋)나라 사람 호전(胡銓)으로, 자는 방형(邦衡), 호는 담암이다. 고종(高宗) 때 금(金)나라의 침입을 당하여 진회(秦檜)가 화친을 주장하자, 상소하여 진회를 벨 것을 청하는 등 시종 척화(斥和)를 주장하였다. 또한 주장대로 이루어지지 않는다면 "동해에 가서 죽을 뿐이니, 어찌 작은 조정(朝廷)에 처하여 살아남기를 구하겠는가."라고 하였다. 《宋史 卷374 胡銓列傳》

79 지리소(支離疏)가……같다 : 이민구 자신이 지리소와 다름없는 사람이라는 말이다. 《장자(莊子)》 〈인간세(人間世)〉에 "지리소는 턱이 배꼽 아래에 있고 어깨가 머리보다 높으며, 머리꼬리가 하늘로 치솟아 있고 오장은 위쪽에 붙어 있으며 두 다리가 옆구리에 붙어 있었다. 그러나 바느질을 하여 끼니를 잇고 키질을 하여 곡식을 고르면 열 식구를 먹여 살릴 수 있었다. 나라에서 군인을 징집하더라도 팔을 뽐내며 양양하게 그 사이에서 노닐었으며 나라에서 요역이 있어도 지리소는 병이 있어 불려가지 않았다. 나라에서 병든 자에게 곡식을 나누어 주면 삼종의 곡식과 열 묶음의 땔나무를 받았다. 〔支離疏者, 頤隱於臍, 肩高於頂, 會撮指天, 五管在上, 兩髀爲脅, 挫鍼治繲, 足以餬口, 鼓筴播精, 足以食十人. 上徵武士, 則支離攘臂於其間, 上有大役, 則支離以有常疾不受功, 上與病者粟, 則受三鍾與十束薪.〕"라고 하였다.

좌참찬 오정위[80]가 《서경집》[81]을 선별한 것이 간략하다고 말한 것과 《부부고》[82]를 보여 준 것에 대한 답장

答吳三宰論選西坰集簡約兼示覆瓿稿書

유화(流火)의 계절[83] 글 읽기에 좋은 때라 그지없이 위안이 되네. 《서경집(西坰集)》의 저자는 근대의 명가(名家)인데, 유근(柳根) 공이 돌아가신 지 30년이나 되었지만 후손들이 미약하여 지금까지도 문집이 간행되지 않아, 후세에 영원히 전해지도록 하지 못하였으니 내가 매번 사문(斯文)을 위해 개탄하였다네. 그런데 이제 진천군(晉

80 오정위(吳挺緯) : 1616~1692. 본관은 동복(同福), 자는 군서(君瑞), 호는 동사(東沙)이다. 아버지는 관찰사 오단(吳端)이며, 어머니는 이조 판서 심액(沈詻)의 딸이다. 당숙 오전(吳竱)에게 입양되었는데, 양모(養母)가 유근(柳根)의 딸이다. 《博泉集文集 卷1 行禮曹判書東沙吳公墓誌銘》 삼재(三宰)는 좌참찬(左參贊)의 다른 이름이며, 오정위는 좌참찬을 역임하였다.

81 서경집(西坰集) : 유근(柳根, 1549~1627)의 문집이다. 그의 본관은 진주(晉州), 자는 회부(晦夫), 호는 서경(西坰), 시호는 문정(文靖)이다. 1604년(선조37) 호성공신(扈聖功臣) 3등에 녹훈되고 진원부원군(晉原府院君)에 봉해졌다. 1623년(인조1) 인조반정으로 다시 기용되었으나 나아가지 않았다. 《서경집》은 1662년(현종3)에 시집(詩集), 1665년에 문집(文集)이 간행되었다.

82 부부고(覆瓿稿) : 허균(許筠, 1569~1618)의 문집인 《성소부부고(惺所覆瓿稿)》이다. 허균의 본관은 양천(陽川), 자는 단보(端甫), 호는 교산(蛟山)이다. 역적모의를 하였다는 죄목으로 처형되었다.

83 유화(流火)의 계절 : 더위가 점차로 물러가고 초가을의 서늘한 기운이 느껴지는 음력 7월을 말한다. 《시경》 〈칠월(七月)〉에 "칠월에 화성이 서쪽으로 흘러 들어가면, 구월에는 추우니 새 옷을 입혀 주어야 한다.〔七月流火, 九月授衣.〕"라는 말이 있다.

川君) 유구(柳頔)[84] 공이 장차 간행하려고 나에게 교정을 부탁한다는 소식을 받았으니 어찌 유씨(柳氏)만의 다행이겠는가. 내가 실로 조심스러움을 느낀다네.

이 어른의 시는 마치 유주(幽州)와 연주(燕州)의 늙은 장수가 기운이 혼융하고 용맹스러우면서도 침착하여, 성벽을 견고히 해놓고 도두(刀斗)[85]를 치며 지키기만 할 뿐, 일찍이 대군을 버리고 정예병만 이끌고 적진으로 깊이 들어가 승부를 다투지 않는 것과 같다네. 그러므로 지적할 만한 결점은 없지만 한 손으로 선우(單于)를 잡는 것과 같은 과감한 창작을 공이 또한 기꺼이 하지 않았네. 이러므로 백 편 이전까지는 선별하기가 어려웠고 백 편 이후로는 비교적 쉬웠으니 이것은 세상 사람들이 하는 행태와 같아지는 것을 면하지 못한 것이네. 그러므로 취한 제재가 혹 장엄한 말이 아니어서 격조가 떨어진 것들이 간간이 있다네. 그러므로 내가 선별하여 수록한 것이 혹 구슬을 버리는 한탄이 있다는 것인가?[86]

84 유구(柳頔) : 1597~1666. 유근(柳根)의 손자로, 본관은 진주(晉州), 자는 면경(勉卿), 시호는 영희(榮熙)이다. 1623년(인조1) 인조반정에 공을 세워 정사 공신(靖社功臣) 3등에 책록되었고, 1624년 진천군(晉川君)에 봉해졌다.

85 도두(刀斗) : 조두(刁斗)와 같은 말이다. 구리로 만든 용구(用具)로, 군중(軍中)에서 낮에는 취사도구로 사용하고, 밤에는 이것을 두드려 경계하는 데 사용하였다.

86 그러므로……것인가 : 이 글의 맥락을 볼 때, 이민구가《서경집》에 수록될 글을 취사선택하여 보내자, 오정위가 글의 편수가 너무 적다고 하므로 그에 대한 입장을 밝히고 있는 것이다. 이민구는 문집의 편수를 어느 정도 확보하기 위해 격조가 다소 떨어지는 작품도 뽑아 넣었는데, 오정위는 오히려 주옥같은 글들을 빠뜨렸다고 말했던 것이다. 이민구의 입장에서는 편수 확보를 위해 뽑은 작품이 《서경집》의 전체적 수준을 떨어뜨린다고 본 것이고, 오정위의 입장에서는 뽑지 않은 작품 가운데 주옥같은 글들

오늘날은 문(文)이 승(勝)한 시절이네. 제가(諸家)들 가운데 작은 재주를 가진 자들이 스스로 신령한 뱀을 쥐고 수후(隋侯)의 구슬을 가졌다고 여기는 자가 많네.[87] 그러나 다시 수십 년이 지나면 바람 소리와 새 울음처럼 사라져서 다 없어질 것이니 많이 모아서 찌꺼기가 되게 하기 보다는 적지만 정밀한 것이 낫다는 것을 알아야 하네. 그대가 보내온 의견을 보니 잠자코 있을 수 없고, 또 최근의 세태를 가지고 말한다면 남의 비판을 받는 일이 또 틀림없이 적지 않을 것이네.[88] 나도 이미 입을 다문 채 말하지 않을 수 없으면서 그대에게는 입을 닫고 말하지 말기를 바라니 우습네.

보여 준 《부부고(覆瓿稿)》는 위종(蔚宗) 범엽(范曄)과 강락(康樂) 사영운(謝靈運)이 모두 시문을 남겨 후세에 전하였으니, 어찌 간행하는 것이 불가하겠는가.[89] 허균은 재주가 뛰어나고 총명함과 민첩함이

이 있다고 본 것이다.

87 스스로……많네 : 스스로 글재주가 뛰어나다고 자부하는 자들이 많다는 뜻이다. 영사(靈蛇)는 수후주(隋侯珠)나 명월주(明月珠), 영사주(靈蛇珠)와 같은 말로, 아주 뛰어난 재주를 가지고 있는 것을 뜻하는 말로 쓰인다. 《수신기(搜神記)》 권20에 "수후(隋侯)가 출행하다가 큰 뱀이 상처를 입어 중간이 끊어진 것을 보고 사람을 시켜 약을 발라 싸매게 하니, 뱀이 살아서 기어갔다. 한 해가 지난 뒤에 그 뱀이 명주(明珠)를 입에 물고 와서 은혜에 보답하였는데, 그 구슬은 지름이 한 치가 넘으며 순백(純白)하여 밤에도 빛이 나 달이 비치는 것 같았다. 그래서 그것을 수후주 또는 명월주라고 하였다."라고 하였다. 삼국 시대 위(魏)나라 조식(曹植)의 〈여양덕조서(與楊德祖書)〉에 "이때를 당하여 사람들마다 스스로 영사주를 가졌다고 여겼다.〔當此之時, 人人自謂握靈蛇之珠.〕"라고 하였다. 《曹子建集 卷9》

88 최근의……것이네 : 《서경집》을 보는 사람들 중에 경계하는 사람들이 많을 것이라는 말이다. 안검(按劍)은 사람들이 까닭 없이 오해하여 미워함을 뜻한다. 165쪽 각주75 참조.

대단히 빼어나네. 다만 경박하기가 마치 놀란 나비와 같아 글을 많이 읽지도 않고 힘껏 노력하지도 않았으니 이룬 경지가 낮고 안목이 시원치 않다네. 문장을 지을 때는 붓을 잡고 곧바로 완성하여 일찍이 신중을 기하지 않았으므로 지은 글이 평이하다네.

시는 천근(淺近)하고 진솔하여 놀랄 만한 말이나 운치가 적고, 통창(通暢)한 곳은 많으나 격조와 운율은 부족하네. 다만 산을 유람하면서 지은 고시(古詩) 서너 편은 선문(選文)에 들어갈 만한데, 손 가는 대로 써 내려가 화려하고 통창할 뿐 환문(桓文)의 절제(節制)[90]가 매우 부족하네.

편지글은 때로 빼어난 솜씨[91]에서 나와 사람들로 하여금 높은 평가

89 부부고(覆瓿稿)는……불가하겠는가 : 반역으로 처벌된 범엽(范曄, 398~445)과 사영운(謝靈運, 385~433)의 글도 후세에 전해지고 있으므로 허균의 글도 간행할 수 있다는 말이다. 범엽은 《후한서(後漢書)》를 편찬한 남조 송(南朝宋)의 역사가로, 자(字)는 위종(蔚宗)이고 순양(順陽) 사람이다. 경사(經史)를 널리 섭렵하고 문장을 잘 지었으며 음률에 밝았다. 노국(魯國)의 공희선(孔熙先)과 반역을 도모하다가 주륙당하였다. 《宋書 卷69》《南史 卷33》 사영운은 남조 송(南朝宋)의 문장가이며, 동진(東晉) 때 강락공(康樂公)의 봉작을 계승해 사 강락(謝康樂)이라고도 불린다. 만년에 탄핵을 받아 체포하라는 명령이 내려지자, 군사를 일으켜 항거했으나 결국 실패하여 광주(廣州)로 추방되었다가 피살되었다. 《宋書 卷68 謝靈運列傳》

90 환문(桓文)의 절제(節制) : 환문은 춘추 시대 오패(五霸) 중 제 환공(齊桓公)과 진 문공(晉文公)을 아울러 일컫은 말이다. 이들은 오패의 우두머리로서 제후를 잘 제어(制御)하고 주(周)나라 왕실을 높였다. 《후한서(後漢書)》 권101 〈황보숭열전(皇甫嵩列傳)〉에 "위로 충의를 드러내고 아래로 흉악을 제거하는 것은 환문의 일이었다.〔上顯忠義, 下除凶害, 此桓文之事也.〕"라고 하였다.

91 빼어난 솜씨 : 석조수(射鵰手)는 수리를 쏘아 잡을 만큼 뛰어난 사수(射手)라는 뜻인데, 재주와 솜씨가 출중한 사람을 일컫는 말로 쓰인다. 《북제서(北齊書)》 권17

를 내리게 하지만, 오로지 《세설(世說)》[92]과 《어림(語林)》[93] 및 명(明)나라 사람들의 사한(詞翰)에서 취하여 습관적으로 글의 멋을 추구했다네. 부(賦)와 명(銘)과 뇌(誄)는 말을 만들어 문장을 구상하는 것이 과구문자(科臼文字)에서 벗어나지 못했네.[94]

기타 잡저(雜著)와 기(記)와 전(傳)도 모두 《단경(丹經)》, 《열선전(列仙傳)》,[95] 《수호지(水滸志)》, 《서유기(西遊記)》 등 외서(外書)에서 인용하여 허황된 말을 표절(剽竊)하고 부회(傅會)하여 어리석은 사람을 즐겁게 하려고 하였으니, 더욱 허망함을 볼 수 있네. 그러나 만일 평소에 조금이라도 조심하고 단속하여, 패란(悖亂)을 저지르지 않고 평범한 사람의 아래나 중간 정도에만 끼었더라면 그의 저술이 어찌 오래도록 세상에 전해지지 않겠는가.

〈곡률광열전(斛律光列傳)〉에 "곡률광이 일찍이 제 세종(齊世宗)을 따라 원교(洹橋)에서 사냥을 하다가 하늘을 나는 큰 새를 보고 활을 쏘아 단번에 맞혔다. 그러자 그 새가 마치 수레바퀴처럼 빙빙 돌다가 땅에 떨어졌는데 큰 독수리였다. 승상 속형자고(屬邢子高)가 보고 탄복하기를 '이는 독수리를 쏘아 맞힌 솜씨이다.〔此射鵰手也〕' 하였다."라고 하였다.

92 세설(世說) : 《세설신어(世說新語)》로, 후한(後漢) 말에서 동진(東晉) 말까지 약 200년간 실존했던 제왕과 고관 귀족을 비롯하여 문인, 학자, 현자, 승려, 부녀자 등 700여 명에 달하는 인물들의 독특한 언행과 일화 1,130조를 주제별로 수록해 놓은 이야기 모음집이다.

93 어림(語林) : 동진(東晉)의 배계(裴啓)가 지은 책으로, 인물 품평에 관한 고사가 그 내용의 주류를 이루고 있다.

94 과구문자(科臼文字)에서 벗어나지 못했네 : 일정한 형식에서 벗어나지 못했다는 말이다. 과구문자는 정해진 형식에 따라 짓는 글이다.

95 열선전(列仙傳) : 한(漢)나라 유향(劉向)이 지은 책으로, 선인(仙人)의 행적과 장생불사(長生不死)를 주요 내용으로 하여 쓴 신선 설화집이자 신선 전기집이다.

동주집

문집 제2권

서序

서序

은대계병[1] 서문

銀臺禊屛序

동관(同官)의 의리는 시편(詩篇)과 전기(傳記)에 나열되어 있으니, 삼대(三代)부터 이미 중시하였다. 무릇 조정에 등용되어 나란히 관직을 맡아 서로 어울려 일을 처리하는 사람들을 다 동관이라고 하는데 이들 사이에는 형제의 정의(情誼)가 있다. 더구나 승정원은 동관 여섯 명이 모두 임금을 가까이에서 모시며 인시(寅時)에 출근하여 신시(申時)에 퇴근하는데, 출근해서는 무릎을 부딪치고 어깨를 비비며 친밀하게 하루를 보내고, 퇴근해서도 기러기 행렬처럼 앞서거니 뒤서거니 무리지어 함께 어울려 다니며 하루도 서로 떨어지지 않는다. 세월이 지나도 끈끈한 친밀감과 긴밀한 유대감은 한가한 관청과 산만한 부서에서 잠깐 만났다가 곧바로 헤어지는 사람들과 비교하면 몇 배 차이가 난다.

1 은대계병(銀臺禊屛) : 은대는 승정원(承政院)의 별칭이다. 이민구가 승정원에서 함께 근무했던 사람들과 계모임을 갖고 당시 모습을 그림으로 그려 병풍을 만든 다음 이 서문을 쓴 것이다.

다만 인사가 어긋나 만나고 헤어짐이 일정하기 어려워 잠깐 사이에 혹 자리를 떠나는 탄식이 있게 되니, 서로 도모하여 작은 병풍을 만들고 성명을 나열하여 후일 추억의 자료로 삼는 것은 진실로 교분을 두텁게 하는 훌륭한 방법으로 그만둘 수 없는 일이다.

그러나 현곡(玄谷)[2] 이하 다섯 분은 재주와 덕망이 모두 당대에 추중(推重)되었고, 만약 나이로 차례를 정해도 나는 가장 무능한 사람으로 수장(首長)의 자리에 있었지만 승정원에서 가장 젊은데도 오히려 머리털이 쇠고 이가 빠졌으며 걸음걸이도 집안에서 지팡이를 짚는 격이었다.[3] 그러나 조정의 명령에 떠밀려 나보다 어질고 연장이신 분들의 윗자리에 오래 앉아 있었으니 항상 마음속으로 부끄럽고 편안하지 못하였다. 돌아보건대 진실로 어리석고 또 병까지 들었으므로 아침저녁으로 자리에서 물러나겠다고 요청하였고, 여러 공들이 봉지(鳳池)[4]에 머무른 것도 6월에 그쳤다.

2 현곡(玄谷) : 정백창(鄭百昌, 1588~1635)으로, 본관은 진주(晉州), 자는 덕여(德餘), 호는 현곡이다. 《東州集 文集 卷10 京畿觀察使玄谷鄭公墓碣銘 幷序》

3 나이로……격이었다 : 이민구가 승정원에서 도승지 자리에 있었지만, 동료들 중에서 나이가 가장 적은데, 나이 50이 넘은 것처럼 늙어 보였다는 말이다. 이민구는 45세 때인 1633년(인조11)에 처음 도승지가 되었고, 이후 47세, 48세 때에 연이어 도승지에 임명되었다. 연모(燕毛)는 제사를 지내고 음복(飮福)할 때, 수염과 머리털의 희고 검은 정도에 따라 자리를 정하여 연장자가 상석(上席)에 앉던 일을 말한다. 집안에서 지팡이를 짚는다는 것은 나이가 50이 넘었다는 말인데, 여기서는 이민구의 걸음걸이가 다소 불편했다는 의미이다. 《예기》 〈왕제(王制)〉에 "50세가 되면 집안에서 지팡이를 짚고, 60세가 되면 마을에서 지팡이를 짚으며, 70세가 되면 나라에서 지팡이를 짚고, 80세가 되면 조정에서 지팡이를 짚는다."라고 하였다.

4 봉지(鳳池) : 당(唐)나라의 중서성(中書省)에 있던 봉황지(鳳凰池)로, 흔히 중서

가을 기운이 청명하기를 기다려 각자 한가한 몸으로 복건(幅巾)을 쓰고 청려장(靑藜杖)을 짚고서 산수에서 한가롭게 노닐고, 안주와 술을 즐기며 함께 모여 속내를 털어놓았다. 때때로 이 병풍을 펼쳐 놓고 그 모습을 더듬어서 오늘의 모임을 회상한다면, 반드시 생생하게 떠오르는 감회가 없지 않을 것이다.

성의 별칭으로 쓰이는데, 여기서는 승정원을 가리키는 말로 쓰였다.

《명주행록》[5] 서문

溟州行錄序

천하의 모든 일 가운데 오직 경치를 만나는 것과 시를 짓는 것은 구차히 하지 못한다. 경치를 만나는 것은 눈과 함께 도모하고, 시를 짓는 것은 마음과 함께 도모하여 경치가 눈에 들어옴에 시가 마음에서 나오는 것이다. 내 안에 있는 마음으로 사물의 밖과 사귀어서 나와 사물의 정(精)과 신(神)이 융합되고 하나로 어우러져 흥치를 부치는 것이니, 어찌 구차히 할 수 있겠는가. 문득 만난 것은 짧은 시간〔暫〕에서 놓치게 되고 갑자기 이루어진 것은 거칠다는 문제가 있다. 내사(內史)를 그만두고 바다에 가서 지은 여러 작품들은 크게 청고(淸高)하고 초탈한 풍모를 드러냈었는데, 여기에서 돌아온 뒤로는 대개 소리가 끊어졌다.[6]

지금 도재(陶齋) 윤공(尹公)이 소종백(少宗伯)으로서 명주에서 진전(眞殿)을 봉심(奉審)하느라[7] 다녀오는 20일 동안에 지은 시가 거의

5 명주행록(溟州行錄) : 이 글의 내용으로 볼 때 윤흔(尹昕, 1564~1638)이 강원도 일대를 다녀오고 나서 당시 지은 시를 모아 엮은 책으로 짐작된다. 명주(溟州)는 강원도 강릉의 옛 이름이다.

6 내사(內史)를……끊어졌다 : 이민구가 1631년(인조9)에 금강산을 유람하며 지은 시는 청고(淸高)하고 초탈한 운치가 있지만, 그 뒤의 시는 그렇지 못하다는 말이다.

7 도재(陶齋)……봉심(奉審)하느라 : 도재는 윤흔으로, 본관은 해평(海平), 자는 시회(時晦), 호는 도재·청강(晴江), 시호는 정민(靖敏)이다. 《鶴谷集 卷8 知中樞府事尹公墓碣銘》 소종백(少宗伯)은 예조 참판을 말한다. 윤흔은 1632년(인조10)과 1635년

시집 한 권을 이룰 정도이다. 대개 오가며 지난 관동과 관서는 실로 우리나라의 이름난 산천이다. 큰 바다가 아득하게 펼쳐져 하늘에 닿고 큰 고개가 드높이 솟아 해를 가린다. 깊은 물과 높은 산을 마주한 소슬한 정취[8]와 신비로운 굴택(窟宅)의 기이함을 운율이 있는 말로 한 번 읊어 광달(曠達)하고 한담(閒淡)한 정취를 지극하게 표현하였다. 앞에서 말한 마음과 눈이 서로 도모하여 마음과 외물이 서로 하나되는 도가 조화를 이루었으니 거칠다는 문제와 짧은 시간의 문제는 염려할 일이 아니다. 생각건대 동쪽 지역의 경치가 궤안의 사이에 수려한 모습을 드러내고 하늘 밖의 모든 산이 장차 거문고 연주를 기다리지 않고서도 다 메아리가 있는 것 같다.

다만 공은 나랏일 때문에 낙산(洛山)에서 돌아왔으므로 수성(洊城) 이북의 산천과 초목은 남은 기름과 향기에 젖지 못하였으니[9] 단풍

에 예조 참판으로 재직하면서 인목대비(仁穆大妃)와 인열왕후(仁烈王后)의 국장(國葬) 업무에 참여하였다. 진전(眞殿)은 영정을 모신 전각을 말하는데, 강릉에 있는 태조의 진전인 집경전(集慶殿)을 가리키는 것으로 보인다. 《승정원일기》 인조 9년 4월 9일 기사에 "예조 참판 윤흔과 좌랑 이원진이 집경전을 봉심하기 위해 출발하였다.〔禮曹參判尹昕, 佐郎李元鎭, 集慶殿奉審事出去.〕"라고 하였다.

8 깊은……정취 : 홍쟁소슬(泓崢蕭瑟)은 깊은 물과 높은 산을 대하고서 느끼는 소슬한 감회를 의미한다. 참고로 곽박(郭璞)의 시에 "흔들리지 않는 나무 없고, 흐르지 않는 시내 없네.〔林無靜樹, 川無停流.〕"라고 하였는데, 완부(阮孚)가 "홍쟁소슬한 느낌을 어떻게 말로 표현할 수가 없는데, 이 글을 읽을 때마다 정신과 형체가 초월됨을 느낀다.〔泓崢蕭瑟, 實不可言, 每讀此文, 輒覺神超形越.〕"라고 평한 고사가 있다. 《世說新語 文學》

9 수성(洊城)……못하였으니 : 윤흔이 강원도 전역을 유람하여 모두 시로 담아내지는 못했다는 말이다. 수성은 강원도 간성(杆城)의 옛 이름이다. 잔고잉복(殘膏賸馥)은 남은 기름과 향기라는 뜻으로 문장이 넉넉함을 비유하는데, 여기서는 윤흔의 문장을

으로 물든 산비탈의 원숭이와 학이 반드시 산속에서 숨은 선비를 부르는 원망이 있을 것이다. 나는 관외 지역을 두루 유람하였으나, 명승지를 돌아다니는 발길이 낙산 동쪽 지역까지는 미치지 못하였다. 비록 내가 지은 보잘것없는 시가 공의 시처럼 훌륭하지는 못하지만 혹 관람한 곳이 어디인지를 논한다면 공과 내가 각각 반절씩 다닌 셈이다.

우선 우리 두 사람의 시를 취하여 한 질로 만들고, 깨끗한 방에서 향을 사르고 문득문득 읽는다면 산해의 유람 기록을 비로소 우리 두 사람 모두 온전하게 소유하여 그곳의 승경(勝景)을 다 맛볼 수 있을 것이다. 공은 나의 이 뜻을 받아 주실까.

의미한다. 《신당서(新唐書)》 권201 <문예열전(文藝列傳) 두보(杜甫)>에 "다른 사람이 부족한 것을 두보는 넉넉하게 가져서 그 유풍과 여향이 후인들에게 많은 은택을 끼쳤다.〔它人不足, 甫乃厭餘, 殘膏賸馥, 沾丐後人多矣.〕"라고 하였다.

감군 황손무를 빈접했던 여러 신하들의 계병 서문[10]

黃監軍儐接諸臣禊屛序

숭정(崇禎) 9년(1636, 인조14) 가을에 천자께서 우리나라가 시종 의리를 지켜 변치 않고 관문을 닫아서 오랑캐의 음모를 막았다 하여 특별히 칙서를 보내 가상히 여기는 뜻을 보이셨는데, 등래 감군(登萊監軍) 예장(豫章) 황손무(黃孫茂) 공이 영광스럽게 칙서를 전하는 일에 발탁되어 바다를 건너 우리나라에 왔다. 당시 우리 성상께서 나를 불러 말씀하기를 "그대는 가서 공손히 황제의 사신을 영접함에 조금도 지체하지 말라."라고 하셨다. 이에 나는 임금의 명을 받들어 밤낮으로 달려갔다. 막좌(幕佐)로는 김익희(金益熙)[11]와 이행진(李行進)[12]이 따랐다. 7일 만에 안주(安州)[13]에 도착하니, 순찰사(巡察使) 홍명구(洪命耉)[14]가 하루 먼저 도착해 있었고, 영위사(迎慰

10 감군(監軍)……서문 : 1636년(인조14) 명(明)나라의 칙사(勅使) 황손무(黃孫茂)가 조선에 왔을 때, 접반사(接伴使) 이민구와 그를 도와 이 일을 무사히 마친 여러 신하들이 기념으로 만든 병풍에 지은 서문이다. 《인조실록》 14년 9월 1일 기사에 "감군 황손무가 칙서를 받들고 오니, 상이 모화관에 나가 영접하고 인정전에 이르러 의식대로 칙서에 절했다."라고 하였다.

11 김익희(金益熙) : 1610~1656. 본관은 광산(光山), 자는 중문(仲文), 호는 창주(滄洲), 시호는 문정(文貞)이다. 《宋子大全 卷158 滄洲金公神道碑銘 幷序》

12 이행진(李行進) : 1597~1665. 본관은 전의(全義), 자는 사겸(士謙), 호는 지암(止菴)이다.

13 안주(安州) : 평안남도 병영(兵營) 소재지이다.

14 홍명구(洪命耉) : 1596~1637. 본관은 남양(南陽), 자는 원로(元老), 호는 나재

使) 윤지(尹墀),[15] 문예관(問禮官) 김경여(金慶餘)[16] 또한 이어 도착하였다. 절도사(節度使) 유림(柳琳)[17]이 목사(牧使)의 직책을 겸하여 주(州)의 일을 보고, 필요한 관곡(館穀)과 공억(供億)[18]은 관향사(管餉使) 이현(李袨)[19]에게서 물품을 취하였다.

일을 마치자 나는 함께 일한 여러 사람들과 안주의 문루에 모였는데 가운데에 앉아 다음과 같이 말하였다.

"천자께서 이미 충(忠)으로 위를 받들고 의(義)로 적을 물리친[20] 우리 성상을 가상하게 여겨서 중신(重臣)인 감군어사를 보내 바다 건너 우리나라에 명을 반포하시는 데 이르렀으니 그 표창하고 총애하

(懶齋), 시호는 충렬(忠烈)이다.《淸陰集 卷25 平安道觀察使南寧君洪公神道碑銘 幷序》

15 윤지(尹墀) : 1600~1644. 본관은 해평(海平), 자는 군옥(君玉), 호는 하빈옹(河濱翁)이다. 해숭위(海崇尉) 윤신지(尹新之)와 선조의 딸 정혜옹주(貞惠翁主) 사이에서 태어났다.《瑞石集 卷13 外祖考嘉義大夫……世子左副賓客府君行狀》

16 김경여(金慶餘) : 1596~1653. 본관은 경주(慶州), 자는 유선(由善), 호는 송애(松厓), 시호는 문정(文貞)이다.《宋子大全 卷157 松崖金公神道碑銘 幷序》

17 유림(柳琳) : 1581~1643. 본관은 진주(晉州), 자는 여온(汝溫), 시호는 충장(忠壯)이다.《藥泉集 第17 統制使柳公神道碑銘》

18 관곡(館穀)과 공억(供億) : 관곡은 머물고 있는 중국 군대에 대는 식량이고, 공억은 사신에게 주는 선물이다.

19 이현(李袨) : 1584~1637. 본관은 연안(延安), 자는 자장(子章), 호는 탄옹(灘翁)·월탄(月灘), 시호는 충정(忠貞)이다. 1636년(인조14) 양서 관향사(兩西管餉使)로 공을 세웠다.《龍洲遺稿 卷20 贈左參贊延安君李公神道碑銘 幷序》

20 적을 물리친 : 적개(敵愾)는 제후가 천자의 노여움을 사는 적을 가서 친다는 말이다.《춘추좌씨전》 문공(文公) 4년 기사에 "제후가 왕의 성낸 바를 대적하여 그 공로를 바친다.〔諸侯敵王所愾, 而獻其功.〕"라고 하였다.

는 은전(恩典)이 성대하다 하겠다.

우리 성상께서 두터운 황제의 은혜와 귀중한 조정의 명령을 생각하여 황제의 사신을 영접하는 즈음에 옛 제도를 따르고 폐백으로 위로하여 전란의 뒤임에도 예의 수준을 낮추지 않으셨으니, 그 정성이 지극하였다. 이 일을 담당한 여러 신하들도 우리 성상의 뜻을 받들어 부지런히 다니며 맡은 일을 정성껏 수행하며 감히 공경하고 두려워하지 않을 수 없었다. 비록 무능한 내가 접반사의 임무를 맡았으나 중국 조정의 대인군자에게 죄를 면하였으니 다행이 아니겠는가.

다만 관서(關西) 일대가 전란[21]을 겪은 지 이제 10년인데, 백성들의 힘은 소생하지 못하고 요역(徭役)은 날마다 더욱 많아지고 있으며, 징발이 시도 때도 없이 이루어져 소와 말이 넘어지며, 고을마다 스산함 속에 담벼락만 의지하고 있다. 백상루(百祥樓)[22]에 올라 바라보니 청천강(晴川江) 너머로는 모조리 오랑캐 소굴이 되어[23] 지난날의 화려

21 전란 : 1627년(인조5)에 발생한 정묘호란(丁卯胡亂)을 가리킨다.

22 백상루(百祥樓) : 평안남도 안주에 있는 누각이다. 경치가 좋아 관서제일루(關西第一樓)로 일컬어졌다.

23 청천강(晴川江)……되어 : 청천강 이북에 후금(後金)의 군대가 주둔하며 그 영향권 아래에 있게 되었다는 말이다. 1627년 정묘호란 때 조선이 후금과 맺은 정묘약조(丁卯約條)에 의하면 후금군은 즉각 철수하고 이후 압록강을 넘지 않기로 하였지만 후금은 약조를 어기고 청천강 이북 평안도 지방에 주둔하였다. 《인조실록》 5년 4월 1일 기사에 "맹약을 맺은 뒤에 적이 물러가기는 하였지만 세 길로 나누어 군사를 풀어 크게 노략질을 하게 하였으므로 황해도 군읍의 마을들이 유린당하지 않은 곳이 없어 닭이나 개조차 남아나지 않았다. 그리고 적들이 현재 평안도 지방에 주둔하여 진을 치고 있으니 앞으로의 정황을 예측하기 어렵다."라고 하였다. 구탈(甌脫)은 한(漢)과 흉노(匈奴)의 접경 지역 요새지에 세운 초소를 가리키는 흉노의 말이다. 여기서는

한 경관을 다시 볼 수 없다. 가산(嘉山)과 박천(博川)의 들판은 무성한 잡초만 끝없이 펼쳐져 있고 오래된 철옹성(鐵甕城)은 성가퀴에 구름만 얽혀 있을 뿐이다. 이런 경관을 마주하고 있노라면 사람으로 하여금 서글픈 감회를 일으켜 쇠퇴한 말릉(秣陵)[24]에 대한 회한이 있게 하니, 고금의 일을 생각함에 흐르는 눈물이 이미 옷깃을 적신다.

비록 그러하나 천자께서 바야흐로 훌륭한 계책을 마련하고 원대한 책략을 펼치셨으며, 우리 성상께서 천자의 위령(威靈)을 도와 분연히 멸망시킬 것을 생각하시니, 이것은 조정의 녹을 먹는 사람들이 야윈 몸을 일으켜 우리 조정의 계책을 넓힐 수 있는 때이다.

순찰사(巡察使) 홍명구 공과 절도사(節度使) 유림 공은 모두 문무(文武)로 선발되어 한 지방을 맡아 관서의 관문에 빗장을 걸었고, 관향사(管餉使) 이현 공의 치밀한 계산과 보급 솜씨는 또한 경 중승(耿中丞)[25]과 비견될 만하니, 변방의 백성들이 봉화에 놀라는 일은 거의

후금군의 초소를 가리킨다.

24 쇠퇴한 말릉(秣陵) : 말릉은 현재 중국의 남경(南京)으로, 고대에는 금릉(金陵)이라고 불렸다. 예부터 이곳에 왕기(王氣)가 있다고 하여 여섯 왕조의 수도가 되었다. 당(唐)나라 당언겸(唐彦謙)의 〈금릉회고(金陵懷古)〉에도 "육조의 궁전에 남긴 옛 자취〔宮殿六朝遺古跡〕"라는 말이 있다. 진 시황(秦始皇)은 금릉에 왕기가 있다는 말을 싫어하여 지명을 말릉으로 바꾸고 북산을 파헤쳐 그 지세를 끊었다고 한다. 《五洲衍文長箋散稿 厭勝辨證說》 금릉의 성쇠는 많은 시인묵객으로 하여금 감회에 젖게 하였는데, 그 중에서도 당(唐)나라 유우석(劉禹錫)의 〈서새산회고(西塞山懷古)〉에 "왕준의 누선 익주로 내려가니, 금릉의 왕기 가물가물 거두었네.〔王濬樓船下益州, 金陵王氣黯然收.〕"라고 한 구절이 많이 회자된다.

25 경 중승(耿中丞) : 한(漢)나라 선제(宣帝) 때 대사농중승(大司農中丞)에 오른 경수창(耿壽昌)을 가리킨다. 변방의 고을마다 상평창(常平倉)을 설치하여 민생을 안정

없을 것이다. 윤지 공과 김경여 공 및 두 종사관 김익희 군과 이행진 군은 모두 젊은 나이에 뛰어난 능력으로 한 시대의 인재가 되었다. 여러분 모두가 조정의 안과 밖에서 지모(智謀)를 발휘해 조정을 편안히 하고 변방을 굳건히 하여 백성을 편안히 하고 오랑캐를 물리치는 일에 함께 노력한다면, 나라가 혼란에서 벗어나고 형통함을 이루며 지친 백성들을 되살리고 피폐한 곳을 보수하여 성대한 태평 시대의 문물을 다 회복하는 것은 장차 날을 지정하여 기다릴 수 있을 것이니 나에게도 다행한 일이다."

이에 서로 더불어 그림으로 그리고 이름을 나열해 써서 멋진 모임을 기록함으로써 지난날의 법도를 실추시키지 않았으니, 또 다른 때에 무너진 것을 일으키는 단서를 볼 수 있을 것이다.

시켰고 수리(數理)에 매우 밝았다. 《漢書 卷70 陣湯傳》

서애[26] 유 선생 문집 서문
西厓柳先生文集序

나는 어렸을 때 신 문정공(申文貞公)[27]에게 배웠다. 공께서 고금의 사람들 가운데 재상의 공업으로 세상에 이름을 환히 드러낸 이들을 말하다가 문득 탄식하며 다음과 같이 말씀하셨다.

"내가 일찍이 낭리(郞吏)로서 서애(西厓) 유 상국(柳相國)을 모셨는데, 유 상국은 어찌 다른 사람들과 다르지 않겠는가. 임진년(1592, 선조25)과 계사년(1593)의 혼란한 때를 만나 우리나라는 천자의 조정에 달려가 하소연해서 천하의 힘을 나누어 달라고 요청하여 숨이 넘어갈 것 같은 나라의 운명을 연장해야 했으니 그 말이 애절하지 않을 수가 없었다. 명(明)나라 동정군(東征軍)[28]의 막부(幕府) 이하 군사들이 위세를 부리고 거드름을 피우면서 우리에게 책망하는 경우에는 또 공손하고 극진하지 않을 수 없었다. 상하의 사람들에게 알려서 감응하는 기미를 모으는 일에 이르러서도 글을 사용하지 않을 수 없었으

26 서애(西厓) : 유성룡(柳成龍, 1542～1607)으로, 본관은 풍산(豐山), 자는 이현(而見), 호는 서애, 시호는 문충(文忠)이다.《愚伏集 卷20 有明朝鮮國……豐原府院君西厓柳先生行狀》

27 신 문정공(申文貞公) : 신흠(申欽, 1566～1628)으로, 본관은 평산(平山), 자는 경숙(敬叔), 호는 상촌(象村), 시호는 문정이다.《月沙集 卷44 領議政贈謚文貞申公神道碑銘 幷序》

28 동정군(東征軍) : 동쪽을 정벌하는 군대라는 의미로, 여기서는 임진왜란 당시 명나라에서 조선에 파견한 군대를 가리킨다.

니 어찌 육경여(陸敬輿)가 봉천(奉天)에서 임금을 설득하여 조서를 내려서 백성의 마음을 복종시켰던 일의 어려움 정도에 비교할 수 있겠는가.[29]

유 상국이 날마다 정사당(政事堂)에 앉아서 낭리를 불러 붓을 잡게 하고 수십 장에 해당하는 글을 빠르게 불러 쓰게 했는데, 일찍이 원고를 바꾸거나 글자를 고치는 일이 없었으니 낭리의 팔이 아픈 것은 따질 것도 없었다. 다른 재상들이 모두 손을 놓고 바라만 볼 때, 글을 짓고 윤색하는 일도 오직 유 상국이 겸해서 넉넉히 감당하였으니 유 상국은 참으로 특별한 사람이다."

내가 돌아와서 부친께 여쭈었더니, 또 말씀하시기를 "경술(經術)로 사업을 돕고 충정(忠貞)으로 어려움을 극복하였으니 공과 같은 분은 또한 환하게 드러나지 않겠는가."라고 하셨다.

내가 이에 저승에 가서라도 모시겠다는 생각을 가지게 되어 30년 동안 가슴에 새겨 잊지 않았다. 그러나 내가 나이가 적고 공보다 뒤에 태어나 공이 백관(百官)의 위에서 갓끈을 드리우고 홀(笏)을 단정히

29 어찌……있겠는가 : 육경여(陸敬輿)가 봉천(奉天)에서 조서를 작성했던 일보다 유성룡이 임진왜란 당시 명나라 조정에 올리고 조선의 백성들에게 고하기 위해 작성해야 했던 글을 짓기가 더욱 어려웠다는 말이다. 육경여는 당(唐)나라 사람 육지(陸贄, 754~805)로, 자는 경여이다. 783년 덕종(德宗) 때 주자(朱泚, 742~784)가 난을 일으키자 덕종은 봉천으로 피신하였다. 육지가 덕종을 호종하여 봉천에 도착한 뒤 덕종에게 "지금 도적들이 천하에 퍼져서 어가가 파천하기에 이르렀으니 폐하께서는 마땅히 통렬하게 스스로를 인책하셔야 할 것입니다.〔今盜遍天下, 輿駕播遷, 陛下宜痛自引.〕"라고 간하였다. 이에 덕종이 자신을 책하는 교서를 내리게 하였는데, 그 문장이 간절하여 비록 무인 졸개라도 눈물을 흘리며 감동하지 않는 사람이 없었다고 한다.《舊唐書 卷139 陸贄列傳》

잡은 모습을 미처 뵙지 못하였으니 큰일에 임하여 지극히 어려운 일을 처리함에 칼로 잘라 내고 실타래를 풀 듯 능숙한 솜씨가 마치 구슬이 비탈을 달려가듯 빠른 것도 이미 볼 수 없었다. 그러나 금석은 닳아 없어지더라도 썩지 않을 공의 문장은 함께 사라지지 않았으니 이것도 다행이다. 그런데 지금 공의 아들 합천 군수 유진(柳袗)[30]이 공의 유문(遺文)을 모아 책을 만들고 나에게 서문을 부탁하니, 내가 그 책을 받고서 마침내 다행으로 여겼다.

문장이 이러한 경지에 이르렀으니 통달하였다고 하지 않겠는가. 글을 쓰는 선비[31]라면 누가 마음속 깊이 새겨 작자의 법도에 맞기를 바라지 않겠는가. 그러나 하나같이 이치에 맞지 않고 활용에 막히는 것을 면치 못하였으니 대부분의 사람이 이러하다.

공의 문장은 육예(六藝)와 경전(經傳)을 기본으로 삼았으며 성리(性理)의 근원에서 나오고 일용의 실질에 바탕을 두어 마침내 정밀한 의리에 젖어들었으니 순수하고 순수하다. 운한천장(雲漢天章)[32]이라고 하겠는가? 추우면 입을 수 있는 무명옷과 솜옷 같고, 금옥과 보배라고 하겠는가? 배고프면 먹을 수 있는 콩과 조와 기장과 피 같다. 강물

30 유진(柳袗) : 1582~1635. 본관은 풍산(豐山), 자는 계화(季華), 호는 수암(修巖)이다. 유성룡의 셋째 아들로 1631년(인조9) 합천 군수에 임명되었다. 《木齋集 卷8 修巖先生柳公行狀》

31 글을 쓰는 선비 : 조고(操觚)는 목판을 잡는다는 말로, 글을 쓰는 선비를 비유한다. 고(觚)는 고대에 글자를 쓰던 목판이다.

32 운한천장(雲漢天章) : 하늘에 빛나는 은하수로, 화려한 문장을 의미한다. 《시경》 〈역박(棫樸)〉에 "높은 저 은하수여, 하늘에 문채 이루었네.〔倬彼雲漢, 爲章于天.〕"라고 하였다.

이 터져서 한 번에 천 리까지 쏟아져 나가도 그 근원은 마르지 않는 것과 같고, 비바람이 몰려와 잠깐 쏟아지면 도랑이 다 가득 차는 것과 같다. 나에게서 나오는 것이 끝이 없어서 사물을 두루두루 적셔주니 이와 같을 뿐이다. 아아, 대단하구나.

하늘이 나라를 보호하여 붙들어 주려고 함에, 별안간 뒤집어지려는 환난이 가득 차 비색(否塞)해진 뒤에 있으려 하면 반드시 현철(賢哲)한 인재를 내어 그에게 재주와 덕, 그리고 훌륭한 문장 능력을 주어서 하늘의 운행에 맞춰 두루 다스리고 나라의 운명을 이어 나가게 한다.

처음 공이 선조(宣祖)의 특별한 지우(知遇)를 받아 신중한 자세로 조정에 나가 도리에 맞게 진퇴(進退)를 결정하였으니 세상 사람들이 모두 참된 선비라고 일컬었는데, 임진왜란[33]이 일어나 종묘사직이 유리되기에 이르러서 공의 쓰임이 더욱 드러났다. 초망(草莽)[34]의 시기에 적을 막아내고 전쟁의 와중에는 분주히 왕명을 받드니 국가에서 하루도 공이 없어서는 안 된다 하여 조정의 안과 밖, 나라의 남쪽과 북쪽을 막론하고 오직 중책을 공에게 맡겼다. 이러한 사실에서 볼 때 하늘이 공에게 임무를 내려서 나라를 중흥시켜 흔들리지 않는 기반을 다지게 한 것이 지극히 분명하다. 그리고 공은 도를 체득하고 나라를 다스리는 문장으로 사무를 처리하는 데 적용하여 좌우에서 근원을 만나고[35] 만 가지 변화에 대응한 것이 모두 경술로써 그 바탕을 도왔으

33 임진왜란 : 집서(執徐)는 십이지(十二支)의 진(辰)에 해당하는 고갑자(古甲子)이므로, 집서병(執徐兵)은 임진년의 병란, 즉 임진왜란을 의미한다.

34 초망(草莽) : 난리가 발생하여 임금이 피란하는 것을 말한다. 《춘추좌씨전》 정공(定公) 4년 기사에 "우리 임금이 잘못하여 사직이 초망에 있게 되었다.〔寡君失守, 社稷越在草莽.〕"라고 하였다.

니, 천지 사이에 세우고 귀신에게 물어도 의심하거나 어긋나는 것이 없었다. 그리하여 천지의 운행에 맞게 조절하여 나라를 반석 위에 안정시키는 데 이르렀다. 우리 선조대왕께서 선비를 등용한 효과가 이전 시대보다 탁월하게 나타나 덕업이 당시에 밝게 드러나고 명성이 후세에까지 이어졌다. 오늘날에 이르러서도 선왕의 도를 말하고 그 공렬을 평가하는 사람들이 함부로 지껄이는 입을 막고 선비들이 기염을 토할 수 있도록 하였으니 아아, 성대하다.

세상 사람들이 일찍이 이르기를 "문장과 사업은 두 가지라서 시대가 태평하면 유아(儒雅)한 선비를 숭상하고, 세상이 혼란하면 갑옷과 투구를 입은 장수를 등용한다."라고 하였으니 이는 다만 배운 것에 구속되고 글만 숭상하는 선비들이 하는 말이다. 한 조각 글과 한 마디 말에 불과하지만 백성의 마음을 얻고 적의 꾀를 잠재우는 것이 여기에 있는 줄을 누가 알겠는가. 명철하고 진실한 말을 드날려서 임금의 마음을 열고 은혜를 베풀게 하여 백성을 구제하는 것이 여기에 있음을 누가 알겠는가. 그리고 또 원대한 계책을 치밀하게 세워서 글로써 말을 대신하고 외로운 정성으로 일월을 되돌려서 한 손으로 거센 풍랑을 막을 수 있는 줄을 누가 알았겠는가. 책상 위에서 결정하여 나라의 구석구석 먼 곳까지 시행하지만 마치 촛불로 비추고 수를 세듯이 두루두루 알아서 나라를 거듭 회복시킨 업적이 뚜렷하게 드러나고, 기울어지고

35 좌우에서 근원을 만나고 : 유성룡이 글을 지을 때 학문의 조예를 바탕으로 도(道)의 근원을 알아 잘 적용하였다는 말이다. 맹자(孟子)가 학문을 익히는 데 있어서 스스로 터득하는 것이 중요함을 강조하여 "몸의 좌우에서 취하여 쓸 때 그 근원을 만날 수 있게 된다.〔取之左右, 逢其源.〕"라고 하였다. 《孟子 離婁下》

막힌 운수를 만나 더욱 빛나게 하였으니, 이 책 속에 다 갖추어져 있다고 함이 어찌 그렇지 않겠는가.

비록 그러하나 내가 공의 글을 읽다가 무술년(1598, 선조31) 이후의 일[36]에 이르러서는 군자의 도가 때에 따라 굽혀지고 펴지는 것을 알게 되었다. 공은 이미 바른 도리와 곧은 행위로 공로를 드러냈으나, 이미 참소하는 자들이 무리지어 떠들고 교묘하게 헐뜯는 것을 이겨낼 수 없었다. 시대는 차츰차츰 안정되어 갔지만 공의 자취는 이미 조정을 편하게 여기지 않고 풍산(豐山)[37] 낙동강 가의 밭이랑 사이를 편안히 여기셨으니, 지난날 무리 지어 떠들고 교묘하게 헐뜯던 사람들이 진실로 공을 올라타고 이긴 것 같다.

그러나 공이 조정을 떠나게 되자 말하던 사람들이 조금씩 굴복하였고, 공께서 돌아가시자 더욱 굴복하여 도리어 부녀자와 아이들과 주졸(走卒)들의 공론에도 이겨 내지 못한 지 이제 28년이 되었다. 이 문집이 출간되어 많은 말로 시기하고 질투하던 사람들로 하여금 마음을 안정시키고 읽게 한다면 과연 이치를 돌이켜 따져 보고 스스로 궁구하여 선생의 글이 도를 체득하고 나라를 경영하는 문장이라고 일컫지 않을 사람이 있겠는가. 밝게 빛나는 도덕의 성대함과 이치에 맞게 실천한 실체는 장공(張公)[38]과 이공(李公)[39]의 발문에서 다 말하였으니,

36 무술년 이후의 일 : 1598년(선조31) 유성룡이 영의정으로 재직하고 있을 때, 당시 이이첨(李爾瞻)을 위시한 북인으로부터 일본과의 화친을 주도했다는 탄핵을 받고 11월에 파직된 일을 가리킨다. 《愚伏集 卷20 有明朝鮮國……豐原府院君西厓柳先生行狀》

37 풍산(豐山) : 경상북도 안동의 옛 지명으로, 유성룡의 본관이다.

38 장공(張公) : 장현광(張顯光, 1554~1637)으로, 본관은 인동(仁同), 자는 덕회(德晦), 호는 여헌(旅軒), 시호는 문강(文康)이다. 《記言 別集 卷16 旅軒張先生神道碑銘》

어찌 내가 군더더기 말을 더하겠는가.

39 이공(李公) : 이준(李埈, 1560~1635)으로, 본관은 흥양(興陽), 자는 숙평(叔平), 호는 창석(蒼石), 시호는 문간(文簡)이다. 유성룡의 문인이다.《樊巖集 卷39 贈嘉善大夫吏曹參判……蒼石先生李公行狀》

오봉[40] 이공의 문집 서문

五峯李公文集序

선조대왕 당시는 국가가 태평스럽게 잘 다스려진 시절의 뒤를 이었기에 학사와 대부들이 시서(詩書) 이외에는 다른 공부를 하지 않았으니 글 짓고 책 읽는 사람들이 어려서부터 익혀 흰머리가 될 때까지 하였다. 누군들 우뚝 빼어나게 높은 경지에 올라 스스로 한 시대에 이름을 떨치고 공업을 드러내어 그 명성을 역사책에 올리고 싶지 않았겠는가. 그러나 그 글이 모두 쓸쓸하게 사라져 사람의 뼈와 함께 썩어 도(道)가 당대에 굽혀지고 풍범(風範)이 백대(百代)에 무너진 것은 하늘에서 얻은 것이 한계가 있어서 억지로 이를 수 없기 때문이란 말인가.

오봉 이공은 어찌 진실로 걸출하게 특달(特達)한 분이 아니겠는가. 공이 처음 갈옷을 벗고 조정에 진출하자 곧바로 선조대왕의 특별한 지우(知遇)를 받아 훌륭한 인재라 칭송 받았고, 매번 과시(課試) 때마다 공의 이름이 가장 위에 있었으므로 거듭 큰 은혜를 내려주셨다.

임진년(1592, 선조25)에 병란이 일어나자 공은 눈물을 흘리며 노모(老母)와 이별하고, 어가(御駕)를 호위하여 용만(龍灣)에 이르렀다. 적들이 거침없이 진격하여 국내를 유린하며 평양에 이르러서도 진격

40 오봉(五峯) : 이호민(李好閔, 1553~1634)으로, 본관은 연안(延安), 자는 효언(孝彦), 호는 오봉·남곽(南郭)·수와(睡窩), 시호는 문희(文僖)이다. 《東州集 文集 卷6 延陵府院君李公諡狀》

을 그치지 않았다. 백성들이 전쟁을 경험하지 않은 지 수백 년이나 되어 쇳소리와 북소리[41]에 두려워하였으니 당시에 비록 염파(廉頗)와 백기(白起), 한신(韓信), 경포(黥布)[42]처럼 용맹한 사람이 장수가 되었더라도 진실로 꺾여 버린 기상을 진작시켜서 분연히 일어나 시퍼런 칼날에 맞서게 할 수 없었다.

공이 유악(帷幄)에서 임금을 가까이 모시며 조서(詔書)를 대신 작성하여, 보불(黼黻)처럼 아름다운 문장으로 애통한 뜻을 펼쳐냈다. 그러자 씩씩한 장수와 억센 병졸들이 듣고 감격하여 눈물 흘리기를 흥원(興元)의 고사(故事)[43]처럼 했을 뿐만 아니라, 여위고 병든 사람과 포로가 되어 숨이 남아 있는 사람으로부터 부녀자와 어린아이에 이르기까지 모두가 머리칼이 곤두서고 이를 갈며 씩씩하게 적과 맞서려는 의지가 생겼다. 이에 함께 죽을 각오로 치마를 찢고 장대를 들고

41 쇳소리와 북소리 : 금고(金鼓)는 쇳소리와 북소리라는 말로 전쟁을 의미한다. 옛날에는 병사들이 북소리에 맞춰 진격하고 쇳소리에 맞춰 후퇴하였다.

42 염파(廉頗)와……경포(黥布) : 모두 용맹한 장수들이다. 염파는 전국 시대(戰國時代) 조(趙)나라의 명장으로 인상여(藺相如)와 교우가 두터웠다. 백기(白起)는 전국 시대 진(秦)나라 사람으로 용병을 잘하여 조(趙)나라 70여 성을 빼앗고 군사 40만 명을 항복시켰다. 한신(韓信)은 초한(楚漢) 때의 사람으로 한 고조(漢高祖)를 도와 대장이 되어 항우(項羽)를 멸망시키고 장량(張良), 소하(蕭何)와 더불어 한나라 창업에 공을 세웠다. 경포는 항우의 밀명을 받고 의제를 시해한 장본인인데, 뒤에 항우를 배반하고 유방을 도와 회남왕(淮南王)에 봉해졌다.

43 흥원(興元)의 고사(故事) : 흥원은 당 덕종(唐德宗)의 연호이다. 덕종 때 요영언(姚令言)과 주자(朱泚)가 반란을 일으켜 수도 장안(長安)을 점령하자, 덕종이 봉천(奉天)에 피난해 있으면서 784년에 자신의 실정(失政)을 자책하는 조서를 반포하여 군사들을 격려하였다. 그러자 장수와 병졸들이 그 조서를 보고는 감격하고 용기를 내어 적병을 쳐부수고 장안을 수복하였다. 《舊唐書 卷12 德宗本紀》

서 스스로 의병이라 부르며 일어난 사람들이 구름처럼 모여들었고, 중국의 대군과 협력하여 큰 도적들을 섬멸하는 데 이르렀다. 그러나 총독으로부터 그 아래의 대소(大小) 막부(幕府)에 이르기까지 중국의 장수와 관리들이 좌우에서 당기고 끌며, 막중한 황제의 명령을 가지고 구제해 주는 덕을 지니고서 우리를 경시하거나 우리를 원망한 것이 어찌 수십 번 뿐이었겠는가. 우리나라가 바야흐로 헐떡헐떡 숨이 차듯 그 목 아래에서 나오는 기운만을 바라보며 겸손한 말로 받들지 않을 수 없었고, 또 의리를 헤아려 자제하지 않을 수 없었으니 속으로나 겉으로나 복종하느냐 어기느냐 하는 사이에 지극히 어려운 점이 있었다.

공이 사명(詞命)을 주고받을 때 사세(事勢)의 형편에 맞게 글을 지어 격앙되지도 않았고 순순히 따르지도 않았으니 사람마다 기뻐하며 싫어함이 없었다. 이것은 또 육경여(陸敬輿)가 처했던 상황과 같지 않았는데,[44] 유지(維持)하고 바로잡으며 재성(財成)하고 보상(輔相)하여[45] 막힌 것을 제거하고[46] 어려운 상황을 형통하게 하여 중흥의

44 육경여(陸敬輿)가……않았는데 : 육경여는 당나라의 명신 육지(陸贄)로, 자는 경여, 시호는 선공(宣公)이다. 주자(朱泚)의 난 당시 덕종(德宗)에게 건의하여 자신의 잘못을 질책하는 조서를 내리도록 한 고사가 있다. 위의 각주 참조. 여기서는 이호민과 육지가 난을 만나 임금을 보필한 상황은 비슷하지만, 육지는 자국의 반란 상황이었으므로 외침을 받아 명(明)나라의 도움을 받아야 했던 이호민이 명나라와의 외교 관계까지 감안해야 했던 처지와는 같지 않다고 말한 것이다.

45 유지(維持)하고……보상(輔相)하여 : 이호민이 조정의 대신(大臣)으로서 명(明)나라와의 외교에 있어서 임무를 잘 수행했다는 말이다. 유광(維匡)은 유지하고 바로잡는 것으로, 한유(韓愈)의 글에 "유지하고 바로잡아 양쪽을 화합하게 조정하되 정도를 잃지 않았다.〔維匡調娛, 不失其正.〕"라고 하였다. 《昌黎文集 卷30 唐故相權公

공을 도운 것은 과연 누구의 공이겠는가. 세상의 유자(儒者) 가운데 유순하고 부드러우며 쓰임이 적어서 성패(成敗)의 운수에 아무 영향도 주지 못하면서 갑옷과 투구를 갖추고 나서고자 했던 사람들도 또한 쉽게 말했던 것을 후회하였다. 선조대왕께서 일찍이 이르시기를 "공의 필봉(筆鋒)은 전투용 칼보다 뒤지지 않는다."라고 하셨으니 대개 공의 정성스러운 마음을 분명하게 아신 것이고, 충효가 해와 달을 꿴다고 일컬으신 말씀에서 또 성스러운 임금께서 신하를 분명하게 아셨음을 볼 수 있다.

비린내 나고 더러운 왜구들이 이미 제거되고 국운(國運)이 어긋나지 않게 되어 종묘사직(宗廟社稷)이 거듭 빛나고 여러 공(公)들이 위의(威儀)를 갖춰 조정에 나오니 나라에서 공훈을 살펴 보답하는 은전을 이에 성대하게 시행하였다. 공이 춘관(春官)의 상서(尙書)와 양관(兩官)의 대학사(大學士)를 거쳐 연릉군(延陵君)에 봉해지고 개부(開府)[47]하여 삼공(三公)에 비견되었으며, 이름이 큰 종에 새겨지고 초상화가 찬란히 빛나게 되었으니 세상의 이른바 "공업이 드러나고

墓碑》 재보(財輔)는 《주역》 〈태괘(泰卦) 상(象)〉에 "천지가 사귀는 것이 태이니, 임금은 이것을 본떠 천지의 도를 재성하며 천지의 의를 보상하여 백성을 인도한다.〔天地交泰, 后以財成天地之道, 輔相天地之宜, 以左右民.〕"라고 한 데서 나온 말인데, 그 주(注)에 "재성은 지나침을 제재하고, 보상은 그 미치지 못함을 돕는 것이다."라고 하였다.

46 막힌 것을 제거하고 : 경비(傾否)는 비색(否塞)한 운수를 없앴다는 말이다. 《주역》 〈비괘(否卦) 상구(上九)〉에 "상구는 비색함을 제거하는 것이니 먼저는 비색하고 뒤에는 기쁘다.〔上九, 傾否, 先否後喜.〕"라고 하였다.

47 개부(開府) : 한(漢)나라 때 제도로 관아(官衙)를 설치하고 속관을 두는 것인데, 오직 삼공(三公)만이 할 수 있었다. 여기서는 이호민이 부원군(府院君)이 되고 정1품에 오른 사실을 말한다.

명성이 역사책에 베풀어진다."라는 것이 진실로 이와 같다.

공은 자품이 매우 뛰어났다. 일곱 살에 글을 지을 줄 알았는데 말을 하면 사람들을 놀라게 하였다. 과거 시험장에 가서는 매번 함께 응시한 사람들을 모두 굴복시켜서 감히 겨룰 만한 사람이 없었다. 그러나 이미 일찍 신분이 귀해지자 또 어지럽게 많은 일들을 만나 사업에 힘쓰느라 일찍이 문장 공부[48]에 크게 힘을 쏟지 못하였다. 그러나 문장을 지을 때는 앞사람들의 법도를 따르지 않고 새로운 북과 바디를 만들어[49] 스스로 일가(一家)를 이루었다. 세상에 쓰여 당대에 공훈을 세우고, 훌륭한 문장을 지어 무궁한 데까지 사라지지 않도록 전하였으니 어찌 하늘에서 얻은 것이 온전하여 다른 사람들이 억지로 이를 수 없는 경지에 오른 분이 아니겠는가.

공이 세상을 떠난 지 3년 뒤에 공의 조카로 홍주 목사였던 이경의(李景義)[50] 군이 공의 글 약간 권을 판목에 새기려고 나에게 서문을 부탁하였다. 내가 어찌 공의 글을 평가할 수 있겠는가. 지금 공의 문집이 출간되면 그 조예의 높고 낮음과 얕고 깊음은 안목을 갖추고 논의를

48 문장 공부 : 연찬(鉛槧)의 연은 연분필이고, 참은 목판이다. 전하여 글공부나 문장 공부를 의미한다. 《서경잡기(西京雜記)》 권3에 "양자운이 일을 좋아하여 항상 연필을 품고 목판을 들고 다녔다.〔揚子雲好事, 嘗懷鉛提槧〕"라고 하였다.

49 앞사람들의……만들어 : 이호민이 전대 문인들의 글 짓는 방법을 따르지 않고 가지만의 독특한 구성으로 참신한 문장을 지었다는 말이다. 저유(杼柚)는 베틀의 북과 바디인데 글의 구성을 베짜기에 비유하여 말한 것이다.

50 이경의(李景義) : 1590~1640. 본관은 연안(延安), 자는 자방(子方), 호는 만사(晩沙)이다. 1634년(인조12)에 홍주 목사에 임명되었다. 《澤堂集 別集 卷6 吏曹參判李公墓誌銘 幷序》

잘하는 사람들이 있으니 어찌 나의 경박한 칭송이 용납되겠는가. 그런대로 집안의 어른들에게서 예전에 들은 것을 기록하여 서술한다.

부총병 정룡[51]의 《황화집》[52] 서문

副摠兵程龍皇華集序

옛날 조맹(趙孟)이 정(鄭)나라를 방문하였을 때 정나라의 일곱 사람에게 모두 노래를 부르도록 청하여 그들의 뜻을 살피고, 또 선악(善惡)과 존망(存亡)이 어긋나지 않았음을 증명한 일이 있다.[53] 좌구명(左丘明)이 그것을 아름다운 일로 기록하여 전한 것은 사신의 임무를 잘 수행하고 시를 살피는 안목이 있다고 여긴 것이다. 나는 일찍이 진(晉)은 큰 나라이기에 시서(詩書)를 통해 장수를 선발하였으므로 조맹이 《시경》 삼백 편에 대해 환하게 평소 익혔을 것인데 한갓 작은 나라의 경사(卿士)들에게 노래를 불러 보라고 청하기만 하고 스스로 노래를 불러 큰 나라의 성대함을 드러내지 않았으니 얼마나 초라한 일인가라고 괴이하게 생각하였다.

지금 총병 정공은 천자의 조정에서 뽑힌 사람으로 그 마음이 강개하고 용맹하여 대단히 험한 길을 마치 평탄한 길 가듯이 하고, 빈관(賓館)에 머문 이래로 계획하고 도모한 일들이 모두 사세의 마땅함에

51 정룡(程龍) : 1633년(인조11)에 조선에 온 명(明)나라 사신이다.

52 황화집(皇華集) : 우리나라에 온 중국 사신과 접대관이 화답한 시문을 엮은 책이다. 각 시대에 개별적으로 간행되었던 것을 1773년(영조49)에 한 질(帙)로 간행하였다.

53 옛날……있다 : 조맹(趙孟)은 춘추 시대 진(晉)나라의 대부(大夫)이다. 정(鄭)나라에 가서 자전(子展), 백유(伯有), 자서(子西), 자산(子産), 자대숙(子大叔), 인단(印段), 공손단(公孫段) 등 정나라 공자(公子) 일곱 사람에게 각각 시 한 편씩을 읊게 하고 평가한 고사가 있다. 《春秋左氏傳 襄公27年》

문득 맞으니 진실로 공훈을 수립하고 사업을 완수하여 대사마(大司馬)로서 수레바퀴를 밀어 주며 중요한 일을 맡긴 정성스러운 뜻을 저버림이 없다. 또 그 청렴결백하고 깨끗한 자세로 빙벽(氷檗)과 같은 지조(志操)[54]를 지키려고 스스로 힘쓰니 넓은 바다와 높은 산을 포용할 것 같은 풍치가 있었다. 작은 우리나라의 관리들이 그의 맑은 법도와 아름다운 전범을 동경하여 모두들 〈습상(隰桑)〉 마지막 장의 감회가 있었다.[55] 그러나 생각건대 그 정성스러운 마음을 표현할 길이 없으므로 각각 시가(詩歌)를 지어 그것을 모아 큰 책으로 만들어서 사랑해도 도울 수 없는 마음을 펼쳤다.[56]

이에 공께서 오는 길에 읊은 몇 편의 시를 모두 꺼내 보여 주시니 바다를 건너고 산을 넘어 나랏일을 수행하는 성대함, 그리고 산천(山川)과 풍속(風俗)의 다름을 형용하고 나열하여 손바닥을 가리키듯 분명하게 눈에 들어오는 작품들이었다. 위태한 것을 부지하고 기우는 것을 안정시키며 도탄에 빠진 것을 구제하려는 생각까지 글의 뜻에 은연중 나타나 있었으니 더욱 음풍농월(吟風弄月)이나 일삼는 사람의

54 빙벽(氷檗)과 같은 지조(志操) : 빙벽은 얼음물을 마시고 황벽나무를 먹는다는 뜻으로, 청고(淸苦)한 생활을 하며 절조를 지키는 것을 뜻한다.

55 작은……있었다 : 정룡을 만난 우리나라 관리들이 그를 좋아하고 잊지 못하는 마음을 갖게 되었다는 말이다. 《시경》 〈습상(隰桑)〉의 마지막 장에 "마음으로 사랑하니 어찌 말하지 않으랴. 마음속에 담고 있으니 어느 날인들 잊으랴.〔心乎愛矣, 遐不謂矣. 中心藏之, 何日忘之.〕"라고 하였다.

56 사랑해도……펼쳤다 : 정룡을 사랑하는 진솔한 마음을 담았다는 말이다. 《시경》 〈증민(烝民)〉에 중산보(仲山甫)의 덕을 기려 "사랑해도 도와줄 수가 없다.〔愛莫助之〕"라고 하였다.

시와 비교될 것이 아니라 은근한 시인의 풍도라 하겠다.

우리나라 사람의 노래로 공의 요청이 있기를 기다리지도 않았고, 공께서 스스로 노래하신 것도 이처럼 성대하고 아름다우니 예와 지금 사람의 같고 같지 않은 점을 문득 논할 수 없다. 공은 젊은 나이에 붓을 던졌으니 진실로 낭거서산(狼居胥山)에 봉해지려는 큰 뜻이 있었을 것이다.[57] 파도가 일렁이는 바닷길을 뚫고 동쪽으로 와서 노를 두드리며 맹세할 때는[58] 열렬한 장부의 웅장한 모습이더니 온화한 몸가짐으로 연회의 자리에서 시 짓는 모습을 뵈니 또 어쩌면 이렇게도 넉넉한 대아군자(大雅君子)란 말인가. 이에 공무를 받들고 나라를 걱정하는 것과 고상한 시를 읊조리고 투호를 하는 것이 본래 두 가지가

57 붓을……것이다 : 정룡이 학문을 그만두고 종군(從軍)하여 공을 세우려는 마음을 가졌을 것이라는 말이다. 투필(投筆)은 붓을 던진다는 말이다. 후한(後漢)의 명장 반초(班超)가 젊었을 때 집이 가난하여 항상 글씨를 써 주는 품팔이 생활을 하다가, 한 번은 붓을 던지면서 말하기를 "대장부가 별다른 지략이 없다면, 부개자나 장건이라도 본받아서 이역에 나아가 공을 세워 봉후가 되어야지, 어찌 오래도록 필연 사이에만 종사할 수 있겠는가.〔大丈夫無它志略, 猶當效傅介子張騫, 立功異域, 以取封侯, 安能久事筆硏間乎.〕"라고 하더니, 뒤에 과연 절부(節符)를 쥐고 서역(西域)에 나아가 공을 세워서 정원후(定遠侯)에 봉해진 고사가 있다.《後漢書 卷77 班超列傳》 낭거서(狼居胥)는 낭거서산으로, 오늘날의 몽고 국경에 위치한 긍특산(肯特山)이다. 한 무제 때 표기장군(驃騎將軍) 곽거병(霍去病)이 수십만 명의 대군을 거느리고 대군(代郡)으로 나가 좌현왕(左賢王)과 접전을 벌인 끝에 7만여 명의 적을 죽인 다음, 낭거서산에 올라 하늘에 제사를 지내고 돌아온 고사가 있으므로, 큰 공을 세우는 것을 비유한다.《漢書 卷6 武帝本紀》

58 노를……때는 : 적을 물리칠 각오를 다졌다는 말이다. 진(晉)나라 조적(祖逖)이 원제(元帝)에게 청하여 군사를 통합해서 북벌(北伐)할 때, 강을 건너다가 돛대를 치면서 맹세하기를 "중원을 맑히지 못하고 다시 건너면 이 큰 강이 있을 뿐이다.〔不能淸中原而復濟者, 有如大江.〕"라고 한 고사가 있다.《晉書 卷62 祖逖列傳》

아님을 알게 되었다.[59]

내가 이로 인해 느낀 바가 있었다. 직분으로 볼 때 공은 속국과 연맹하는 것이 맡은 임무이지 않던가. 속국이 중국에 대해 그 분수는 천경(天經)과 지위(地緯)이고, 그 은혜는 생사를 함께하는 골육과도 같다. 이것은 군신(君臣)과 상하(上下)의 사람들이 밤이나 낮이나 익혀 분명하게 아는 바이며 가슴 깊이 아로새겨 잊지 않는 바이니 하늘을 이고 땅을 밟으며 귀신에게 물어도 부끄러울 것이 없다. 우러러 천문(天文)을 살펴보매 수많은 별들이 북극성을 향하고[60] 굽어 지기(地紀)를 바라보매 온갖 물줄기가 반드시 동쪽으로 흐르니 보잘것없는 이 사람의 한 생각도 이와 같은 점이 있다. 혹 공께서 먼 나라의 하찮은 시라고 여겨 버리지 않고 주(周)나라 시 가운데 한병(翰屛)의 뜻을 채택하셔서[61] 언덕과 습지에서 두루 물어[62] 사신 임무를 마치고 돌아가

59 이에……되었다 : 시를 읊고 투호를 하는 것도 공무의 일부라는 말로, 정룡의 유아(儒雅)함을 기린 말이다. 후한(後漢)의 장군 채준(祭遵)에 대해 "술을 마시면서 음악을 들을 때면 반드시 고상한 시를 노래하고 투호를 했다.〔對酒設樂, 必雅歌投壺.〕"라고 기술한 내용이 있다.《後漢書 卷50 祭遵列傳》

60 수많은……향하고 :《논어》〈위정(爲政)〉의 "덕정을 펼치는 것이 비유컨대 북두성이 가만히 제자리를 지키고 있으면 뭇별이 옹위하는 것과 같다.〔爲政以德, 譬如北辰居其所, 而衆星共之.〕"라는 말을 원용한 것으로, 여기서는 명(明)나라를 북극성으로 비유하여 표현한 것이다.

61 주(周)나라……채택하셔서 : 조선(朝鮮)은 명나라의 울타리와도 같으니 소중하게 여겨 달라는 말이다. 한병(翰屛)은 병풍과 기둥이라는 말인데,《시경》〈판(板)〉에 "큰 덕을 지닌 사람은 울타리가 되며 많은 무리는 담장이 되며 큰 제후국은 병풍이 되며 큰 종족은 기둥이 된다.〔价人維藩, 大師維垣, 大邦維屛, 大宗維翰.〕"라고 하였다.

62 언덕과……물어 : 사신으로서의 임무에 충실하여 조선의 실정을 두루 파악하라는 말이다. 자순(咨詢)은 묻는다는 뜻이고 원습(原隰)은 언덕과 습지인데,《시경》〈황황

황제께 바치는 자료로 삼아, 〈경(駉)〉과 〈유필(有駜)〉과 〈반수(泮水)〉와 〈비궁(閟宮)〉의 말이 천자의 총애하는 명령을 독차지하지 않게 하신다면[63] 공이야말로 진실로 사신의 임무를 잘 수행하고 시를 살피는 안목이 있는 분이라 할 것이다.

내가 가만히 빈관(賓館)의 기둥과 처마 사이에서 공의 위의(威儀)와 문채(文彩)의 성대함을 바라보고서 사실상 그 덕스러운 모습을 우러르는 동경이 있었으므로 감히 한 마디 말로 서술한다.

자화(皇皇者華)〉에 "반짝반짝 빛나는 꽃이여, 저 언덕과 습지에 피었도다. 부지런히 달리는 사나이는, 행여 못 미칠까 염려하도다.〔皇皇者華, 于彼原隰. 駪駪征夫, 每懷靡及.〕"라고 하였고, "내가 탄 말은 인마인데, 여섯 가닥 고삐가 고르도다. 이리저리 채찍질하여 달려서, 두루 찾아서 자문을 하도다.〔我馬維駰, 六轡既均. 載馳載驅, 周爰咨詢.〕"라고 한 데서 온 말이다. 이 시는 사명(使命)을 받고 떠난 신하가 행여 임금의 뜻에 미치지 못할까 매양 염려하는 뜻을 노래하였다.

63 경(駉)과……하신다면 : 천자를 송축(頌祝)하는 시만 천자의 사랑을 받게 하지 말라는 말이다. 〈경〉, 〈유필(有駜)〉, 〈반수(泮水)〉, 〈비궁(閟宮)〉은 모두 《시경》 〈노송(魯頌)〉의 편명이다. 〈경〉은 노 희공(魯僖公)이 말을 잘 기르는 것을 찬미하였고, 〈유필〉은 희공이 군신(君臣) 사이에 도(道)가 있음을 칭송하였으며, 〈반수〉는 희공이 반궁(泮宮)을 잘 수리한 것을 찬미하였고, 〈비궁〉은 희공이 주공(周公)의 집을 복구한 것을 칭송하였다.

《서호사한첩》[64] 서문 갑신년(1644, 인조22) 이후

西湖詞翰帖序 甲申以後

정해년(1647) 여름에 동주산인(東州山人)이 성은을 입어 장차 한양으로 돌아가게 되었다. 이웃에 살던 성상보(成尙甫)가 나를 위해 술을 준비하고 배편을 마련하였기에 포구에 나가 하루를 즐기게 되었다. 그때 파천(坡川)[65]의 김씨 노인과 세마(洗馬) 이군이 함께하였고, 청선옹(聽蟬翁)[66]은 계두리(鷄頭里)[67]에서 거룻배를 타고 왔다. 이날 바람은 잠잠하고 물결은 잔잔하였으며 옅은 구름이 해를 가렸다. 먼 들판과 여러 산은 기상이 맑고 탁 트여 아름다운 경관이 사람으로 하여금 눈을 떼지 못하게 하였다. 뱃사공들은 노래하고 어부는

64 서호사한첩(西湖詞翰帖) : 《동주집(東州集)》 시집(詩集) 권11에 실린 시 〈장차 북쪽으로 돌아가려고 서호에 배를 띄우고 술에 취해서 여덟 수를 지은 뒤 청선옹에게 써달라고 요청하다〔將北歸 泛舟西湖 醉占八絶 請蟬翁放筆〕〉 여덟 수를 묶어 만든 시첩을 가리킨다.

65 파천(坡川) : 충남 아산시의 지명으로 이민구가 영변에서 이배되어 지낸 곳이다. 《동주집》 시집(詩集) 권8의 〈자서(自敍)〉에 "내가 철옹성에서 7년 동안 지내고서 계미년에 아산으로 이배되었다. 처음에는 동심동에 거처를 마련하였다가 야곡, 오의, 파천으로 옮겨 다녔다.〔余居鐵甕七年, 癸未, 內移牙山, 始僦屋桐心洞, 旣乃遷冶谷烏衣坡川.〕"라고 하였다.

66 청선옹(聽蟬翁) : 이지정(李志定, 1588~1650)으로, 본관은 여주(驪州), 자는 정오(靜吾), 호는 청선이다. 초서를 잘 쓰기로 이름났다. 《松坡集 卷15 通政大夫永興府使聽蟬李公墓碣銘 幷敍》

67 계두리(鷄頭里) : 현재의 경기도 평택시 현덕면 권관리에 계두산이 있으므로 그 일대로 보인다.

물고기를 올렸으며 거문고와 노래와 피리 소리가 울려 퍼져 들어도 시끄럽지 않았으며 큰 잔에 술을 조금씩 따라 이리저리 주고받았다. 돛을 펼치고 노를 저어 영공암(令公巖)[68]까지 갔다가 돌아오니 즐거운 마음과 좋은 일이 다 갖추어졌으나 이별을 앞두고 있어서 감개가 밀려왔다.

동주산인이 흰 종이 여덟 폭을 가지고 청선옹에게 글씨를 써 달라고 부탁하였는데, 청선옹은 짐짓 솜씨 발휘를 귀찮아하고 게다가 술자리에 있었으므로 쓰려고 하지 않았다. 동주산인이 장난삼아 절구 한 수를 지어 부추기니 청선옹이 신나서 써 내려갔다. 그렇게 피차가 서로 권면하여 마침내 여덟 장을 완성하였다. 그 시는 진실로 서둘러 지어서 볼만한 점이 없었으나 청선옹의 글씨는 손이 가는 대로 붓이 따라와서 변화무쌍하였으며 초연히 경계 밖으로 벗어났으니 멋진 일과 이름난 자취가 난정(蘭亭)의 뒤에 그 아름다움을 이을 만하였다.[69]

아아! 우리는 늙고 궁박한 사람들로 호숫가를 떠돌며 서너 명 친한 이들과 함께 한가한 날에 마음대로 배타고 노는 즐거움을 누렸으니

68 영공암(令公巖) : 경기도 평택시와 충남 아산시 사이의 바다 한가운데에 자리한 바위이다. 《신증동국여지승람(新增東國輿地勝覽)》 권9 〈경기(京畿) 수원도호부(水原都護府)〉에 "대진(大津)은 서남쪽으로 1백 리이며 넓이가 10여 리인데 조세(潮勢)가 사납다. 중류(中流)에 영옹암(令翁巖)이 우뚝 서 있는데 높이는 1백 척 가량 된다."라고 하여 영옹암으로 기록되어 있다.

69 멋진……만하였다 : 이민구 일행이 당일 즐긴 풍류가 난정(蘭亭)의 일처럼 멋졌다는 말이다. 진 목제(晉穆帝)가 재위하던 353년 늦은 봄에 회계(會稽) 산음(山陰)의 난정(蘭亭)에서 왕희지(王羲之), 사안(謝安), 손작(孫綽) 등 42인의 명사(名士)가 모여 계사(禊事)를 행한 뒤에 곡수(曲水)에 술잔을 띄우고 시를 지으며 성대한 풍류놀이를 즐긴 이야기가 왕희지의 〈난정기(蘭亭記)〉에 보인다.

실로 적벽(赤壁)의 유람[70]보다 뒤지지 않는다. 다만 여덟 편의 시는 두 편의 부(賦)[71]에 미치지 못하니 한스럽다.

추담(鄒湛)이 양숙자(羊叔子)에게 말하기를 "현명한 공께서는 마땅히 이 산과 함께 전해질 것이고, 몸과 이름이 사라지는 것은 곧 저와 같은 사람이 그렇게 될 것입니다."[72]라고 하였다. 추담이 어떤 사람인지 모르지만 오직 이 말 때문에 잘 알려졌으니 명성을 드리우는 것이 반드시 큰 사업에 달려 있는 것은 아니다. 천백 세에 하나라도 지음(知音)을 만나 그 정경을 이해하고 감상해 준다면 또한 족하다. 마침내 여덟 폭을 김씨 노인에게 주고 나머지 사람들은 각자 작은 첩을 만들어 간직하니 뒷날 오늘의 일을 떠올릴 수 있을 것이다.

70 적벽(赤壁)의 유람 : 송(宋)나라 때 소식(蘇軾)이 황주(黃州)에 폄척되어 있으면서 임술년 가을 7월 16일과 같은 해 10월 15일 두 차례에 걸쳐 적벽 아래 강에서 객들과 함께 배를 타고 풍류를 즐기면서 〈적벽부(赤壁賦)〉와 〈후적벽부(後赤壁賦)〉를 지었던 일을 가리킨다.

71 두 편의 부(賦) : 소식이 지은 〈전적벽부〉와 〈후적벽부〉를 가리킨다.

72 추담(鄒湛)이……것입니다 : 숙자(叔子)는 진(晉)나라 양호(羊祜, 221~278)의 자이다. 양호가 형주(荊州)에 있을 때에 종사(從事) 추담과 함께 현산(峴山)에 올라가서 놀다가 눈물을 흘리며 "우주(宇宙)가 있은 뒤로 이 산이 생겼는데, 예부터 현달한 사람들이 이 산에서 논 이가 나와 자네 같은 사람이 많지만, 모두 지금까지 이름이 전해지지 못하니 이것을 생각하면 절로 슬퍼진다."라고 하였다. 추담이 말하기를 "공의 덕은 사해를 덮고 도는 이전의 철인을 이어 좋은 명성과 명망이 반드시 이 산과 함께 전해지겠지만 저 같은 사람은 참으로 공의 말씀과 같습니다.〔公德冠四海, 道嗣前哲, 令聞令望, 必與此山俱傳, 至若湛輩, 乃當如公言耳.〕"라고 하였다. 《晉書 卷34 羊祜列傳》

독서당계병 후서[73]

讀書堂稧屛後序

나라에서 문(文)으로 다스리니 문을 숭상하고 장려하는 방법이 이미 지극하다. 나이가 젊고 문장력이 뛰어난 사신(詞臣)을 가려 책 읽을 여가를 주는데, 소속된 관청도 없고 맡은 직책도 없어서 하루 종일 할 일도 없다. 동호(東湖)의 경치 좋은 곳에 독서당을 짓고 거주하게 하며 매달 그 공부한 것을 평가하고 때때로 임금이 내린 글제로 시험하였다. 양곡(糧穀)과 술을 넉넉히 보내고 베풀어 하사하고 자문하는 대우를 특별하게 하니 대개 한 시대 학사(學士)의 영광이 지극하고, 세상에 화려한 명성을 남긴 선비들 또한 그 무리에서 배출되었다.

불행히도 임진년(1592, 선조25)과 계사년(1593)의 병란 뒤로 16년 동안 사문(斯文)에 힘쓸 겨를이 없었다. 만력(萬曆) 무신년(1608)에 비로소 무너진 법을 일으켰는데[74] 정사가 혼란한 때를 만나 온갖 일들

73 독서당계병 후서 : 《승정원일기》 인조 1년 10월 28일 기사에 "독서당(讀書堂)에 간택된 자는 이민구(李敏求), 조익(趙翼), 임숙영(任叔英), 오숙(吳䎘), 이명한(李明漢), 정백창(鄭百昌), 김세렴(金世濂), 장유(張維), 이식(李植), 정홍명(鄭弘溟)이었다."라는 내용이 실려 있다. 장유가 〈호당계병서(湖堂契屛序)〉를 지어 계병을 만들게 된 과정을 서술하였고, 이민구가 뒤에 후서(後序)를 지은 것이다. 본문 중에 이식의 죽음에 대한 언급과 독서당에 들어간 지 25년이 지났다는 말로 보아 1647년에서 1648년 사이에 지은 것으로 추정된다.

74 불행히도……일으켰는데 : 1592년 임진왜란으로 동호 독서당(東湖讀書堂)이 소실(燒失)되어 사가독서가 중지되었다가 1608년에 대제학 유근(柳根)이 다시 설치하기

이 어그러지게 되니 어사(御事)로부터 서사(庶司) 이하에 이르기까지 모두가 권세 있고 간사한 자들과 사사로이 친분이 있는 사람들이었다. 하물며 사림의 학문은 또 어찌 말할 것이 있겠는가.

계해년(1623, 인조1)에 이르러 성스럽고 명철한 임금께서 크게 일어나서[75] 인재 양성을 급선무로 삼고 문사(文事)를 더욱 중시하니 당시 경서를 끼고서 깊숙이 숨고 먼 곳으로 달아나 갈고 닦으며 쓰이기를 기다리던 학사 대부(學士大夫)가 모두 조정에 모였다. 이에 열 명을 가려내어 사가독서할 인원을 선발하였다. 나 민구(敏求)가 실로 그 첫 번째 자리를 차지하였고, 그 다음은 임숙영(任叔英) 무숙(茂叔), 이식(李植) 여고(汝固), 이명한(李明漢) 천장(天章), 정백창(鄭百昌) 덕여(德餘), 장유(張維) 지국(持國), 오숙(吳䎘) 숙우(肅羽), 조익(趙翼) 비경(飛卿), 김세렴(金世濂) 도원(道源), 정홍명(鄭弘溟) 자용(子容)이었으니 모두 우뚝이 한 시대의 호걸이었다. 나 민구와 여고, 천장, 덕여 네 사람은 이미 통정대부의 반열에 올라 있었으나 특명으로 해당 자급을 그대로 유지하였다. 이에 열 명은 부지런히 학업을 닦아 우러러 임금의 간절한 기다림에 부응하고, 물러나서는 계사(禊事)를 만들어 서로 권면하고 동료 간의 우호를 다졌다. 직관(職官), 성명(姓名), 자호(字號), 관향(貫鄕), 나이를 병풍에 나열해 쓰는 것은 영구히 전해지기를 바라서이니 그 의의가 매우 크다.

를 청하여 한강(漢江)의 별영(別營)을 독서당으로 삼았다.《燃藜室記述 別集 卷7 官職典故 讀書堂》

75 계해년에……일어나서 : 1623년에 서인(西人) 일파가 광해군과 대북파(大北派)를 몰아내고 인조(仁祖)를 왕으로 옹립한 인조반정을 가리킨다.

그 뒤에 부침(浮沈)을 겪어 지우(知遇)가 달라지고 수명이 같지 않으며, 지위의 고하가 어긋나고 누린 연령이 짧아 잠깐 사이에 피어나기도 하고 떨어지기도 하니 문득 세상살이의 감회가 사무친다. 임무숙은 계해년(1623)에, 오숙우는 갑술년(1634)에, 정덕여는 을해년(1635)에, 장지국은 정축년(1637)에, 이천장은 을유년(1645)에, 김도원은 병술년(1646)에, 이여고는 정해년(1647)에 차례대로 세상을 떠났다. 나이를 따져 보면 대부분 요절했다는 말을 면치 못하므로[76] 조자환(曹子桓)[77]이 삶과 죽음에 대해 느꼈던 아픔을 분명히 볼 수 있다. 어쩌면 몇몇 공들의 뛰어난 재주와 넓은 학식은 맑은 기를 넉넉하게 타고난 것이지만 좁은 세상의 짧은 인생은 복을 온전히 타고난 사람이 혹 적기 때문에 그런 것인가.

처음부터 지금까지 25년의 세월이 지났는데 살아 있는 사람은 나민구와 비경, 자용 세 사람 뿐이다. 그러나 늙은 몸으로 멀리 떨어져 살아 만나기도 어렵고 위태한 세상에서 말운을 만나 아침저녁으로 죽을 날을 기다리고 있다. 살피건대 사람이 이 세상에서 살아가며 겪는 생로병사의 고통이 과연 어떠한가. 비경이 보았던 옛날의 계병(稧屛)을 마주하고 있노라니 아련한 한 세대 전의 일이다. 그래서 감회를 쓰고 아울러 예원(藝苑)의 성대함을 적는다.

76 나이를……못하므로 : 50세 이전에 죽는 것을 요절한다고 여겼다. 당나라 백거이(白居易)의 시 〈영회(詠懷)〉에 "오십에 죽으면 요절이 아닌데, 나는 지금 수년이 모자랄 뿐이네.〔五十不爲夭, 吾今欠數年.〕"라고 하였다. 임숙영은 48세에, 이명한은 51세에, 정백창은 48세에, 장유는 52세에, 오숙은 43세에, 김세렴은 54세에 죽었다.

77 조자환(曹子桓) : 삼국 시대 위(魏)나라 문제(文帝) 조비(曹丕, 187~226)로, 자는 자환이다.

무숙은 호가 소암(疏庵)으로, 병자년(1576, 선조9)에 태어났고 본관은 서하(西河)이다. 여고는 호가 택당(澤堂)으로, 갑신년(1584)에 태어났고 본관은 덕수(德水)이다. 천장은 호가 백주(白洲)로, 을미년(1595)에 태어났고 본관은 연안(延安)이다. 덕여는 호가 현곡(玄谷)으로, 무자년(1588)에 태어났고 본관은 진양(晉陽)이다. 지국은 호가 계곡(谿谷)으로, 정해년(1587)에 태어났고 본관은 덕수이다. 숙우는 호가 천파(天坡)로, 임진년(1592)에 태어났고 본관은 해주(海州)이다. 비경은 호가 포저(浦渚)로, 기묘년(1579)에 태어났고 본관은 한양(漢陽)이다. 도원은 호가 동명(東溟)으로, 계사년(1593)에 태어났고 본관은 선산(善山)이다. 자용은 호가 기암(畸庵)으로, 임오년(1582)에 태어났고 본관은 영일(迎日)이다.

문징명이 쓰고 구십주가 그린 〈상림부〉[78]의 후서
上林賦文徵明書仇十洲畫後序

위의 작품은 사마상여(司馬相如)의 〈상림부(上林賦)〉에 태사(太史) 문징명(文徵明)이 글씨를 쓰고 십주(十洲) 구실보(仇實父)가 그림을 그린 것이다. 예전에는 사구(司寇) 왕원미(王元美)[79]가 소장하였고, 중간에는 변방 장수 덕부소(德符所)[80]와 학사 동기창(董其昌)[81]

78 문징명(文徵明)이……후서(後序) : 〈상림부(上林賦)〉에 문징명(1470~1559)이 글씨를 쓰고 구십주(仇十洲, 1498~1552)가 그림을 그린 작품이다. 〈상림부〉는 한나라의 문장가 사마상여(司馬相如, 기원전 179~기원전 118)가 지은 글이다. 사마상여는 사부(詞賦)에 특히 뛰어났다. 한 무제(漢武帝)가 사마상여의 〈자허부(子虛賦)〉를 읽다가 "짐이 이 부를 지은 사람과 한 시대에 나지 못하였다."라며 아쉬워하자, 옆에 있던 양득의(楊得意)가 "그 부는 바로 신과 한 고향 사람인 상여가 지었습니다."라고 대답하였다. 무제가 흠칫 놀라며 상여를 불러 사실을 알고 나서, 다시 〈상림부〉를 짓게 하였다고 한다. 《史記 卷117 司馬相如列傳》 문징명은 명나라 때의 학자로 초명(初名)은 벽(璧), 자는 징명, 호는 형산거사(衡山居士)이다. 시문과 서화에 모두 능했는데, 특히 그림에 뛰어났다. 죽은 뒤에 사시(私諡)를 정헌선생(貞獻先生)이라 하였다. 《明史 卷287》 구십주는 명나라 때의 화가 구영(仇英)으로, 자는 실보(實父), 호는 십주이다. 산수화와 화조화를 주로 그렸으며 특히 인물화를 잘 그렸다. 《明畫錄 卷1》 심주(沈周), 문징명, 당인(唐寅) 등과 함께 명대(明代) 4대가로 불린다.

79 왕원미(王元美) : 명(明)나라 때의 문인 왕세정(王世貞, 1526~1590)으로, 자는 원미, 호는 봉주(鳳州)이다. 시문에 능하여 이반룡(李攀龍)과 함께 이왕(李王)으로 병칭된다.

80 변방 장수 덕부소(德符所) : 변수덕부소(邊帥德符所)는 미상이다.

81 동기창(董其昌) : 1555~1636. 명나라 만력(萬曆) 연간의 유명한 서화가로, 자는 현재(玄宰), 호는 사백(思白) 또는 향광거사(香光居士), 시호는 문민(文敏)이다.

이 소장하였는데, 이후로는 유전(流傳)한 내력을 알지 못하지만 동남의 아름다운 작품으로 일컬어졌다 한다.

임오년(1642, 인조20) 관외(關外)의 변에 이르러 또 잃어버렸는데, 나의 사위 신중열(申仲悅)[82] 군의 수중에 들어왔다. 태사 문징명이 글씨를 쓴 가정(嘉靖)[83] 병진년(1556, 명종11)으로부터 지금까지 92년이 지났으니, 십주 구실보가 그림을 그린 것은 아마도 그 이전일 것이다. 몇 사람의 감정을 거치고 몇 가지 변고를 겪으면서도 병란에 불타거나 오랑캐의 수중으로 들어가지 않고, 마침내 문헌(文獻)의 나라 한묵(翰墨)의 가문으로 돌아왔으니, 생각건대 육정(六丁)의 진관(眞官)이 남몰래 지켜주어 지금 겁신(劫燼)의 나머지에도 완전한 상태로 보존하여 그 사람에게 준 것인가.[84] 그렇지 않고서야 어찌 지모(智謀)로 미칠 수 있는 일이며, 세력으로 이룰 수 있는 일이겠는가.

82 신중열(申仲悅) : 신변(申昪, 1610~1664)으로, 본관은 평산(平山), 자는 중열, 호는 춘주산인(春洲散人)이다. 이민구의 사위이며 동양위(東陽尉) 신익성(申翊聖)의 아들이다.

83 가정(嘉靖) : 명 세종(明世宗)의 연호로, 1522년(중종17)부터 1566년(명종21)까지 45년간 사용되었다.

84 생각건대……것인가 : 신변이 이 작품을 소장하게 된 것이 필연적 결과일 것이라는 말이다. 육정(六丁)은 도교(道敎)에서 말하는 정묘(丁卯), 정사(丁巳), 정미(丁未), 정유(丁酉), 정해(丁亥), 정축(丁丑)의 여섯 정신(丁神)을 가리키는데, 이들은 본래 천제(天帝)의 부림을 받는 신들이다. 도사(道士)는 부록(符籙)을 사용하여 이들을 불러 부릴 수 있다고 한다. 진관(眞官)은 선인(仙人)으로서 관직을 가진 자로, 도사를 뜻하는 말이다. 겁신(劫燼)은 불교에서 말하는 세계가 변화하는 4대겁(四大劫) 중 하나로, 괴겁(壞劫)이 다할 때 일어난다는 겁화(劫火)의 타다 남은 재나 불씨를 뜻하는데, 대개 전란을 가리키는 말로 쓰인다.

정강(靖康)[85] 연간에 어부(御府)의 도서 수십만 권을 모두 북쪽으로 싣고 가다가 사막에 묻혀서 가라앉아 분토(糞土)가 되고 씻겨 내려가 티끌로 변한 것과 비교하면 행불행(幸不幸)이 어떠한가.

한편 내가 느끼는 바가 있다. 한 무제(漢武帝)의 걸출한 재능과 뛰어난 지략으로 육대(六代)[86]의 분발을 쌓아, 이로 인하여 기문(期門)과 우림(羽林)[87]의 군대를 이끌고 종남산과 호두(鄠杜)[88] 5, 6백 리 사이를 내달리며 용맹스런 기개를 드높였으며, 이로 인하여 벼락치듯 맹렬하게 공격할 만한 장수를 선발하여 해마다 십여 만 명의 기병을 동원하여 용성(龍城)[89]을 불태우고 유도(幽都)[90]를 유린하였다. 당시

85 정강(靖康) : 1126년부터 1127년까지 사용된 송 흠종(宋欽宗)의 연호이다. 1127년에 금(金)나라 군사가 남하(南下)하여 송나라 수도 변경(汴京)을 함락시키고, 흠종과 그 부황(父皇)인 휘종(徽宗)을 포로로 붙잡아 간 사실이 있다. 《宋史 卷23 欽宗本紀》

86 육대(六代) : 한나라의 고조(高祖), 혜제(惠帝), 여후(呂后), 문제(文帝), 경제(景帝), 무제(武帝)를 가리키는 것으로 보인다.

87 기문(期門)과 우림(羽林) : 기문은 왕을 호종(扈從)하는 호위병을 말한다. 한 무제(漢武帝)가 민정을 시찰하기 위해 미행(微行)할 때면, 기사(騎射)에 능한 무사들과 궁문 앞에서 몰래 만나기로 약속하고 출발했기 때문에 그들을 기문이라고 불렀다. 그 뒤 평제(平帝) 때에 관명(官名)을 호분랑(虎賁郞)으로 고쳤는데, 이들 중에서 명장이 많이 배출되었다고 한다. 《漢書 卷19 百官公卿表》 우림은 천자(天子)의 숙위(宿衛)를 맡아 보던 금위군(禁衛軍)의 이름이다. 무제 때 농서(隴西) 등 육군(六郡)에서 양가집 자제를 뽑아 건장궁(建章宮)을 숙위하게 하여 건장영기(建章營騎)라 부르고, 뒤에 이름을 우림기(羽林騎)라 바꾼 것에서 유래하였다.

88 호두(鄠杜) : 중국 부풍(扶風)에 있는 호현(鄠縣)과 두양현(杜陽縣)을 말한다. 《한서(漢書)》 권98 〈원후전(元后傳)〉에 "여름에는 어숙현(籞宿縣), 호현, 두양현의 사이에서 노닌다."라고 하였다.

89 용성(龍城) : 흉노(匈奴)의 우두머리가 하늘에 제사 지내던 흉노족의 본거지로,

에는 군수물자를 공급하고 수송하는 비용 때문에 백성들이 괴로워하였고, 후세에는 무력을 남용하여 함부로 전쟁을 일으킨 잘못을 헐뜯어서 망한 진(秦)나라에 견주기까지 하였다. 유자(儒者)의 수성(守成)[91]하는 논리로 말한다면 맞는 말이다. 그러나 흉노의 본성이 흉악하고 사나우며 거듭 승리하는 막강한 힘에 도취되어 있어서, 한 번 크게 다스려 그 기세를 꺾어놓지 않으면 그들의 불순한 마음이 더욱 방자해지고, 한 번 크게 수고하여 백성들의 길이 편안함을 만들지 않으면 중국이 존중받지 못할 것임을 전혀 알지 못하였다. 그러므로 심사숙고하여 이해(利害)의 근원을 따져 보아, 차라리 한 시대에 비방하는 의론을 불러오더라도 신경 쓰지 않고 득실만을 따졌으니, 무제의 계획이 지극히 밝았던 것이다. 한창 오랑캐의 세력이 팽창할 때 온 나라의 힘을 기울여 날마다 정벌하여 뚫고 들어가서 침공하므로 반드시 보복을 하고 말았으니 말세의 쇠미한 정치로는 어떻게 장안의 관저에서 속국을 칭하면서 엎드리도록 요구할 수 있었겠는가.

대개 무제의 무공(武功)이 이처럼 후세에 공업을 드리웠기 때문에, 동한(東漢)에 이르러 오로지 수문(守文)만을 숭상했는데도, 오히려 감히 중국을 침범하려는 마음을 먹지 못한 것이 몇백 년이나 계속되었으니, 어찌 좋은 계책과 뛰어난 공렬로 이루어진 것이 아니겠는

외몽골 지역에 있었다.

90 유도(幽都) : 요(堯) 임금 때의 북방의 땅으로 유주(幽州)를 가리키는 말인데, 연경이 바로 여기에 해당한다. 《서경》〈요전(堯典)〉에 "화숙에게 거듭 명하여 삭방에 머물게 하시니 유도라는 곳이다.〔申命和叔, 宅朔方, 曰幽都.〕"라고 하였다.

91 수성(守成) : 선대가 이루어 놓은 왕업을 계승하여 지키는 것으로 창업(創業)과 대칭되는 말이다.

가. 이렇게 하지 않았다면, 오호(五胡)가 중화를 어지럽히고 신주(神州)가 멸망한 것이 멀리 회제(懷帝)와 민제(愍帝)에게서 나오지 않고, 마땅히 가까운 원제(元帝)와 성제(成帝)에게서 나왔을 것[92]임을 나는 확신한다. 어째서인가? 창업의 큰일을 하는 임금은 반드시 무사(武事)에 직접 임하지만, 대를 이은 용렬한 임금은 안락만을 즐긴다. 당 태종(唐太宗)이 내전(內殿)에서 무예를 익혀 친히 활쏘기를 하자 사방 오랑캐들이 관복을 입고 예의를 지켰으며, 송 휘종(宋徽宗)이 학술과 문예를 매우 좋아하고 무략(武略)에 힘쓰지 않자 금(金)나라의 악당들이 제하(諸夏)를 더럽혔다. 아, 무제가 상림에서 사냥한 것을 어찌 또한 과소평가할 수 있겠는가.

92 오호(五胡)가……것 : 한 무제(漢武帝)가 오랑캐를 다스리지 않았다면 중국은 진(晉)나라 회제(懷帝), 민제(愍帝) 때까지 가지 않고, 한나라 원제(元帝)와 성제(成帝) 때에 망했을 것이라는 말이다. 오호는 중국 북방의 강한 5대 이민족으로 흉노족(匈奴族), 선비족(鮮卑族), 갈족(羯族), 저족(氐族), 강족(羌族)을 말한다. 신주(神州)는 중국을 가리키며, 육침(陸沈)은 나라가 적의 수중에 떨어짐을 말한다. 311년(회제5)에 한주(漢主) 유총(劉聰)의 전군 대장군(前軍大將軍) 호연안(呼延晏)이 진나라에 쳐들어와 선양문(宣陽門)으로 들어가자, 회제가 장안(長安)으로 달아나려다가 한병(漢兵)의 추격을 받아 체포되었다. 그 후 313년(민제 원년) 1월에 유총이 광극전(光極殿)에서 군신(君臣)에게 잔치를 열어 회제에게 청의(青衣)를 입혀 술을 따르게 하였다. 결국 회제는 313년에 유총에게 죽었고, 민제도 316년에 시해되었다. 《晉書 卷5 孝懷帝紀》

《김씨선세사적》 서문

金氏先世事蹟序

우리나라의 김씨는 모두 미추왕(味鄒王)[93]을 조상으로 한다. 신라는 세 성씨가 900여 년간 나라를 전했는데, 그 중에서 김씨가 왕이 된 경우가 가장 많았다. 그러므로 자손들이 국내에 흩어져 살며, 각각 군망(郡望)으로 관향을 삼았으니 그 수효가 전체 인구의 반을 차지하였다.

신라 말기에 이르러, 경순왕(敬順王)이 신라를 들어 고려에 귀부(歸附)하였으니 실로 전씨(錢氏)가 송나라에 땅을 바친 것과 같다.[94] 경순왕의 후손인 상락공(上洛公) 김방경(金方慶)은 호부(虎符)를 가지고 여러 차례 군사를 거느려 밖으로는 사납고 포악한 적을 다스렸으며, 널리 섬의 재앙을 깨끗하게 하면서도[95] 사람 죽이기를 즐기지 않고

93 미추왕(味鄒王) : 김알지(金閼智)의 후손으로, 신라 제13대 미추이사금(味鄒尼師今, 262~284)을 말한다. 아버지는 구도(仇道)이고, 어머니는 갈문왕 이칠(伊柒)의 딸 박씨이며, 왕비는 광명부인(光明夫人) 석씨이다.

94 전씨(錢氏)가……같다 : 전씨는 5대 10국의 하나인 오월(吳越)의 마지막 왕 전숙(錢俶)으로, 송 태종(宋太宗)에게 13주(州)를 바치고 등왕(鄧王)에 봉해졌다. 《宋史 卷480 吳越錢氏傳》 신라 경순왕이 고려 태조에게 귀부한 것은 그 공덕(功德)이 전씨가 송나라에 들어간 것과 같다는 말이다.

95 김방경(金方慶)은……하면서도 : 김방경(1212~1300)은 경순왕의 15세손으로, 본관은 안동(安東), 자는 본연(本然), 봉호는 상락(上洛), 시호는 충렬(忠烈)이다. 탐라에서 삼별초를 토벌하고 동쪽의 왜국을 문죄(問罪)한 공으로 상락공에 봉해졌다. 《陽村集 卷35 東賢事略 金中贊諱方慶》 호부(虎符)는 동호부(銅虎符)의 준말로, 한대

공을 속이지 않았으니 세상에서는 그를 조빈(曹彬)[96]에 비유한다.

경순왕의 자손들은 고려 시대에 가장 현달하여 대대로 높은 관직을 지냈는데, 그 중에서도 상락공의 후손들은 더욱이 안동의 대족(大族)이 되었다. 고려 말에서 조선에 이르기까지 대를 거듭할수록 더욱 창성하여 지금도 모두 높은 자리에서 현관(顯官)과 요직을 두루 맡고 있으니 중외(中外)에 늘어선 자들이 또한 조정 관리의 거의 반을 차지하고 있다.

무릇 경순왕이 천명을 통찰하여, 전투를 벌여 패할 때까지 기다리지 않음으로써 나라의 백성들이 도탄에 빠지는 것을 면하였으니 전왕(錢王 앞의 전씨(錢氏))이 중국의 동남 지역을 온전히 구제한 것과 같다. 그리고 상락공이 나라의 운명이 위태로운 때를 만나 몸소 나서서 위난을 제거하고 도적을 다스리고 백성을 쉬게 하여 마침내 후한 보답을 받았으니 곧 무혜(武惠) 조빈과 같은 사람이다. 그러므로 그 자손들이 대대로 빛나고 공렬을 세워 번창하고 복을 받는 것이 진실로 마땅하다.

지금 판결사(判決事) 김효건(金孝建)[97]이 선세의 사적을 모아서 한 책을 만들었다. 상편은 오로지 신라의 서른일곱 분 김씨 왕의 본기(本

(漢代)에 구리로 범 모양처럼 만든 군대 출동용 부절(符節)을 말한다.

96 조빈(曹彬) : 931~999. 송(宋)나라 영수(靈壽) 사람으로, 자는 국화(國華), 시호는 무혜(武惠)이다. 송 태조(宋太祖)를 도와 천하를 안정시켰다. 촉(蜀)을 정벌하고 남당(南唐)을 이겼으나 한 사람도 함부로 죽이지 않았다. 노국공(魯國公)에 봉해졌고 죽은 뒤에 제양군왕(濟陽郡王)에 봉해졌다. 《宋史 卷258 曹彬列傳》

97 김효건(金孝建) : 1584~1666. 본관은 안동(安東), 자는 선술(善述), 호는 경현옹(警弦翁) 또는 경옹(警翁)이다. 《海隱遺稿 卷18 贈大冢宰金公墓碑銘》

紀)를 기록하였다. 하편은 현고(顯考) 이상 직전(直傳)하는 세파(世派)에 근거하여 역임한 관직과 행적을 기록으로 볼 수 있는 데까지 모두 기록하고, 방친(傍親) 중에서도 사전(史傳)과 가승(家乘)에 드러난 분들을 또한 사이사이에 붙여 나타냈으니, 판결공의 정성스런 마음이 아, 지극하다.

예전에 범선자(范宣子)가 목숙(穆叔)에게 그 선조인 도당씨(陶唐氏) 이하 당두씨(唐杜氏)에 이르기까지 들어 말하였으니,[98] 어쩌면 그리도 자세하게 잘 알았던가. 아마도 당시에 세가(世家)의 보첩(譜牒)이 오히려 태사에게 남아 있었기 때문일 것이다. 진(晉)나라 당양후(當陽侯) 두예(杜預)[99]에 이르러서는 경벽(經癖)[100]의 거유(鉅儒)로 일컬어졌지만 경조군(京兆君) 이외에는 그 선대를 드러내지 못하였다. 그러므로 판결공이 선대의 미덕을 선양하여 무궁한 데까지 효를

98 범선자(范宣子)가……말하였으니 : 범선자는 춘추 시대 진(晉)나라의 범개(范匄)이다. 목숙(穆叔)은 노(魯)나라 대부 숙손표(叔孫豹)의 시호이다. 범선자가 목숙에게 "옛 사람의 말에 죽어도 썩지 않는다 하니 무슨 말입니까?"라고 묻고는 "옛날 우리 조상은 우순(虞舜) 이전 시대에는 도당씨(陶唐氏), 하나라 때에는 어룡씨(御龍氏), 상나라 때에는 시위씨(豕韋氏), 주나라 때에는 당두씨(唐杜氏)였으며, 진나라가 중원(中原)의 맹주(盟主)가 되어서는 범씨(范氏)가 되었으니, 이렇게 관작(官爵)이 오래 이어지는 것을 이르는 것이 아니겠습니까?"라고 말했다.《春秋左氏傳 襄公24年》

99 두예(杜預) : 222~284. 진(晉)나라 경조(京兆) 두릉(杜陵) 사람으로 자는 원개(元凱)이다. 하남 윤(何南尹), 진주 자사(秦州刺史)를 역임하였고, 군공(軍功)으로 당양현후(當陽縣侯)에 봉해졌다. 유가의 경전에도 조예가 깊어《춘추좌씨경전집해(春秋左氏經傳集解)》를 저술하였다.《晉書 卷34 杜預列傳》

100 경벽(經癖) : 경서를 매우 좋아한다는 의미인데,《추간집(秋澗集)》 권66 〈두예진대장군개부의동삼사당양후증사도(杜預晉大將軍開府儀同三司當陽侯贈司徒)〉에 "세상에서 경벽이라 불렀다.〔世號經癖〕"라고 하였다.

미루어 나간 것은 참으로 쇠퇴한 풍속을 경계하고 경박한 사람을 돈후하게 할 만하다. 저 선대를 소홀히하여[101] 조금도 〈생민(生民)〉[102] 시를 생각하지 않는 사람들은 도대체 무슨 마음이란 말인가.

척약재(惕若齋) 김구용(金九容)은 상락공의 현손으로 내 외가의 선조가 된다.[103] 문장과 행의(行義)로 사림들의 존경을 받았으나, 상국(上國)에 사신 갔다가 반명(返命)하지 못하였으니,[104] 세상 사람들이 모두 슬퍼하였다. 지금 마땅히 예(例)에 따라 덧붙여 나타냈으니 내가 사모하는 마음이 가까운 데서 먼 데까지 미쳐서, 가만히 위양(渭陽)의 혼령이 계신 것 같은 감회를 감내하지 못한다.[105] 판결공의 지시가 있으므로 문득 사양하지 못하고 한두 마디를 서술한다.

101 소홀히하여 : 변모(弁髦)의 변은 치포관(緇布冠)으로 관례를 행하기 전에 잠시 쓰던 갓을 말하고, 모는 총각의 더벅머리를 뜻한다. 관례가 끝나면 모두 소용없게 되므로 쓸데없는 물건을 비유한다.

102 생민(生民) : 《시경》 대아(大雅)의 편명으로 선조(先祖)를 높인 시이다.

103 김구용(金九容)은……된다. : 김구용(1338~1384)의 본관은 안동(安東), 초명은 제민(齊閔), 자는 경지(敬之), 호는 척약재(惕若齋) 또는 육우당(六友堂)이다. 김구용은 이민구의 외조부 김대섭(金大涉)의 7대조이다. 《惕若齋學吟集 先君惕若齋世係行事要略》《象村稿 卷23 義禁府都事金公宜人沈氏合葬誌銘》

104 상국(上國)에……못하였으니 : 김구용은 1384년(우왕10) 명(明)나라로 사행(使行)을 떠났으나 노주(瀘州) 영녕현(永寧縣) 강문참(江門站)에 이르러 병 때문에 운명하였다. 당시 그의 나이 47세였다. 《惕若齋學吟集 先君惕若齋世係行事要略》

105 위양(渭陽)의……못한다 : 외가의 조상들에 대한 애틋한 감정을 잊지 못한다는 말이다. 위양은 외숙과 생질을 가리키는 말인데, 여기서는 외가라는 뜻으로 쓰였다. 춘추 시대 진 문공(晉文公)이 망명 시절에 매형인 진 목공(秦穆公)에게 몸을 의탁했다가 떠날 때, 당시 태자였던 강공(康公)이 문공을 전송하며 "내가 외숙을 전송하려고 위수(渭水) 북쪽에 이르렀다네."라고 말한 고사에서 유래하였다. 《詩經 渭陽》

소한당[106] 서문

素閒堂序

사람이 이 세상에 살아가는 백 년 이내에, 향용(享用)하는 득실을 따져 보면 오직 한가로움이 제일 낫다. 사람의 매우 성대한 것으로부터 예를 들어 말해 보자. 뜻을 얻어 나라에 도를 행하여 이로움과 혜택이 백성에게 미치고, 명성과 실상을 당시에 드리워 이윤(伊尹)과 주공(周公)처럼 천하 후세 사람들이 칭송하여 오랜 세월이 흘러도 그 칭송이 쇠하지 않으니 이는 기쁘고 유쾌하지 않은 일이 아니며, 마땅히 바깥 것을 사모함이 없을 것이다. 그러나 바로 그런 사람들도 바야흐로 장차 한 사람이라도 살 곳을 얻지 못하는 것을 자기의 책임으로 여기고, 아랫사람에게 자신을 낮춰 먹고 목욕할 겨를이 없을 정도에 이르렀으니 몸과 마음이 너무 힘들고 수고롭지 않겠는가.[107]

106 소한당(素閒堂) : 유정량(柳廷亮, 1591~1663)의 집이다. 그의 본관은 전주(全州), 자는 자룡(子龍), 호는 소한당, 시호는 효정(孝靖)이다. 1604년(선조37) 선조의 딸 정휘옹주(貞徽翁主)와 혼인하여 전창위(全昌尉)에 봉해졌다. 1612년(광해군4) 할아버지 유영경(柳永慶)의 사건으로 일가가 멸족될 때 전라도 고부에 유배되었다가 1623년 인조반정 이후에 풀려나와 군(君)에 봉해졌다.

107 이윤(伊尹)과……않겠는가 : 이윤과 주공(周公)처럼 훌륭한 업적을 남겨 후세의 존경을 받는 것도 좋지만, 그렇게 살려면 힘들고 수고로워서 한가한 즐거움을 누릴 수 없을 것이라는 말이다. 은나라 탕왕(湯王)의 재상인 이윤이 "내가 나의 임금을 요순처럼 만들지 못한다면 시장에서 종아리를 맞는 것처럼 내 마음이 부끄러울 것이요, 한 사람이라도 살 곳을 얻지 못한다면 이는 또한 나의 죄라고 할 것이다.〔予弗克俾厥后

영화를 내던지고 홀로 선 무리들이 바위 골짜기에서 머물러 만물의 바깥에서 자유분방하게 생활하며 오로지 한가함을 즐기는 자들이 있다는 말을 저들이 듣는다면, 틀림없이 약사(若士 선인(仙人)의 이름)의 고상한 풍치에 감상을 붙여서 자기 자신이 그렇지 못함을 탄식할 것이다. 이러므로 소보(巢父)와 허유(許由)[108]와 선권(善卷)[109]과 무광(務光)[110]의 무리가 이따금 서적에 등장하니, 그 도를 또한 어찌 경시할 수 있겠는가.

그러나 이런 사람들은 의복이 완전하지 않고 밥과 술이 충분하지 않아 항상 적막하고 궁핍하다는 근심이 있으니, 산림에 은거하는 것과

爲堯舜, 其心愧恥若撻于市, 一夫不獲, 則曰時予之辜.〕"라고 하였다. 《書經 說命下》 주공은 그의 아들 백금(伯禽)을 경계하면서 "내가 한 번 머리를 감는 동안에 세 번이나 감던 머리를 감싸고 나가서 현인을 맞았으며, 한 번 밥을 먹는 동안에 세 번이나 먹던 밥을 뱉고 나가 선비를 기다렸지만, 오히려 천하의 현인을 잃을까 염려했다.〔我一沐三握髮, 一飯三吐哺, 起以待士, 猶恐失天下之賢人.〕"라고 하였다. 《史記 卷33 魯周公世家》

108 소보(巢父)와 허유(許由) : 요(堯) 임금 때의 은사(隱士)들이다. 요 임금이 제위(帝位)를 맡기려 하자 허유가 이를 거절하고 더러운 말을 들었다면서 귀를 씻으니, 이 말을 들은 소보가 "그대가 만약 높은 산 깊은 골에 살면서 세상과 통하지 않았다면 누가 그대를 알아볼 수 있었겠는가.〔子若處高岸深谷, 人道不通, 誰能見子.〕"라고 꾸짖고는 귀를 씻은 더러운 물을 자기 소에게 마시게 할 수 없다고 하며 소를 끌고 상류로 올라가서 물을 먹였다는 전설이 전한다. 《高士傳 卷上 許由》

109 선권(善卷) : 순(舜) 임금 때의 은사(隱士)이다. 순 임금이 그에게 천하를 양보하려 하였으나 사양하고 떠나서 깊은 산으로 들어갔는데 끝내 어디로 갔는지 알 수 없었다고 한다. 《莊子 讓王》

110 무광(務光) : 은(殷)나라 탕왕(湯王) 때의 선인(仙人)이다. 탕왕이 하(夏)나라를 멸망시킨 뒤에 왕위를 그에게 양보하였으나 인의에 합당한 일이 못 된다고 질책하면서 여수(廬水)에 투신하여 자결했다고 한다. 《莊子 讓王》

공렬을 세워 종정(鐘鼎)에 이름을 새기는 것이 비록 각각 천성의 차이는 있더라도, 또한 온전히 한가함을 얻었다고 할 수는 없다. 게다가 한가함은 내 안에 있는 것이지 밖에 있지 않다. 마음이 진실로 한가하지 않다면 구름 낀 골짜기에 있어도 저잣거리에 있는 것과 같고, 마음이 진실로 한가하다면 벼슬자리에 있으면서도 초야(草野)[111]에 있는 것과 같으리라. 그러므로 삐쩍 마른 선비는 곤궁한 생활에 오래도록 시달리고, 부호한 사람은 한가할 겨를이 없으니, 비록 평생의 편안함과 잠깐의 자적(自適)은 있어도 그 한가함은 모두 진정한 의미의 한가함이 아니다. 반드시 부후(富厚)하게 살면서도 사물에 얽매이지 않고 화려한 집에서 지내면서도 세속을 초월한 생각이 있어야 한다. 유유자적 거닐면서 도(道)가 있는 사람들과 어울려야 한다. 아름답게 수놓은 옷을 입고서도 아름답게 수놓은 옷인 줄을 알지 못하고 고량진미(膏粱珍味)를 배불리 먹으면서도 고량진미인 줄을 알지 못해야 한다. 아침저녁으로 온통 시달리는 책임도 없고 세속을 멀리 떠나 혼자만 고결하게 지낸다는 비방도 없어야 한다. 이와 같이 한 뒤에야 바야흐로 한가함을 진정으로 누리는 것이라고 할 수 있다.

무릇 진정으로 누린다〔素〕는 것은 여기에 근거하여 저기에 흔들리지 않고, 한 가지에 중점을 두어서 두 가지를 추구하지 않는 것이니 정해진 자리가 있어서 드나들지 않는 것을 진정으로 누린다고 한다. 그러므로 술을 좋아했던 백륜(伯倫)[112]은 술 마시는 것을 진정으로

111 초야(草野) : 하제(荷製)는 연잎으로 지은 옷으로, 초야에 있는 은자를 가리킨다. 《초사(楚辭)》 〈이소(離騷)〉에 "기하를 마름질하여 저고리를 짓고, 부용을 모아서 치마를 짓네.〔製芰荷以爲衣兮, 集芙蓉以爲裳.〕"라고 하였다.

누렸고, 거문고를 즐겼던 숙야(叔夜)[113]는 거문고 연주를 진정으로 누렸다. 노래를 즐겼던 영계(榮啓)[114]와 기생을 거느렸던 안석(安石)[115]과 글씨를 잘 썼던 희지(羲之)[116]와 현리(玄理)에 심취했던 자운(子

112 백륜(伯倫) : 진(晉)나라 때 죽림칠현(竹林七賢)의 한 사람인 유령(劉伶)의 자이다. 유령은 남달리 술을 좋아하여 늘 녹거(鹿車)를 타고 한 호로병의 술을 가지고 다녔는데, 한 사람에게 삽을 메고 따라다니게 하여 자기가 죽으면 그 자리에 묻어 달라고 하였다. 그가 지은 〈주덕송(酒德頌)〉이 《고문진보(古文眞寶)》 후집에 실려 있다. 《晉書 卷49 劉伶列傳》

113 숙야(叔夜) : 진(晉)나라 때 죽림칠현(竹林七賢)의 한 사람인 혜강(嵇康)의 자이다. 완적(阮籍)이 상을 당했을 때 혜강이 술과 거문고를 가지고 갔던 일과 종회(鍾會)의 참소로 사마소(司馬昭)에게 죽을 때 형장(刑場)에서 거문고로 〈광릉산(廣陵散)〉이라는 곡조를 타면서 "〈광릉산〉 곡조가 이제는 없어지겠구나.〔廣陵散, 於今絶矣.〕"라고 탄식했던 고사가 있다. 《晉書 卷49 阮籍列傳, 嵇康列傳》

114 영계(榮啓) : 춘추 시대 은사(隱士)인 영계기(榮啓期)이다. 공자가 일찍이 태산을 유람하다가, 영계기가 사슴 털 갖옷에 새끼줄을 허리에 띠고 거문고를 타면서 노래하는 것을 보고 "선생이 즐거워하는 것은 무엇인가?"라고 묻자, 영계기가 "하늘이 만물을 낸 가운데 오직 사람이 가장 귀한데 나는 사람이 되었으니 이것이 첫 번째 즐거움이요, 남자는 높고 여자는 낮으므로 사람들이 남자를 귀하게 여기는데 나는 남자가 되었으니 이것이 두 번째 즐거움이요, 사람이 태어나서 해와 달을 보지 못하고 포대기를 벗어나지 못한 채 죽는 사람도 있는데 나는 아흔다섯 살이 되도록 살았으니 이것이 세 번째 즐거움이다."라고 대답하였다. 《孔子家語 六本》

115 안석(安石) : 진(晉)나라 사안(謝安, 320~385)의 자이다. 사안은 40세에 이르도록 동산에 은거했는데, 당대에 풍류와 아량(雅量)이 높기로 유명하였다. 항상 내외 자질(子姪)들과 기녀들을 거느리고 동산의 별장에서 주연을 푸짐하게 베풀고 풍류를 한껏 즐겼다. 《晉書 卷79 謝安列傳》

116 희지(羲之) : 동진(東晉)의 서예가 왕희지(王羲之, 307~365)로, 자는 일소(逸少)이다. 우군장군(右軍將軍)을 역임하였으므로 왕 우군이라고도 한다. 서성(書聖)으로 불리는 인물이다. 《晉書 卷80 王羲之列傳》

雲)[117] 등은 그들이 좋아하는 것을 진정으로 누리면서 시종(始終) 바꾸지 않았다. 전창공(全昌公 유정량(柳廷亮))이 당(堂)의 이름을 소한(素閒)이라고 한 것은 또한 한가함을 진정으로 누리겠다는 의미일 것이다.

전창공은 태어나면서부터 부귀하여 머리가 세도록 오래 살았으니 부귀를 누린 지가 오래되었다. 그러나 거만한 기색이 전혀 없었고 오로지 성품이 한가함을 좋아하였다. 남산의 동쪽 기슭에 집을 지어 골짜기의 아름다움을 독차지하였다. 병사(丙舍) 한 칸을 지었는데 여름에는 시원하고 겨울에는 따뜻하였다. 조정에서 이궁(二宮)을 위해 부를 때[118]를 제외하고는 항상 그곳에서 지냈다. 날마다 거문고를 타고 악곡을 부르게 하여 안석에 기대어 듣다가 흥이 일어나면 문득 술을 마련하게 하여 마시다가 얼근히 취하면 그쳤다. 기거(起居)를 때에 맞게 하고 피곤하면 누워서 눈과 귀로 보고 듣는 것과 생각이 일어나는 것이 언제나 한가함 아닌 것이 없었다. 담박한 것에 마음을 두고 조용한 곳에 기를 모아 편안하며 둥글둥글하게 지내면서 늙음이 장차 이르는 것도 알지 못하였다. 소 장공(蘇長公)이 "아무 일 없이 조용히 앉아 있으면 하루가 이틀 같으니 이처럼 70년을 산다면 140년을 사는 셈이

117 자운(子雲) : 한나라 때 부(賦)의 대가인 양웅(揚雄)의 자이다. 양웅이 고자(古字)를 많이 알고 있었으므로 유분(劉棻)이 일찍이 그에게 찾아가 기이한 글자를 배웠다고 한다. 《漢書 卷87 揚雄傳》

118 조정에서……때 : 이궁(二宮)은 내명부의 중전이나 대비(大妃)를 가리키는 말인데, 여기서는 정확히 누구를 가리키는 것인지 알 수 없다. 문맥상으로 볼 때 유정량의 부인인 정휘옹주를 궁궐에서 불러서 문안하게 할 때를 제외하면 유정량이 항상 소한당에서 생활했다는 의미이다.

네."[119]라고 하였으니 이것이 그 방법이다.

세상 사람들이 자기 집에 이름 붙이는 것을 보면 혹은 산수의 이름을 따오기도 하고, 혹은 자신이 동경하고 숭상하는 뜻을 담아 짓기도 한다. 그러나 산수가 좋은 곳을 갑자기 찾아갈 수 없고, 동경하고 숭상하는 것을 갑자기 이룰 수도 없어서 대부분 과시한 것에 불과한 결과를 면하지 못하는 경우가 많다.

오직 공은 한가함을 취해 이름을 지어서 외부로부터 이르는 것으로 즐거움을 삼지 않았다. 한가함은 진실로 내게 있으므로 내가 한가하고자 한다면 한가해질 수 있는 것이다. 공의 도는 이미 간략하고도 쉽게 만족할 수 있는 것이 아니겠는가.

무릇 한가함이란 누구나 스스로 소유하고 있는 것이다. 부귀하다고 해서 독점하지 못하고, 빈천하다고 해서 얻지 못하는 것도 아니다. 비록 내가 불행한 신세로 때에 할 일이 없어서 보존한 것이 한가한 몸뿐이지만, 각건(角巾)과 지팡이가 있어서 한가함을 즐길 수 있는 채비도 그런대로 갖추었으며, 다행히 걸음걸이도 그럭저럭 불편하지 않다. 한가한 몸으로 한가함을 즐길 채비를 갖추고서 멋진 소한당에 올라, 음악을 연주하고 술잔을 주고받는 자리에서 마음껏 즐기면서 공과 더불어 하루의 한가함을 함께하리라. 그에 앞서 한 마디 말로 서문을 쓴다.

119 소 장공(蘇長公)이……셈이네 : 소 장공은 동파(東坡) 소식(蘇軾)의 경칭이다. 소식이 소순(蘇洵)의 장자인 데다 그 문장이 백대(百代)의 으뜸이라고 할 만했기 때문에, 그를 일컬어 장공(長公)이라 하고, 그의 아우 소철(蘇轍)은 소공(少公)이라 하였다. 소식의 이 말은《소동파시집(蘇東坡詩集)》권50에 수록되어 있는 시 〈사명궁양도사식헌(司命宮楊道士息軒)〉의 일부이다.

이안당[120] 서문

易安堂序

마포(麻浦)의 산은 산세가 동쪽에서 서쪽으로 흐르다가 한강을 만나 멈추니 마치 짐승이 엎드린 모습과 같다. 그 높은 곳은 등이 되며, 중간은 옆구리와 허리가 되며, 낮은 곳은 허벅지와 정강이와 발이 된다. 다섯 집이나 열 집씩 여기저기 자리잡은 민가가 대개 즐비하게 이어져 비늘처럼 맞닿아 있다. 부자들은 경치 감상을 위해 반드시 높은 곳에 정자를 짓고, 이익을 추구하는 서민들은 이익 되는 일이 시끌벅적 사람이 많은 곳에 있으므로 모두 낮은 곳에 집을 짓는다. 그런데 내 친구 허유선(許惟善)의 집은 옆구리와 허리에 해당하는 그 중간 높이에 있다.

허유선은 다음과 같이 말한다.

"높은 곳에 살면 넘어지거나 떨어질 염려가 있고 낮은 곳에 살면 물에 잠기는 재앙이 있다. 그러니 내 집이 어찌 편안하지 않겠는가. 무릇 높은 곳은 사람들이 올려다보고 귀신이 내려다보는 곳이다. 환하게 드러나는 땅에 살면 위태롭거나 전복되지 않는 경우가 드무니 높은 자리에 어찌 살 수 있겠는가. 낮은 곳은 개구리와 지렁이가 사는 곳이

120 이안당(易安堂) : 허보(許寚, 1585~1659)가 마포에 지은 집이다. 허보의 본관은 양천(陽川), 자는 유선(惟善), 호는 동강(東岡)이다. 《동주집(東州集)》 문집(文集) 권10 〈처사동강허공묘갈명 병서(處士東岡許公墓碣銘 幷序)〉에 "계해년(1623년, 인조1)에 비로소 바다에서 나와 서호의 삼포에 거주할 곳을 정하고 이안당을 지었다. [癸亥, 始出海, 卜居西湖之三浦, 拓易安堂.]"라고 하였다.

며 소인(小人)들이 달려다니는 곳이다. 알몸과 맨발로 날마다 진흙 구덩이에 묻혀 지내니 하류에서는 살지 못한다.

내가 이 집에서 살기 시작하면서 높은 곳에 살거나 낮은 곳에 사는 사람들이 환난을 만난 경우를 많이 보았다. 높은 곳에 사는 사람은 이미 권문귀족의 요인(要人)들이다. 처음에는 높고 넓은 집에서 연회를 열어 즐기는데 음악 소리와 노랫소리가 귀를 따갑게 하고 손님들이 밤이나 낮이나 끊이지 않는다. 그러다가 몇 년이 지나면 폐허가 되거나 혹은 이미 다른 사람의 소유가 되니, 공(功)이 없으면서 복록(福祿)을 누리며 유희에 빠져 삶을 망친 사람들이 아니겠는가. 아니면 크게 키우려고만 하여 돌이키지 않고 사치만 일삼으며 절제하지 않으니 하늘과 사람에게 죄를 얻어서 그 자손들이 소유하지 못하게 된 것인가.

내가 일찍이 문을 열고 바라보니 긴 물가에 사람들이 모이고 저자거리에서 사람들이 어깨를 부딪치는데, 그 사람들이 미친 듯이 바삐 달려다니느라 겨를이 없었다. 무릇 소금, 쌀, 생선, 조개, 포, 젓갈, 땔감, 대나무, 목재 등 먹을 수 있고 돈이 되는 온갖 물건들로 편의를 도모하고 이익을 남겨 삶을 넉넉하게 하지 않음이 없었다. 그러나 다툼이 그치지 않아 기약 없이 붙들려 있으니 매를 맞아 병들거나 옥에서 죽어갔다. 그렇지 않으면 거친 풍랑에 빠져 떠내려가서 그 시신조차 잃어버리는 경우가 열에 일고여덟이었다. 그 집들은 조수에 휩쓸리고 여름 장마에 무너지므로 사람들을 모아 쌓아서 매년 손질하니 이것도 수고로운 일이다.

지금 내가 여기에서 지내고 여기에서 늙어가는 것은 진실로 편안함을 구하는 것일 뿐이다. 높고 넓은 집에서 얻는 즐거움은 없으나 목숨을 잃거나 죄를 얻는 근심이 내 몸에 미치지는 않는다. 편의를 도모하고 이익을 남기는 풍요로움은 없지만 다투거나 풍랑에 빠지는 염려가 내 마음을 어지럽히지 않는다. 그러니 나의 집이 어찌 편안하지 않겠는가.

또 사람이 집을 짓는 것은 장차 자신을 수고롭게 하려는 것인가? 자신을 편안하게 하려는 것인가? 누구나 똑같은 본성을 지녔으니 어찌 남들과 추구하는 것이 다르겠는가. 다만 지혜가 만족[121]할 줄을 모르고 마음이 부유함[122]을 추구하는 데 치달려서 거처가 날로 넓어지면 욕망 또한 날로 커진다. 혼란하고 분주하게 외물을 좇아서 마음이 이미 편안하지 못하니 어떻게 그 몸이 편안할 수 있겠는가. 편안함을 구하다가 얻지 못하면 편안하지 못한 것이 먼저 이르게 되고 편안함을 얻기는 매우 쉽지만 편안함을 구하기는 지극히 어려우니 어찌 슬프지 않겠는가.

오직 나는 이와 같지 않다. 집은 겨우 세 칸이지만 안은 따뜻하고 밖은 시원하니 내 몸이 편안하다. 뜰에는 나무와 돌이 늘어서 있고 안석에 기대 강호를 바라볼 수 있으니 나의 눈과 귀가 편안하다. 아침

121 만족 : 지족(止足)은 그칠 줄 알고 족한 것을 알아서 교만하게 굴지 않음을 말한다. 《도덕경(道德經)》 제44장에 "족함을 알면 욕되지 않게 되고 그칠 줄을 알면 위태롭지 않게 된다.〔知足不辱, 知止不殆.〕"라고 하였다.

122 부유함 : 구미(苟美)는 충분히 아름답다는 말인데, 여기서는 부유함을 의미한다. 공자(孔子)가 위(衛)나라 공자(公子) 형(荊)을 평가하기를 "그는 집안 살림을 아주 잘하는 사람이다. 처음 살림을 나서 재물을 소유하게 되자, '이만하면 모여졌다.' 하였고, 조금 더 장만하게 되자, '이만하면 충분히 갖추었다.' 하였고, 부유하게 되자, '이만하면 충분히 훌륭하다.' 하였다.〔善居室, 始有曰, 苟合矣. 少有曰, 苟完矣. 富有曰, 苟美矣.〕"라고 하였다. 《論語 子路》

저녁으로 생선과 밥을 먹으며, 겨울에는 털옷을 입고 여름에는 적삼을 입으며, 정치와 형벌에 대해 듣지 않고 영욕에 관여하지 않으며, 늦게 일어나고 일찍 자면서 느긋하게 조화에 따라 생활하니 나의 마음이 편안하다. 내가 이렇게 지내면서 몸을 마칠 것이니 거의 도잠(陶潛)의 이안(易安)의 뜻[123]에 부합한다. 그러므로 내가 내 집을 이렇게 이름 지었다."

이 말을 듣고 동주산인(東州山人 이민구의 호)이 무릎을 치며 찬탄하고 기둥을 두드리며 다음과 같이 노래하였다.

그만두어라 그만두어라	已乎已乎
백 칸 높은 집을	高堂百楹
어찌 지을 것이며	曷可營兮
저 진창의 지역에서	彼域之塗泥
어찌 살 수 있겠는가	曷可以棲兮
유유자적 느긋하니	適而寬
처사의 편안함이요	處士之安兮
소박해도 누추하지 않으니	朴而不陋
군자의 소유로다	君子之有兮

123 도잠(陶潛)의 이안(易安)의 뜻 : 도 징사(陶徵士)는 동진(東晉)의 도잠(365~427)을 가리키는 말로, 자는 연명(淵明), 자호는 오류선생(五柳先生)이다. 도잠의 〈귀거래사(歸去來辭)〉에 "남쪽 창에 기대 오만한 마음 부치니 무릎 하나 들여놓을 만한 방이 편안함을 알겠네.〔倚南窓以寄傲, 審容膝之易安.〕"라고 하였다. 《陶淵明集 卷5》 이것은 부귀에 얽매이지 않고 자신이 좋아하는 바를 즐기면서 편안한 마음으로 사는 삶을 의미한다.

초목이 가득 자라고　卉木羅生兮

강과 연못에서 즐기도다　川澤娛情

자고 쉬는 것이 일정함 있어서　寢息有常兮

건강하게 장수 누리네　旣壽以康

그대의 집에 가서　躋君堂兮

그대의 술잔 들이켜면　擧君觴

거의 즐거우리니　庶幾悅豫兮

애오라지 생을 마치도록 함께하세　聊卒歲以偕臧

학봉[124] 김공의 문집 서문

鶴峯金公文集序

예부터 현인(賢人)과 군자(君子)가 입신함에 시종 다행과 불행이 있었다. 만약 그 다행과 불행이 다만 그 사람의 성패(成敗)에만 관계되고 당시와 후세에는 손익(損益)이 없는 경우라면 이미 더 논할 것이 없다. 그러나 가령 그 사람이 앞에서 실패한 것을 당시의 사람들이 불행으로 여기고, 뒤에 성공한 것을 후세의 사람들이 다행으로 여긴다면, 이런 사람은 어찌 세도(世道)의 소장(消長)과 사림(士林)의 성쇠(盛衰)에 관계되어, 다행과 불행이 다른 사람에게 있고 자신에게는 있지 않은 것이 아니겠는가.

학봉 김공은 빼어난 자질을 지니고 예법(禮法)을 아는 고장에서 태어났다. 이른 나이에 대현(大賢 이황(李滉)을 가리킴)의 문하에서 배워 학문의 길이 매우 올곧았으니, 선생(先生 이황을 가리킴)이 공에게 기대하는 바와 후학들이 공에게 바라는 바가 결코 적지 않았다. 공은 스스로 현달한 지위에 올라 관직에 얽매여 있었기 때문에 학문에 크게 힘을 기울이지 못한 것을 죽을 때까지 한스러워하였다. 말하는 사림들도 불행한 일이라고 한탄하였다.

그러나 퇴도(退陶) 선생[125]의 글이 세상에 널리 유행하기 시작하면

124 학봉(鶴峯) : 김성일(金誠一, 1538~1593)로, 본관은 의성(義城), 자는 사순(士純), 호는 학봉이다.《愚伏集 文集 卷17 有明朝鮮國贈嘉義大夫……慶尙道觀察使金公神道碑銘 幷序》

서 공이 질문하고 사도(斯道)를 지키려는 노력과 선생이 장려하고 부탁한 무거움이 가장 성대하게 드러나, 다른 사람들보다 훨씬 빼어났다. 공이 운명하자 여강서원(廬江書院)[126]에 모셔 선생에게 종배(從配)하니, 영남 선비들의 귀의처가 되어 감발시키고 흥기시킨 사람이 한둘이 아니었다. 어찌 사도의 다행이 아니겠는가.

공은 곧은 도와 아름다운 절의(節義)로 하는 일마다 강직하고 곧았으니, 임금께 올리는 말[127]이 모두 임금을 바로잡고 일을 바르게 하는 것이었다. 그러나 적의 동향을 헤아린 것이 한 번 잘못되자[128] 두드리

125 퇴도(退陶) 선생 : 이황(李滉, 1501~1570)으로, 자는 경호(景浩), 호는 퇴계(退溪)·퇴도·도수(陶叟)·청량산인(淸涼山人), 시호는 문순(文純)이다. 《思菴集 卷4 退溪先生墓誌銘 幷序》

126 여강서원(廬江書院) : 경북 안동에 있는 서원으로 1573년(선조6)에 이황의 학문과 덕행을 추모하기 위해 세웠다. 후에 김성일과 유성룡(柳成龍)을 추가 배향하였다. 1676년(숙종2)에 호계(虎溪)로 사액되어 현재는 호계서원(虎溪書院)으로 불린다.

127 임금께 올리는 말 : 헌체(獻替)는 가(可)한 것은 올리고 불가(不可)한 것은 버린다는 의미로, 임금을 받들어 선은 권하고 악은 하지 않도록 간한다는 의미이다.

128 적의……잘못되자 : 김성일이 일본의 정세를 살피기 위한 사신단의 부사(副使)로 갔다가 돌아와서 통신사(通信使) 황윤길(黃允吉)과는 반대로 왜란이 없을 것이라고 보고한 일을 가리킨다. 《선조수정실록》 24년 3월 1일 기사에 "황윤길은 그간의 실정과 형세를 치계(馳啓)하면서 '필시 병화(兵禍)가 있을 것이다.' 하였다. 복명(復命)한 뒤에 상이 인견(引見)하고 하문하니, 황윤길은 전일의 치계 내용과 같은 의견을 아뢰었고, 김성일은 아뢰기를 '그러한 정상은 발견하지 못하였는데 황윤길이 장황하게 아뢰어 인심을 동요시키니 사의에 매우 어긋납니다.' 하였다.……유성룡이 김성일에게 말하기를 '그대가 황윤길의 말과 고의로 다르게 말하는데, 만일 병화가 있게 되면 어떻게 하려고 그러시오?' 하니, 김성일이 말하기를 '나도 어찌 왜적이 나오지 않을 것이라고 단정하겠습니까. 다만 온 나라가 놀라고 의혹될까 두려워 그것을 풀어 주려고 그런 것입니다.' 하였다."라고 하였다.

고 흔드는 말이 사방에서 일어나 위로 임금의 노여움에 저촉되었다. 승정원(承政院)과 홍문관(弘文館)에서 갑자기 흉문(凶門)을 차고 나가 항오(行伍) 사이에서 고생하다가 마침내 순국하였으니[129] 불행한 일이라고 할 수 있다.

그러나 일개 서생으로 왜적이 침입해 오는 사태를 갑작스럽게 만나 다만 진심에서 우러나온 충성심으로 떨쳐 일어났다. 뿔뿔이 흩어진 병사들을 모아 경상 우도를 막아내서 왜적들이 감히 호남을 반 걸음도 엿보지 못하게 하였다. 공이 또 몸소 죽과 약을 지어서 구학(溝壑)에 빠져 죽어가는 백성들을 구제하고,[130] 어려운 재앙에서 건져내어 편안하게 하였다. 남쪽의 백성들이 지금에 이르도록 부자가 서로 목숨을 보존하고 생업에 종사하게 되었으니 어찌 우리 백성들의 다행이 아니겠는가.

공은 처음에 문학을 통해 조정에 나와 화려하고 뛰어난 문장 실력으

129 흉문(凶門)을……순국하였으니 : 임진왜란이 발생하자 김성일은 파직되었다가 곧바로 초유사(招諭使)에 임명되고, 다시 경상도 관찰사에 임명되어 싸우다가 1593년(선조26) 4월에 진주 공관에서 56세로 운명하였다. 흉문(凶門)은 북문(北門)인데, 고대에 장군이 출진할 때는 북쪽 문 하나를 부수고 나가서 필사(必死)의 결심을 보였다. 《회남자(淮南子)》 〈병략훈(兵略訓)〉에 "흉문을 부수고 나간다.〔鑿凶門而出〕"라고 하였는데, 그 주에 "흉문은 북문이다. 장군이 출전할 때 상례로 하는 것은 죽음을 각오하기 때문이다.〔凶門, 北出門也. 將軍之出, 以喪禮處之, 以其必死也.〕"라고 하였다.

130 몸소……구제하고 : 임진왜란 당시 역병까지 번져 백성들의 고통이 극심하였을 때 김성일이 음식과 약을 마련하여 구휼에 힘쓴 사실을 말한다. 《선조수정실록》 26년 4월 1일 〈경상좌도 순찰사 김성일의 졸기〉에 "당시 혹심한 병란에 백성은 굶주리고 여역(癘疫)까지 크게 유행하였다. 이에 김성일이 직접 나아가 진구(賑救)하면서 밤낮으로 수고하다가 여역에 전염되어 죽었다."라고 하였다.

로 문단에 이름을 날렸다. 임금께서 문병(文柄)을 누구에게 맡길지 고심하실 때에 조정의 논의가 공을 첫 번째로 추천하였는데, 끝내 재상 한음(漢陰)[131]이 임명되었다.

평소 저술한 시문과 대각에서 올린 주의(奏議)는 모두가 성정(性情)에 근본하고 치란(治亂)에 도움이 되는 것이었다. 그런데 전란 통에 모두 사라졌으니 불행하다고 할 수 있다. 그러나 《해사록(海槎錄)》 3편과 유고(遺稿) 몇 권이 우연히 소실(燒失)[132]을 면하여 오히려 그 전모를 헤아려 볼 수 있다. 누가 도마에 올라온 고기 한 점이 큰 잔치의 남은 진미가 아니라고 하겠는가.[133] 이것은 진실로 사문의 다행이다.

아아, 공은 다행함이 세 가지이고 불행함이 또한 세 가지인데, 자신에게 불행한 것이 다른 사람에게는 다행함이 되고 당시에는 불행했던 것이 후세에는 다행함이 되었다. 공은 다행과 불행에 있어서 어떠하다고 해야 하겠는가. 또한 하늘의 뜻일 따름이다.

나는 까마득한 후배지만 어려서 일찍이 대현(大賢)의 유풍을 듣고

131 한음(漢陰) : 이덕형(李德馨, 1561~1613)으로, 본관은 광주(廣州), 자는 명보(明甫), 호는 한음·쌍송(雙松)·포옹산인(抱雍散人), 시호는 문익(文翼)이다. 《龍洲遺稿 卷18 領議政漢陰李公神道碑銘 幷序》

132 소실(燒失) : 회록(回祿)은 불귀신의 이름이다. 본래 전설상의 불의 신 오회(吳回)와 육종(陸終)의 병칭으로 회륙(回陸)이라 해야 하는데, 육(陸)과 녹(祿)의 음이 통하여 회록으로 관례화되었다.

133 누가……하겠는가 : 김성일의 글이 대부분 병란에 소실되어 남은 글이 많지 않지만 그것만으로도 김성일의 문학을 파악하기에 충분하다는 말이다. 《위서(魏書)》 권35 〈최호열전(崔浩列傳)〉에 "병의 물이 언 것을 보고 천하의 추위를 알고, 고기 한 조각을 맛보아도 솥 안의 맛을 안다.〔見瓶水之凍, 知天下之寒. 嘗肉一臠, 識鑊中之味.〕"라고 하였다.

서 항상 모시고 싶은 바람이 있었으나[134] 그렇게 할 수 없었다. 지금 한 마디 말을 영원히 사라지지 않을 공의 글에 붙이니 이것은 나의 다행이다.

134 항상……있었으나 : 이민구가 김성일을 매우 흠모하여 직접 모시고 싶은 마음이 늘 있었다는 말이다. 집편(執鞭)은 말채찍을 잡는다는 말로 마부를 가리키는데, 전하여 윗사람이나 존경하는 사람을 위해 천한 일도 마다하지 않는 것을 의미한다. 사마천(司馬遷)이 안자(晏子)를 흠모하여 "가령 안자가 지금 살아 있다면 내가 그의 말채찍을 잡는 마부가 되더라도 흔쾌히 할 것이다.〔假令晏子而在, 余雖爲之執鞭, 所忻慕焉.〕"라고 하였다. 《史記 卷62 管晏列傳》

일송[135] 심 상국의 문집 서문
一松沈相國文集序

나라에서 오로지 문(文)을 숭상하여 지극한 다스림을 이루어 내니 전후의 작자(作者)들이 모두 분발하여 훌륭한 문장을 짓는 데 종사하였다. 앞뒤로 이어 문장의 대가들이 우뚝하게 잇따라 나타났는데, 시기를 논해 본다면 반드시 선조조(宣祖朝)가 가장 많았다고 할 것이다.

생각건대 우리 선조대왕께서는 유학(儒學)을 더욱 성심으로 사용하여 재위한 40년 동안 중요한 신하와 훌륭한 공(公)들을 문학의 수준에 따라 등용하시니 의젓하게 성대한 지위에 올라 한 시대를 화려하게 장식할 사람들이 대거 배출되었다. 임진년에 병란이 일어나는 데 이르러 나라에 변고가 많았다. 전란이 널리 펴져 온 나라가 혼란하였으니 이를 바로잡고 극복하기 위해서는 마땅히 능력 있는 신하들의 도움이 반드시 필요하였다. 당시에 한음(漢陰)[136] 이 상국과 백사(白沙)[137] 이

135 일송(一松) : 심희수(沈喜壽, 1548～1622)로, 본관은 청송(青松), 자는 백구(伯懼), 호는 일송, 시호는 문정(文貞)이다. 《樊巖集 卷46 大匡輔國崇祿大夫……一松沈公神道碑銘》

136 한음(漢陰) : 이덕형(李德馨, 1561～1613)으로, 본관은 광주(廣州), 자는 명보(明甫), 호는 한음이다. 《愚伏集 卷20 漢陰李公行狀》

137 백사(白沙) : 이항복(李恒福, 1556～1618)으로, 본관은 경주(慶州), 자는 자상(子常), 호는 백사・필운(弼雲)이다. 《谿谷集 卷15 推忠奮義平難忠勤貞亮竭誠效節協策扈聖功臣……鰲城府院君李公行狀》

상국과 일송 심 상국이 다 양관(兩館)의 대학사(大學士)로 근무하며 나아가 중요한 직책을 담당하여[138] 환하게 드러난 공로가 있었다. 대개 성스러운 임금께서 세도(世道)를 부지하고 변화의 추기(樞機)를 돌려서 찬란하게 큰 계책을 발휘하신 것은 다른 데 있지 않고 여기에 있었던 것이다.

심 상국은 처음 조정에 나올 때부터 이미 문단(文壇)의 큰 기대를 받았다. 홍문관(弘文館)을 거쳐 독서할 여가를 하사받으니[139] 화려한 명성이 성대하게 일어났다. 한음(漢陰)과 백사(白沙) 두 상국이 이어서 대제학(大提學)을 그만두는 데 이르러 여러 공들 가운데 사문(斯文)에 명성을 드날리는 분들이 학문의 자부심을 드러내며[140] 차례를 기다리는 사람이 한둘이 아니었다. 그러나 소의 귀를 잡고[141] 문단을 이끌어야 하는 상황을 만나서는 공을 넘어 먼저 울린 사람이 없었으

138 중요한 직책을 담당하여 : 정축(鼎軸)의 정은 종묘(宗廟)의 제례(祭禮)에 쓰이는 귀중한 도구이므로 나라의 중책을 맡은 재신(宰臣)을 비유하고, 축은 수레바퀴의 한가운데 있는 구멍에 끼우는 긴 나무 또는 쇠를 말하는데 역시 중요한 지위를 의미한다. 따라서 정축은 일반적으로 재상(宰相)을 지칭하는 말로 사용한다.

139 홍문관(弘文館)을……하사받으니 : 심희수는 1583년(선조16)에 홍문관 수찬(弘文館修撰)에 임명되었다가 사가독서(賜暇讀書)하였다. 《樊巖集 卷46 大匡輔國崇祿大夫……一松沈公神道碑銘》

140 학문의 자부심을 드러내며 : 당오(堂奧)는 학문이 높은 경지에 이른 것을 뜻한다. 《순자(荀子)》 〈대략(大略)〉의 주(註)에 "당오는 마루에 오른 뒤에 안방에 들어간다는 승당도오(升堂覩奧)의 뜻이다."라고 하였다.

141 소의 귀를 잡고 : 집우이(執牛耳)는 본래 회맹(會盟)할 때 소의 귀를 잡고 피를 받아 삽혈(歃血)하는 등 맹주(盟主)의 역할을 수행하는 것을 의미하는데, 여기서는 문단의 종장(宗匠), 즉 대제학의 역할을 수행하는 것을 의미한다.

니[142] 가히 성대하다고 이를 만하다.

공의 글은 사달(辭達)[143]을 가장 중요하게 여겼으며 일의 핵심을 드러내는 것을 최고 경지로 삼았다. 무르익고 넉넉하면서도 속되지 않고 측은하면서도 원망하지 않았으니, 콩과 곡식, 갖옷과 털옷이 굶주리고 추위를 겪는 사람에게 제격인 것과 같고, 즐거움과 노여움이 성정(性情)에 맞을 뿐이었다. 공의 시가 충담(沖澹)하고 온화하며 곡진하여 한 글자도 억지로 꾸민 것이 없다고 해서 세상 사람들이 백태부(白太傅)[144]에게 견주었으니 아름답거나 거친 말을 사용하여 사람들의 살과 뼈에 들어가는 글이 공에게는 전혀 없었다.

아아, 문장의 도는 각각 그 지극함을 다하는 것이다. "옛날에 내가 갈 때는 버들가지가 휘휘 늘어졌었지."[145]와 같이 읊는 것이 진실로

142 공을……없었으니 : 대제학의 적임자로 심희수보다 나은 사람이 없었다는 말이다. 선명(先鳴)은 먼저 공을 세워 두각을 나타냈다는 말이다. 춘추 시대 진(晉)나라 주작(州綽)이 제(齊)나라와의 평음(平陰) 싸움에서 식작(殖綽)과 곽최(郭最)보다 앞서서 성(城)에 올라 닭이 울듯 크게 소리쳤는데, 이를 기록하여 "평음의 전투에서 두 사람보다 먼저 울었다.〔平陰之役, 先二子鳴.〕"라고 하였다. 《春秋左氏傳 襄公21年》

143 사달(辭達) : 《논어》 〈위령공(衛靈公)〉에 공자가 "말은 뜻이 통하면 될 뿐이다.〔辭達而已矣〕"라고 하였는데, 문장은 아름다운 수사보다는 의미를 정확하게 전달하는 데 중점을 두어야 한다는 의미이다.

144 백 태부(白太傅) : 백거이(白居易)로, 자는 낙천(樂天)이다. 당나라의 문인이며, 태부 벼슬을 지냈으므로 백부(白傅) 또는 백 태부로 불린다.

145 옛날에……늘어졌었지 : 《시경》 〈채미(采薇)〉에 보이는 구절이다. 이 시는 오랫동안 수자리 살다가 고향에 돌아오는 병사의 심경을 읊고 있는데, 그 가운데 "옛날에 내가 갈 때는, 푸른 버들가지가 휘휘 늘어졌는데, 지금 내가 돌아올 때는 함박눈이 펄펄 내리네.〔昔我往矣, 楊柳依依. 今我來思, 雨雪霏霏.〕"라는 말이 있다. 여기서는 이 구절을 이용하여 시인이 자신의 감정을 진술하게 읊는 것도 문학의 높은 경지에

시인의 풍모이다. 그러나 "원대한 도모로 나라의 운명을 정하고 장구한 계획을 때에 맞게 고하였다."[146]와 같은 글을 또한 어찌 경시할 수 있겠는가. 공께서 이미 대배(大拜)[147]되자 백관들의 위에서 안색을 바르게 하였다. 당시 상주(上奏)한 글은 그 절절한 내용이 뼈에 사무쳤으니, 요컨대 임금을 바로잡고 정사를 바르게 행하는 것으로 급선무를 삼아 곧은 선비라도 감히 다 말하지 못하는 것과 명철한 군주라도 반드시 다 수용하지는 않는 것을 공은 명백하게 지적하여 바른말로 간(諫)해 마지않았다. 말하는 사람들이 공의 글을 위현성(魏玄成)[148]과 육경여(陸敬輿)[149]에 비유하였으니 공이 수립한 바가 어찌 다만 집요하게 글이나 읽는 한 재주에 그칠 뿐이었겠는가.

세상은 부침(浮沈)이 있어서 혼탁한 시대를 만나서도 당당히 역경에 맞서다가 마침내 기구하게 운명하였으니, 과연 하늘이 공에게 몇 달의 수명을 더 연장해 주어 중흥(中興)의 시대를 볼 수 있게 하였다면[150] 예악의 교화와 단청(丹靑)의 감화[151]가 마땅히 더욱 볼만한 것이

해당한다고 말하고 있는 것이다.

146 원대한……고하였다 : 《시경》 〈억(抑)〉에 나오는 구절을 인용한 것이다. 여기서는 이 인용문처럼 국가를 위해 훌륭한 계책을 올리거나 임금에게 바른말을 하는 것이 문학의 높은 경지 가운데 하나라고 말하는 것이다.

147 대배(大拜) : 정승(政丞)에 오르는 것을 의미하는데, 여기서는 심희수가 좌의정(左議政)에 임명된 것을 말한다.

148 위현성(魏玄成) : 당(唐)나라 태종(太宗) 때의 명신(名臣) 위징(魏徵)으로, 자는 현성, 시호는 문정(文貞)이다.

149 육경여(陸敬輿) : 당(唐)나라 때의 명신 육지(陸贄)로, 자는 경여, 시호는 선공(宣公)이다.

150 세상은……하였다면 : 심희수가 광해군(光海君) 집권 시기에 출사하여 1613년

있었을 것인데 그렇게 하지 못하였으니 아아, 슬프도다.

내가 어려서는 공에게 인정을 받았고 성장해서는 공을 정침(正寢)에서 곡하였는데, 이제 28년의 세월이 지났다. 공의 손자 심유행(沈儒行)[152]이 나에게 공의 문집 서문을 써달라고 부탁하니 내가 이미 늙은 몸으로 어찌 그 일을 담당하겠는가.

돌아보건대 공은 젊은 날에 지은 글이 매우 많았으나 전란을 겪으면서 유실되었다. 지금 긁어모은 것이 대단히 적은데 그것도 다 늘그막에 지은 것들이다. 그러므로 문집에 기록한 글이 기록하지 못한 것보다 적고, 보존된 것이 보존되지 못한 것보다 못하다. 후대에 이 문집을 보는 사람들이 문집에 수록한 적은 작품을 통해 수록하지 못한 많은 작품의 수준을 보고, 보존된 노년의 글에서 젊은 날의 작품 세계를 안다면 거의 공의 전부를 알 수 있을 것이다.

(광해군5) 계축옥사(癸丑獄事)를 겪는 등 어려운 시기를 보내다가 1622년 5월 18일에 사망하여 인조반정 뒤에 등용되지 못하였으므로 이렇게 말한 것이다.《樊巖集 卷46 大匡輔國崇祿大夫……一松沈公神道碑銘》

151 단청(丹靑)의 감화 : 단청은 초상화를 의미한다. 여기서는 인조반정 뒤에 심희수의 공로를 기려 그의 초상화를 그려 걸었을 것이라는 말이다.

152 심유행(沈儒行) : 1606～? 심희수는 정경부인(貞敬夫人) 노씨(盧氏)와의 사이에 아들이 없었다. 그러므로 아우 심창수(沈昌壽)의 아들 심창(沈昶)을 후사(後嗣)로 삼았고, 심창은 심유훈(沈儒訓)과 심유행 두 아들을 두었다.《樊巖集 卷46 大匡輔國崇祿大夫……一松沈公神道碑銘》

동지중추부사 민이정[153]의 《분매시첩》 서문
閔同樞而靖盆梅詩帖序

우는 것은 반드시 입으로 우는데 매미는 입이 없이 울지만 울음소리가 매미보다 더 울리는 것은 없다. 가는 것은 반드시 발로써 가는데 바람은 발이 없이 가지만 가는 것 가운데 바람보다 더 빠른 것이 없다. 이로 볼 때 반드시 기(機)에서 나와서 기로 들어가는데 그 형태와 색깔을 배제하고서 정신으로 알 수 있는 것이 있다.[154]

민이정 군이 일찍이 조정에 나와 청화요직(清華要職)을 역임하고 큰 고을을 맡아[155] 명성과 치적이 대단하였다. 불행하게도 중년에 시력을 잃어 사물을 보지 못하게 되자 세상일을 끊어 버리고 정신을 집중하여 전일하는 삶[156]을 살았다. 그럼에도 오히려 그 성품이 매화

153 민이정(閔而靖) : 민응회(閔應恢, 1582~1653)로, 본관은 여흥(驪興), 자는 이정, 호는 환성(喚醒)이다.

154 기(機)에서……있다 : 만물 중에는 눈으로 볼 수 있는 것 너머의 그 무엇이 있다는 말인데, 이 글은 민응회가 눈이 보이지 않는 가운데 시로 매화를 읊은 것을 말하려는 것이기에 이렇게 말한 것이다. 《장자(莊子)》 〈지락(至樂)〉에 "양해라는 풀은 죽순이 나오지 않은 오래된 대나무와 교합해서 청녕이라는 벌레를 낳고, 청녕은 정이라는 벌레를 낳고, 정은 말을 낳으며, 말은 사람을 낳고, 사람은 도로 기로 들어간다. 그래서 만물은 모두 이 기에서 나왔다가 다시 모두 기로 들어가는 것이다.〔羊奚比乎不筍久竹生青寧, 青寧生程, 程生馬, 馬生人, 人又反入於機, 萬物皆出於機, 皆入於機.〕"라고 하였다.

155 민군이……맡아 : 민응회는 병조 정랑, 사헌부 지평, 홍문관 수찬, 공주 목사 등을 역임하였다.

를 좋아하여 〈분매시(盆梅詩)〉 세 편을 지었으니 그 시는 매화의 향기를 취해 읊은 것이지 꽃을 취해 읊은 것이 아니었다.

민이정이 다음과 같이 말하였다.

"오색(五色)이 나의 눈을 유혹한 지가 오래 되었다. 흑색, 백색, 청색, 황색을 날마다 접했었는데 시력을 잃게 되었다. 내가 내 몸 밖의 것을 보지 못하게 된 뒤로부터 나의 내면이 비로소 오롯하게 되었으니 실상이 있는 세계는 이미 볼 수 없는 공허한 것이 되었지만 좋아하는 것은 더욱 돈독해졌다. 구운 고기가 상에 있을 때 내가 일찍이 보지 못하지만 그것을 먹고 싶은 마음이 생겨난다. 악취가 옆에서 풍길 때 그 냄새 풍기는 물건을 내가 일찍이 보지 못하지만 악취를 싫어하는 마음이 일어난다. 그러니 내가 어찌 내 눈에 연연하겠는가.

매화는 내가 좋아하는 것이다. 바야흐로 내가 멍하고 아득하여 천하 만상을 다 볼 수 없지만 매화향이 끊임없이 풍겨 와서 내 코를 간질이고 내 마음을 흥분시킨다. 그대는 내가 아닌데 어찌 내가 후각으로 보는 것이 아님을 알겠는가."

매화를 사람들이 좋아하는 것은 꽃 때문인데 민이정이 좋아하는 것은 그 향기 때문이고, 사람들이 보는 것은 눈의 감각으로 보는 것인데 민이정이 보는 것은 코의 감각으로 보는 것이다. 이것은 발 없이도

156 전일하는 삶 : 수일(守一)은 본래 도가(道家)의 수양(修養) 방법으로, 정신을 전일하게 하여 몸과 마음이 하나가 되게 하는 것을 말하는데, 여기서는 민응회가 실명한 뒤에 눈이 아닌 다른 감각을 동원해서 사는 삶을 미화하여 말한 것이다. 《장자(莊子)》〈재유(在宥)〉에 "나는 유일한 도를 잘 지키며 만물의 조화에 몸을 맡기고 있다. 그러므로 내가 몸을 닦은 지 1,200년이나 되었지만 내 몸은 항상 쇠하지 않는다.〔我守其一以處其和. 故我修身千二百歲矣, 吾形未常衰.〕"라고 하였다.

빨리 가는 바람과 입 없이도 크게 우는 매미의 도와 같은 점이 있다. 그 기(機)에서 나와 기로 들어가는데 형태와 색깔에 의지하지 않고서 정신으로 이해하는 것이 있구나.

매화가 시서(詩書)에 처음 보인 것은 열매를 들어 말한 것인데,[157] 양(梁)과 진(陳)에 이르러서야 그 꽃을 감상하게 되어[158] 드디어 식물 가운데 상품(上品)의 자리를 차지하게 되었다. 중간에 비록 그 향기를 들어 말한 사람이 있었지만 또한 꽃에 근거하여 말한 것뿐이다. 그런데 지금 민이정은 오로지 향기를 취하였으니 매화의 향기가 늦게야 알아주는 사람을 만난 것이다.

그러나 열매는 여러 신맛으로 어지럽힐 수 있고, 꽃은 그림으로 어지럽힐 수 있다. 오직 향기만은 참되고 거짓이 없으므로 가까이에서는 흠뻑 젖어들 수 있고 멀리서도 맡을 수 있어서 배어들 수는 있어도 더럽힐 수는 없으니 민이정은 아마도 여기에서 취함이 있는 것이리라. 민이정이 〈분매시〉를 지어내자 그 시를 보고 화운한 사람이 수십 명이나 되어서 붙여 큰 두루마리가 되었다. 그러자 나에게 서문을 지어 달라고 부탁하였다.

157 매화가……것인데 : 《시경》 〈표유매(摽有梅)〉에 "떨어지는 매실이여, 그 열매가 일곱이로다.〔摽有梅, 其實七兮.〕"라고 하여 매화의 열매를 읊은 내용이 보인다.

158 양(梁)과……되어 : 양나라 하손(何遜)이 〈조매시(早梅詩)〉를 지어 봄에 피는 매화의 자태를 읊은 일이 있다.

함경도 관찰사 정공의 전별시첩 서문[159]

咸鏡道觀察使鄭公別章帖序

임금께서 즉위하신 기축년(1659, 효종 즉위년) 12월, 조정에서는 함경도 일대가 북쪽으로 오랑캐 땅과 맞닿아 있으며, 풍속은 사납고 일은 엄중하므로 문무를 갖춘 충성스러운 신하가 아니면 위엄을 떨치고 교화를 펼쳐 거친 변방을 안정시킬 수 없을 것이라고 걱정하였다. 여러 신하가 호조 판서 정공을 관찰사 겸 도순찰사로 천거하자 절월(節鉞)을 주어 변방을 맡겼다.[160]

정공이 조정에 하직 인사를 올리고 나에게 들러서 다음과 같이 말하였다.

"조부 의정공[161]께서 선조대왕(宣祖大王)의 지우(知遇)를 입어 기묘년(1579, 선조12)에 승지로 있다가 함경도 병마절도사에 발탁되셨

159 함경도……서문 : 함경도 관찰사에 임명된 정세규(鄭世規, 1583~1661)를 전송할 때 이별의 시를 적은 시첩(詩帖)에 붙인 서문인데, 내용으로 볼 때 이 시첩은 그의 조부 정언신(鄭彦信, 1527~1591)이 받은 전별시를 함께 엮은 것으로 보인다. 정세규의 본관은 동래(東萊), 자는 군칙(君則), 호는 동리(東里)이다. 1649년(효종 즉위년)에 함경도 관찰사에 임명되었다.《松坡集 卷17 故資憲大夫吏曹判書兼知義禁府事五衛都摠府都摠管鄭公行狀》이때에 이민구가 지은 시는《동주집(東州集)》시집(詩集) 권14의〈관북을 다스리러 가는 판서 정세규를 전송하다〔送鄭判書世規按關北〕〉이다.

160 호조 판서……맡겼다 : 1649년 7월 14일에 정세규는 호조 판서에 임명되었고, 같은 해 11월 19일에 함경도 관찰사에 임명되었다.

161 의정공 : 정세규의 조부 정언신으로, 본관은 동래(東萊), 자는 입부(立夫), 호는 나암(懶庵)이다.《龍洲遺稿 卷21 右議政懶庵鄭公神道碑銘 幷序》

네. 계미년(1583)에 이르러 도순찰사로서 북방 오랑캐 이탕개(尼湯介)의 난[162]을 평정하고 본도(本道)의 관찰사를 맡으셨지. 절도사가 되셨을 때에 조정의 관리들이 전별하는 시 수십 편을 지어 주었는데, 임진년(1592) 이후로 일어난 전란이 한 번이 아니지만 다행히 없어지지 않고 상자에 남아 있네.

나 세규는 실로 의정공께서 관찰사에 임명되신 해에 태어나 지금 예순일곱 살이네. 늙은 몸으로 외람되이 본도를 다스리게 되었는데, 직책과 겸직 모두 옛날 의정공을 따르게 되었네. 숭아(崇牙)[163]와 치장한 수레가 화려하게 빛나 지극하니 분수에 넘쳐 일을 그르칠까 두려워 밤낮으로 조심하고 있다네. 여러 대부들께서 또 나를 비루하게 여기지 않고 송별하는 말을 지어 행차를 빛내 준 것이 대략 몇 편이 된다네. 장차 의정공께서 받으신 글과 합해서 한 권으로 만들어 길이 자손들에게 보여 주어, 여러 임금의 총애를 드러내고 우리 집안의 자랑거리로 삼으려고 하네. 이에 감히 군자의 솜씨를 빌리고자 하니 청컨대 그 일에 대해 서문을 지어 주시게나."

내가 불민(不敏)하다고 공경히 사양하고 다음과 같이 말하였다.

162 이탕개(尼湯介)의 난 : 1583년(선조16)에 여진족 이탕개 무리가 함경도 회령(會寧)에서 일으킨 반란을 말한다. 이탕개는 선조 초기에 우리나라로 귀화하여 육진(六鎭) 지역에 출입하며 조정으로부터 후대(厚待)를 받았었다. 이때에 경원(慶源)에 사는 여진족들이 민심을 선동하여 반란을 일으켰는데, 경원 부사 김수(金璲)가 이들에게 패함에 따라 여진족들이 부내의 모든 진보(鎭堡)를 점령하여 기세를 떨쳤다. 그 뒤에 온성 부사(穩城府使) 신립(申砬)과 첨사 신상절(申尙節) 등이 힘껏 싸워 두만강을 건너서 오랑캐들의 소굴을 소탕하고 난을 평정하였다.

163 숭아(崇牙) : 깃발의 가장자리를 치아 모양으로 만든 장식으로, 여기서는 관찰사 부임 행차에 따라가는 화려한 깃발을 의미한다.

"사람이 조부에서 자식, 손자로 내려가면서 현달하는 사람이 얼마나 되며 현달하지 못하는 사람이 얼마나 되겠습니까. 처음에는 현달하였다가 중간에 쇠약해져서 자취가 사라진 채 명성을 드날리지 못하는 사람은 또 얼마나 되겠습니까. 관직이 내직으로는 삼공(三公)과 육경(六卿)으로부터 여러 기관의 하급 관리에 이르기까지, 외직으로는 관찰사와 목사(牧使)로부터 영장(令長)과 우승(郵丞 찰방(察訪))에 이르기까지 높은 직책이 수백 가지이고 낮은 직책이 수천 가지입니다.

선조가 된 사람 가운데 누군들 복을 드리우고 업적을 전하여 후대까지 대대로 이어지게 하고자 하지 않겠습니까. 또 자손이 된 사람 가운데 누군들 아름다운 자취를 따르고 공렬을 이어 선대의 일을 회복하고자 하지 않겠습니까. 그러나 조부와 손자가 서로 이어서 서관(庶官)의 장(長)이나 낮은 직책을 맡은 경우도 혹 드뭅니다. 하물며 대부 이상으로 관직이 조금 높고 녹봉도 많은 경우는 더 말할 것이 있겠습니까. 더구나 관찰사는 권세와 지위가 모두 성대하여 맡은 지역이 천여 리나 되고 생살여탈(生殺與奪)을 모두 짧은 시간에 결정할 수 있으며, 임금이 의지하고 만백성이 우러러보는 자리입니다. 사람이 대를 이어 그 관직을 차지할 수 있겠습니까.

의정공께서 큰 재주와 훌륭한 덕으로 변방에서 공을 세워 백성을 사랑한 은택이 후손에게까지 미쳐서 뛰어난 인물을 태어나게 하여 국가에 쓰이게 하셨습니다. 그리하여 함경도 백성들로 하여금 치의(緇衣)의 멋짐을 다시 노래하게 하였으니[164] 하늘이 정씨(鄭氏) 가문

164 함경도……하였으니 : 정세규가 조부 정언신을 이어 함경도 관찰사가 되어 선정을 베풀 기회를 갖게 되었고, 그로 인해 함경도 백성들이 그를 기리는 시를 지을 것이라

에 내려준 복은 그 보답이 공교롭다고 하겠습니다.[165]

바라건대 관찰공께서는 아침부터 저녁까지 삼가고 공손한 자세로 선조의 일을 이어 나가는 데 게을리하지 말아서 북쪽 변방에 대한 임금의 걱정을 덜어 드리고, 정사를 이룬 뒤에 조정으로 돌아와 홍추(鴻樞)의 권한을 잡아, 한결같이 의정공께서 우리 선왕(先王)을 도와 큰 이름을 보전한 일과 같게 하십시오.[166] 그리하여 소강공(召康公)과 그의 손자만이 주(周)나라 왕실에서 아름다운 명성을 독차지하지 못하게 하십시오.[167] 그렇게 한다면 전후로 전별할 때 지은 시들이 마땅

는 말이다. 치의(緇衣)는 검은 옷이라는 말인데, 《시경》 〈치의〉에 "검은 옷의 좋음이여, 떨어지면 내 다시 만들어 주리라.〔緇衣之好兮, 敝予又改爲兮.〕"라고 하여 임금이 현인(賢人)을 좋아하는 뜻을 나타내었다. 또 《예기》 〈치의〉에 "현인을 좋아하기를 〈치의〉편처럼 하고 악인을 미워하기를 〈항백〉편처럼 하면, 벼슬을 번거롭게 하지 않고도 백성들이 조심할 것이며, 형벌을 시험하지 않고도 백성들이 모두 따를 것이다.〔好賢如緇衣, 惡惡如巷伯, 則爵不瀆而民作愿, 刑不試而民咸服.〕"라는 공자의 말이 실려 있다.

165 하늘이……하겠습니다 : 정세규의 조부 정언신이 함경도 관찰사로 있으면서 선정을 베풀어 음덕을 쌓았으므로, 하늘이 그에 대한 보답으로 이제 정세규를 함경도 관찰사가 되게 하였다는 말이다.

166 홍추(洪樞)의……하십시오 : 정언신이 함경도 관찰사에서 내직으로 들어가 병조 판서와 우의정의 직책을 맡았던 것처럼 정세규도 조정에서 훌륭한 일을 하기 바란다는 말이다. 홍추는 추밀원(樞密院)을 가리키는 말로 중요한 기밀을 담당하는 곳을 의미한다.

167 소강공(召康公)과……하십시오 : 정세규에게 함경도에서 선정(善政)을 펼쳐 조부 정언신과 함께 그 명성이 후세에 길이 전해지게 하라고 권면한 말이다. 소강공은 주(周)나라 무왕(武王)의 아우 소공(召公)으로, 이름은 석(奭), 시호는 강(康)이다. 소공이 서백(西伯)으로 선정을 베풀었으므로, 백성들이 그를 추모하여 그가 잠시 그늘 아래 쉬었던 감당나무를 기념하여 잘 가꾸어 보존하였고 그 내용을 〈감당(甘棠)〉으로 지어 부른 고사가 있다. 소강공의 손자는 소목공(召穆公)을 가리키는 것으로 보인다.

히 〈감당(甘棠)〉 및 〈강한(江漢)〉과 함께 성시(聲詩)에 차례로 나열될 것입니다. 저는 장차 귀를 기울여 태사(太史)가 채록(採錄)하기를 기다리겠습니다."

이름은 호(虎)인데, 주 선왕(周宣王)의 명을 받고 회이(淮夷)를 정벌한 공로를 기린 내용이 《시경》 〈강한(江漢)〉에 보인다.

《삼체집》 서문

三體集序

태평한 시절에는 문학을 중시한다지만, 선비들이 시서(詩書)와 글을 읽는 것으로 업을 삼아 부자와 형제가 잇따라 일어나 대대로 전하여 명성을 얻는 것이 어찌 어렵지 않겠는가. 미산(眉山)의 세 소씨(蘇氏)[168]는 밝게 빛나서 일월(日月) 및 별들[169]과 밝음을 다투니, 우뚝하여 더 말할 것이 없다. 우리나라는 문(文)을 매우 숭상하는 나라로서 가숙(家塾)에서부터 분발하여 열심히 학문을 익히지만, 연이어 과거에 합격하는 경우는 드문 편이다. 하물며 부자가 서로 잇고 형제가 나란히 나와 문단에서 이름을 날리는 경우이겠는가. 아버지에서 아들로 이어지고, 형제가 모두 뛰어나 가업(家業)을 잘 이어받아 금표(錦標)가 나란히 훌륭하다면,[170] 어찌 다만 그들 가문의 영

168 세 소씨(蘇氏) : 삼소(三蘇)는 송대(宋代) 사천(四川)의 미산(眉山) 사람들로, 소순(蘇洵)과 그의 두 아들인 소식(蘇軾)·소철(蘇轍)을 합칭한 말이다.

169 일월(日月) 및 별들 : 위요(緯曜)는 오위(五緯)와 양요(兩曜)의 합칭으로, 오위는 금성(金星)·목성(木星)·수성(水星)·화성(火星)·토성(土星)의 오성(五星)을, 양요(兩曜)는 해와 달을 가리킨다.

170 가업(家業)을……훌륭하다면 : 대대로 과거에 급제하고 문장으로 이름을 날린다는 말이다. 기구(箕裘)는 키와 가죽옷이라는 뜻으로 가업을 비유하는 말이다. 《예기》 〈학기(學記)〉에 "훌륭한 대장장이의 아들은 아비의 일을 본받아 가죽옷 만드는 것을 익히게 마련이고, 활을 잘 만드는 궁장의 아들은 아비의 일을 본받아 키 만드는 것을 익히게 마련이다.〔良冶之子, 必學爲裘, 良弓之子, 必學爲箕.〕"라고 한 말에서 유래하였다. 금표(錦標)는 비단으로 장식한 표인데, 옛날 과거에 수석으로 급제한

광일 뿐이겠는가.

청련(青蓮)[171] 한공(韓公)은 중묘조(中廟朝) 갑진년(1544, 중종39) 과거에 합격하였다. 아들 둘을 두었는데, 큰아들 도곡공(陶谷公)[172]은 선묘조(宣廟朝) 경진년(1580, 선조13) 과거에 합격하였고, 막내아들 태항공(苔巷公)[173]은 계미년(1583) 과거에 합격하였다. 이들은 모두 예업(藝業)을 닦고 시문을 잘하여 한 시대를 풍미하였으니, 또한 아름답고 훌륭한 한묵(翰墨)의 가문이다.

청련공이 사가독서(賜暇讀書)하고, 내부(內府)의 하사품을 받은 것은 명묘(明廟) 중기의 일이다. 그리고 선묘(宣廟)께서 일찍이 말하는 사람에게 "한 모 형제는 문재(文才)가 아깝다."라고 하셨으니, 전후로 장려하신 은혜가 사림들 사이에서 밝게 빛났다. 소 장공(蘇長公)을 기재(奇才)라고 감탄한 것은 오직 한 사람에게만 미쳤으니, 이에 비하면 쓸쓸하기 그지없다.[174]

사람이 가졌던, 즉 우승표(優勝標)와 같은 것이다.

171 청련(青蓮) : 한지원(韓智源, 1514~1561)으로, 본관은 청주(淸州), 자는 사달(士達), 호는 청련이다. 1544년(중종39) 별시 문과에 병과로 급제하였다. 아들 둘을 두었으니, 장남 한술(韓述)은 참판(參判)이고, 차남 한회(韓懷)는 승지(承旨)이다. 《國朝人物考 卷26 名流》 1553년(명종8) 사가독서(賜暇讀書)하였으나 윤원형(尹元衡) 등 권신에 아부하여 탐학을 일삼았다는 이유로 탄핵을 받고 삭직되었다가 1555년 복관되었다.

172 도곡공(陶谷公) : 한술(韓述, 1541~1616)로, 본관은 청주(淸州), 자는 자선(子善), 호는 도곡이다. 1580년(선조13) 알성시 문과에 2등으로 급제하였다.

173 태항공(苔巷公) : 한회(韓懷, 1550~1621)로, 본관은 청주(淸州), 자는 민망(民望), 호는 태항이다. 1583년(선조16) 알성시 문과에 병과로 급제하였다.

174 청련공이……그지없다 : 소 장공(蘇長公)은 송(宋)나라의 시인 동파(東坡) 소

세 분이 평소 저술한 것이 매우 많았으나 많은 변고를 겪으면서 잃어버려 거의 없어졌으니, 식자(識者)들이 이를 안타깝게 여겼다. 지금 도곡공의 맏아들 지추공(知樞公) 한명욱(韓明勖)[175]이 팔십 고령의 몸으로 상자 속에 있는 고본(稿本)을 모아 기록하여 한 책을 만들고《삼체집(三體集)》이라 명명하였다. 그리고는 내게 한 마디 서문을 지어 달라고 요청하였다. 대개 태항공은 나의 선친과 같은 해에 진사시에 합격하였으며,[176] 나는 본래 도곡공에게 배웠고 지추공은 나와 같은 해에 과거에 급제하였으니,[177] 정의(情誼)로 볼 때 감히 사양할 수 없다.

가만히 살피건대 청련공의 시는 그 정채(精彩)가 은근하게 드러나는데, 상소문 가운데 조정암(趙靜庵) 사건의 시말(始末)을 분별하는 데 이르러서는 원통한 실상을 명백히 드러냈으니[178] 그 표현이 맛깔스

식(蘇軾)을 가리킨다.《동파전집(東坡全集)》〈본전(本傳)〉에 "신종이 더욱 그의 문장을 사랑하여 궁중에서 읽었는데 음식을 내와도 먹는 것도 잊었으며, 천하의 기재라고 칭찬하였다.〔神宗尤愛其文, 宮中讀之, 膳進忘食, 稱爲天下奇才.〕"라고 하였다. 한지원과 그의 두 아들의 경우는 모두 훌륭한 문재(文才)라고 칭찬을 받았으나 소순(蘇洵)과 그 두 아들의 경우는 오직 소식만 기재(奇才)라고 칭송되었으니, 한씨(韓氏) 삼부자에 미치지 못한다는 말이다.

175 한명욱(韓明勖) : 1567~1652. 본관은 청주(淸州), 자는 욱재(勖哉), 호는 율헌(栗軒)이다.

176 태항공은……합격하였으며 : 1582년(선조15) 진사시에서 한회는 1등급 5위로, 이수광(李睟光)은 3등급 43위로 합격하였다.

177 지추공은……급제하였으니 : 1612년(광해군4) 증광 문과(增廣文科)에서 이민구는 장원(壯元)으로, 한명욱은 병과 3위로 합격하였다.

178 상소문……드러냈으니 : 조정암(趙靜庵)은 조광조(趙光祖, 1482~1519)로, 본관은 한양(漢陽), 자는 효직(孝直), 호는 정암, 시호는 문정(文正)이다. 사림파의 영

럽다. 도곡공의 글은 법도를 지켜 자긍심이 깊고 태항공의 글은 청고(淸古)를 스스로 힘썼다. 비록 두 분의 글이 활협(闊狹)이 다르고 조습(燥濕)이 다르지만, 아(雅)로써 하고 남(南)으로써 하여 각각 일가를 이루었다는 칭송을 들으니 먼 지방의 색다른 맛이 여러 음식들 가운데 맛난 음식이 되는 데 해롭지 않을 것이다.[179] 반드시 그분들이 이른 경지를 논정(論定)하고자 한다면 이성(二聖 명종과 선조)께서 칭찬하신 말씀이 눈과 귀에 분명하게 남아 있으니, 어찌 식견 없는 사람의 너절한 말이 용납될 수 있겠는가.

수로 중종의 신임이 두터웠으나, 급진적인 개혁을 추진하다가 훈구파인 홍경주(洪景舟), 남곤(南袞), 심정(沈貞) 등의 무함을 받아 기묘사화(己卯士禍)에 능주(綾州)로 유배되었다가 사사(賜死)되었다. 선조 때 신원(伸冤)되어 영의정에 추증되고 문묘(文廟)에 배향되었다. 《중종실록》 39년 5월 29일 기사에 성균관 생원 신백령(辛百齡) 등이 상소한 내용이 수록되어 있는데, 그 글의 끝에 "진사 한지원이 지은 것이다.〔進士韓智源所製〕"라고 하였다. 따라서 여기서 말하는 한지원의 상소는 이 글을 가리키는 것으로 보인다.

179 도곡공의……것이다 : 한술과 한회의 문장이 각자 추구하는 바가 달라 아(雅)와 남(南)의 차이처럼 다르지만, 각자 일가를 이루었으므로 고금(古今)의 훌륭한 문사(文詞)에 비교하여 손색이 없다는 말이다. 이아이남(以雅以南)은 《시경》 〈고종(鼓鍾)〉에 나오는 구절로, 아는 대아(大雅)와 소아(小雅)를 가리키며, 남은 주남(周南)과 소남(召南)을 가리킨다.

정현곡 시집 서문

鄭玄谷詩集序

현곡(玄谷) 정덕여(鄭德餘)[180] 공이 세상을 떠난 이듬해 나라가 병화(兵火 병자호란)를 만나 무려 천여 편이나 되는 공의 시문이 모두 전란 중에 산실(散失)되었다. 공의 아들 정선흥(鄭善興)이 십수 년이나 걸려 흩어지고 없어진 것을 찾아 모았는데, 시 400여 수와 잡저 약간 수를 얻어 장차 간행하려고 나에게 서문을 부탁하였다. 그의 속내를 살펴보매 불만스러운 기색이 있으니, 대개 모은 글이 적기 때문이었다.

아아, 무릇 사물의 진귀함은 그것이 아름답기 때문이지 많고 적음 때문이 아니다. 바다 건너 다른 나라의 완상거리가 되는 주옥(珠玉)이 한 손아귀에 들어갈 정도의 크기에 지나지 않지만, 천하 사람들은 분주하게 다니며 구해서 한 번 보는 것만으로도 행운으로 여긴다. 피복과 음식물에 이르러서도 모두 그렇지 않음이 없는데, 하물며 정치(精緻)한 시문에 있어서이겠는가.

한자(韓子)가 번종사(樊宗師)의 저술이 지극히 많으니 예전에 일찍이 없던 일이라고 칭송하였으나,[181] 그 후에 사라져서 전하지 않는

180 정덕여(鄭德餘) : 정백창(鄭百昌, 1588~1635)으로, 본관은 진주(晉州), 자는 덕여, 호는 현곡(玄谷)이다. 《東州集 文集 卷10 京畿觀察使玄谷鄭公墓碣銘 并序》

181 한자(韓子)가……칭송하였으나 : 한자는 한유(韓愈, 768~824)로, 중국 당나라의 문인이자 사상가이다. 자는 퇴지(退之)이며, 선조가 창려(昌黎) 출신이므로 한창려라고도 하였다. 번종사(樊宗師)는 당 헌종(唐憲宗) 연간의 시인으로, 자는 소술(紹述)

다. 맹 양양(孟襄陽)[182]의 절조(絶調)와 일향(逸響)은 정종(正宗)이 될 만한 시를 홀로 얻었으나[183] 다만 "엷은 구름에 은하수 희미하고, 성긴 빗방울이 오동에 떨어지네."[184]라는 일련(一聯)만 마땅히 영원히 세상에 전해질 것이니, 과연 어찌 많고 적음에 달려 있겠는가.

현곡 정공은 어려서부터 학문을 쌓고 글을 지었다. 머리를 묶고 성인이 된 뒤로 붓을 잡고 글을 지으면 문득 정치(精緻)하고 근엄(謹嚴)

이다. 그의 시문은 특히 기괴하고 껄끄러워 유창하지 못했으므로, 당시에 그의 시체(詩體)를 삽체(澁體)라고 일컬었다. 한유가 번종사의 묘지명에서 "작품 수가 많구나. 예전에 일찍이 없던 일이다. 그러나 반드시 자기에게서 나와 앞 시대 사람들의 한 마디 말과 한 구절의 글도 답습하지 않았으니 또 얼마나 어려운 일인가.〔曰多矣哉, 古未嘗有也. 然而必出於已, 不蹈襲前人一言一句, 又何其難也.〕"라고 하였다. 《韓昌黎集 卷34 南陽樊紹述墓誌銘》

182 맹 양양(孟襄陽) : 호북성 양양(襄陽) 출신으로 성당(盛唐)의 시인인 맹호연(孟浩然)을 말한다. 그는 눈발이 휘날리는 패교(覇橋) 위를 나귀 타고 지나갈 때 가장 멋진 시상(詩想)이 떠올랐다고 하는데, 소식(蘇軾)의 시에 "그대는 또 보지 못했는가, 눈 속에 나귀 탄 맹호연이 시 읊느라 찌푸린 눈썹과 산처럼 솟은 두 어깨를.〔又不見雪中騎驢孟浩然, 皺眉吟詩肩聳山.〕"라고 하였다. 《蘇東坡詩集 卷12 贈寫眞何充秀才》

183 정종(正宗)이……얻었으나 : 《당시품휘(唐詩品彙)》 서목(敍目) 〈오언배율(五言排律) 정종(正宗)〉에 "개원 이후에 작가들이 많이 등장하고 성률이 구비되었는데, 특히 왕유와 이백이 정종이 될 작품을 많이 얻었다. 왕유와 이백만 정종이 될 작품을 얻은 것이 아니라 맹호연과 고적의 무리도 실상 함께 작품을 남겼다. 지금 네 사람의 시 43수를 합해서 정종으로 삼는다.〔開元後, 作者之盛, 聲律之備, 獨王右丞李翰林爲多得, 非王李爲獨得, 而孟襄陽高渤海輩, 實相與並鳴. 今合四家共詩四十三首爲正宗.〕"라고 하였다.

184 엷은……떨어지네 : 이 구는 《맹호연집(孟浩然集)》에는 보이지 않고, 그 서문과 기타 여러 책에 소개되어 있다. 맹호연이 일찍이 비성(秘省)에서 여러 사람들과 돌아가며 시를 짓게 되었는데, 그가 이 구를 읊자 다른 사람들이 더 이상 시를 짓지 못하고 붓을 멈췄다고 한다. 《山堂肆考 卷127 文學 諸英閣筆》

하였으니 방만한 글은 짓지 않았다. 약관(弱冠)의 나이에 과거에 급제하여 한림원(翰林苑)에서 명성을 날렸다. 세상을 내려보며 거침없이 나아가다가 마침내 여러 간사한 무리들에게 화를 입게 되자 경치 좋은 양강(楊江)에 은거하여 농사짓고 낚시하며 지냈다.[185] 당시에 소암(疏菴) 임무숙(任茂叔)[186]·택당(澤堂) 이여고(李汝固)[187]는 모두 문단의 뛰어난 선비였으나 시의(時議)에 거슬렸다. 한가로운 곳으로 자취를 감춰 공과 30리 거리 안에 집을 짓고 살았으니, 마치 새벽별이 나란히 광채를 발하는 것처럼 뚜렷하였다. 매번 좋은 날과 아름다운 계절을 만나면 배를 타거나 말을 타고 서로 모여 시를 주고받았다. 한때 시를 짓고 술 마시는 멋진 모습이 천고에 그림자를 드리울 만하였으니, 삼사(三士)라는 이름이 생겨났다.

인조께서 등극하심에 용이 날아오르고 표범이 변하는 것 같았으니,

185 약관(弱冠)의……지냈다 : 정백창은 약관이 되기 전 한 해에 다섯 번이나 시험에 합격하였고, 문과(文科) 회시(會試)에 이르러 그의 시권(試卷)이 높은 등급에 뽑혀 있었다. 그러나 그가 일찍부터 명성을 드날리는 것을 꺼린 당시의 고관(考官) 정협(鄭協)이 일부러 급제자 명단에서 뺐다. 1611년(광해군3) 과거에 급제하였다. 1613년 폐모론(廢母論)이 한창일 때 이이첨(李爾瞻) 일당을 요악(妖惡)이라 지목하였다가 삭직(削職)되어 경기도 양근(楊根)에 들어가 임숙영(任叔英)·이식(李植)과 함께 은둔 생활을 하였다.《東州集 文集 卷10 京畿觀察使玄谷鄭公墓碣銘 幷序》 양강(楊江)은 경기도 양평군 일대의 남한강을 말한다. 양근은 양평군의 옛 지명이다.

186 임무숙(任茂叔) : 임숙영(任叔英, 1576~1623)으로, 본관은 풍천(豐川), 초명은 상(湘), 자는 무숙, 호는 소암(疎庵)·동해산인(東海散人)이다.《澤堂集 別集 卷10 任疏菴言行錄》

187 이여고(李汝固) : 이식(李植, 1584~1647)으로, 본관은 덕수(德水), 자는 여고, 호는 택당(澤堂)이다.《宋子大全 卷203 澤堂李公諡狀》

호당에 들어갈 사람을 선발하고 빈막(儐幕 접빈사(接儐使))에 충원할 사람을 뽑을 때 조정 여론의 지지하는 바가 공보다 더 높은 이가 없었다.[188] 홍문관과 승정원에 이르러서는 드높이 발탁되었고, 금장(金章)을 차고 경기(京畿)를 다스렸다.[189] 공이 문학으로써 세상에 쓰인 것이 이미 이와 같고, 세상에 남겨진 글도 의심할 여지없이 반드시 후세에 전해질 것이다. 그렇다면 공이 시종 영예로운 명성을 누릴 것이니, 불우(不遇)한 사람이라고 할 수 없을 것이다.

공은 나보다 한 살이 더 많고 두 집안이 정분이 깊어 어려서부터 사이좋게 지냈는데,[190] 한창 젊어서는 자존심이 강하여 둘 다 서로 양보하지 않았다. 지금 살피건대, 공이 지은 글 가운데 한구암(韓久庵)을 제사한 글[191]과 낙민루(樂民樓)에 붙인 서문[192]은 기발하고 안정되

188 인조께서……없었다 : 정백창이 인조가 등극한 후 승승장구하여 호당(湖堂)과 외국 사신을 접대하는 일에 선발되었다는 말이다. 호당은 문신들에게 여가를 주어 글을 읽게 하던 곳이다. 정백창은 1623년(인조1) 인조반정으로 예부(禮部)의 낭관으로 서용되었고, 호당에서 사가독서(賜暇讀書)를 하였다. 1626년 강궁유(姜宮諭)가 황제의 명을 받들어 우리나라에 왔을 때, 원접사(遠接使) 김류(金瑬)가 정백창을 종사관(從事官)으로 발탁하였다.

189 홍문관과……다스렸다 : 정백창은 1625년(인조3) 이후로 여러 차례 응교(應敎)에 임명되었고, 집의(執義), 사간(司諫), 사인(舍人), 사성(司成), 부제학(副提學) 등을 역임하였으며, 1635년 도승지(都承旨)에 제수되었다. 금장(金章)은 높은 벼슬아치가 차는 금으로 만든 인장(印章)이다. 정백창은 1635년 경기 관찰사로 나갔는데 8월에 능원(陵園)을 순행하다가 광릉(光陵)을 배알(拜謁)하고서 갑자기 병에 걸려 사망하였다. 《東州集 文集 卷10 京畿觀察使玄谷鄭公墓碣銘 幷序》

190 두 집안이……지냈는데 : 정백창의 선친 정효성(鄭孝成)과 이민구의 선친 이수광(李睟光)이 교분과 정의가 매우 깊었으므로 양가(兩家) 자제들이 서로 사이좋게 지냈다. 《東州集 文集 卷10 京畿觀察使玄谷鄭公墓碣銘 幷序》

어 진부(塵腐)한 흔적이 전혀 없다. 가령 작자가 흰머리가 되도록 공부한다고 해도 어찌 이러한 경지에 쉽게 이를 수 있겠는가. 이에 공이 예업(藝業)을 일찍 성취하여 따라갈 수 없는 것이 있다는 사실에 더욱 탄복한다.

공은 남겨 놓은 글도 있고 아들도 있다. 그 아들이 삼가고 삼가 아버지의 뜻을 잇는 데 게을리하지 않아 공의 글을 영원히 전하려고 도모하였다. 그리하여 공이 손을 잡고 부탁한 뜻[193]을 저버리지 않았으니 전(傳)의 이른바 "죽은 뒤에 그 말이 전해진다."[194]라는 말의 실례(實例)가 여기에 있다고 하겠다.

191 한구암(韓久庵)을 제사한 글 : 《현곡집(玄谷集)》 문집 권2에 수록된 〈제구암선생한공문(祭久庵先生韓公文)〉을 가리킨다. 한구암은 한백겸(韓百謙, 1552~1615)으로, 본관은 청주(淸州), 자는 명길(鳴吉), 호는 구암이다. 《愚伏集 卷18 通政大夫戶曹參議韓公墓碣銘》

192 낙민루(樂民樓)에 붙인 서문 : 《현곡집(玄谷集)》 문집 권1에 수록된 〈낙민루 서(樂民樓序)〉를 가리킨다. 낙민루는 함흥(咸興)에 있는 누각으로 선조 때 낙서(洛西) 장만(張晩)이 세웠다.

193 손을……뜻 : 집수지탁(執手之托)은 손을 잡고 부탁한다는 말로, 아버지가 아들에게 저술을 당부한다는 뜻인데, 여기서는 정백창의 문집을 아들 정선흥이 간행하게 되었으므로, 아버지의 부탁을 받들어 하는 일이라고 말한 것이다. 사마천(司馬遷)의 아버지 사마담(司馬談)이 주남(周南)에 머물다가 죽게 되었는데, 사마천에게 대대로 태사(太史)를 지낸 자신의 집안 내력을 말하면서 그의 손을 잡고 자신이 저술하지 못한 것들을 저술해 달라고 부탁한 고사가 전한다. 《史記 卷130 太史公自序》

194 죽은……전해진다 : 《공자가어(孔子家語)》 권5 〈안회(顏回)〉에 "죽은 뒤에 말이 전해진다.〔身歿言立〕"라고 하였다.

익손당[195] 서문

益損堂序

자기에게 이익이 있으면 사람들은 득(得)이라 하여 기뻐하고, 자기에게 손해가 있으면 사람들은 실(失)이라 하여 슬퍼한다. 세상 사람들은 손익(損益)이 공존하는 장에서 분주히 경영하며 요란스럽게 이익을 추구하다가 손해를 얻으니 이것은 크게 의혹스러운 일이 아니겠는가.

성인이 《역(易)》을 지으실 때 위를 덜어 아래에 더하는 것을 익(益)이라 하고, 아래를 덜어 위에 더하는 것을 손(損)이라 하셨다.[196] 이것은 어쩌면 자기에게서 덜어 남에게 더하는 것이 처음에는 손해지만 끝내는 이익이 되며, 남에게서 덜어 자기에게 더하는 것이 마땅히 이익일 것 같지만 도리어 손해라는 의미가 있는 것이 아니겠는가. 천도(天道)는 가득 찬 것을 덜고[197] 인정은 적은 것을 더해 주는 것이니,[198]

195 익손당(益損堂) : 황해도 서흥부(瑞興府)에 있었다.

196 성인이……하셨다 : 《주역》 〈손괘(損卦) 단(彖)〉에 “손은 아래를 덜어 위에 더하는 것이다.〔損, 損下益上.〕”라고 하였고, 〈익괘(益卦) 단(彖)〉에 “익은 위를 덜어 아래에 더하는 것이다.〔益, 損上益下.〕”라고 하였다.

197 천도(天道)는……덜고 : 《주역》 〈겸괘(謙卦) 단(彖)〉에 “천도는 가득 찬 것을 덜어내고 겸손한 것을 보태 준다.〔天道虧盈而益謙〕”라고 하였다.

198 인정은……것이니 : 《주역》 〈겸괘(謙卦) 상(象)〉에 “땅 가운데 산이 있는 것이 겸이니, 군자가 보고서 많은 데에서 취하여 적은 데에 주어 물건을 저울질하여 베풂을 공평하게 한다.〔地中有山, 謙, 君子以, 裒多益寡, 稱物平施.〕”라고 하였다.

이것은 필연적인 이치이다.

해가 중천에 뜨면 서쪽으로 기울고 물은 흘러 바다로 돌아가기 마련인데, 정술(政術)을 잡아 다스리는 사람이 어찌 멋대로 자신을 부유하게 하고 혈구(絜矩)[199]의 의리를 깊이 생각하여 이익과 손해의 이치를 밝히지 않을 수 있겠는가. 그러나 물욕에 어두워져서 어지러이 다투고 빼앗아, 탐관오리는 날로 형벌을 받게 되고 백성들은 날로 더욱 곤궁하게 되니 슬프지 않겠는가.

나의 생질 권제(權躋)[200] 군이 곡산군(谷山郡)을 2년 동안 다스리다가 고과(考課) 성적이 높아서[201] 서흥 부사(瑞興府使)에 발탁되었으니, 서흥부는 요로(要路)에 위치한 고을이다. 자비령(慈悲嶺)과 동선령(洞仙嶺)이 만나는 관곡(綰轂)[202]이기 때문에 수레와 관리들이 밤낮으로 왕래하였다. 그러나 창고에 곡식이 비어 이미 곤궁하고 굶주린 자들을 구휼할 수 없었으니 부녀자와 아이들이 짐을 등에 지거나 머리

199 혈구(絜矩) : 재거나 헤아린다는 뜻의 혈(絜)과 자를 의미하는 구(矩)의 합성어로, 나의 마음을 가지고 남의 마음을 헤아려 하고 싶은 것을 함께하고 싫은 것을 베풀지 않는 정치를 말한다. 《大學章句 傳10章》

200 권제(權躋) : ? ~1657. 이민구의 생질(甥姪)로, 1649년(효종 즉위년) 곡산 군수(谷山郡守)에 임명되었다. 《承政院日記 孝宗 卽位年 11月 19日》

201 고과(考課) 성적이 높아서 : 정최(政最)는 고과 성적이 가장 우수함을 의미한다. 반대로 고과 성적이 가장 하등인 경우는 전(殿)이라 하였다.

202 관곡(綰轂) : 교통의 요충지로서 사방의 물산이 집중한다는 뜻이다. 《사기(史記)》 권129 〈화식열전(貨殖列傳)〉에 "사방이 산으로 막혔어도 천 리를 잔도로 연결하여 관중과 통하지 않음이 없었으나, 오직 포사 지역에 병목처럼 모여들어, 많은 물자를 가지고 부족한 물자와 교환하였다.〔四塞, 棧道千里, 無所不通, 唯褒斜綰轂其口, 以所多易所鮮.〕"라는 말이 나온다.

에 이고 떠나갈 뿐이었다.

군(君)이 비로소 한결같은 마음으로 백성들을 돌보느라 아침 일찍부터 저녁 늦게까지 식사할 겨를도 없이 미음과 죽을 만들어 친히 굶주린 사람들을 구제하였다. 또 그들을 위해 계획을 세워 교역을 통해 이익을 취하니 채 1년이 되기 전에 1,400여 가마의 곡식을 확보하였다. 집을 짓고 곡식을 저장하였다가 봄에 빌려 주니 이것이 위의 것을 더는 것이겠는가? 가난한 백성들을 넉넉하게 해 주었다가 가을에 받아들이니 이것이 위에 더해 주는 것이겠는가? 백성들이 마치 맡겨 두는 것처럼 여겼으니 던다고 해서 덜리는 것이 아니고, 더해 준다고 해서 더해지는 것이 아니었으니 피차가 서로 이익이 되고 공사(公私)가 모두 손해될 것이 없다. 들에서는 논과 밭이 개간되고 집에서는 노인과 어린이가 편안하여 은택이 아래에 더해지고 은혜에 감사하는 마음이 위로 돌아오니, 손익의 도가 이미 그 베풂을 다하였다. 또 그 남은 것으로 세 칸짜리 집을 지어 나그네들을 묵게도 하고 때때로 누워 쉬기도 하니 교야(郊野)와 산천의 멋진 경치가 정신에 도움이 되고 번잡한 생각들을 덜어준다. 그러므로 마침내 익손당(益損堂)이라 명명하고 부로(父老)들의 뜻을 미루어 다음과 같이 노래를 지어 붙인다.

덜고 또 더는 것은	損之又損
태수의 덕이요	太守之德
덜리지 않고 더해짐은	不損以益
우리 백성들의 복일세	我民之福
공이 수확한 곡식을 저장하여	公藏挃挃

우리가 봄에 밭 가는 것 도와주고	佐我春耦
가을에 곡식을 갈무리하여	秋而納稼
관이 우리를 지켜 주네	官爲我守
우리 백성들이 공에게 보답하려	我民報公
먹을 때 빌고 제사할 때 기도하여	食有祝而祭有禱
많은 복 받으시라 비나니	受祿穰穰
덜고도 더해지는 자는 태수인가	損而益者太守耶

청우당 서문

聽雨堂序

집을 짓는 사람은 반드시 당(堂)을 만들어 그 몸을 머물게 하고, 반드시 당 앞에 연못을 만들어 감상을 붙이고, 반드시 연못 가운데에 연(蓮)을 심어 눈을 즐겁게 한다. 대개 눈은 그 아름다운 꽃을 보고, 코는 그 그윽한 향기를 맡는다. 또 그 잎으로는 벽통(碧筩)[203]을 만들어, 그 맛을 취하여 입을 기른다. 그러므로 눈과 입과 코가 모두 연에 대해 담당한 역할이 있는데 홀로 귀만은 도움받는 것이 없다.

파평(坡平) 윤이익(尹以益)[204]이 낙선방(樂善坊)[205]에서 헌 집을 먼저 사들이고, 예전부터 있던 연못을 정비하여 연을 많이 심었다. 봄에서 여름으로 넘어갈 때가 되자 녹색 연이 연못을 덮어 큰 것은 일산만 하고 작은 것은 소반만 하니 종횡으로 늘어서서 물을 볼 수 없었다. 윤생이 이를 매우 좋아하여 그 위에 세 칸 집을 짓고 밤이나 낮이나

203 벽통(碧筩) : 연잎으로 만든 술잔을 가리킨다. 삼국 시대 위(魏)나라의 정각(鄭慤)이 삼복에 피서를 가서 연잎에 술을 가득 붓고 연잎과 줄기 사이를 비녀로 뚫어서 술을 마시며 이를 벽통주(碧筩酒)라고 했다는 고사가 전한다. 《古今事文類聚 前集 卷10 避暑飮》

204 윤이익(尹以益) : 1616~? 본관은 파평(坡平), 자는 수지(受之)이다.

205 낙선방(樂善坊) : 조선 시대 한양의 남부 11방 중의 하나이다. 남부 11방은 광통방(廣通坊), 호현방(好賢坊), 명례방(明禮坊), 대평방(大平坊), 훈도방(勳陶坊), 성명방(誠明坊), 낙선방, 정심방(貞心坊), 명철방(明哲坊), 성신방(誠身坊), 예성방(禮成坊)이다.

그곳에서 지냈다. 그리고 청우(聽雨)라고 편액을 내걸었다.

윤생이 눈과 입과 코를 놔두고 오로지 귀로 알맞음을 취한 것은 그 뜻이 어디에 있는가? 연(蓮)에는 꽃과 향기와 벽통으로 즐기는 맛이 있는데, 이는 오직 눈과 입과 코에서 알맞음을 취한 것일 뿐이다. 바야흐로 오뉴월 사이에 날이 뜨거워 가물고 대지가 메말라 오곡이 뿌리를 내리지 못하면 농부는 호미질을 그만두고 하늘만 바라본다. 주인은 숙취가 가시지 않아 마른 입술을 적시려고 마실 것을 생각하지만 남쪽 밭에 대한 근심이 또 심란하게 밀려온다. 그럴 때에 문득 들으니 빗소리가 시원스레 남쪽에서 들려와 처음에는 후드득후드득 모든 잎들이 함께 울리다가 이윽고 바람과 구름이 밀려오고 빗방울 떨어지는 기세가 제법 거세지면 가까이는 처마의 낙수 소리와 함께 울리고 멀리는 물시계와 어우러져 떨어지는 소리를 낸다. 궁음(宮音)과 치음(徵音)이 화음을 이루듯 빗소리가 혹은 맑고 혹은 탁하며, 큰 구슬과 작은 구슬이 서로 섞인 듯 빗소리가 혹은 굵고 혹은 가늘다. 번쩍 내가 꿈에서 깨고 시원하게 내가 술에서 깨니, 운화(雲和)의 비파 소리인가. 내 마음 유쾌하게 하고,[206] 남풍의 거문고인가. 우리 재산 늘려준다.[207] 가령 내가 오늘도 이 소리를 듣지 못하고 내일도 이 소리를

206 운화(雲和)의……하고 : 빗소리를 비파 소리에 비유한 것이다. 운화는 본래 산 이름인데, 그곳에서 나는 재목으로 거문고나 비파를 만들기 때문에 전하여 거문고나 비파를 의미하게 되었다. 당나라 왕창령(王昌齡)의 시에 "비파 비스듬히 안고 유심히 달을 보노라니 흐릿한 수풀 속에 소양궁 숨어 있네.〔斜抱雲和深見月, 朦朧樹色隱昭陽.〕"라고 하였다. 《唐音 卷7 西宮春怨》

207 남풍의……준다 : 순(舜) 임금이 거문고를 뜯으며 불렀다는 〈남풍가(南風歌)〉를 인용하여 때맞춰 내리는 비의 즐거움을 말한 것이다. 〈남풍가〉에 "훈훈한 남풍 부니,

듣지 못하여 열흘이 되도록 이 소리를 듣지 못한다면, 비록 꽃과 향기가 있어도 장차 나의 눈과 코를 즐겁게 하지 못할 것이다. 하물며 벽통을 만들어 나의 입을 즐겁게 할 수 있겠는가. 이렇게 비가 오고서야 잔을 씻어 다시 술을 따르니 나도 모르는 사이에 손과 발이 저절로 춤춘다. 타향에서 옛 친구를 만나도 이보다 기쁘지 않고, 빈 골짝에서 발자국 소리를 들어도 이보다 기쁘지 않다.[208]

동주노인(東州老人)이 그 말을 듣고 기뻐서 빗소리 듣는 노래를 짓노라. 노래는 다음과 같다.

오늘도 비 안 오고	今日不雨
내일도 비 안 오면	明日不雨
연못 마르리니	池之渴矣
어찌 연꽃이 남으랴	夫焉有荷藕
여름에 연꽃 없고	夏日無荷
가을에 벼 없으면	秋日無禾

우리 백성의 수심 풀어 주기를. 때에 맞춰 남풍 부니, 우리 백성의 재산 늘어나기를. 〔南風之薰兮, 可以解吾民之慍兮. 南風之時兮, 可以阜吾民之財兮.〕"라고 하였다. 《禮記 樂記》

208 빈 골짝에서……않다 : 가뭄에 내리는 빗소리가 외로운 처지에 있을 때 찾아오는 사람의 발자국 소리보다 더 기쁘다는 말이다. 공음(跫音)은 사람의 발자국 소리이다. 《장자(莊子)》 〈서무귀(徐无鬼)〉에 "텅 빈 골짜기에 숨어 사는 사람은 명아주와 콩잎이 족제비의 길마저 막고 있는 터라, 빈 골짜기에서 홀로 걷다가 쉬다가 하노라면, 다른 사람의 걸어오는 발자국 소리만 들어도 기뻐하는 것인데, 하물며 형제와 친척들의 기침 소리가 옆에서 들려온다면 어떻겠는가.〔夫逃虛空者, 藜藋柱乎鼪鼬之逕, 踉位其空, 聞人足音跫然而喜矣. 而況乎昆弟親戚之謦欬其側者乎.〕"라고 하였다.

술병도 비리니　　缾之罄矣
내 어찌 한가로이 거닐랴　　我焉得婆娑
삼뢰가 조조해도　　三籟調刁
내 본성 발하지 못하고　　無以發吾性
팔음이 한껏 어우러져도　　八音繁會
내 귀를 돌리지 못하리[209]　　無以易吾聽
한밤의 지극한 즐거움 취하여　　取中夜之至樂
내 집에 이름 짓고 그 기쁨 기록하니　　名吾堂以志喜
원컨대 단비 소리 온 누리에 퍼져　　願雱霈達于四境
농부들 귀에 가득하라　　庶以滿農夫之耳

209 삼뢰(三籟)가……못하리 : 자연의 소리도 온갖 악기들이 합주하며 내는 소리도 단비가 내려 연잎을 울리는 소리보다 더 좋을 수는 없다는 말이다. 삼뢰는 인뢰(人籟)와 지뢰(地籟)와 천뢰(天籟)로 천지의 온갖 소리를 가리킨다. 조조(調刁)는 바람에 사물이 움직이는 모양을 형용하는 말이다. 《장자(莊子)》〈제물론(齊物論)〉에 남곽자기(南郭子綦)가 안성자유(顔成子游)에게 "너는 인뢰는 들었어도 지뢰는 듣지 못했고, 지뢰는 들었어도 천뢰는 듣지 못했을 것이다.〔女聞人籟而未聞地籟, 女聞地籟而未聞天籟夫.〕"라고 하고, "거센 바람이 그치면 모든 구멍들도 비게 된다. 너는 홀로 크게 흔들리기도 하고 가볍게 흔들리기도 하는 걸 보지 못하는가.〔厲風濟則衆竅爲虛, 而獨不見之調調之刁刁乎.〕"라고 하였다. 팔음(八音)은 금(金)·석(石)·사(絲)·죽(竹)·포(匏)·토(土)·혁(革)·목(木)의 여덟 가지 재료로 만든 악기에서 나는 소리이다.

허씨 다섯 아들의 사마시 합격 축하연 서문[210]

許氏五子司馬序

나라에서 이미 학교를 설립하였으니 학사(學士)들을 진작시키고 권면하는 길이 지극히 넓다. 안으로 서울의 사학(四學)에서부터 밖으로 주현(州縣)의 향교(鄕校)에 이르기까지 유업(儒業)에 적을 둔 선비가 대략 5, 6만 명도 넘는다. 3년에 한 번 대과(大科)를 실시하는데, 서울과 지방의 초시(初試) 합격자 8백여 명을 모두 예부(禮部)에 모아 복시(覆試)를 시행한다. 여기서 생원과 진사를 각각 1백 명씩 뽑아 태학(太學)의 상사(上舍)로 올려 보낸 뒤[211] 합격자를 호명하여 임금을 알현하며, 백패(白牌)를 주고 술을 내려 주어[212] 한결같

210 허씨……서문 : 허씨는 허보(許寚, 1585~1659)로, 본관은 양천(陽川), 자는 유선(惟善), 호는 동강(東岡)이다.《東州集 文集 卷10 處士東岡許公墓碣銘》이 글은 허보의 여덟 아들 중 다섯 명이 과거에 합격하여 벌인 잔치에 부친 서문이다. 사마(司馬)는 조선 시대 과거 시험에 합격한 생원이나 진사를 가리키는 말이다.

211 3년에……보낸 뒤 : 조선의 과거 제도를 설명한 것이다. 대비(大比)는 대과(大科)를 가리키는데, 이는 3년마다 한 번씩 시행하는 시험으로 식년시(式年試)라고도 한다. 해액(解額)은 향시(鄕試) 합격자의 액수(額數)나 그 명단을 가리키는 말이다. 서울에서 보는 초시(初試)는 한성시(漢城試)라고 한다. 초시 합격자는 예조가 주관하는 복시(覆試)를 통해 생원(生員)과 진사(進士)가 된다. 이들은 성균관(成均館)에 입학하거나 대과에 응시할 자격을 얻게 된다. 태학(太學)은 성균관을 가리킨다.

212 합격자를……주어 : 여전(臚傳)은 위의 말을 아래로 전한다는 의미로, 과거 급제자의 명단을 위에서 읽으면 아래에서 큰 소리로 다시 호명하는 것을 말한다. 선패(宣牌)는 오늘날로 말하면 합격증을 주는 것으로, 생원시와 진사시에 합격한 사람에게는 백패(白牌)를 주었다.

이 대과(大科) 합격자의 절차와 동일하게 시행한다. 나라에 경사가 있으면 중간에 별시(別試)[213]를 실시해서 대과의 규범에 따르니, 그 학문을 진작시키고 인재를 키우는 도리가 극진하다.

말하는 사람들이 《예기》〈왕제(王制)〉에 "사마(司馬)가 진사 중에 현명한 자를 변론하여 왕에게 고한다."라는 말이 있다고 해서 드디어 생원과 진사를 일러 사마라고 하였으니 선비가 합격하여 사마가 되는 것은 또한 영광스러운 일이다.

무릇 5, 6만이나 되는 많은 사람 중에서 800명 이내에 들어야 하고 800명과 기예를 겨루어 200명의 명단에 포함되어야 하니, 그 선발 기준이 더욱 정밀할수록 선발되기 위한 재주를 갖추기는 더욱 어려운 것이다. 이런 까닭으로 일동(一同)의 고을[214]과 100가구가 모인 부락에서 해액(解額)에 들어가는 사람이 두세 명에 불과하다. 복시에 합격하는 사람은 몇 차례의 시험을 거치는 동안 한 사람만 나와도 다행이다.

우리 마을에 사는 허군(許君)은 여덟 아들을 두었다. 그 가운데 허민(許敃), 허학(許嶨), 허승(許丞), 허도(許島), 허형(許瑩) 다섯 아들이 모두 부지런히 학문에 힘써 마치 티끌 줍듯 손쉽게[215] 차례로

213 별시(別試) : 별거(別擧)는 나라에 경사가 있거나 특별히 인재를 선발해야 할 필요가 있을 때 보는 비정기적인 과거 시험을 가리킨다. 증광시(增廣試)라고도 한다.

214 일동(一同)의 고을 : 사방 100리 넓이의 고을을 말한다. 《사서석지(四書釋地)》 권하에 "옛날 천자의 땅은 1기이고, 열국은 1동인데 1동은 사방 100리이다.〔昔天子之地一圻, 列國一同, 同方百里也.〕"라고 하였다.

215 티끌 줍듯 손쉽게 : 《한서(漢書)》 권75 〈하후승전(夏侯勝傳)〉에 "경술이 진실로 밝으면 고관대작을 취하는 것은 마치 땅에 구부려 티끌을 줍는 것과 같다.〔經術苟明,

사마시에 합격하였다. 허군은 나이가 이제 70을 바라보는데, 가문의 경사를 만나 임금의 명을 받들고, 지란(芝蘭)처럼 빼어난 아들들을 격려하고 아름다운 때를 만난 것을 기뻐하였다. 이에 잔치를 열고 손님을 초청하여 크게 즐기며 자랑하였으니, 늦가을과 초겨울이 교차하는 시기였다.

구름 장막을 높이 걸고 병풍과 휘장을 사방에 둘렀으며, 거문고 소리[216]가 다 울려 퍼지고 북과 피리가 흥겹게 연주되었으며, 광대가 재주를 부리고 합악(合樂 만담꾼)이 웃음을 선사하였다. 다섯 아들이 좌우에서 부축하여 함께 춤추기도 하고 번갈아 추기도 하니, 어깨가 부딪힐 정도로 많이 모여든 사람들이 발돋움하고 박수치며 모두들 "멋지구나!"라고 하였다.

내가 생각건대, 양천(陽川) 허씨(許氏)는 문경공(文敬公)[217]이 도학을 창도하여 세상에 이름을 알린 이래 초당공(草堂公)[218]은 예(禮)에 종사하여 종장이 되었고, 악록공(岳麓公)[219]은 그 명성을 더욱 드날

其取青紫, 如俛拾地芥耳.〕"라고 하였다.

216 거문고 소리 : 금우(琴羽)는 우음(羽音)을 내는 거문고라는 의미이다. 강엄(江淹)의 〈별부(別賦)〉에 "거문고를 펼치고 퉁소와 북을 나열하였네.〔琴羽張兮簫鼓陳〕"라고 하였는데, 그 주에 "금우는 거문고의 우성이다.〔琴羽, 琴之羽聲.〕"라고 하였다. 《文選註 卷16》

217 문경공(文敬公) : 허공(許珙, 1233~1291)으로, 본관은 양천(陽川), 초명은 의(儀), 자는 온궤(韞匱), 시호는 문경이다. 《高麗史 卷105 許珙列傳》

218 초당공(草堂公) : 허엽(許曄, 1517~1580)으로, 본관은 양천, 자는 태휘(太輝), 호는 초당이다. 《穌齋集 文集 卷10 有明朝鮮國嘉善大夫慶尙道觀察使許公神道碑銘 并序》

219 악록공(岳麓公) : 허성(許筬, 1548~1612)으로, 본관은 양천, 자는 공언(功彦),

려 허균에게까지 미쳤다. 허균은 일찍이 아버지의 가르침을 받아 몸을 단속하여 집안의 명성을 실추시키지 않았다. 일찍이 대과에 한 번 발탁되었는데 좋아하지 않는 자들의 교묘한 비방을 받아 마침내 명(命)을 이루지 못하였다.[220] 이때에 정승 백사(白沙)가 별시(別試)를 관장하였는데, 가는 터럭만큼도 잘못이 없다고 말하며 몸으로 보증하는 데에까지 이르렀다.[221] 백사공은 큰 덕을 지닌 훌륭한 분으로 사람에게

호는 악록·산전(山前)이다. 허보의 아버지이다. 《東溟集 卷8 吏曹判書許公墓碣銘幷序》

220 일찍이……못하였다 : 허보가 과거 시험에 합격하고도 시험 부정에 연루되어 합격이 취소된 사건을 말한다. 《광해군일기》 2년 11월 3일 기사에 "전시(殿試)의 시관(試官)은 좌의정 이항복(李恒福), 이조 판서 이정귀(李廷龜), 형조 판서 박승종(朴承宗), 호군 조탁(曺倬), 허균(許筠), 홍서봉(洪瑞鳳), 이이첨(李爾瞻), 승지 이덕형(李德泂) 등이었다. 그런데 점수를 매겨 뽑을 때에……사정(私情)을 따른 결과, 박승종은 자기 아들 박자흥(朴自興)을 뽑고, 조탁은 자기 동생 조길(曺佶)을 뽑고, 허균은 형의 아들 허보와 형의 사위 박홍도(朴弘道)를 뽑고, 이이첨은 사위의 아비 이창후(李昌後)와 이웃 친구 정준(鄭遵)을 뽑았는데, 박자흥이 또한 그의 사위였다. 그래서 당시 사람들이 '아들 사위 동생 조카 사돈의 합격자 명단〔子壻弟姪査頓榜〕'이라고 한다."라고 하였다. 이처럼 부정에 연루된 자가 많았으나 허균만 함열로 귀양 가고, 허보는 합격이 취소되었다.

221 이때에……이르렀다 : 당시 좌의정 백사(白沙) 이항복(李恒福, 1556~1618)이 허보의 결백을 보증하였다는 말이다. 허보는 과거 시험에 합격할 수 있는 충분한 실력이 있었고 실제로도 결백하여, 당시 과거의 독권관이었던 이항복이 허보의 책문(策文)을 본인이 직접 뽑았다고 주장하며 허보의 결백을 보증하였다. 《인조실록》 9년 5월 21일 기사에 "허균의 사위와 조카가 참방하였다는 말이 서울에 떠돌자, 대간이 사정(私情)을 쓴 것이 아닌가 의심하여 논계해서 삭방하였습니다. 그러나 그때 독권관 이항복이 말하기를 '허보의 책문은 신이 직접 뽑은 것입니다.'라고 했으니, 이것으로 보면 허균이 사정을 쓴 것이 아님을 대략 알 수 있습니다."라고 하였다.

말을 하면 누구나 신뢰하였는데도 마침내 진실이 밝혀지지 못했으니 받은 비방이 심했기 때문이었다.[222] 식자(識者)들이 지금까지도 이를 한스럽게 여긴다.

허균의 현명함으로도 40여 년간 좌절한 채 능히 진실을 밝히지 못하고 일개 선비로 늙었으니 하늘은 기필할 수 없는 것이다. 그러나 지금 다섯 아들이 과거에 합격하여 거듭 아름다운 명성을 일으켜서 집안을 빛내고 이웃 마을에까지 미치니, 하늘이 정하면 사람을 이기는 것[223]은 또한 반드시 그런 것이다. 왕진공(王晉公)이 "나는 비록 이루지 못했지만 내 둘째아들은 반드시 이루리라."[224]라고 하였는데, 성패와 부침

222 백사공은……때문이었다 : 이항복의 변호에도 불구하고 허보가 당시의 비방에서 벗어나지 못했다는 말이다. 《광해군일기》 2년 12월 29일 기사에 "허균은……전라도 함열 땅에 정배하였다. 당시에 사정(私情)을 써서 자제를 합격시킨 부형이 허보의 아저씨만이 아니었고, 부형을 인하여 과거에 합격한 자제가 허균의 생질만은 아니었다. 그런데 허균이 당시에 명망을 얻지 못하고 세상에 중시되지 못하였기 때문에 허보만 과방에서 삭제되고 허균만 처벌을 받았으니, 사람들이 승복하지 않는 것이 마땅하다."라고 하였다.

223 하늘이……것 : 《사기(史記)》 권66 〈오자서열전(伍子胥列傳)〉에 "사람이 많으면 하늘을 이기기도 하지만, 하늘이 정하면 역시 사람을 이기는 법이다.〔人衆者勝天, 天定亦能破人.〕"라고 하였는데, 소식(蘇軾)이 이를 원용하여 "사람이 많으면 하늘을 이기고, 하늘이 정하면 또한 사람을 이긴다.〔人衆者勝天, 天定亦勝人.〕"라고 하였다. 《蘇東坡詩集 卷45 用前韻再和孫志擧》

224 왕진공(王晉公)이……이루리라 : 왕진공은 송(宋)나라의 진국공(晉國公) 왕호(王祜)이다. 그가 송 태조의 뜻을 거슬러 부름을 받지 못하자, 웃으며 말하기를 "나는 못 할지라도 내 둘째아들은 반드시 할 것이다.〔祜不做, 兒子二郎必做.〕"라고 했는데, 둘째아들 왕단(王旦, 957~1017)이 진종(眞宗) 때에 재상이 되었다는 고사가 전한다. 《宋名臣言行錄 前集 卷2 王旦》

의 이치가 대개 그러한 것이다.

돈을 남에게 빌려 주고서 때때로 이자를 받지 않으면 그 뒤에 취하는 것이 반드시 많고, 밭에 곡식을 심었는데 금년에 익지 않으면 내년에 거두는 것은 반드시 배가 되니 허씨의 돈과 밭은 장차 많이 취하고 배로 거두게 될 것이다. 성대하게 하고 현격하게 만들어 주는 하늘의 보답이 어찌 다섯 아들이 사마가 되는 데에 그치겠는가. 청컨대 좌계(左契)를 들고 그 징험을 기다리시게나.[225]

225 좌계(左契)를……기다리시게나 : 허보의 집안이 더욱 성대하게 발전할 것을 믿어 의심하지 않는다는 말이다. 좌계는 일종의 증서이다. 계약서를 두 장으로 쪼개어 하나는 좌계로 하고 하나는 우계(右契)로 하였다가, 나중에 마주 붙여 보아 증거로 삼았다. 좌계는 채무자가 소유하고 우계는 채권자가 소유한다. 《노자(老子)》에 "그러므로 성인은 좌계를 잡고서도 남에게 책임을 묻지 않는다.〔是以聖人執左契, 而不責於人.〕"라고 하였다.

동양위[226] 신공의 문집 서문
東陽尉申公文集序

나는 동양위(東陽尉) 낙전당(樂全堂) 신공(申公)과 가장 이른 시기에 교유하기 시작하였다. 대개 문정공(文貞公) 신흠(申欽)[227] 공은 나의 선친 문간공(文簡公)[228]과 젊어서부터 서로 흠모하며 대단히 잘 지내셨고, 두 집안의 자제들이 또 비슷한 시기에 태어났다. 그러므로 예닐곱 살 때부터 서로 만나 어울렸다.

얼마 뒤에 문정공과 선친께서 깊은 경지에 이른 문장력으로 차례로 문단을 주도하였고,[229] 두 집안의 자제들이 모두 학문에 종사하여 가업을 이어 연마하였다. 그러나 나는 과거 공부에 종사하여 경서를 공부

226 동양위(東陽尉) : 신익성(申翊聖, 1588~1644)으로, 본관은 평산(平山), 자는 군석(君奭), 호는 낙전당(樂全堂)·동회거사(東淮居士), 시호는 문충(文忠)이다. 선조(宣祖)의 딸 정숙옹주(貞淑翁主)와 결혼하여 동양위에 봉해졌다.《淸陰集 卷26 東陽尉申公神道碑銘 幷序》

227 신흠(申欽) : 1566~1628. 본관은 평산(平山), 자는 경숙(敬叔), 호는 현헌(玄軒)·상촌(象村)이다. 신익성(申翊聖)의 아버지이다.《芝峯集 卷23 議政府領議政申公墓誌銘 幷序》

228 문간공(文簡公) : 이수광(李睟光, 1563~1628)으로, 본관은 전주(全州), 자는 윤경(潤卿), 호는 지봉(芝峯)이다.《蒼石集 卷18 贈大匡輔國崇祿大夫……贈諡文簡公李公行狀》

229 문정공과……주도하였고 : 1623년(인조1)에 신흠이 양관 대제학(兩館大提學)이 되고, 이수광이 홍문관 제학(弘文館提學)이 된 사실을 말한다. 당오(堂奧)는 학문이 높은 경지에 이른 것을 뜻한다.《순자(荀子)》〈대략(大略)〉의 주(註)에 "당오는 마루에 오른 뒤에 안방에 들어간다는 승당도오(升堂覩奧)의 뜻이다."라고 하였다.

하는 사람이 되었는데, 어려서부터 익혔지만 백발이 되어서도 혼란할 뿐 끝내 등급을 넘어 도약하지 못하고 겨우겨우 과거에 합격하는 데에 그쳤다.

오직 동양위는 어려서부터 대궐에 드나들면서[230] 고귀한 기품을 익혀 호방한 인물이 되었고, 문단의 높은 경지에 한 번 뛰어올라 문득 조예가 있었으니, 비록 조금씩 축적해 나가는 소양(素養)이 있었던 것은 아니지만 옛 사람들과 같지 않은 바가 없었다. 한결같이 한유(韓愈), 유종원(柳宗元), 구양수(歐陽脩), 소식(蘇軾)과 명(明)나라 여러 작가들의 법도를 취해 자기의 것으로 삼았다. 더욱이 장단구(長短句)와 의론(議論)의 문장에 뛰어났는데, 드날려 우뚝하고 서술 내용이 풍부하였으며, 법도가 구비되지 않은 것이 없고 이치가 갖추어지지 않은 것이 없었으며, 풍부하면서도 지루하지 않고 전아하면서도 구애되지 않았으며, 자유롭게 말하면서도 산만하게 흘러가지 않고 비근한 것을 말해도 속되지 않았으니, 창자가 살져 뇌가 충만해지고 기가 왕성해져 얼굴이 윤택해지는 것 같았으며, 강하(江河)의 근원이 한번 쏟아져 천 리까지 흘러가도 그 빛깔이 푸르고 청묘(淸廟)의 음악이 아홉 번 변해서 이루어지도록 그 음이 자연스럽게 이어지는 것 같았다. 그러므로 다만 절도와 규범을 갖춘 군사들이 말의 뱃대끈과 가슴걸이와 고삐를 단단히 조이고 삼군의 군사를 펼쳐 당당하게 나서는

230 동양위는……드나들면서 : 신익성이 12세에 정숙옹주와 혼인하여 대궐에 출입한 사실을 말한다.《淸陰集 卷26 東陽尉申公神道碑銘 幷序》 통적(通籍)은 문표(門標)에 이름을 올리면 궁문의 출입을 허락하는 것으로, 고관대작이나 종친과 외척에게 궁문을 자유롭게 출입하도록 하던 제도이다.

모습을 보면, 저 휴(酅)를 등진 병졸들이 진실로 한 번도 깃발과 북소리 앞에 맞서지 못한 채 편미(鞭弭)의 진영에서 맴돌게 되니 해진 갑옷과 낡은 무기로 어찌 싸울 수 있겠는가.[231]

운어(韻語)에 대해서는 비록 일찍이 자기 스스로 지극한 경지에 이르지 못했다고 여겼지만 충융(沖融)하고 광원(曠遠)하여 아로새기거나 남의 것을 모방하지 않아도 성정(性情)에서 일어난 바가 모두 원기(元氣) 가운데서 흘러나왔으니, 또 음풍농월(吟風弄月)하며 글을 잘 꾸미는 것으로 공교로움을 삼고 남을 모방하는 것을 일상으로 삼는 사람들이 그 길을 찾아 좇아갈 수 있는 바가 아니었다. 원대한 도모로 나라의 운명을 정하는 것이 버들가지가 휘휘 늘어지는 것보다 높은 수준에 있었지만 어찌 경시할 수 있겠는가.[232]

231 절도와……있겠는가 : 신익성의 문장력은 누구도 감당할 수 없을 만큼 뛰어났다는 의미이다. 이민구가 인용하여 비유로 삼고 있는 이 내용은 《춘추좌씨전》 희공(僖公) 28년 기사에 보인다. 당시 진(晉)나라 군대와 초(楚)나라 군대가 맞서고 있었는데, 그 글 가운데 "초나라 군대는 휴를 등지고 진을 쳤다.〔楚師背酅而舍〕"라고 하였고, "진나라 전차 7백 대가 모두 단단히 정비하였다.〔晉車七百乘, 韅靷鞅靽.〕"라고 하였다. 그 주에 "끈이 등에 있는 것을 현, 가슴에 있는 것을 인, 배에 있는 것을 앙, 뒤에 있는 것을 반이라고 한다.〔在背曰韅, 在胸曰靷, 在腹曰鞅, 在後曰靽.〕"라고 하였다. 편미(鞭弭)는 말채찍과 꾸미지 않은 활을 말한다. 진나라의 공자 중이(重耳)가 곤란한 처지에 빠져 초나라로 가게 되었을 때 초나라의 임금에게 도와 달라고 요청하면서 말하기를 "제가 만일 군주님의 은혜로 진나라로 되돌아가게 된다면, 나중에 진나라와 초나라가 싸울 적에 저는 군주님을 피하여 90리를 물러가겠습니다. 그래도 군주님께서 싸움을 그만두지 않고자 한다면, 그때에는 왼편에는 채찍과 활〔鞭弭〕을 들고, 오른편에는 화살집과 칼집〔櫜鞬〕을 차고서 군주님과 겨루어 보겠습니다."라고 하였다. 《春秋左氏傳 僖公23年》

232 원대한……있겠는가 : 신익성의 문학을 평가해 볼 때 시(詩)보다는 산문이 더

위진 시대 이래로 왕실에서 부마(駙馬)를 높은 수준의 사람으로 뽑았으므로 그들 중에 풍류(風流)와 기업(器業)이 시대마다 당대를 대표할 만한 그런 사람이 있었다. 다만 문장이 뛰어나다는 명성을 얻은 사람은 없었으니, 어쩌면 탕목(湯沐)과 지고(脂膏)의 봉양으로 넉넉하게 지내니[233] 사문(斯文)의 불후(不朽)한 문장에는 마음 쓸 겨를이 없었기 때문에 그런 것이란 말인가. 지금 동양위를 옛 부마들과 견주어 본다면 천고의 세월 속에 홀로 성대하다고 하겠다.

지금 공의 문집을 장차 간행하려고 여러 자제들이 나에게 교정을 맡기고 또 책의 머리에 서문을 지어 달라고 한다. 이 일은 푸른 바다에 임해서 큰 파도를 바라보는 것과 같아서 나 스스로 지키던 것을 잃고 뒷걸음질 쳐서 달아나는 거리가 90리 정도에 그칠 뿐만이 아니니 진실로 억지로 해서 이를 수 있는 것이 아니다. 공은 또 육서(六書)와 팔법(八法)[234]에 뛰어나서 왕희지(王羲之)[235]와 조맹부(趙孟頫)[236]의 풍치

뛰어났지만 시의 수준도 결코 경시할 수 없다는 말인데, 이민구가 앞에서 신익성은 의론(議論)에 뛰어났다고 하였으므로 신익성은 시보다는 의론에 장점이 있었다는 의미이다. 우모정명(訏謨定命)은 《시경》〈억(抑)〉에 보이고, 양류의의(楊柳依依)는 《시경》〈채미(采薇)〉에 보이는 구절이다.

233 탕목(湯沐)과……지내니 : 부마(駙馬)의 부유한 생활을 가리킨다. 탕목은 탕목전(湯沐田) 또는 탕목읍(湯沐邑)으로, 왕비, 왕자, 공주, 옹주 등에게 목욕하고 재계하는 비용을 마련하라고 나라에서 주는 논밭을 말한다. 지고(脂膏)는 기름진 음식을 말한다.

234 육서(六書)와 팔법(八法) : 서체와 운필법(運筆法)을 의미한다. 육서는 육체(六體)로 《한서(漢紀)》 권30 〈예문지(藝文志)〉에 "육체는 고문, 기자, 전서, 예서, 무전, 충서를 이른다.〔六體, 謂古文奇字篆書隸書繆篆蟲書也.〕"라고 하였다. 팔법은 영(永)자의 자획을 쓰는 방법으로 모든 글자를 쓸 수 있다는 주장으로, 《서법정전(書法

를 갖추었으니 또한 공의 재주가 완전하고 능력이 다양했음을 볼 수 있다. 옛날 소 장공(蘇長公)이 일찍이 부마 왕진경(王晉卿)[237]과 교유하였는데 시와 그림의 오묘함은 왕진경의 아름다운 솜씨를 다 따라가지 못한다고 하였으니 내가 동양위에게도 또한 그와 같다고 하겠다.

正傳)》 권3 〈팔법해(八法解)〉에 "영자를 쓰는 법이 여덟 가지가 있으니 칙, 륵, 노, 적, 책, 략, 탁, 책이다.〔永字之法有八, 曰側勒努趯策掠啄磔.〕"라고 하였다.

235 왕희지(王羲之) : 307~365. 동진(東晉)의 서예가로 자는 일소(逸少)이다. 우군장군(右軍將軍)을 역임하였으므로 왕 우군이라고도 한다.

236 조맹부(趙孟頫) : 1254~1322. 원(元)나라의 서예가로, 자는 자앙(子昂), 호는 송설도인(松雪道人)이다.

237 왕진경(王晉卿) : 왕선(王詵, 1036~1104)으로, 자는 진경이다. 영종(英宗)의 딸 위국대장공주(魏國大長公主)에게 장가들었다. 시(詩), 서(書), 화(畫)에 능했으며, 소식(蘇軾)과 교유하였다.《蜀中廣記 卷108 畫苑記》

동래 정씨 족보 서문
東萊鄭氏族譜序

세교(世敎)가 쇠퇴하고 종법(宗法)이 무너짐으로부터 구족(九族)이 친하지 않고 백성들이 행동으로 실천하지 않으니 친족의 관계가 다 끝나지 않았는데도 마치 길 가는 사람 보듯이 하는 이들이 생겨났다. 이는 시조 한 사람으로부터 본다면 모두가 그 자손이라는 것을 알지 못하는 것이다. 정성껏 돌봐서 길러 준 뜻을 어찌 애틋한 마음으로 깊이 생각하지 않겠는가.

대개 태사공(太史公)이 옛날의 인인(仁人)과 군자(君子) 가운데 두터운 은택을 베풀고 종족이 큰 사람들을 차례로 나열하여 세가(世家)를 확립하였다.[238] 그러나 삼계(三季)가 쇠퇴하는 데 이르러 대부분의 사람들이 그 세계(世系)를 듣지 못하여 조씨(曹氏)이면서 혹은 우순(虞舜)을 조상이라 하고 혹은 진탁(振鐸)[239]을 조상이라 하며, 주씨(朱氏)이면서 혹은 전욱(顓頊)[240]을 조상이라 하고 혹은 단주(丹朱)[241]를 조상이라 하니, 이런 경우 무엇으로 구별할 수 있겠는가. 세교가 더 쇠퇴함에 미쳐서는 더욱 문란하고 분명하지 않아 최씨(崔氏),

238 태사공(太史公)이……확립하였다 : 사마천(司馬遷)이 《사기(史記)》를 서술하면서 〈세가(世家)〉를 기록한 것을 말한다.

239 진탁(振鐸) : 조(曹)나라의 시조(始祖)이다.

240 전욱(顓頊) : 오제(五帝)의 하나인 전욱 고양씨(顓頊高陽氏)를 가리킨다.

241 단주(丹朱) : 당 요(唐堯)의 아들이다.

노씨(盧氏), 정씨(鄭氏), 이씨(李氏)의 세계가 오히려 서로 섞일까 염려되었으니 그 이유는 다른 데 있는 것이 아니라 보첩(譜牒)을 상실한 데서 발생한 폐단이다.

위의 세대에 이미 인인(仁人)과 군자(君子)가 두터운 덕업을 쌓아 후인(後人)들에게 은덕(隱德)을 드리운 사람이 있으면 그 후세가 또 반드시 아름다운 전통을 계승하고 경사를 이어받아, 농부가 이미 밭을 갈고서도 또 김을 매는 것과 같이 오직 세덕(世德)을 변치 않게 하고 쇠하지 않게 더욱 닦는 사람이 있다. 그리하여 집안을 일으켜 대족(大族)을 이루고 후대에 전해서 세가(世家)를 이루어서, 어떤 사람인지 알지 못하는 후손들이 그 보답을 받고 공을 거두게 하나니 이것이 또 보첩이 생겨난 이유이다.

생각건대 정씨(鄭氏)는 처음 동래(東萊)에서 가문이 시작되어 고려 초기에 이미 큰 집안으로 이름이 나 있었다. 현재에 이르기까지 700여 년 동안 훌륭하고 걸출한 인물들이 잇따라 나와 역사책에 기록되었고 성대한 덕망과 빼어난 명성이 넉넉히 남아 끊어지지 않았다. 이것은 선대의 인인이 덕을 쌓아 후세에 은덕을 드리우고 후세가 아름다운 전통을 계승하여 더욱 닦은 결과로, 태사공이 차례로 나열하여 세가를 확립한 취지를 오직 정씨만이 감당해 내고 있다고 할 것이다.

정씨 가문은 예전에 족보가 없었다. 선조(宣祖) 당시에 상국(相國) 임당공(林塘公)[242]이 오대(五代) 이하의 세보(世譜)를 만들었지만 곧

242 임당공(林塘公) : 정유길(鄭惟吉, 1515~1588)로, 본관은 동래(東萊), 자는 길원(吉元), 호는 임당이다. 좌의정(左議政)을 역임하였다. 《淸陰集 卷34 外王父左議政林塘鄭府君墓誌銘 幷序》

바로 전란에 훼손되었다. 70년 뒤에 정양필(鄭良弼)[243] 공이 경주 목사가 되어 상국 정태화(鄭太和)[244] 공에게 들러 하직인사를 하였는데, 경주공은 곧 충정공(忠貞公)[245]의 증손이고, 지금의 상국 정태화 공은 임당공에게 또한 증손이 된다. 이에 보첩의 일을 경주공에게 맡겨 만들도록 하였다. 여기저기 흩어져 사는 여러 자손들과 나누어진 지파(支派)와 종파(宗派)를 빠짐없이 널리 찾고 물어서, 수집하고 기록하여 상하 두 권으로 만드니 세계(世系)와 종파가 손바닥을 보듯이 분명하게 되었다. 이어서 목판에 새겨 널리 전하게 하니 채 한 달도 되지 않아 일을 끝마치게 되었다.

수십 대의 오랜 시간에 걸쳐 살아간 수천 수백의 많은 사람들이 모두 시조 한 사람에게 뿌리를 두고 있다. 시작된 근원을 찾아 흐름을 거슬러 올라가서 원천을 알고, 한 몸에서 나뉜 자손들이 친밀히 골육간에 모두 화합하는 아름다움이 있어서 친하고 성긴 사이가 없게 하고, 지금을 잇는 후대의 사람으로 하여금 이것을 따라 계속 족보를 만들어서 세대가 더욱 멀어져도 더욱 잊히지 않도록 하였으니 경주공

243 정양필(鄭良弼) : 1593~1661. 본관은 동래, 자는 몽뢰(夢賚), 호는 추천(秋川)이다. 《승정원일기》 효종 4년 12월 7일 기사에 정양필을 경주 목사에 임명한다는 기록이 있다.

244 정태화(鄭太和) : 1602~1673. 본관은 동래, 자는 유춘(囿春), 호는 양파(陽坡)이다. 정유길의 증손이며, 정양필이 경주 목사에 임명된 1653년(효종4) 당시에 영의정으로 재직 중이었다. 《雪峯遺稿 卷27 大匡輔國崇祿大夫……世子師鄭公墓碣銘》

245 충정공(忠貞公) : 정대년(鄭大年, 1503~1578)으로, 본관은 동래, 자는 경로(景老), 호는 사암(思菴), 시호는 충정이다. 《頤庵遺稿 卷4 文集2 議政府左贊成鄭公行狀》

이 근본을 돈독히 하고 친목을 닦은 뜻이 정성스럽다고 하겠다.

한편 내가 들은 바가 있다. 정씨의 상세(上世)에 휘(諱) 문도(文道)라는 분이 있는데, 늘그막에 집에서 지내면서 고을 수령이 관아를 열고 뿔피리를 연주하는 소리를 들을 때마다 뜰에 내려와 엎드려 절하였으니 대개 그 공손함이 이와 같았던 것이다. 그 분이 돌아가셔서 장례 행렬이 화지산(華池山)에 이르렀을 때 눈이 녹은 자리에 호랑이가 웅크려 앉아 있는 기이한 일이 있었으므로 그곳에 장사하였다. 내가 이 일을 여러 차례 동래 군수에게 말하였고, 지역 사람들도 그 산과 집터를 가리키며 덕을 쌓은 데 대한 보답으로 여기고 있다고 한다.

족보가 이미 완성되자 경주공이 그 아들 진사(進士) 정화제(鄭華齊)[246]를 보내 책머리에 서문을 지어 달라고 내게 부탁하였다. 대개 나의 선대는 허씨(許氏)에게서 나왔고 허씨는 또 정씨의 외가 쪽 후예이니 내가 한 마디 말로 이 일을 돕는 것도 주제넘은 일이 아니다.

246 정화제(鄭華齊) : 1618~1674. 본관은 동래, 자는 서망(西望), 호는 취전(醉全)이다.

사숙서당 서문
私淑書堂序

맹자께서 말씀하기를 "나는 공자의 문도가 되지는 못했지만 다른 사람에게서 배워 선하게 하였다."[247]라고 하셨다. 군자가 성인보다 뒤에 태어나 성대한 덕에 직접 감화[248]를 받지 못하는 것은 또한 사람의 불행이다. 그러나 그 사람이 반드시 성인을 독실하게 사모하여 사숙(私淑)을 통해 자신을 다스려 성인이 되기를 바라서 몸소 행하는 경지[249]에 이른다면 친자(親炙)와 사숙은 애당초 반드시 차이가 있는 것은 아니다. 삼천 명의 문도가 모두 성인에게서 직접 배웠으나 오직 안자(顔子)와 증자(曾子) 두 분만이 제대로 전수 받았고,[250] 맹자께서는 그로부터 100년 뒤에 태어났지만 전해진 것을 이어받아

247 나는……하였다 : 《맹자》 〈이루 하(離婁下)〉에 나오는 구절이다.

248 직접 감화 : 친자(親炙)는 스승으로부터 직접 가르침을 받는다는 말이다. 《맹자》 〈진심 하(盡心下)〉에 "백세 위에서 떨쳐 일어남에 백세 아래에서 이를 듣고 흥기하지 않는 자가 없으니, 성인이 아니라면 이렇게 만들 수 있겠는가. 더군다나 직접 배운 제자의 경우야 더 말할 것이 있겠는가.〔奮乎百世之上, 百世之下, 聞者莫不興起也, 非聖人而能若是乎. 而況於親炙之者乎.〕"라고 하였다.

249 몸소 행하는 경지 : 천형(踐形)은 사람이 하늘로부터 받은 천성(天性)을 그대로 실천하는 것이다. 《맹자》 〈진심 상(盡心上)〉에 "형색은 타고난 성이니, 오직 성인이라야 타고난 형색을 실천할 수 있다.〔形色, 天性也. 惟聖人然後, 可以踐形.〕라고 하였다.

250 삼천……받았고 : 주희(朱熹)의 〈대학장구서(大學章句序)〉에 "삼천 명의 제자 중에 공자의 말씀을 듣지 않은 이가 없지만, 증씨의 전함이 유독 그 종통을 얻었다.〔三千之徒, 蓋莫不聞其說, 而曾氏之傳, 獨得其宗.〕"라고 하였다.

아성(亞聖)이 되셨으니 사숙의 효과가 또한 지극하다고 할 것이다.

우리나라는 문교(文敎)를 중시하여 도성 안에는 태학(太學)과 사학(四學)을 설치하고 밖으로 군현(郡縣)에는 향교를 두어 공자를 제사 지내지 않는 곳이 없으니, 그 문적(文籍)에 오른 사람은 모두 성인의 문도라고 말할 수 있다. 그러나 궁벽한 시골과 작은 고을에서는 혹 어리석음과 촌스러움을 면치 못한 채 학문을 갈고 닦아 흥기하여 당대에 명성을 얻지 못하고 자취도 없이 삶을 마치니 선하게 이끄는 방법[251]을 베풀 수가 없다.

혹 포의(布衣)의 신분으로 떨쳐 일어나 공경(公卿)이 되어 당대를 교화하고 후세를 열어 주는 사람과 그보다는 못하지만 재주를 익히고 학문을 성취하여 동료들보다 탁월한 사람들은 대부분 가숙(家塾)과 당상(黨庠)[252]에서 많이 배출되어 한둘로 헤아리지 못하니 그 까닭은 무엇인가? 그 사람이 어떻게 사숙하였는가에 달려 있을 뿐이다. 내가 이미 후생(後生)들이 쉽게 포기하는 것을 서글퍼하지만 거듭 호걸들이 사숙하는 데에 스스로 노력하여 사림(士林)의 성대한 울림을 이룬 것을 가상히 여긴다.

천안(天安)의 돈의현(頓義縣)은 호서의 외진 고을로 땅은 좁지만

251 선하게 이끄는 방법 : 식곡(式穀)은 《시경》 〈소완(小宛)〉의 "언덕 가운데의 콩을 서민들이 거두어 가는 것처럼, 명령의 새끼를 과라가 업어 데리고 가서 키우니, 그대도 아들을 잘 가르쳐서, 좋은 방향으로 닮도록 하라.〔中原有菽, 庶民采之. 螟蛉有子, 蜾蠃負之. 敎誨爾子, 式穀似之.〕"라는 말에서 유래하였다.

252 가숙(家塾)과 당상(黨庠) : 모두 학교를 가리킨다. 《예기》 〈학기(學記)〉에 "옛날에 교육기관으로 가에는 숙을 두고, 당에는 상을 두고, 술에는 서를 두고, 국에는 학을 두었다.〔古之敎者, 家有塾, 黨有庠, 術有序, 國有學.〕"라고 하였다.

토양이 비옥하다. 땅이 좁기 때문에 인재가 적고 토양이 비옥하기 때문에 살 만하니 게으르고 나약하게 지내다가 자취도 없이 죽음을 맞지만, 사람이 누구나 이 이치를 갖고 태어나 모두가 이 마음을 가지고 있으니 이것이 어찌 재(才)의 죄이겠는가.

지금 고을 선비 몇 사람이 서로 분발하고 격려하여, 공부하며 갈고 닦을 곳을 구하기 위해 지혜를 모아, 불모지를 경영하여 정사(精舍)를 세워 학업에 전념하고 한가롭게 쉬는 곳으로 삼으니[253] 이미 완성되어 그럭저럭 갖추어졌다.

읍재(邑宰) 성군(成君)이 그들의 뜻을 가상히 여겨 부족한 것을 돕기 위해 가까운 절에 속한 토지 일부를 떼어 내서 승도(僧徒)를 정사에 배속시켜 경작하게 하고, 두 호구(戶口)의 정역(丁役)을 면제하여 대신 정사의 땔감과 물을 공급하게 하니 거처하는 데에 필요한 물품이 그럭저럭 갖추어졌다.

이에 고을 백성 중에 영특한 사람과 이웃 고을의 뛰어난 인재가 모두 이 일을 좋아하여 무리지어 앞 다투어 달려와서 힘껏 학문을 강론하고 덕을 닦는 것[254]을 임무로 삼아 달마다 나아가고 날마다 전진

253 학업에……삼으니 : 《예기》 〈학기(學記)〉에 "군자가 학문을 할 때에는 장(藏)하고 수(修)하고 시(息)히고 유(遊)해야 한다."라고 하였는데 정현(鄭玄)의 주(注)에 "장은 늘 학문에 대한 생각을 품는 것이요, 수는 익히는 것이요, 식은 일하고 쉰다는 뜻이요, 유는 한가하여 일이 없다는 뜻이다.〔藏謂懷抱之, 修習也, 息謂作勞休止之息, 遊謂閒暇無事之遊.〕"라고 풀이하였다.

254 학문을……것 : 이택(麗澤)은 두 개의 연못이 서로 인접해 있는 상(象)으로 친구끼리 서로 도와 학문을 닦고 수양에 힘쓴다는 의미이다. 《주역》 〈태괘(兌卦) 상(象)〉에 "붙어 있는 연못이 태이니, 군자가 이것을 보고서 벗들과 강습한다.〔麗澤兌, 君子以, 朋友講習.〕"라고 하였다.

하여, 밝게 빛나고 크게 드러나는 데 이르기를 기약하였다. 백록동서원(白鹿洞書院)[255]과 무이정사(武夷精舍)[256]의 성대함을 이 좁은 땅에서 장차 다시 볼 수 있게 되었으니 제생(諸生)의 뜻이 부지런하다고 하겠다. 그러나 뒷날의 성취가 어떠할지는 알 수 없다.

사람은 옛날과 지금의 차이가 없고 도(道)는 높고 낮음의 다름이 없어서 하려고 노력하는 사람은 또한 그와 같이 되니 제생은 힘쓸지어다. 성인을 이미 만나볼 수 없으나 사숙의 오묘한 이치는 분명하여 속일 수 없으니 제생은 힘쓸지어다.

홍기(洪覬)[257]는 나에게 배운 지 오래되었으며 박학하고 재주가 많은 사람이다. 처음부터 이 일을 주도하였고 나에게 와서 당(堂)의 이름을 지어 달라고 부탁하기에 사숙(私淑)이라고 하고, 인하여 말을 만들어 주노라.

255 백록동서원(白鹿洞書院) : 본래 당(唐)나라 이발(李渤)이 형 이섭(李涉)과 함께 강남성 여산(廬山)에 은거하여 독서했던 곳인데, 송나라 주희(朱熹)가 1180년에 남강 태수(南康太守)로 부임하여 허물어진 서원을 중건하고 학규(學規)를 제정하여 강학하였다.

256 무이정사(武夷精舍) : 주희가 만년에 복건성의 무이산에 지은 서원으로 이곳에서 10년 동안 강학하였다.

257 홍기(洪覬) : 1646~? 본관은 남양(南陽), 자는 언명(彦明), 호는 해갑(蟹甲)이다.

대은암 서문
大隱庵序

대은암(大隱庵)은 명례방(明禮坊)[258] 수하동(水下洞)[259]에 있다. 다리를 베개 삼고 시내에 임해 있으며, 앞쪽으로 남산(南山)을 마주하였는데, 국사당(國祀堂)[260]이 있는 남산 중턱과 직면해 있다. 처음 나라에서 한양(漢陽)에 도읍을 정할 때, 상락공(上洛公) 김방경(金方慶)[261]의 5대손이며 척약재(惕若齋) 김구용(金九容)[262]의 아들 김맹헌(金孟獻)[263] 공이 직제학(直提學)으로 있으면서 송도(松都)에

258 명례방(明禮坊) : 한성부(漢城府)의 남부에 설치한 11방 중의 하나이다. 262쪽 각주205 참조.

259 수하동(水下洞) : 남산(南山)에서 발원한 창동천(倉洞川)이 흘러가는 물 아래쪽에 있는 마을이라는 의미에서 붙여진 이름이다.

260 국사당(國祀堂) : 나라의 평안을 비는 제사를 지내기 위하여 남산에 산신령을 모시는 신당(神堂)을 세우고 목멱대왕(木覓大王)이라는 산신을 모셨다. 이를 목멱신사(木覓神祠)라고 하였으며, 또한 나라에서 세운 신당이므로 국사당이라고도 했다.

261 김방경(金方慶) : 1212~1300. 본관은 안동(安東), 자는 본연(本然), 봉호는 상락(上洛), 시호는 충렬(忠烈)이다. 탐라에서 삼별초를 토벌하고 동쪽의 왜국을 문죄한 공으로 상락공에 봉해졌다. 《陽村集 卷35 金中贊諱方慶》

262 김구용(金九容) : 1338~1384. 본관은 안동(安東), 초명은 제민(齊閔), 자는 경지(敬之), 호는 척약재(惕若齋)·육우당(六友堂)이다. 김방경의 고손이다. 《惕若齋學吟集 先君惕若齋世係行事要略》 김구용은 이민구의 외조부 김대섭(金大涉)의 칠대조이다. 《象村稿 卷23 義禁府都事金公宜人沈氏合葬誌銘》

263 김맹헌(金孟獻) : 1397~? 1426년(세종8) 식년시(式年試)에 합격하여 예문관 직제학(禮文館直提學)을 지냈다.

있는 가옥의 자재를 뜯어다가 이곳에 지었다.[264] 첨정(僉正) 김자양(金自讓), 군수(郡守) 김예생(金禮生), 절도사(節度使) 김윤종(金胤宗), 진사(進士) 김진기(金震紀)로 전해 내려오다가 나의 외조부 도사공(都事公) 김대섭(金大涉)의 소유가 되었다.[265] 그 집이 두 번 전해져 내 소유가 되었는데, 안채는 선친께서 수선하고 대은암이라 명명하셨다. 객당(客堂)은 내가 지었는데, 지금은 외손자 신필화(申弼華)[266]에게 돌아갔다.

264 처음……지었다 : 이 부분의 서술은 김명리(金明理)가 지은 김구용의 행적과 다른 점이 있다. 김명리의 글을 요약해 보면 김구용의 아버지는 김앙(金昂), 조부는 김승택(金承澤), 증조는 김선(金愃), 고조는 김방경이다. 김구용은 홍의원(洪義元)의 딸과 결혼하여 세 아들 김명선(金明善), 김명리, 김명윤(金明允)을 두었으며, 이 글에서 말하고 있는 김맹헌은 김명리의 아들이다. 따라서 김방경의 오대손이며 김구용의 아들은 김맹헌이 아니라 김명리이다. 만일 이 글을 "김방경의 오대손 김구용의 아들"로 본다면 김구용은 김방경의 고손이므로 맞지 않고, 김맹헌은 김구용의 손자이기에 맞지 않다. 또 대은암을 옮긴 사람이 김맹헌이 아니라 김명리라고 가정한다면 김명리는 직제학을 역임하지 않았다. 그렇다고 김맹헌이 옮겼다고 하기에는 그의 생몰년을 감안할 때 "한양에 도읍을 정할 때"라는 말과 맞지 않는 듯하다. 이민구가 착각한 것으로 보이는데, 우선은 그가 기록한 대로 풀이하였다. 《惕若齋學吟集 先君惕若齋世係行事要略》

265 첨정(僉正)……되었다 : 김대섭(金大涉, 1549~1594)의 본관은 안동(安東), 자는 사형(士亨)이다. 의금부 도사(義禁府都事)를 지냈다. 김대섭의 고조는 김자양(金自讓)으로, 내섬시 첨정(內贍寺僉正)을 지냈다. 증조는 김예생(金禮生)으로, 청도 군수(淸道郡守)를 지냈다. 조부는 김윤종(金胤宗)으로, 자는 건지(建之)이며 경상도 절도사(慶尙道節度使)를 지냈다. 아버지는 김진기(金震紀)로, 자는 숙부(肅夫)이며 활인서 별좌(活人署別坐)를 지냈다. 《象村稿 卷23 義禁府都事金公宜人沈氏合葬誌銘》

266 신필화(申弼華) : 1626~1680. 본관은 평산(平山), 자는 계명(啓明), 자호(自號)는 춘주산인(春洲散人)이다. 신익성(申翊聖)의 손자이며, 이민구의 사위 신변(申

사람이 집을 지을 때, 누군들 자손들에게 길이길이 전해지기를 바라지 않겠는가. 그러나 아래로 공경(公卿)과 서인으로부터 집의 기초와 문, 담과 벽을 견고하게 하여 힘들게 지은 것을 한 세대도 지나지 않아 고치고 허무는 경우가 있으며, 불초(不肖)한 자손들이 팔아서 술과 음식값으로 사용하는 경우도 있으며, 불행히도 상란(喪亂)과 화재를 자주 만나 또 온전히 보전하는 경우가 드무니, 선대의 유업을 계승하여 지키는 것이 이처럼 어려움을 알 수 있다.

이 집은 비록 매우 작고 비좁아서 길흉사(吉凶事)에 충분히 대비할 만한 곳이 못되지만, 세 성씨(姓氏)의 사람들이 260여 년을 전해 오면서[267] 병화(兵火)에 불타거나 남의 손에 넘어가지 않았고, 인척끼리 서로 이어받아 오래된 집을 보전하였으니, 아 또한 다행이다. 이에 대략 그 전말을 서술하여 필화에게 주고, 그로 하여금 우리 집안의 내력과 집이 전해진 내막을 알게 하여, 깊이 생각하고 영원히 기억하여 장로(張老)의 송사(頌辭)[268]가 끊어지지 않게 해 주기를 바란다.

예전에 교리(校理) 윤계선(尹繼善)[269]이 이 집을 중수(重修)할 때

昇)의 아들이다.《南溪集 續集 卷21 楊根郡守申侯墓碣銘》

267 세 성씨(姓氏)의……오면서 : 김맹헌이 처음 집을 지었을 때부터 이민구의 외손자 신필화에게 전해지기까지 김씨, 이씨, 신씨의 세 성씨를 거쳤고, 그 세월이 260여 년이 되었으므로 이렇게 말하였다.

268 장로(張老)의 송사(頌辭) : 장로는 춘추 시대 진(晉)나라 대부 장맹(張孟)이다. 헌문자(獻文子)가 집을 낙성하자 장로가 "아름답다 높기도 하고, 아름답다 빛나기도 하다. 여기에서 제사 지내며 노래도 할 것이고, 여기에서 거상(居喪)하며 곡도 할 것이고, 여기에서 국족에게 연회도 열 것이다."라고 찬송하니, 군자가 이를 훌륭한 찬송이라 하였다.《禮記 檀弓下》

269 윤계선(尹繼善) : 1577~1604. 본관은 파평(坡平), 자는 이술(而述), 호는 파담

지은 서문이 있는데, 글의 말미에 다음과 같이 말하였다.

“나는 학문의 바다에 절름거리는 자라와 같고, 문단에 서식하는 마디충과 같다. 빈 골짜기에서 세월 보내니 이미 날다람쥐의 다섯 가지 재주도 없고,[270] 상림(上林)에 해가 질 때 초료(鷦鷯)의 나뭇가지 하나도 빌리지 못한다.”[271]

선친께서 이 글을 보고 놀라 말씀하시기를 “이 사람은 천명을 다하지 못할 것 같다.”라고 하셨는데, 과연 이듬해에 28세의 나이로 생을 마감하였다. 지금 그 글이 산일(散佚)되어 남아 있지 않으므로 우연히 언급하였다.

(坡潭)이다. 문장이 뛰어나 붓을 잡으면 그 자리에서 1만여 언(言)을 지었으며, 특히 사륙변려문(四六騈儷文)을 잘 지었다. 《惺所覆瓿稿 卷17 司憲府持平……尹君墓誌銘》

270 날다람쥐의……없고 : 날다람쥐가 다섯 가지 재주를 가졌지만 어느 한 가지도 제대로 할 수 없는 것처럼 본인도 재주가 부족하다는 말이다. 오서(鼯鼠)는 석서(鼫鼠)를 말한다. 허신(許愼)은 “석(鼫)은 《자서(字書)》에 ‘다섯 가지 기술을 가진 쥐이다.〔五技鼠〕’ 하였는데, 날 수는 있으나 건물의 지붕을 지나가지 못하고 나무에 오를 수는 있으나 나무 끝까지는 못 올라가며, 헤엄칠 수는 있으나 골짜기를 건너지 못하고 굴을 팔 수는 있으나 제 몸도 가리지 못하며, 달릴 수는 있으나 사람보다 앞서지는 못한다.”라고 하였다

271 초료(鷦鷯)의……못한다 : 윤계선이 깃들어 쉴 만한 집도 없다는 말이다. 초료는 뱁새 종류의 작은 새 이름이다. 《장자(莊子)》 〈소요유(消遙遊)〉에 “초료가 깊은 숲 속에 둥지를 틀어도 그저 나뭇가지 하나에 불과할 따름이다.〔鷦鷯巢於深林, 不過一枝.〕”라고 하였다.

이서수계 서문

吏胥修契序

세대가 내려오고 풍속이 쇠퇴하니, 선왕(先王)이 마련한 친족과의 화목, 외척과의 화목, 친가 간의 믿음, 불우한 자를 구휼하는 제도가 사라져,[272] 가르쳐도 그들의 마음을 복종시킬 수 없고, 벌을 줘도 그들의 뜻을 교화하지 못한 지가 오래되었다. 신뢰가 뜻에 근본하고 사랑이 마음에 근본하여, 가르치거나 처벌하지 않아도 자애롭고 진실하며 친밀하고 사이가 좋아 스스로 멈출 수 없는 수준이 아니라면, 백성들이 어찌 도덕을 숭상하여 돈후한 기풍으로 돌아가겠는가.

지금의 이서(吏胥)는 곧 한(漢)나라의 영사(令史)이며, 당(唐)나라의 유외(流外)에 해당한다. 맡은 일이 문서를 다루는 일이라 경력과 지위에 국한되어 진실로 하류에 안주하니 어찌 삼대(三代)의 깨우쳐 인도하는 정사를 알겠는가. 지금 서리(書吏)와 좌리(佐吏) 중에서 경오년(1630년, 인조8) 이후 3년 사이에 태어나 나이가 서로 비슷한 열다섯 사람이 계(契)를 만들었다. 그리하여 평소에는 술과 음식이

272 선왕(先王)이……사라져 : 옛날 훌륭한 임금들이 만들어 놓은 훌륭한 제도가 시행되지 않는다는 말이다. 《주례(周禮)》 〈지관사도(地官司徒)〉에 "지방에서 세 가지 일로써 모든 백성들을 가르쳐서 우수한 자를 빈객으로 삼아 들어 썼다. 첫째는 육덕이니, 지・인・성・의・충・화이다. 둘째는 육행이니, 효・우・목・인・임・휼이다. 셋째는 육예이니, 예・악・사・어・서・수이다.〔以鄕三物敎萬民而賓興之, 一曰六德, 知仁聖義忠和, 二曰六行, 孝友睦婣任恤, 三曰六藝, 禮樂射御書數.〕"라고 하였다. 이 글에서 말하고 있는 목인임휼(睦婣任恤)은 육행에 해당하는 내용이다.

있으면 불러 모아 은근한 정성을 펼치고 상사(喪事)에는 재물과 돈을 보내 힘껏 도우며, 병에 걸리거나 우환거리가 있거나 즐거운 일이 있을 때에도 서로 도와 수족(手足)과 같이 하니, 인(仁)은 서로 기쁨을 함께할 만하고 의(義)는 서로 죽음을 함께할 만하다.

사람들로 하여금 모두 이 마음을 갖게 하고 이 정을 갖게 하여, 이를 모범으로 삼고 이를 본받아 서로 사랑하고 서로 믿어, 서로 배신하거나 원망하지 않는다면, 백성이 어찌 후덕하지 않겠으며 풍속이 어찌 아름답지 않겠는가. 저 함께 관료가 되고 함께 나랏일을 하면서도 같은 관청에 근무하는 사람들끼리 말도 하지 않거나, 혹 손을 잡고는 알았다고 하며 속마음을 모두 털어놓다가, 면전에서는 기뻐하고 뒤에서는 미워하여 〈곡풍(谷風)〉의 시[273]에 풍자거리를 제공하는 사람들은 또한 사대부(士大夫)의 수치이다.

273 곡풍(谷風)의 시 : 《시경》 〈곡풍〉은 천하에 풍속이 박하고 붕우의 도가 끊어졌음을 풍자한 노래이다.

태의 정군[274] 시고 서문

太醫鄭君詩稿序

공자께서 말씀하시기를 "아는 자도 있고, 좋아하는 자도 있으며, 즐기는 자도 있으니, 아는 자는 좋아하는 자만 못하고 좋아하는 자는 즐기는 자만 못하다."[275]라고 하셨다. 성현들의 정미하고 오묘한 의리와 도리 이외에, 장기에도 도가 있고 바둑에도 도가 있어서 도마다 터득한 정도의 차이가 있다. 하물며 더욱 공교하여 알기 어려운 시도(詩道)는 더 말할 것이 있으랴.

태의(太醫) 정남수(鄭枏壽) 군은 젊어서 의술(醫術)[276]을 공부하여 익힌 것은 《소문(素問)》[277]과 《난경(難經)》[278] 뿐이고, 흠모한 사람은 노편월인(盧扁越人)[279]과 화완(和緩),[280] 창공(倉公)[281] 뿐이다. 다른

274 정군(鄭君) : 정남수(鄭枏壽)로, 자는 자구(子久), 호는 행림(杏林)·행촌(杏村)이다. 1606년(선조39) 의과(醫科)에 급제하여 내의원 정(內醫院正)까지 올랐다. 1636년(인조14)에 소현세자(昭顯世子)와 봉림대군(鳳林大君)을 따라 심양으로 잡혀갔다. 《행림시고(杏林詩稿)》를 남겼다고 하나 전하지 않는다.

275 공자께서……못하다 : 《논어》 〈옹야(雍也)〉에 이 내용의 일부가 실려 있다.

276 의술(醫術) : 기황(岐黃)은 의술의 시조로 추앙되는 기백(岐伯)과 황제(黃帝)를 말한다.

277 소문(素問) : 중국에서 가장 오래된 의서로, 《황제내경(黃帝內經)》의 한 부분이기도 하다. 황제와 기백이 문답하는 형식으로 구성하여 모두 24권으로 되어 있다.

278 난경(難經) : 주(周)나라 편작(扁鵲)이 지은 의서로, 《황제내경(黃帝內經)》의 난해한 뜻을 드러내어 밝혔다. 모두 2권으로 되어 있다.

279 노편월인(盧扁越人) : 춘추 시대 명의인 편작을 가리킨다. 그가 노(盧) 땅에 살

학술에 대해서는 마땅히 두루두루 통함을 대단히 꺼렸으니, 다른 일에 신경을 쓰면 마음을 오롯하게 할 수 없기 때문이었다.

유독 군(君)은 시를 매우 좋아하였다. 서한(西漢)과 동한(東漢)으로부터 아래로 당송(唐宋) 제가의 작품에 이르기까지 읽지 않은 것이 없고, 수집하는 데 몰두하지 않은 것이 없었다. 늙도록 이 일을 게을리하지 않았으니 공자께서 말씀한 '아는 사람'이라고 할 만하다.

물줄기를 거슬러 올라가 근원을 구하고, 아침에 읊조리고 저녁에 외며, 꽃술을 씹고 꽃을 따서, 반드시 자기 자신만의 시를 쓰고자 하여 옛 사람들을 따라하는 것으로 일상을 삼지 않았으니[282] 공자께서 말씀한 '좋아하는 사람'이라고 할 만하다.

그러나 청묘(淸廟)의 비파는 한 사람이 연주를 하면 세 사람이 따라서 감탄하니, 이는 선왕의 남긴 소리가 있는 것이다.[283] 시가 비길 데

았고 이름이 월인(越人)이기 때문에 이렇게 일컬었다. 성은 진씨(秦氏)라고 한다. 편작은 원래 황제 때의 인물인데, 뒤에 진월인(秦越人)의 의술이 신묘하여 그를 편작이라고 하였다. 《史記 卷105 扁鵲列傳》

280 화완(和緩) : 춘추 시대 진(秦)나라의 양의(良醫)로 이름이 높았던 화(和)와 완(緩)의 합칭이다.

281 창공(倉公) : 한(漢)나라 때의 명의로, 성은 순우(淳于), 이름은 의(意)이다. 벼슬이 태창 장(太倉長)을 지냈기 때문에 창공이라 칭하였다.

282 반드시……않았으니 : 독창적인 시세계를 구축하려 하였다는 말이다. 기저(機杼)는 직구(織具)인데, 뒤에 가차하여 문(文)의 구조를 이르는 말로 쓰였다. 위(魏)나라 조영(祖瑩)은 자가 진범(珍范)인데, 문학으로 세상에서 인정을 받았다. 그는 늘 사람들에게 말하기를 "문장은 모름지기 자기 베틀에서 나와 일가의 풍골을 이루어야 한다. 어찌 다른 사람들과 함께 생활할 수 있으리오.〔文章須自出機杼, 成一家風骨, 何能共人同生活也.〕"라고 하였다. 《魏書 卷82 祖瑩列傳》

283 청묘(淸廟)의……것이다 : 청묘는 청명(淸明)한 덕이 있는 이를 제사 지내는

없는 신묘한 경지에 이르러, 천기(天機)에서 움직여 나와 만상(萬象)이 따라 묘사되어, 화려하게 꾸미거나 교묘하게 짜 맞추는 기교를 동원하지 않고도 자신도 모르게 손이 춤추고 발이 뛰는 정도가 된 다음에야 즐긴다고 할 만하다. 가령 정군이 잊지도 말고 조장하지도 말아서,[284] 오직 서서히 운용하여 느긋하고 조용하게 하기를 마치 봄누에가 실을 토하듯, 겨울 매미가 허물을 벗듯 하여 밝고 드넓은 경지에서 거닐게 된다면 그때서야 비로소 앎이 정밀하고 좋아함이 독실하며 즐김이 지극하다고 할 수 있을 것이다.

살피건대 편내(編內)에 "영남루(嶺南樓)에 율관(律官)의 시를 적어놓은 현판이 있는데 고금이 같지 않은 것이 한탄스럽다."라고 하였으니 대단히 안타깝다. 《시경》 삼백 편은 대부분 여항(閭巷)의 노래와 역부(役夫)와 평민 여인의 가사이니, 어찌 모두 방군(邦君)과 경사(卿士)의 작품이겠는가. 그러나 열국(列國)의 군신(君臣)들이 서로 초빙하여 만나 연회에서 술을 권하여 잔을 주고받으면서 점잖게 시를 지어 낭송하였는데 천자의 조정에서도 이를 폐하지 않았으니, 다만 비흥(比興)[285]의 붙인 바가 성정의 바른 것에서 나온 것임을 취했을 뿐이다. 이것은 정군에게 달려 있으니 정군은 힘쓸지어다.

사당이라는 뜻으로, 주 문왕(周文王)의 사냥을 가리킨다. 이 말은 《예기》 〈악기(樂記)〉에서 나온 말로, 전하여 선왕의 훌륭한 음악을 의미한다.

284 잊지도……말아서 : 《맹자》 〈공손추 상(公孫丑上)〉에 "반드시 하는 일이 있어야 하되, 미리 기필하지 말고 마음에 잊지도 말며 조장하지도 말라.〔必有事焉而勿正, 心勿忘勿助長也.〕"라고 한 말을 원용하였다.

285 비흥(比興) : 《시경》 육의(六義)에 속하는 것으로, 비는 먼저 다른 경물(景物)을 말해서 비유하는 작법이고, 흥은 먼저 다른 풍경(風景)을 말해서 자기의 생각을 일으키는 작법이다.

《서주유고》[286] 서문

西疇遺稿序

공자(孔子)께서 일찍이 "예(禮)가 사라지면 들에서 구한다."[287]라고 하셨으니, 대개 예가 없어지는 것을 아파하신 것이다. 세상이 오래되고 교화가 헐거워지면서부터 사람들이 구차하게 간편한 것만을 추구하였으니 예가 사라지는 것은 당연한 일이다. 그러나 당시는 고대와의 거리가 멀지 않았기 때문에 선배들의 유풍이 오히려 야인들에게라도 남아 있었으니 숭상할 만하였다.[288] 그 후 세상이 더욱 말세가 되면서 삼대(三代)의 영걸들과 멀어져 예가 들에 있다고도 말할 수 없게 되었다. 하물며 남은 힘으로 공부하는 문(文)은 더 말할 것

286 서주유고(西疇遺稿) : 정예남(鄭禮男)의 문집이다. 그의 본관은 온양(溫陽), 자는 자화(子和), 호는 서주(西疇)이다. 광해군의 시의(侍醫)를 지냈다. 정예남은 중인(中人)으로, 이 책은 양반이 아닌 중인 이하 계층에 의해 만들어진 여항문학(閭巷文學)의 초기 저작이다. 《육가잡영(六家雜詠)》에 그의 시가 전한다.

287 예(禮)가……구한다 : 《한서(漢書)》 권30 〈예문지(藝文志)〉에 "예가 사라지면 들에서 구한다.〔禮失而求諸野〕"라고 하였는데, 안사고(顔師古)의 주(註)에 "도읍에서 예가 사라지면 재야에서 구하니, 또한 장차 얻을 수 있다는 말이다.〔師古曰, 言都邑失禮, 則於外野求之, 亦將有獲.〕"라고 하였다. 이민구는 이 말로 《서주유고(西疇遺稿)》의 문학적 의의를 평가한 것이다.

288 당시는……만하였다 : 공자가 살아 있던 당시에는 고대와 멀리 떨어져 있지 않아 옛 사람들의 유풍이 남아 있었다는 말이다. 《논어》 〈선진(先進)〉에 "옛날 선배들은 예악에 있어 야인처럼 소박했는데, 오늘날 후배들은 예악에 있어 군자처럼 세련되었다. 만약 하나를 선택하여 써야 한다면, 나는 옛날 선배들을 따르겠다.〔先進於禮樂野人也, 後進於禮樂君子也. 如用之則吾從先進.〕"라고 하였다.

이 있겠는가?[289]

글〔文〕은 도의 작은 것인데, 지금의 글이 또 어찌 이른바 보불(黼黻)하고 경위(經緯)하는 글[290]이겠는가. 도야(陶冶)와 비흥(比興)은 성정(性情)에 맞을 뿐이고,[291] 화조(和調)와 절주(節奏)는 성률(聲律)에 맞을 뿐이다.[292] 수준이 낮은 글은 진실로 말할 것도 없지만 수준이 높은 것도 또한 이런 정도에 머물고 있다.

289 하물며……있겠는가 : 예가 사라진 것은 말할 것도 없고 문(文)도 그 본질을 잃었다는 말이다. 공자의 말에 "제자가 집에 들어가서는 효도하고 밖에 나가서는 공손하며, 삼가서 미덥게 하고 두루 사람들을 사랑하되 어진 사람과 친하게 지낼 것이니, 행하고 남은 힘이 있으면 글을 배운다.〔弟子入則孝, 出則弟, 謹而信, 汎愛衆, 而親仁, 行有餘力, 則以學文.〕"라고 하였다. 《論語 學而》

290 보불(黼黻)하고 경위(經緯)하는 글 : 임금의 계획을 보좌하고 나라를 경영하는 데 도움이 되는 문장을 말한다. 보불은 임금의 예복 하의(下衣)인 곤상(袞裳)에 놓은 도끼와 아(亞) 자 모양의 수이다. 《순자(荀子)》 〈비상(非相)〉의 양경(楊倞) 주에 "보불과 문장은 모두 아름다운 색인데, 흰색과 검은색을 보(黼)라 하고, 검은색과 푸른색을 불(黻)이라 하고, 푸른색과 붉은색을 문(文)이라 하고, 붉은색과 흰색을 장(章)이라 한다."라고 하였다. 일반적으로 아름다운 문장을 의미하기도 하는데, 여기서는 임금의 계획을 보좌하는 의미로 사용되었다. 경위(經緯)는 씨줄과 날줄로 천지를 구획한다는 의미인데, 전하여 국가 경영을 가리킨다. 《춘추좌씨전》 소공(昭公) 28년 기사에 "천지를 경위하는 것을 문이라고 한다.〔經緯天地曰文〕"라고 하였다.

291 도야(陶冶)와……뿐이고 : 도야의 도는 질그릇을 만드는 것이고, 야는 대장간을 말하니 그와 같이 인격(人格)을 다듬는 것에 비유한 것이다. 비흥(比興)은 《시경》 육의(六義)에 속하는 작법이다. 293쪽 각주285 참조. 여기서는 이러한 문학의 기능으로 사람의 성정을 다듬는 데 쓴다는 말이다.

292 화조(和調)와……뿐이다 : 화조는 시의 운격(韻格)을 맞추는 것이고, 절주(節奏)는 시의 운격에 있어서 고저장단(高低長短)을 말하고, 성률(聲律)은 고저장단을 맞추는 율려법칙(律呂法則)을 말한다.

그러나 작자가 번갈아 나타나 흐름을 이끌고 물결을 일으켜 수천 년이 지나는 동안 문도(文道)가 사라지는 데까지는 이르지 않았다. 그리하여 한(漢)으로부터 당(唐)과 송(宋), 그리고 명(明)에 이르기까지 세상과 더불어 성쇠를 함께하였으니, 각각 한 시대의 아름다움이 밝게 빛난다.

불행하게도 근세에 삼정(三精)[293]이 어두워지고 유자(儒者)의 도(道)가 다 사라져 선비들은 경전을 묶어 두고 익히지 않고, 후생들은 학업을 그만두고 스스로 방탕하게 지낸다. 고귀한 자리에 있는 사람 가운데 박학다식한 선비가 드물고 여항에는 제멋대로 노는 무리들만 많다. 어찌 수사(修辭)와 입언(立言)에 마음을 두겠는가. 이것은 사대부들 가운데 윗자리에 있는 사람들의 수치이다.

아아, 예가 사라지면 들에서 구한다지만, 글이 사라지면 장차 어디에서 구할 것인가. 내가 정예남(鄭禮男)이 지은 《서주유고(西疇遺稿)》를 보고서 처음에는 놀라 기이하게 여겼다. 이윽고 그 정경(情境)을 더듬어보고 그 성향(聲響)을 헤아려 한결같이 사장(詞場)의 법으로 맞춰 보았다. 그 결과 비록 때때로 법에 맞지 않는 것도 있었지만 비유하면, 회와 구이가 앞에 진열되어 있으니 그 맛을 모른다고 할 수 없고 거문고와 비파가 연주되고 있으니 그 음을 알지 못한다고 할 수 없는 것과 같도다.

정생은 하층민으로 하는 일은 통역이다. 그가 마땅히 통역 이외에

293 삼정(三精) : 해와 달과 별을 가리킨다. 《후한서(後漢書)》 권1 〈광무제기(光武帝紀)〉에 "구현에 회오리바람이 일고 삼정은 안개가 끼어 깜깜하였다.〔九縣飆廻, 三精霧塞.〕"라고 하였다.

아는 일이 없을 것인데, 천지 사이에 영원히 사라지지 않는 일이 있다는 것을 알아서, 세상 사람 모두가 버린 것을 모으는 것으로 그의 업을 삼아, 한 가지 재주가 정교해지기를 구하였다. 진실로 시를 말하는 사람이 정생을 경시하지 않는다면 또한 예를 잃으면 들에서 구하는 것과 같을 것이다.

선비가 왕도를 말하지 못하면 나무꾼이 부끄럽게 여기는 법이니,[294] 우리나라의 글이 거의 그와 같은 지경이다. 이 책을 읽다가 배를 타고 북경에 조회하러 가는 길에 지은 글을 보니, 맛이 있도다. 참으로 맛이 있도다. 독항(督亢)을 지나며 연(燕)나라의 지도가 진(秦)나라에 들어가는 것[295]을 한스러워 하고, 유수(濰水)를 지나며 회음후(淮陰侯)가 제(齊)나라를 평정한 일[296]을 감탄하였다. 환공(桓公)의 좋은 정치가 황폐해졌구나. 주(周)를 높이고 오랑캐를 물리쳐 백성들이 그 혜택을 받았는데, 세상 어디에 이런 사람이 있을까. 마침내 장차 좌임(左衽)으로 돌아가겠구나.[297] 책을 어루만지며 눈물을 닦으니 이 글에 더

294 선비가……법이니 : 《한서(漢書)》 권87 하 〈양웅전(揚雄傳)〉에 "선비가 왕도를 말하지 못하면 나무꾼이 비웃는다.〔士有不談王道者, 則樵夫笑之.〕"라고 하였다.

295 독항(督亢)을……것 : 형가(荊軻)가 연(燕)나라 태자 단(丹)의 사주로 진 시황(秦始皇)을 시해하러 갈 때 연나라 수도 독항의 지도와 번오기(樊於期)의 머리를 가지고 간 일이 있다. 《史記 卷86 刺客列傳 荊軻》

296 유수(濰水)를……일 : 한(漢)나라의 한신(韓信)이 유수에서 초(楚)나라 군사를 물리치고 기세를 몰아 제(齊)나라를 평정한 일을 가리킨다. 회음후(淮陰侯)는 한신의 봉호(封號)이다. 한신이 항우(項羽)의 부하 용저(龍且)와 싸울 때, 밤을 새워 유수의 상류를 막은 뒤에 초나라의 군대를 유인하여 그 둑을 일시에 터뜨려 초나라의 20만 대군을 거의 전멸시키고 제나라를 평정하였다. 《史記 卷92 淮陰侯列傳》

297 환공(桓公)의……돌아가겠구나 : 이 부분은 정예남의 글에 실린 내용을 이민구

욱 감회가 있다.

가 인용하여 말한 것이다. 내용상 제(齊)나라 환공의 일을 인용하여 명(明)의 쇠퇴를 한탄한 것으로 보인다. 《논어》 〈헌문(憲問)〉에 "관중이 환공을 도와 제후의 패자가 되어 천하를 바로잡아 백성들이 지금까지도 그 은혜를 입고 있으니, 관중이 아니었다면 우리는 머리를 풀고 옷깃을 왼쪽으로 여미었을 것이다.〔管仲相桓公, 霸諸侯, 一匡天下, 民到于今受其賜, 微管仲, 吾其被髮左衽矣.〕"라고 하였다.

《독사수필》[298] 서문

讀史隨筆序

역사를 기록하기는 어려운데, 역사를 읽기는 더욱 어렵다. 역사를 기록하는 사람은 반드시 국사(國史), 야승(野乘), 가전(家傳), 일기(逸紀)로부터 요속(謠俗), 소문(謏聞), 장고(掌故), 구실(口實)과 온갖 잡다하고 자잘한 것까지 모두 채록한다. 가깝게는 수십 년에서 멀게는 1, 2백 년까지 사소한 것들도 빠뜨리지 않기 위해 힘쓰다 보니 바른 것과 어긋난 것, 옳은 것과 그릇된 것이 잘못 뒤섞여 실제 사실에 부합하는 것은 진실로 열에 대여섯도 되지 못한다.

시대가 흐르고 세상이 바뀌어 여러 왕조를 거쳐 천백 년의 오랜 세월이 지난 뒤에야 비로소 한 사람의 훌륭한 사관(史官)이 나타나게 된다. 속수공(涑水公)[299]과 같은 사람이 나와 그 책의 번다함을 근심하여 부득이 번잡한 것은 깎고 중요한 것만 취하여 요약된 책을 만들었으니, 그가 취사(取捨)한 바를 사마천(司馬遷)과 반고(班固)와 범중엄

298 독사수필(讀史隨筆) : 이민구의 저작으로, 전체 8권 4책이며 총 1,703조로 구성되어 있다. 상고의 요순 시대로부터 당송(唐宋)까지의 역사 중 필자가 중요하다고 생각한 단편적인 사적을 기록하고, 각 조(條)의 끝에 필자 자신의 느낌과 견해를 덧붙여 수필체로 작성하였다.

299 속수공(涑水公) : 북송(北宋)의 사마광(司馬光, 1019~1086)으로, 자는 군실(君實)이다. 속수 지방에 살았기 때문에 속수선생으로 불리었다. 사후에 온국공(溫國公)에 봉해졌다. 전국 시대부터 진 이세(秦二世)까지의 역사를 엮어 《통지(通志)》 8권을 편찬했는데, 영종(英宗)의 명령으로 이를 속찬하고, 신종(神宗)이 《자치통감(資治通鑑)》이라 명명하였다.

(范仲淹)[300] 이하 여러 사람들의 기록에 상고해 보면 또한 백에 하나도 남아있지 못한다. 어찌 시비(是非)[301]와 대소(大小)가 당시의 단안(斷案)에 한결같이 부합하여 남은 한이 없게 할 수 있겠는가. 이것이 역사를 기록하기가 어려운 점이다.

역사를 읽는 사람은 역사를 기록한 사람보다도 뒤에 태어나 당시의 일을 눈과 귀로 보고 들은 것이 없고, 선생의 말씀이 계승되지도 않고, 백가(百家)의 전기(傳記)는 피차의 기록이 어긋난다. 이것은 마치 송사하는 사람이 증거가 없고 노름하는 사람이 산가지[302]를 없앤 것과 같으니 장차 어디에서 상고하여 신뢰할 수 있겠는가. 관심이 적은 사람은 모조리 없애서 건지는 것이 하나도 없고 관심이 너무 많은 사람은 이것저것 긁어모으려다가 다 알지 못하며, 재주가 부족한 사람은 껍데기만 알고 알맹이는 모르고[303] 식견이 부족한 사람은 바다를 바라보고

300 범중엄(范仲淹) : 989~1052. 자는 희문(希文), 시호는 문정(文正)이다. 북송(北宋)의 정치가이자 학자로, 저서에 《범문정공집(范文正公集)》이 있다.

301 시비(是非) : 경위(涇渭)는 본래 경수와 위수를 합하여 부르는 말인데, 경수는 탁하고 위수는 맑기 때문에 전하여 시비와 청탁(淸濁)의 의미로 쓰이게 되었다.

302 산가지 : 거마(去馬)의 마는 투호를 할 때 점수를 기록하는 산가지를 의미한다. 투호 놀이도 무(武)를 익히는 것이므로 이기는 사람을 장수가 말에 탄 것에 비유하여 마라고 하였다고 한다. 또, 수효를 세기 위해 만든 덩어리라는 뜻이라고도 한다. 《禮記大全 卷28 投壺》

303 껍데기만……모르고 : 역사의 핵심적인 내용은 알지 못하고 지엽적인 것만 안다는 말이다. 매독(買櫝)은 매독환주(買櫝還珠)의 준말로, 춘추 시대 초(楚)나라 사람이 옥으로 꾸미고 향기를 쐰 목란(木蘭) 상자에 보배 구슬을 담아서 정(鄭)나라에 가서 팔자 어떤 정나라 사람이 상자만 사고 구슬을 돌려주었다는 고사에서 유래하였다. 《韓非子 外儲說左上》

나루를 잃는 것과 같아 길에서 헤매다가 늙어서도 혼란한 지경[304]에 이른다. 이것이 역사를 읽는 사람의 어려움이다.

내가 세상에 쓰이지 못했지만 하늘에서 명을 받고 태어난 사람이니, 배고프면 먹고 배부르면 기뻐하며 안일하게 지내면서 날이나 보내는 것이 매우 부끄러웠다. 날마다 서적과 남겨진 글들을 가져다가 상하의 일을 자세하게 살펴서 그 군신(君臣) 윤서(倫序)의 본받을 만한 것과 경계할 만한 내용, 권모(權謀)와 공리(功利)의 바른 것과 어긋난 것, 정교(政敎)의 치란(治亂)에 관계되는 것, 풍속(風俗) 중에 오랑캐와 중화의 다른 것, 그리고 사적(事跡)의 독특한 것과 언행의 현저한 것들을 모조리 모아서 모두 그 정수를 취하였다. 사이사이에 내 생각을 덧붙여서 이 세상을 개탄하였으니 또한 상론(尙論)과 이고(夷考)의 도[305]이다.

다만 집이 가난하여 책이 없고 또 나이마저 늙었다. 우환에 애태우고 질병에 시달려 정력은 떨어지고 의식은 혼미하며 정신은 지치고 기억력도 부족하다. 이런 상황에서 150일 사이에 전대의 기전(紀傳)과 고실(故實)을 망라하고자 부족한 바를 억지로 무릅쓰면서 더욱

304 늙어서도 혼란한 지경 : 백분(白紛)은 늙도록 공부하였으나 별다른 성취가 없다는 말이다. 한(漢)나라의 양웅(揚雄)이 "어려서부터 익혔어도 백발이 되도록 엉터리이다.〔童而習之, 白紛如也.〕"라고 한 고사가 전한다. 《揚子法言 吾子》

305 상론(尙論)과 이고(夷考)의 도 : 옛사람을 사귀고 그들의 행적을 살펴보는 방법이라는 말이다. 상론은 옛 사람의 언행이나 인격을 평하는 것이고, 이고는 깊이 생각하고 살펴보는 것이다. 《맹자》〈만장 하(萬章下)〉에 "또한 옛사람을 숭상하여 논한다.〔又尙論古之人〕"라고 하였고, 〈진심 하(盡心下)〉에 "그 뜻이 지나치게 커서 '옛사람이여, 옛사람이여.'라고 하지만 그 행동을 살펴보면 행동이 말을 덮지 못하는 자들이다.〔其志嘐嘐然曰, 古之人古之人, 夷考其行, 而不掩焉者也.〕"라고 하였다.

하기 어려운 일을 해서 일가(一家)의 말이 되기를 바랐으니 스스로의 역량을 헤아리지 못한 것이 많다. 뒤에 이 책을 보는 사람들은 그 뜻을 가엾게 여겨 그 어리석음을 용서해 주기 바란다.

임진년(1652, 효종3) 9월에 동주산인 이민구는 쓴다.

제주 목사 이씨를 전송하는 서문
送李濟州序

생각건대, 우리나라는 북쪽으로는 산융(山戎)[306]과 경계를 접하고, 남쪽으로는 섬 오랑캐와 인접하였다. 병란의 근심이 북쪽에 있으면 북쪽이 중요하고 남쪽에 있으면 남쪽이 중요한데, 북쪽이 중요한 경우 길주(吉州)가 문이 되고 남쪽이 중요한 경우 제주도(濟州道)가 방어선이 된다.

대개 길주는 육진(六鎭)을 드나드는 입구로, 북쪽 오랑캐의 목을 움켜쥐고 때로 그들이 그릇된 짓을 하지 못하도록 막아야 하기 때문에 장수를 선발할 때 적임자를 찾기가 어렵다. 제주도는 천 리가 넘는 절해(絶海)에 있어서 뱃길에 바람을 잘못 만나면 휩쓸려서 어디로 가는지 알지 못하니, 상자에 담아 보내는 공물이 태관(太官)[307]에 오르지 못하고, 검고 누런 좋은 말들도 궁궐 마구간에 들어오지 못한다. 그곳의 백성들은 탐욕스럽고 잔악한 관리들에게 시달려 원망만 쌓이고 아무런 즐거움도 없어서, 사람이 해서는 안 될 짓을 하는 지경에까지 이르고, 오랑캐 우두머리와 바다 도적들이 오가며 배로 교역하는 가운데 흘겨보고 침을 흘리니, 장수를 선발할 때 적임자를 찾기가 어

306 산융(山戎) : 북쪽 만주(滿洲) 지역에 거주하는 야인(野人)으로, 말갈(靺鞨), 거란(契丹), 여진(女眞) 따위를 말한다. 《東史綱目 凡例 朝會》

307 태관(太官) : 한(漢)나라 때 황제의 끼니와 연회의 음식에 관한 일을 맡아보던 벼슬로, 조선 시대 내자시(內資寺)의 별칭이다. 내자시는 대궐 안에서 소비하는 음식과 대궐에서 베푸는 연회에 관한 일을 주관하였다.

렵다. 이렇기 때문에 조정에서 매번 두 고을의 수령을 선발할 때 반드시 조정의 신하들 가운데 재주 있고 현명한 자를 천거하여 말하기를 "이 사람이 아니면 이 임무를 감당하지 못한다."라고 하니, 사람이 지역에 따라 중시되는 것이다.

그러나 두 고을은 땅은 거칠고 길은 험하며 도깨비들이 사는 곳이기에 죄인들을 보내서 악을 멀리 하려는 경우에도 반드시 이 두 고을로 보낸다. 그중에서도 제주도는 가장 심해서, 반드시 그 사람이 대단히 옳지 못한 죄를 범하여 중형(重刑)을 받는 데 이르러 나라 안에서 함께 살 수 없게 된 연후에 여기로 추방하니, 진실로 죽이고자 하는 데까지 이른 경우가 아니라면 차마 보내지 않는다. 이는 곧 지역이 사람에 따라 나빠지는 것이다. 그 중요성을 헤아려 사람을 골라 임명하고, 그 죄악을 살펴 죄인을 골라 살게 하니, 이것이 무슨 까닭인가.

지금 이자정(李子正) 군은 요직에 올라 홍문관(弘文館)을 거쳐 외직으로 나아가 길주 목사(吉州牧使)로 있다가 임기가 차서 조정으로 돌아왔는데, 얼마 지나지 않아 다시 제주 목사로 나가게 되었다. 남쪽과 북쪽 지방에 기용되어 오직 중요한 지역을 맡아 날마다 독현(獨賢)의 탄식[308]이 더해지니, 그 노고를 헤아릴 수 없다. 사람은 누구나 평안함을 바라고 수고로움을 꺼리니, 이러한 노고는 대단히 견디지 못할 것이 있는데도 군은 천성에 맞기고 분수를 따라 어떠한 기미도 낯빛과

308 독현(獨賢)의 탄식 : 나랏일을 위해 고생하며 홀로 동분서주(東奔西走)한다는 뜻이다. 《시경》 〈북산(北山)〉에 "너른 하늘 아래 어떤 곳도 왕의 땅 아닌 곳이 없고, 어느 땅 물가의 사람도 왕의 신하 아닌 자가 없는데, 대부들이 공평하지 않아서, 나만 부려먹으며 홀로 어질다 하는구나.〔溥天之下, 莫非王土, 率土之濱, 莫非王臣, 大夫不均, 我從事獨賢.〕"라고 하였다.

말에 드러내지 않았다. 조상의 묘소가 있는 고향을 떠나고 처자식과 떨어지는데도, 아침에 임명을 받으면 저녁에 길을 나서서 꽁꽁 얼어붙은 북쪽 산과 불처럼 뜨거운 남쪽 바다를 마치 평탄한 길 가듯이 하였다. 어찌할 수 없음을 알고 천명처럼 편안하게 여겼으니 그 충성스러움이 성대하다. 어찌 대의(大誼)를 밝게 알고 대체(大體)에 통달하여 천명을 지키는 군자가 아니겠는가.

아아, 남쪽으로 큰 바다가 있어서 바람이 몰아치고 파도가 요동치며, 강진(康津)[309]을 벗어나 추자도(楸子島)를 지나면 해와 달이 빛을 잃고 파도가 수평선까지 펼쳐질 것이니, 서울 어귀에서 문을 닫은 채 노쇠함을 실감하며 먼 이별에 상심하는 사람이 또한 어떤 마음이겠는가.

309 강진(康津) : 탐진(耽津)은 오늘날의 전라남도 강진 지역의 옛 이름이다.

만취 오공[310]의 문집 서문

晩翠吳公文集序

아아, 세월이 가는지라 속절없이 인간에게도 세대가 변천하니, 아침 저녁으로 우러러보며 그 당대를 논할 뿐이다. 선조(宣祖)께서 재위하실 때, 학사(學士)들을 권면하는 방법이 대단히 다양하였다. 뛰어난 선비들이 모두 표범처럼 변하고 용처럼 올라,[311] 훌륭한 글을 곱씹어 익혀서 학문을 성취하고 큰 계책을 발휘하니, 소의 귀를 잡아[312] 문단을 주도하는 사람이 같은 시대에 등장하였다.

당시 만취(晩翠) 오공(吳公)은 휘(諱)가 억령(億齡)이고 자(字)가 대년(大年)인데, 여러 사람들이 떨쳐 일어나는 것을 말미암아 유아(儒雅)한 명성을 드날렸다. 널리 배우고 재능을 닦아 처음에는 과거시험장에서 능력을 발휘했고, 이미 조정에 출사해서는 문학(文學)과 덕행(德行)을 인정받아 쓰였으니, 홍문관(弘文館)과 예문관(藝文館)[313]

310 만취(晩翠) 오공(吳公) : 오억령(吳億齡, 1552~1618)으로, 본관은 동복(同福), 자는 대년(大年), 호는 만취이다. 《谿谷集 卷11 故議政府右參贊吳公墓誌銘》

311 표범처럼……올라 : 선비들이 교화(敎化)를 입어 울연(蔚然)하게 문채를 이루어 조정에 나온다는 말이다. 표변(豹變)은 《주역》 〈혁괘(革卦) 상육(上六)〉의 "군자가 표범처럼 변한다.〔君子豹變〕"라는 말에서 유래하였다.

312 소의 귀를 잡아 : 집우이(執牛耳)는 회맹(會盟)할 때 소의 귀를 잡고 피를 받아 삽혈(歃血)하는 등 맹주(盟主)의 역할을 수행하는 것을 말하는데, 여기서는 문단의 지배적 위치에 있음을 의미한다.

313 홍문관(弘文館)과 예문관(藝文館) : 옥서(玉署)는 옥당(玉堂)으로 홍문관의 별칭(別稱)이고, 난파(鑾坡)는 당나라 한림학사(翰林學士)들이 금란전(金鑾殿)에 있

어디에 두어도 감당하지 못하는 것이 없었으며, 사가독서(賜暇讀書)하고 임금의 글을 대신 지어 명철한 임금에게 인정받았다. 화려한 관직을 두루 거친 뒤 판서(判書)[314]의 자리에 올라 홍문관 제학(弘文館提學)을 겸하였으며, 늠름하게 재상[315]의 반열에 올랐다.

혼탁한 시대를 만나 구류(九流)가 혼탁해지니 참소를 주도하는 사람이 공을 표적으로 삼아 마침내 하찮은 일로 깊이 얽어맸다. 강호(江湖)에 자취를 감추고 지낸 지 5년이 되던 무오년(1618, 광해군10)에 향년 겨우 67세로 마침내 운명하니, 사림(士林)들이 기막힌 일로 여겼다. 얼마 뒤에 성상(聖上)께서 용처럼 일어나 나라를 바로잡으시니,[316] 억울한 일을 당한 여러 사람들이 다 신원(伸寃)되었는데, 뛰어난 재주를 지닌 공은 이미 고인이 되어 미처 청명(淸明)한 세상을 보지 못하였다. 말세의 풍속은 무지하고 뛰어난 인물은 아득하니, 선배들의 풍류가 한 번 사라지자 다시 볼 수 없게 되었다. 이것이 정교(鄭僑)가 대들보가 부러진 것을 아파한 까닭이다.[317]

었으므로 한림원(翰林院)을 일컫는데, 우리나라에서는 예문관을 가리킨다. 오억령은 홍문관 제학(弘文館提學)과 예문관 검열(藝文館檢閱)을 역임하였다. 《谿谷集 卷11 故議政府右參贊吳公墓誌銘》

314 판서(判書) · 팔좌(八座)는 판서를 의미하는데, 오억령은 형조 판서(刑曹判書)를 역임하였다.

315 재상 : 삼사(三事)는 하늘을 섬기고, 땅을 섬기고, 사람을 다스리는 일을 하는 신하라는 말로, 삼공(三公)과 육경(六卿)을 가리킨다. 오억령은 정2품의 우참찬(右參贊)을 역임하였다.

316 얼마……바로잡으시니 : 1623년(인조1)의 인조반정(仁祖反正)을 의미한다.

317 이것이……까닭이다 : 정교(鄭僑)는 정(鄭)나라 대부 공손교(公孫僑)로, 자는 자산(子産)이다. 양최(樑摧)는 대들보가 부러진다는 말로, 《예기》 〈단궁 하(檀弓下)〉

공의 글은 전아(典雅)하고 넉넉하였으며 육경(六經)으로 근본을 삼았다. 임금의 좌우에서 부납(敷納)하는 말과 대각(臺閣)의 변려문 형식의 글도 기운 없는 문구나 쓸 데 없는 말이 없었으니, 모두가 바른 의리(義理)에서 벗어나지 않았다. 시사(詩詞) 또한 정치(精緻)하고 세련되어 부화(浮華)하거나 방탕한 기운이 없었으니, 근세(近世)의 명가(名家)가 되기에 충분하였다. 다만 그 후손이 번성하지 못하고, 또 거듭 전란을 겪는 바람에 수록(收錄)한 바가 대단히 적기 때문에 후대의 사람들이 그 진면모를 찾아볼 수 없으니, 한탄스러운 마음을 견딜 수 있겠는가.

공의 세 아들[318]이 모두 재주가 뛰어나 다 홍문관(弘文館)의 관원이 되었는데, 불행하게도 모두 복이 없어서 일찍 세상을 떠났다. 그 막내 아들 교리(校理) 오전(吳竱)[319]의 호는 인주(麟洲)인데, 지극한 행실이 있고 몸가짐이 독실하였으며, 장자(莊子)와 사마천(司馬遷)의 글

의 "태산이 무너지겠구나. 들보가 부러지겠구나. 철인이 죽게 되겠구나.〔泰山其頹乎, 樑木其壞乎, 哲人其萎乎.〕"라는 공자의 말에서 유래하여 흔히 스승의 죽음을 가리키는데, 여기서는 정나라의 상경(上卿)이었던 한호(罕虎)의 죽음을 의미한다. 그의 자는 자피(子皮)인데, 정교가 일찍이 한호에게 "당신은 정나라의 동량이십니다.〔子於鄭國棟也〕"라고 말한 바 있고, 한호가 죽었다는 말을 듣고서는 "나는 이제 그만이로구나. 선한 일을 해도 아무 소용이 없겠구나. 오직 그분만이 나를 알아주셨다.〔吾已. 無爲爲善矣. 唯夫子知我.〕"라고 하였다.《春秋左氏傳 襄公31年, 昭公13年》

318 세 아들 : 오억령은 3남 1녀를 두었다. 아들은 오익(吳翊), 오정(吳靖), 오전(吳竱)이고, 딸은 윤원지(尹元之)에게 출가하였다.《谿谷集 卷11 故議政府右參贊吳公墓誌銘》

319 오전(吳竱) : 1588~1634. 본관은 동복(同福), 자는 경보(敬甫), 호는 인주(麟洲)이다.

을 즐겨 읽었다. 아들이 없어서 족질(族姪) 오정위(吳挺緯)[320]를 후사로 삼았는데 지금 호서의 관찰사가 되었다. 유실된 가운데에서 공의 시문을 주워 모아 겨우 한 질을 만들고는, 내가 일찍이 만취공에게 인정받았으며 교리공(校理公 오전(吳竱))과 비슷한 나이로 친한 사이였다는 이유로, 나에게 교정을 부탁하여 판목에 새기고 인주(麟洲 오전의 호)의 시 몇 편을 그 아래에 덧붙였다. 내가 병이 심하고 정신이 혼미하여 이 일을 감당할 수 없는데, 그러면 관찰사공의 지극히 효성스러운 마음을 거듭 어기게 되기에 애써 서문을 짓는다.

320 오정위(吳挺緯) : 1616~1692. 본관은 동복(同福), 자는 군서(君瑞), 호는 동사(東沙)이다. 관찰사를 지낸 오단(吳端)의 아들인데, 뒤에 오전(吳竱)의 후사(後嗣)가 되었다. 《博泉集 補遺 卷1 行禮曹判書東沙吳公墓誌銘》

금수정[321] 시의 서문
金水亭詩序

백로주(白鷺洲)는 동음현(洞陰縣)[322]에서 남쪽으로 10리 떨어진 곳에 있다. 그 물이 북쪽으로 흘러 현의 소재지를 감싸고 내려가 큰 숲을 지난 다음, 소 울음소리가 들릴 정도의 거리를 지나 차츰 서쪽으로 뻗어가면서 물길이 더욱 커지는 곳에 푸른 병풍이 활짝 펼쳐지니, 이곳이 바로 부운벽(浮雲壁)이다. 부운벽에는 한석봉(韓石峯)[323]이 쓴 "병 속에 해와 달이 비추고, 취한 가운데 건곤을 바라본다.〔壺中日月, 醉裏乾坤.〕"라는 여덟 글자가 크게 새겨져 있다. 물이 모여 못이 되고 그 위에 정자가 날개를 펼친 듯 세워져 있으니, 이것이 바로 금수정(金水亭)이다. 풍수가들이 그 위의 땅 모양이 마치 소의 머리와 같다고 해서 달리 우두정(牛頭亭)이라 부른다.

그 옆에는 동대(東臺)가 있는데 모래가 깨끗하고 돌이 깔려 있어서 백 명 이상 앉을 수 있으며, 푸른 숲이 장막처럼 펼쳐져 여름에도 더위를 식혀 준다. 정자에 올라 바라보면, 산봉우리와 시내가 사방에서 정자를 감싸는 형세라서 바라보느라 한가할 틈이 없다. 들판에는 새싹이 자라고 숲에는 꽃이 만발하고 나무가 무성하여 그늘이 짙으며, 바

321 금수정(金水亭) : 경기도 포천시 창수면 오가리에 위치한 정자이다.

322 동음현(洞陰縣) : 경기도 포천시 영중면 일대의 옛 지명이다.

323 한석봉(韓石峯) : 한호(韓濩, 1543~1605)로, 본관은 청주(淸州), 자는 경홍(景洪), 호는 석봉이다.《月沙集 卷47 韓石峯墓碣銘 幷序》

람과 서리가 매서워지면 맑고 앙상하며, 얼음과 눈이 아로새겨 밝고 깨끗하여 사시(四時)의 경치가 모두 갖추어져 있으니, 비록 잘 헐뜯는 사람이라도 그 입을 함부로 놀리지 못한다.

정자로부터 서쪽으로 열 걸음 정도 가면 커다란 바위가 물가에 솟아 있는데, 그 위가 움푹 패어 우묵한 술동이 모양을 이루니, 일곱 말의 술을 담을 수 있다. 그 옆에 양봉래(楊蓬萊)[324]의 다음과 같은 시가 새겨져 있다.

녹기금 소리	綠綺琴
백아의 마음	伯牙心
한 번 연주하고 한 번 읊조리니	一鼓復一吟
종자기가 그 소리 아는구나	鍾子是知音
시원한 바람이 먼 산에서 일어날 제	泠泠虛籟起遙岑
강 달은 곱디곱고 강물은 깊도다[325]	江月娟娟江水深

그 바위 아래는 깊고 깨끗해서 많은 물고기가 모인다. 계곡물을 따라 북쪽으로 또 3리 쯤 내려가면 창옥병(蒼玉屛)[326]이 나오는데, 돌아간 재상 사암(思庵) 박순(朴淳)[327]의 배견와(拜鵑窩)[328]가 그곳에

324 양봉래(楊蓬萊) : 양사언(楊士彦, 1517~1584)으로, 본관은 청주(淸州), 자는 응빙(應聘), 호는 봉래이다.《龍洲遺稿 卷15 府使蓬萊楊公墓碣銘 幷序》

325 녹기금……깊도다 : 이는 양사언의《봉래시집(蓬萊詩集)》권1에〈증금옹(贈琴翁)〉이라는 제목으로 수록되어 있는데, '一鼓復一吟 鍾子是知音'이 '鍾子始知音 一鼓復一吟'으로 되어 있다.

326 창옥병(蒼玉屛) : 경기도 포천시 창수면 주원리 영평천에 있는 벼랑이다.

있다. 대개 봉래(蓬萊)는 산수 유람을 즐겼으므로 그의 발걸음이 영동과 영서에 두루 미쳤는데, 항상 이 정자에서 노닐었다. 사암(思庵)은 나주(羅州) 사람인데, 더없이 좋은 풍영정(風詠亭)[329]과 면앙정(俛仰亭)[330]의 승경을 제쳐둔 채 이곳을 아끼다가 끝내 여기서 운명하여 장사 지냈으니, 반드시 취한 것이 있을 것이다.

아름답고 경치 좋은 곳이 저 멀리 오(吳)나라와 월(越)나라의 땅에 있더라도 사람마다 배를 타고 나막신을 신고서 한 번 가서 유람하기를 바란다. 지금 한양에서 겨우 90리 떨어진 곳에 하늘이 만들어 주고 땅이 갈무리한 이와 같은 절경이 있어서 서울의 유람객들에게 노닐 장소를 제공하니, 어찌 특이하다 하지 않겠는가.

나의 외숙 금사공(金沙公)[331]이 젊어서부터 이 골짜기를 독차지하

327 박순(朴淳) : 1523~1589. 본관은 충주(忠州), 자는 화숙(和叔), 호는 사암(思菴)이다. 《芝湖集 卷10 思菴朴公行狀》

328 배견와(拜鵑窩) : 박순이 1568년(선조19)에 영평에 왔다가 산천의 빼어남을 보고 머물러 살 때 지은 집의 이름이다. 배견은 두견새에게 절한다는 뜻으로, 흔히 임금을 그리워하는 마음을 뜻한다. 두보(杜甫)가 촉(蜀)에서 지은 〈두견(杜鵑)〉에 "두견새가 늦은 봄 날아와서, 슬프게 내 집 곁에서 울었지. 내가 보고는 항상 재배했나니, 옛 망제의 넋임을 존중해서였네.〔杜鵑暮春至, 哀哀叫其間, 我見常再拜, 重是古帝魂.〕"라고 하였다.

329 풍영정(風詠亭) : 현재의 광주광역시 광산구 풍영정길에 위치한 정자이다. 김언거(金彦据, 1503~1584)가 1560년(명종15)에 낙향하여 지었다.

330 면앙정(俛仰亭) : 전남 담양군 봉산면 제월리에 위치한 정자이다. 송순(宋純, 1493~1582)이 낙향하여 지었다.

331 금사공(金沙公) : 이민구의 외숙 김확(金矆, 1572~1653)으로, 본관은 안동(安東), 자는 정경(正卿), 호는 금사이다. 《東州集 文集 卷10 舅氏尙衣院正金沙金公墓碣銘》

였고, 또 선영이 이곳에서 멀지 않기 때문에 시종 노래하고 곡하는 장소로 삼았다. 내 나이 열한 살이 되던 기해년(1599, 선조32)에 비로소 이곳에서 외조모님을 뵈었고, 성장해서는 글과 술을 즐기며 소요해서 해마다 노닐지 않은 적이 없었다. 계유년(1633, 인조11)에 이르러 외숙께서 돌아가시고 나도 늙었으니, 정자 위에 다시 나의 발자취가 이르지 않게 되었다.

대개 봉래(蓬萊)와 사암(思庵)은 까마득한 선배이므로, 그분들의 문채(文彩)와 풍류(風流)는 어렴풋이 그려질 뿐이다. 비록 내가 아득한 후배로 지난날의 자취를 따르고자 하지만 세월이 바람 앞의 등불처럼 빨리 지나서 어느덧 늙고 말았으니, 인간 세상의 세대가 바뀌어 가는 것에 대한 감회를 돌연 알게 된다. 오직 정자와 주변의 경치는 예나 지금이나 변함이 없다. 외숙에게 손자가 있으니 정자(正字) 환(奐)[332]으로, 선대의 가업을 이어 지키며 손질하고 가꾸어 옛 경관을 상하지 않게 하고, 나에게 글을 지어 달라고 부탁하기에 다음과 같이 시를 지어 덧붙인다.

하늘 넓고 들 평평해 풍경 좋은데	天豁郊平眺望宜
금사공의 정자가 물가에 있구나	金沙亭子澗之涯
와준과 새겨진 글자에 이끼 빛 예스럽고	窪尊剔字苔文古
구름 낀 벼랑 아래 뱃전 울리니 바위 높다랗다	雲壁鳴舷石勢危
구학과 풍류는 예와 같은데	丘壑風流如宿昔

332 김환(金奐) : 1637~? 본관은 안동(安東), 자는 연명(然明)이다. 1664년(현종5) 11월 13일에 승문원 정자(承文院正字)에 임명되었다.

산하와 세상은 변해가네	山河人代有遷移
대 앞에 흐르는 물은 무정도 하여	臺前逝水無情極
가는 세월에 잠시도 머물지 않누나	不爲光陰駐少時

갑진년(1664, 현종5) 9월에 동주산인 이민구는 쓴다.

편양자 언기 선사의 시문집 서문[333]
鞭羊子彦機禪師詩文集序

부처는 돈오(頓悟)를 통해 해탈하였으니 도(道)에 들어가는 데는 말을 기다릴 필요가 없지만, 삼승(三乘)[334]으로 널리 중생을 구제하였으니 가르침을 베푸는 데는 말이 아니면 널리 비유하여 깨우칠 수가 없다. 그렇다면 부처는 말을 한 것인가, 하지 않은 것인가?

항하(恒河)로 성(性)을 비유한 것[335]과 연꽃으로 마음을 가리킨

333 편양자(鞭羊子)……서문 : 편양자(1581~1644)는 조선 중기의 고승(高僧)으로, 성은 장씨(張氏), 본관은 죽산(竹山), 법호는 편양, 법명은 언기(彦機)이다. 저서에 《편양당집(鞭羊堂集)》이 전한다. 《편양당집》의 서문 마지막 부분에 "정해년(1647, 인조25)에 동주산인이 쓰다.〔丁亥歲東州山人書〕"라고 기록되어 있으므로, 이 글의 창작 시기를 알 수 있다.

334 삼승(三乘) : 초근인(初根人)을 위해 사제법(四諦法)을 행하게 하는 소승(小乘)인 성문승(聲聞乘), 중근인(中根人)을 위해 십이인연(十二因緣)을 깨닫게 하는 중승(中乘)인 연각승(緣覺乘), 상근인(上根人)을 위해 육바라밀(六波羅蜜)을 닦게 하는 대승(大乘)인 보살승(菩薩乘)을 뜻하는 불교의 용어이다.

335 항하(恒河)로……것 : 《능엄경(楞嚴經)》 권2에 파사익왕(波斯匿王)이 변멸(變滅)에 대해 말하자, 부처가 항하사(恒河沙)를 들어 깨우치는 내용이 보이는데, 부처가 "내가 이제 당신에게 나고 죽음이 없는 성에 대해 말씀드리겠습니다. 대왕께서 언제 항하의 물을 보았습니까.〔我今示汝不生滅性. 大王汝年幾時, 見恒河水.〕"라고 묻자, 파사익왕이 "제가 세 살 때 어머니께서 나를 데리고 기바천을 참배하러 가는 도중에 이 강을 건넜는데, 당시에 항하수임을 알았습니다.〔我生三歲, 慈母携我, 謁耆婆天, 經過此流, 爾時卽知是恒河水.〕"라고 하였다. 부처가 "당신이 지금 머리가 세고 얼굴이 쭈그러진 것을 아파하니, 그 얼굴은 반드시 어릴 때보다 쭈그러졌을 것이나, 당신이 지금 이 항하를 보고 옛날 어렸을 때 보았던 것과 비교해 볼 때 어리거나 늙은 것이

것,[336] 42장(章)과 3천의 대장(大藏),[337] 성문(聲聞)[338]이 해탈을 통해 결과를 이룬 것과 동수(童壽)가 날마다 천 게송(偈頌)을 번역한 것[339]이 모두 부처가 대중에게 펼쳐 보여서 많은 미혹한 이들을 깨우쳐 준 것이니, 부처가 어찌 일찍이 말을 하지 않을 수 있었겠는가.

있습니까.〔汝今自傷髮白面皺, 其面必定皺於童年, 則汝今時, 觀此恒河, 與昔童時觀河之見有童耄不.〕"라고 하자, 파사익왕이 "아닙니다. 세존이여.〔不也世尊〕"라고 대답하였다. 이에 부처가 "당신의 얼굴은 쭈그러졌으나 이렇게 정채가 드러나는 것은 성이 일찍이 쭈그러지지 않았기 때문입니다. 쭈그러진 것은 변하는 것이고, 쭈그러지지 않은 것은 변하는 것이 아니니, 변하는 것은 사라지지만 저 변하지 않는 것은 본래 생멸이 없는 것입니다.〔汝面雖皺, 而此見精, 性未曾皺. 皺者爲變, 不皺非變, 變者受滅, 彼不變者, 元無生滅.〕"라고 하였다.

336 연꽃으로……것 : 석가모니(釋迦牟尼)가 영취산(靈鷲山)에서 연꽃을 들어 대중에게 보였을 때 모두 침묵을 지켰으나 오직 가섭(迦葉)만이 미소를 짓자, 석가가 "나의 정법안장(正法眼藏), 열반묘심(涅槃妙心), 실상무상(實相無相), 미묘법문(微妙法門), 불립문자(不立文字), 교외별전(敎外別傳)을 마하가섭(摩訶迦葉)에게 부촉하노라."라고 했다는 고사가 전한다.

337 42장(章)과 3천의 대장(大藏) : 불경이 처음 생성되기 시작하여 다수의 불경이 구비된 사실을 말한 것이다. 사십이장(四十二章)은 《불설사십이장경(佛說四十二章經)》으로, 중국 후한(後漢) 때 인도 사람 가섭마등(迦葉摩騰)과 축법란(竺法蘭)이 번역한 최초의 한역경전으로 알려져 있다. 《고려대장경(高麗大藏經)》에 있는 《사십이장경》의 서(序)에 따르면, 후한(後漢)의 효명제(孝明帝)가 금인(金人) 꿈을 꾸고 월지국(月氏國)에 사신을 파견하여 불경을 구해 오도록 하였는데, 이때 가져온 것이라고 한다. 다만 여기서는 이것을 하나의 완성된 책으로 보지 않고, 부처의 말씀을 42장으로 요약한 글로 보았다. 삼천대장(三千大藏)은 후대까지 형성된 많은 불경을 가리킨다.

338 성문(聲聞) : 부처님이 가르치는 음성을 듣고서 수행하는 사람을 의미한다.

339 동수(童壽)가……것 : 동수는 인도의 승려 구마라습(鳩摩羅什, 344~413)을 의역한 이름이다. 후진(後秦)의 요홍(姚興)을 따라 401년에 장안(長安)으로 와서 국빈(國賓)의 대우를 받으며 35부 348권에 달하는 방대한 경전을 번역했다.

석가(釋迦)처럼 신통한 분을 스승으로 모시고 아난(阿難)[340]처럼 지혜로운 사람을 제자로 삼고서도 말을 하지 않을 수 없었는데, 하물며 후대 말류(末流)들의 경우에는 어떠하겠는가. 더구나 석가처럼 신통하지 못한 스승이 아난처럼 지혜롭지 못한 제자를 가르치는 경우에는 어떠하겠는가. 이런 경우 또 어찌 말을 하지 않을 수 있겠는가.

불법(佛法)이 중국에 들어오고 나서 유전(流轉)되어 우리나라에 영향을 끼친 것이 또 수천 년인데, 그동안 호걸스러운 선비들이 은미한 말로 가르침을 펼쳤으니, 대대로 그런 사람이 있었다. 고려 시대의 태고 화상(太古和尙)은 하무산(霞霧山)에 들어가 석옥(石屋)에게서 임제(臨濟)의 참된 종통을 얻었다.[341] 그 뒤로 여덟 번 전하여 서산 대사(西山大師)[342]에 이르러서는 현풍(玄風 불교(佛敎))을 크게 드날렸으니, 남긴 글에 자세하다. 다시 편양자(鞭羊子)에게 전해졌으니, 편양자는 서산 대사의 적통이다.

편양자의 속성은 장씨(張氏)이며, 법호(法號)는 언기(彦機)이다.

340 아난(阿難) : 석가모니의 사촌동생으로, 십대 제자 가운데 한 사람이며 십육나한(十六羅漢) 중 한 명이다. 20여 년간 석가모니를 모셨고 석가모니가 열반한 후 경전을 결집(結集)하는 일에 큰 역할을 하였으며 여인이 출가(出家)하는 길을 열었다.

341 태고 화상(太古和尙)은……얻었다 : 태고는 승려 보우(普愚, 1301~1382)로, 속성은 홍씨(洪氏), 호는 태고, 시호는 원증(圓證)이다. 1346년(충목왕2) 원(元)나라에 가서 석옥 청공(石屋淸珙, 1272~1352)의 법을 잇고 돌아와 우리나라 임제종(臨濟宗)의 시조가 되었다.

342 서산 대사(西山大師) : 1520~1604. 평남 안주 출신으로, 호는 청허(淸虛)이다. 서산(西山)으로 불리는 묘향산에 오래 머물렀으므로 서산 대사로 불린다. 임진왜란 당시 승군(僧軍)을 이끌고 평양성 탈환에 공을 세우기도 하였다. 묘향산 원적암(圓寂庵)에서 입적하였다.

어머니가 특이한 태몽을 꾸었는데, 태어나자 기이한 성품을 지녔다. 어려서 현빈 장로(玄賓長老)에게 계(戒)를 받았고, 자라서는 서산 대사에게 증명하는 인가(印可)[343]를 받았다. 여러 노숙(老宿)들을 두루 찾아다니며 의문을 풀고, 대승(大乘)을 깊이 탐구하여 학문을 종합하였다. 도를 성취하게 되자 당(堂)을 열고 좌선(坐禪)하며[344] 산을 나가지 않으니, 덕업(德業)이 날로 높아지고 아름다운 명성이 날로 퍼져 산문(山門)에 올라 질정하는 자들이 자주 뜰에 가득하였다.

타고난 자질이 대범하고 원대하여 저녁 내내 고요히 침묵하였으며, 기봉(機鋒)[345]은 밖으로 단속하고 신명(神明)은 안으로 빛나서 빼어난 기운이 미간에 살며시 드러났다. 불자(拂子)를 잡고 법좌(法座)에 올라앉은 모습은 여느 사람들과 다를 것이 없었지만, 말을 하면 맑고 민첩하였으며, 때때로 간략한 말로 분석하면 목마른 이가 강물을 마시고 갈증이 풀리듯 의문이 풀려 빈손으로 왔다가 실속을 얻어 돌아갔다.

또 제쳐 두었던 재주를 미루어 시문(詩文)을 지을 때에는 잡다한 수식을 제거하고 구성을 새롭게 하였으니,[346] 글을 지으면서 격식에

343 증명하는 인가(印可) : 증인(證印)은 불교 용어로서 제자가 진리를 증득(證得)하였다고 스승이 인정하는 것을 말한다.

344 당(堂)을 열고 좌선(坐禪)하며 : 개당(開堂)은 개당설법(開堂說法)의 준말로, 불교에서 주지가 된 승려가 처음 절에 취임하여 설법하는 의식을 말하고, 연좌(宴坐)는 고요히 앉아서 무심(無心)의 경지에 들어가 심성(心性)을 구명하는 참선의 방법이다.

345 기봉(機鋒) : 기는 수행(修行)에 따라 얻은 심기(心機)를 가리키고, 봉은 심기의 날카로운 활용(活用)을 말한 것으로, 기봉은 곧 선사(禪師)가 다른 사람을 교도(教導)할 때의 예민한 활용을 의미한다.

얽매여 한 가지 재주를 구하는 자가 선뜻 이룰 수 있는 바가 아니었다. 그런 사람들의 글과 장단점을 비교해 보면 또한 하늘로부터 얻은 것이 온전함을 볼 수 있다. 옛 사람이 말하기를 "혜원(惠遠)은 덕과 도량이 으뜸이고, 도림(道林)은 재치가 뛰어나다."[347]라고 하였는데, 이 두 가지를 다 갖춘 사람은 오직 편양자일 것이다.

일찍이 금강산의 천덕사(天德寺), 구룡산(九龍山)의 대승암(大乘庵), 묘향산(妙香山)의 천수암(天授庵)에 머물렀고, 갑신년(1644, 인조22) 5월 서악(西嶽 묘향산)의 내원암(內院庵)에서 입적하니, 향년 겨우 64세이고 법랍(法臘)은 53세이다. 문도(門徒) 수백 명이 삼가 그들의 법에 따라 사후의 일을 처리하여 서운한 점이 없게 하였다. 이미 사리 다섯 과(顆)를 거두어 보현사(普賢寺) 남쪽 기슭에 석종(石鍾)을 세우고, 또 두드러진 행적을 모아 금강산과 묘향산에 비석을

346 잡다한……하였으니 : 기존의 형식에 얽매이지 않고 참신한 글쓰기를 했다는 말이다. 기저(機杼)는 베틀의 북이라는 뜻인데, 전하여 시문(詩文)을 창작할 때의 참신한 표현과 배치를 의미한다. 위(魏)나라 조영(祖瑩)은 자가 진범(珍范)인데, 문학으로 세상에서 인정을 받았다. 그는 늘 사람들에게 말하기를 "문장은 모름지기 자기 베틀에서 나와 일가의 풍골을 이루어야 한다. 어찌 다른 사람들과 함께 생활할 수 있으리오.〔文章須自出機杼, 成一家風骨, 何能共人同生活也.〕"라고 하였다. 《魏書 卷82 祖瑩列傳》

347 혜원(惠遠)은……뛰어나다 : 혜원은 동진(東晉)의 고승(高僧)으로, 여산(廬山)에 있는 동림사(東林寺)에서 학승(學僧)들과 더불어 수업(修業)하면서 백련사(白蓮社)를 결성하였다. 도림(道林)은 동진의 고승 지둔(支遁, 314~366)의 자이다. 일찍이 지형산(支硎山)에 들어가 수도하였고, 뒤에 낙양(洛陽)의 동안사(東安寺)에 거주했는데, 특히 당시의 명사들과 교유하면서 청담(淸談)을 잘하기로 이름이 높았다. 두보(杜甫)의 시에 "도림은 재주가 세인들과 같지 않고, 혜원은 덕이 남들보다 뛰어나다.〔道林才不世, 惠遠德過人.〕"라고 하였다. 《杜少陵集 卷4 大雲寺贊公房四首》

새겼다.[348]

일을 마치자 그의 수제자 설청(說淸)이 유고(遺稿) 몇 권을 가지고 남쪽으로 천여 리나 떨어진 아산(牙山)[349]의 호숫가에 달려와 동주거사(東州居士)에게 서문(序文)을 지어 달라고 부탁하였다. 거사는 편양자와 큰 인연이 있어서 불문(佛門)에서 맺은 교분이 매우 두터웠다. 이에 다음과 같이 말하였다.

"나는 살아 있는데 그대의 선사께서 돌아가셨단 말인가. 그대 선사의 지난 그림자와 남긴 자취가 나로 하여금 흐느껴 슬퍼하며 눈물 흘리게 할 줄을 어찌 생각이나 했겠는가. 또한 그대가 가져온 책은 바로 편양자의 말이지 석가의 말이 아니다. 그러나 석가도 능히 말을 그만두지 못했으니 편양자가 어찌 말을 그만둘 수 있겠는가. 편양자의 언행은 바로 석가의 언행이었으니, 문도들이 편양자의 말을 또한 석가의 말을 전하는 것과 같이 한다면, 그 말이 반드시 전해질 것은 의심의 여지가 없다."

아아, 거사가 관서 지방에서 지낼 때 편양자와 선달 그믐날의 일을 논하면서 갈등이 자못 많았다. 지금 편양자는 이미 알고 있겠지만 미처 알지 못하는 자는 예전과 마찬가지여서 새벽닭 울음소리와 저물녘 종소리가 실로 세대가 바뀌는 느낌을 갖게 하니, 아울러 한마디 말로 기록하노라.

348 금강산과……새겼다 : 금강산의 비문은 미상이고, 묘향산의 비문은 이명한(李明漢)의 《백주집(白洲集)》 권18에 〈편양당언기대사비(鞭羊堂彦機大師碑)〉라는 제목으로 수록되었다.

349 아산(牙山) : 아술(牙述)은 아산의 옛 지명이다.

기암당 법견 선사[350] 시문집 서문

奇巖堂法堅禪師詩文集序

강좌(江左)[351] 이래 불가(佛家)에서 시도(詩道)로써 스스로 명성을 얻은 자가 대대로 끊이지 않았으니, 어쩌면 이다지도 훌륭한가. 저들은 그 법이 적멸(寂滅)을 종지로 삼아, 지혜를 끊고 마음 쓰는 일을 버린 채 내면 지키기를 전일하게 하고 외부의 인연에서 벗어나 기욕(耆欲)과 즐거움이 마음을 어지럽히는 일이 없도록 한다. 이런 사람들이 어찌 구름과 달을 품평하며 성률(聲律)에 얽매이는 일을 하겠는가. 그러나 그 사람이 하늘에서 부여받은 온전한 성품으로 쓰임에 따라 두루 대응하니, 정진(精進)하며 깨달음을 추구하는 여가에 여력(餘力)을 미루어 문학을 즐겨, 때때로 혹 그 재치를 드러낸다. 이것은 보잘것없는 재주[352]로 한 것인가. 타고난 재주[353]가 있어

350 법견 선사(法堅禪師) : 1552~1634. 부안(扶安) 사람으로, 속성(俗姓)은 김씨(金氏), 호는 기암당(奇巖堂), 법명(法名)은 법견이다. 시문집으로 《기암집(奇巖集)》이 있는데, 기암이 이식(李植, 1584~1647), 이명한(李明漢, 1595~1645) 등 많은 유학사들과 주고받은 시들이 실려 있다.

351 강좌(江左) : 장강(長江) 하류 동남방 지역인데, 주로 위진남북조 시대의 동진(東晉)을 가리키는 말로 쓰인다.

352 보잘것없는 재주 : 토저(土苴)는 보잘것없는 물건이나 천시하는 것을 비유할 때 쓰는 말이다. 《장자(莊子)》 〈양왕(讓王)〉에 "참된 도로 몸을 다스리고, 그 나머지로 국가를 돌보며, 그 찌꺼기로 천하를 다스린다.〔道之眞以治身, 其緖餘以爲國家, 其土苴以治天下.〕"라고 하였다.

353 타고난 재주 : 노추(艫捶)는 노추(鑪捶) 또는 노추(爐錘)와 같은 말로, 화로와

서 그런 것인가. 그들도 또한 마음에 느껴지는 것이 있어서 스스로 그만둘 수 없는 것인가.

아아, 세교(世敎)가 쇠퇴한 지 오래되어 성인이 나오지 않고 이단이 흥행하니, 비록 재지가 뛰어나고 걸출한 사람이 있더라도 수승(殊勝) 방대(尨大)한 불가의 말에 빠져 대중의 추향(趨向)에서 스스로 벗어나지 못하지만, 성정(性情)의 바름은 실상 가릴 수 없는 것이다. 만약 그 사람들도 선왕의 도에 무젖어 《시경》 삼백 편의 아름다움을 들었다면, 그들이 이룬 것이 어찌 우뚝 빼어난 점이 없겠는가. 내가 이에 그 사람의 불행을 슬퍼하나니, 그 사람의 불행을 슬퍼할 뿐만 아니라 또한 이 세상의 불행을 슬퍼하노라.

지금 승려 경운(慶雲)이 입적(入寂)한 스승 법견 선사가 지은 약간의 시문(詩文)을 가지고 내게 바로잡아 확정해 줄 것을 요청하였다. 그의 시는 충담(沖澹)하고 전아(典雅)하며 원숙(圓熟)하여 소순(蔬筍)의 기미가 적고,[354] 게(偈)를 베풀어 문답한 내용도 대부분 의리를 벗어나지 않는다. 그의 산문은 또한 순박(淳朴)하고 장후(長厚)하였으며, 제자백가와 사가(史家)의 말에 두루 통하였으니, 그가 여러 분

도가니를 가리킨다. 이는 모두 금속을 제련하는 데 쓰이는 도구로, 전하여 우주 자연의 조화(造化)를 주관하는 조물주(造物主)를 비유하는 말로 쓰인다. 《장자(莊子)》 〈대종사(大宗師)〉에 "무장이 그 미모를 잃고, 거량이 그 힘을 잃고, 황제가 그 지혜를 잃은 것은 모두 노추의 사이에 있을 뿐이다.〔夫無莊之失其美, 據梁之失其力, 黃帝之亡其知, 皆在鑪捶之間耳.〕"라고 하였다.

354 소순(蔬筍)의 기미가 적고 : 승려의 기미가 전혀 느껴지지 않는다는 말이다. 소순은 채소와 죽순이라는 뜻으로, 승려처럼 채식하는 방외인(方外人)을 가리킨다. 소식(蘇軾)이 일찍이 도잠(陶潛)의 시를 평하여 "한 점 소순의 기미가 없다.〔無一點蔬筍氣味.〕"라고 하였다. 《夢粱錄 卷17 歷代方外僧》

야를 널리 섭렵하였음을 더욱 알 수 있다. 비록 그 글의 체재(體裁)가 출입(出入)이 있어서 훌륭한 문장가의 체재를 오롯이 따르지는 않았지만, 가령 그 가운데 훌륭한 작품을 채택해서 사공(巳公)[355]과 관휴(貫休)[356]의 대열에 둔다면 어찌 그들보다 많이 뒤지겠는가.

대개 법견 선사는 서산(西山)[357]의 적통(嫡統)이고, 서산은 실로 우리나라 불교의 큰 스님이다. 서산이 일찍이 문도들에게 말하기를 "이 사람은 우리 불문(佛門)의 자유(子游)와 자하(子夏)가 될 것이다."[358]라고 하였으니, 그가 종풍(宗風)과 가법(家法)을 계승한 것이 이와 같다. 운문이 매우 심오한 것도 또한 틀림없이 근본이 있어서 그러할 것이다.

비록 그러하나 이름〔名〕이라는 것은 실제〔實〕를 저버리는 것이니, 시문이 전해지느냐 전해지지 못하느냐 하는 문제가 법견 선사의 실제에 무슨 영향을 미치겠는가. 다만, 평소 스승께서 자신을 부지런히 이끌어 준 것에 감격한 경운(慶雲)이 스승의 유묵(遺墨)을 차마 사라

355 사공(巳公) : 당(唐)나라의 시승(詩僧)이다. 특히 두보(杜甫)와 시로써 서로 종유하였다. 두보의 시에 "사공의 띳집 아래에서, 새로운 시를 지을 만하네.〔巳公茅屋下, 可以賦新詩.〕"라고 하였다. 《杜少陵集 卷1 巳上人茅齋》

356 관휴(貫休) : 오대(五代)의 승려로, 속성은 강씨(姜氏), 자는 덕은(德隱)이다. 불상을 잘 그리고 글씨를 잘 썼으며, 특히 시를 잘 지었다. 촉(蜀)의 임금 왕건(王建)은 그를 존대하여 선월 대사(禪月大師)라 불렀다.

357 서산(西山) : 조선의 승려 휴정(休靜, 1520~1604)으로, 평안남도 안주 사람이며, 호는 청허(淸虛)이다. 서산인 묘향산에 오래 머물렀으므로 서산 대사(西山大師)라고도 한다.

358 이 사람은……것이다 : 법견 선사가 불문(佛門)의 뛰어난 문학가가 될 것이라는 말이다. 자유(子游)와 자하(子夏)는 공자의 제자로, 모두 문학에 뛰어났던 사람이다.

지게 할 수 없어서 분주하게 경영하여 장차 영원히 전해지도록 하려고 하니, 또한 스승이 죽자 마침내 배신한 사람[359]과는 다르도다. 아아, 가상(可尙)하도다.

359 스승이……사람 : 《맹자》 〈등문공 상(滕文公上)〉의 "그대 형제가 수십 년 섬기다가 스승이 죽자 마침내 배반하는구나.〔子之兄弟, 事之數十年, 師死而遂倍之.〕"라는 말을 원용하였다.

승려 계안이 모은 시권 후서

浮屠戒安所蓄詩卷後序

지난 선묘조(宣廟朝)에 임금께서 문학으로 선비를 평가하시니, 선비들이 모두 힘껏 예업(藝業)을 닦아 당대에 드러내서 찬란하게 한 시대의 성대함을 이루었다. 그 가운데 수준이 높은 사람은 당송(唐宋)의 빼어난 작품 수준에 들어가 나라를 빛내고 명공(名公)과 거경(鉅卿)으로 칭송되었으며, 침체되어 낮은 데 있는 사람도 걸출하게 명성을 떨쳐서 작자(作者)의 반열에 들어갔다.

지금 그 당시를 논해본다면, 오봉(五峯) 이호민(李好閔),[360] 서경(西坰) 유근(柳根),[361] 월사(月沙) 이정귀(李廷龜),[362] 일송(一松) 심희수(沈喜壽),[363] 현옹(玄翁) 신흠(申欽),[364] 간이(簡易) 최립(崔岦

360 이호민(李好閔) : 1553~1634. 본관은 연안(延安), 자는 효언(孝彦), 호는 오봉(五峯), 시호는 문희(文僖)이다. 《五峯集 附錄 有明朝鮮國……五衛都總府都總管李公諡狀》

361 유근(柳根) : 1549~1627. 본관은 진주(晉州), 자는 회부(晦夫), 호는 서경(西坰), 시호는 문정(文靖)이다. 《簡易集 卷1 彌串海運碑》

362 이정귀(李廷龜) : 1564~1635. 본관은 연안(延安), 자는 성징(聖徵), 호는 월사(月沙), 시호는 문충(文忠)이다. 《谿谷集 卷16 左議政月沙李公行狀》

363 심희수(沈喜壽) : 1548~1622. 본관은 청송(青松), 자는 백구(伯懼), 호는 일송(一松), 시호는 문정(文貞)이다. 《樊巖集 卷46 大匡輔國崇祿大夫……一松沈公神道碑銘》

364 신흠(申欽) : 1566~1628. 본관은 평산(平山), 자는 경숙(敬叔), 호는 현옹(玄翁)·상촌(象村)이다. 《象村稿 年譜 領議政申文貞公年譜》

),[365] 동악(東岳) 이안눌(李安訥)[366] 공은 모두 선후로 종장(宗匠)이 되어 문단을 주도하였다.[367] 남창(南窓) 김현성(金玄成),[368] 석주(石洲) 권필(權韠),[369] 오산(五山) 차천로(車天輅)[370]와 같은 분들은 지위나 운명 때문에 최고의 경지에 이르지 못하였으나, 다섯째라는 이름이 표기(驃騎)에 뒤지지 않는 점은 있다.[371] 당시 유능한 사람으로는 이들 열 분 외에도 두어 분이 더 있으나 대강 추려보면 이와 같다.

365 최립(崔岦) : 1539~1612. 본관은 통천(通川), 자는 입지(立之), 호는 간이당(簡易堂)·동고(東皐)이다.《記言 卷18 簡易堂墓誌》

366 이안눌(李安訥) : 1571~1637. 본관은 덕수(德水), 자는 자민(子敏), 호는 동악(東岳), 시호는 문혜(文惠)이다.《俛仰集 卷7 俛仰亭題詠海東名賢錄》

367 종장(宗匠)이……주도하였다 : 열거한 여러 사람들이 모두 뛰어난 문장 실력으로 문단을 주도했다는 말이다. 집우이(執牛耳)는 동맹의 주도권을 잡거나 또는 단체 따위에서 지배적 위치에 있는 사람을 일컫는다. 춘추전국 시대에 제후들이 맹약을 맺을 때, 맹주(盟主)가 소의 귀를 쥐고 베어 그 피를 마시고 서약한 데서 온 말이다.

368 김현성(金玄成) : 1542~1621. 본관은 김해(金海), 초명은 방진(方進), 자는 여경(餘慶), 호는 남창(南窓)이다.《芝峯集 卷23 同知敦寧府事南窓金公神道碑銘》

369 권필(權韠) : 1569~1612. 본관은 안동(安東), 자는 여장(汝章), 호는 석주(石洲)이다.《明齋遺稿 卷43 童蒙教官贈司憲府持平權公行狀》

370 차천로(車天輅) : 1556~1615. 본관은 연안(延安), 자는 복원(復元), 호는 오산(五山)이다. 시에 능하여 한호(韓濩)의 글씨, 최립의 문장과 함께 송도삼절(松都三絶)로 일컬어졌다.《五山集 續集 卷4 行狀》

371 남창(南窓)……있다 : 김현성 등이 앞서 언급한 이호민 등에게 뒤지지 않는다는 말이다. 제오(第五)는 진(晉)나라 은사(隱士) 하준(何準)을 말하고, 표기(驃騎)는 하준의 형 표기장군(驃騎將軍) 하충(何充)을 말한다. 하충이 하준에게 벼슬하기를 권하자 하준이 대답하기를 "다섯째라는 이름이 어찌 형님의 표기라는 명칭보다 못하겠습니까.〔第五之名, 何減驃騎.〕"라며 벼슬에 나아가지 않았다. 하준이 형제 중 다섯째였으므로 이렇게 말한 것이다.《晉書 卷93 何準列傳》

서화(書畫)와 예능(藝能)에 뛰어났던 선비에 이르러서는 모두 저마다의 분야에 정통(精通)하였으니, 후세 사람들이 미칠 수 있는 경지가 아니었다. 그러므로 한묵(翰墨)에는 한경홍(韓景洪),[372] 묵매(墨梅)에는 어몽룡(魚夢龍),[373] 영모(翎毛 새와 짐승 그림)에는 공자(公子) 죽림수(竹林守)[374]를 대표적으로 말하니, 이들도 예능으로 명성을 드날렸다.

같은 시대의 승려 계안(戒安)이 열 분을 두루 방문하여 오언율시를 받아 책을 만들었는데, 책머리에 경홍이 쓴 네 글자와 죽림수가 그린 대숲의 참새와 어몽룡이 그린 묵매가 있으니, 어찌 이리도 성대하고 아름다울 수 있단 말인가.

한 시대에 글을 잘 쓰는 문장가가 많이 나와서 각각 같은 시대를 살아가매 평가가 다르고 거취(去就)가 분분하니, 반드시 시비가 마음속에서 정해진 뒤에 취사(取捨)가 합당하게 되는 것인데, 계안과 같은 사람은 대개 또한 다른 점이 있다. 열 분의 명성은 계안의 알아줌을 필요로 하지 않지만, 계안이 열 분을 알아준 것은 이 책을 통해 비로소 드러나게 되었으니, 계안의 뜻이 여기에 있는 것인가. 열 분은 계안을

372 한경홍(韓景洪) : 한호(韓濩, 1543~1605)로, 본관은 삼화(三和), 자는 경홍, 호는 석봉(石峯)·청사(淸沙)이다. 서예에 능하였다.

373 어몽룡(魚夢龍) : 1566~? 본관은 함종(咸從), 자는 견보(見甫), 호는 설곡(雪谷)·설천(雪川)이다. 묵매(墨梅)를 잘 그려서 이정(李霆)의 묵죽(墨竹)과 황집중(黃執中)의 묵포도와 함께 당시의 삼절(三絶)로 불렸다.

374 죽림수(竹林守) : 이영윤(李英胤, 1561~1611)으로, 본관은 전주(全州), 자는 가길(嘉吉)이다. 왕족으로 청성군(靑城君) 이걸(李傑)의 아들이며, 죽림수를 제수받았다. 영모(翎毛)와 화조(花鳥)를 잘 그렸다.

알지 못했지만 계안은 열 분을 알았고, 계안은 나를 알지 못했지만 나는 이제 계안을 알게 되었다. 그리하여 이술(異術)에 종사하는 스님을 사모하게 되고 다른 시대의 사람에게 의탁함이 있으니, 정신으로 사귀고 마음으로 허락하는 것이 어찌 끝이 있겠는가.

계안이 운명한 뒤에 그의 문도(門徒) 정 사리(淨闍梨)[375]가 내게 책을 맡겼는데, 시가 완성되자 정 사리가 또 운명하였고, 게다가 40년 사이에 열 분의 무덤도 황량하게 변했다. 하지만 그분들의 풍류(風流)와 문채(文彩)가 작품 속에 빛나고 있으니, 맑은 창 아래에서 펼쳐보며 세대가 멀어졌다는 느낌이 전혀 들지 않는다. 인하여 한 마디를 써서 책의 끝에 기록하니, 후일 이 책을 보는 사람들은 틀림없이 이 글에 감회가 있을 것이다.

375 정 사리(淨闍梨) : 사리는 계율을 잘 지키고 수행이 높아 스승이 될 만한 승려를 가리키는 말이다. 산스크리트어 Ācārya의 음역으로, 아사리(阿闍梨), 아사려(阿闍黎)라고 하는데, 간단히 사려(闍黎), 혹은 사리(闍梨)라고 표기한다. 궤범(軌範), 혹은 정행(正行)으로 의역하기도 한다. 고려 시대에 귀족의 자제들로서 절에 들어와 승려가 된 아이들을 높여 부르던 데에서 전하여 나이 어린 승려를 가리키기도 한다. 정 사리가 누구인지는 분명하지 않다.

동주집

문집 제3권

跋발 記기

기記

영가대[1]기 갑자(1624, 인조2)

永嘉臺記 甲子

부산에서 일본까지의 거리는 바다를 사이에 두고 서로 바라볼 수 있는 정도여서 돛배 한 척으로도 갈 수 있다. 그러므로 배와 전투 장비를 성대하게 갖추고 밤낮으로 바람과 물결을 살피는 한편 화호(和好)의 뜻을 보이면서도 전쟁을 잊지 않았다. 바다는 언제나 큰 바람이 부는 경우가 많아, 소신(小汛)[2]을 전후하여 한두 차례 부는데, 바람이 불면 반드시 전함(戰艦)을 흔들어 부딪치고 부서지니, 다시 수리하는 비용이 대단히 많이 소비된다.

1 영가대(永嘉臺) : 지금의 부산광역시 동구 범일동에 있었다. 1614년(광해군6) 경상도 순찰사 권반(權盼)이 부산진성(釜山鎭城) 근처 해안에 선착장을 만들었는데, 이때 바다에서 퍼 올린 흙이 쌓여 작은 언덕이 생겼고, 이곳에 나무를 심고 정자를 만들었다. 1617년 회답 겸 쇄환사(回答兼刷還使)였던 오윤겸(吳允謙)이 이곳에서 일본으로 출발한 이후 통신사행은 줄곧 이곳에서 해신제를 올리고 일본으로 갔다. 정자의 이름은 1624년(인조2) 선위사 이민구가 일본 사절을 접대하기 위하여 부산에 파견되었다가 이 정자를 보고 권반의 고향 안동의 옛 지명인 영가(永嘉)를 따서 명명하였다.

2 소신(小汛) : 중양절(重陽節) 이후부터 10월까지 또는 조금 다음 날인 음력 8, 9일과 23, 24일로, 조수가 조금 불어나기 시작하는 물때를 가리키는 말이다.

만력(萬曆) 계축년(1613, 광해군5)에 순찰사(巡察使) 권반(權盼)[3] 공이 처음으로 지리(地利)를 헤아려서, 넓은 땅을 굴착하여 호수를 만들고 흙을 쌓아 둑을 만들었으며, 옆에 수문을 설치하니 배들이 이곳으로 출입하여 세 척이 한 번에 통과할 수 있었다. 호수의 세로 길이는 큰 전함을 댈 만하고 가로 길이는 전선 30척을 연이어 정박할 수 있었다. 공사를 시작할 때, 백성들이 떼를 지어 일어나 시끄럽게 떠들면서 선방궁(宣防宮)의 고사를 인용하여 비난하였는데,[4] 공의 탁월한 견해로 만세의 이로움을 계획해냈으니, 평범하지 않은 일을 어찌 백성들이 쉽게 알겠는가.

공사가 끝나자 천리(天理)에 부합하고 신이 도와주어 큰 제방이 우뚝하고 넓은 못이 맑고 푸르렀다. 파도[5]가 밖에서 몰아쳐도 안쪽에는 잔물결조차 일지 않으니, 교인(鮫人)이 비단 짜는 방을 옮기고 악어가 그 안에 보금자리를 만들 것 같았다.[6] 해약(海若)과 풍이(馮夷)

3 권반(權盼) : 1564~1631. 본관은 안동(安東), 자는 중명(仲明), 호는 폐호(閉戶)이다. 1613년(광해군5) 경상도 관찰사가 되어 지방행정을 잘 다스려 길천군(吉川君)에 봉해졌다. 《蒼石集 文集 卷18 資憲大夫刑曹判書吉川君權公行狀》

4 선방궁(宣防宮)의……비난하였는데 : 한(漢)나라 무제(武帝) 때 황하수가 지금의 하남성(河南省) 복양현(濮陽縣)에 있는 호자(瓠子)의 둑을 터뜨리자, 급암(汲黯)과 정당시(鄭當時)를 시켜서 터진 곳을 메우게 하였으나 실패하였다. 그 뒤에 무제가 사방으로 나가 봉선(封禪)한 뒤에 친히 이곳으로 와서 급인(汲仁)과 곽창(郭昌)으로 하여금 군사 수만 명을 징발하여 메우게 하였다. 장군 이하 모든 군사가 등에 짐을 지고 가 메우면서 기원(淇園)의 대나무를 잘라다가 채워 넣어 마침내 공사를 완공하였다. 그러자 무제가 호자가를 짓고 이곳에 선방궁을 세웠다. 《漢書 卷6 武帝紀》

5 파도 : 양후(陽侯)는 파도의 신을 가리킨다. 항상 배를 전복시키므로 파도를 지칭하기도 한다. 《戰國策 卷27 韓策2》

가 온화하게 왕래하니,[7] 황룡(黃龍), 적작(赤雀), 치마(馳馬), 복귀(伏龜), 몽동(艨艟), 여황(艅艎)[8] 등이 즐비하게 늘어서 꼬리에 꼬리를 물었다.

그해 8월에 태풍이 대단히 심하게 불어서, 어패류가 육지까지 떠밀려 왔는데도, 배들이 안전하여 기울거나 흔들리지 않았다. 그러자 지난날 비방하던 자들이 또 모여 다음과 같이 노래하였다.

6 교인(鮫人)이……같았다 : 권반이 만든 호수의 평온한 모습을 비유적으로 형용한 것이다. 교(鮫)는 전설 속의 인어(人魚)를 말한다. 남해 물속에 사는 교인이 비단을 잘 짰는데, 물 밖으로 나와 인가에 머물면서 매일 비단을 짜다가, 작별할 무렵에 눈물을 흘려서 구슬을 만들어 주인에게 주었다는 이야기가 있다. 《太平御覽 卷803》

7 해약(海若)과……왕래하니 : 권반이 만든 호수 안쪽의 물결이 잔잔한 모습을 형용한 것이다. 해약은 해신(海神)이다. 《초사(楚辭)》 〈원유(遠遊)〉에 "해약으로 하여금 풍이를 춤추게 한다.〔令海若舞馮夷〕"라는 구절이 있는데, 왕일(王逸)의 주에 "해약은 해신의 이름이다."라고 하였다. 풍이(馮夷)는 강신(江神)의 이름으로, 풍수(馮脩) 또는 풍지(馮遲)라고도 한다.

8 황룡(黃龍)……여황(艅艎) : 모두 배의 이름이다. 황룡은 《수서(隋書)》 권3 〈양제상(煬帝上)〉에 "경신년에 황문시랑 육사징을 강남으로 보내서 나무를 베어 용주, 봉모, 황룡, 적함, 누선 등 수만 척을 만들었다.〔庚申, 遣黃門侍郎王士澄, 往江南採木, 造龍舟鳳艒黃龍赤艦樓船等數萬艘.〕"라는 기록에 보인다. 적작(赤雀)은 북주(北周) 유신(庾信)의 〈애강남부(哀江南賦)〉에 "창응과 적작은 철축과 아장으로 되어 있다.〔蒼鷹赤雀, 鐵軸牙檣.〕"라고 하였는데, 그 주에 "모두 전함이다.〔皆戰艦也〕"라고 하였다. 《庾子山集 卷2》 치마(馳馬)는 최표(崔豹)의 《고금주(古今注)》에 "손권이 작은 배를 치마라고 명명하였다.〔孫權名小船爲馳馬〕"라고 하였다. 《山堂肆考 卷180 舟》 몽동(艨艟)은 "몽동은 외부가 좁고 긴 전선이다.〔艨艟, 外狹而長戰船也.〕"라고 하였고, 여황(艅艎)은 "오왕 요의 배이다.〔餘皇, 吳王僚船也.〕"라고 하였다. 《說略 卷23 工考下》 복귀(伏龜)는 미상이다.

중추 팔월에 仲秋八月
하늘이 큰 파도 일으켰는데 天作洪濤
우리의 커다란 배가 我有巨艑
가만히 떠있었네 載靜載浮
진동하여 놀라지 않았으니 不震以驚
배가 아니라 집과 같았지 匪舟伊屋
너희들 내말 믿지 못하겠거든 爾不我信
일어나 새로 판 호수 보게나 起視新鑿
넘실대는 바닷물에 渾渾海流
언덕을 만들었고 可以成丘
널따란 뭍에 衍衍之陸
배가 다니게 되었네 可以行舟
아 우리 공에게 咨惟我公
실로 하늘이 공적을 주셨고 實天與功
실로 하늘이 공적을 주셨으니 實天與功
우리 공의 힘만으로 된 일이 아니네 匪由我公

당시 전삼달(全三達)[9]이 시종 그 일을 맡았고, 엄황(嚴愰)[10]이 함안 군수(咸安郡守)로 있으면서 또한 그 일을 도왔다. 3년이 지난 을묘년

9 전삼달(全三達) : 1570~1632. 본관은 용궁(龍宮), 자는 군형(君炯), 호는 영고정(潁皐亭)이다.

10 엄황(嚴愰) : 1580~1653. 본관은 영월(寧越), 자는 명보(明甫)이다. 《東州集 文集 卷10 水軍節度使嚴公墓碣銘》

(1615, 광해군7)에 공이 조정의 명령으로 해방(海防)을 순검(巡檢)할 때, 내가 막좌(幕佐)로 수행하였는데, 그때 항구를 더 손질하였으니 대개 지금까지 십년이 지났다. 항구의 서쪽은 곧바로 해문(海門)과 마주하기 때문에 파도가 치고 모래가 밀려들어 뱃길이 험난했고, 토석(土石)이 무너져 내려 둑이 날마다 범람하니, 남공(南公)[11]이 탄식하며 공사를 이어나가지 못하는 것을 마음 아파하였다.

갑자년(1624, 인조2) 봄에 내가 경상도 관찰사가 되어 부산에 머물렀는데, 전삼달은 첨절제사(僉節制使)가 되고 엄황은 좌도 수군절도사(水軍節度使)가 되었으니, 지난날 공과 함께 이 일을 경영했던 사람들이 모두 모인 셈이라 의견이 일치하여 공사를 진행하게 되었다. 제진(諸鎭)의 군사들을 대거 동원하여 배를 침몰시켜 기초를 다지고, 큰 돌로 제방을 만들어 큰 파도를 없애고 쌓인 모래를 제거하니, 은연중에 장성(長城)이 빙 둘러 아래로 교룡을 차단해 주고 죽 늘어선 배들은 성가퀴처럼 줄지어 있었다. 그렇지만 진실로 내가 손을 쓰고 힘을 모았다고 하는 것이 아니라, 실로 공의 위대한 업적을 마무리한 것이니, 거의 하늘과 땅 같은 차이가 있다.

전에 공이 호수 주위에 모래를 쌓고 그 위에 대를 만들었다. 비록 높은 곳에 올라 멀리까지 보아서 적의 동태를 살피는 것이 주요 목적이었지만, 올라가 탁 트인 전경을 바라보면 눈에 들어오는 빼어난 경치가 바닷가에서 가장 뛰어나다. 대에는 예전에 이름이 없었는데, 내가

11 남공(南公) : 남연(南碝, 1598~1664)으로, 본관은 영양(英陽), 자는 연부(鍊夫), 호는 무망재(无妄齋)이다. 《孤山集 文集 卷8 贈通政大夫承政院都承旨……英陽南公墓碣銘》

비로소 영가(永嘉 안동(安東)의 옛 이름)라고 명명하였다. 대개 공의 본관이 영가이니, 또한 강좌(江左)에 사공돈(謝公墩)이 있는 것과 같다.[12]

12 대개……같다 : 사공돈(謝公墩)은 진(晉)나라 때 사안(謝安)이 노닐었던 돈대(墩臺) 이름이다. 이백(李白)의 〈등금릉야성서북사안돈(登金陵冶城西北謝安墩)〉이라는 시의 자주(自注)에 "이 돈대는 바로 진나라 태부(太傅) 사안이 우군(右軍) 왕희지(王羲之)와 함께 올라가 초연히 고세(高世)의 뜻을 품었던 곳이다. 그래서 내가 장차 이곳에 동산을 꾸밀 생각을 하면서 이 시를 지었다."라고 하였다. 《李太白集 卷20》 사공돈은 사안돈(謝安墩) 혹은 사부돈(謝傅墩)으로 쓰기도 한다. 여기서는 사안이 노닐었던 돈대를 사공돈이라고 했던 것처럼, 권반이 지은 대를 그의 본관을 따서 명명했다는 말이다.

백거사기
白居士記

백거사는 개이다. 털이 희고 부드러우며 선행(禪行)이 있으므로 이렇게 부른다. 명산의 사찰을 즐겨 찾아다니며 곳곳마다 족적을 남겼으니, 아마도 내가 관서 지방에 있을 때 들었던 '산을 돌아다니는 개〔游山犬〕'가 바로 백거사이다.

백거사는 처음 영변(寧邊)의 묘향산(妙香山)에서 시작하여 구월산(九月山)과 신숭산(神嵩山)을 거쳐 동쪽으로 풍악산(楓嶽山), 한계령(寒溪嶺), 오대산(五臺山) 등 영동(嶺東)과 영서(嶺西)의 여러 산에 들어갔다가, 북쪽으로 방향을 돌려 칠보산(七寶山)에 갔었고 남으로 내려와 삼각산(三角山)에 갔으니, 우뚝이 높은 산과 그윽이 깊은 골짜기에 있는 부처를 모신 사찰과 승려들이 모인 곳을 두루두루 달려 찾아다녔다.

갑자년(1624, 인조2) 여름에 호서의 속리산(俗離山)에서 합천(陜川)의 가야산(伽倻山)에 도착하였다. 당시 나는 관찰사로 가야산 해인사(海印寺)에 들렀다가, 절의 승려로 하여금 백거사와 함께 오게 하였는데, 개라고 부르면 고개를 숙이고 들은 척도 하지 않고 반드시 거사라고 불러야 뛰어 왔다. 고기를 던져주어도 먹지 않고 오직 푸성귀와 밀가루만 먹었다. 언제나 요사채의 섬돌 위에서 자고 일어나지 개들이 모이는 곳에는 가지 않았다. 일찍이 꼬리를 흔들며 먹을 것을 구하지 않았고 일찍이 울타리 밑에서 싸우지도 않았다. 백거사가 암컷과 교미하는 것을 사람들이 일찍이 본 적이 없다고 하는데, 참으로 그런지는 모르겠다.

백거사가 들르는 곳마다 사람들이 작은 패에 산 이름을 새겨 기록해 주었다. 내가 직접 그 목에 걸린 여덟 개의 대쪽 패를 보았는데, 모두 나라 안의 경승지로 세상의 이른 바 사람들이 상주하는 곳이었다. 그 지나온 길을 헤아려 보면 낮은 언덕이나 비루한 사찰은 곧 힐끗 보고 떠나 버렸으니 패에 새길 일도 없다.

백거사의 발을 살펴보면 굳은살이 박이고 털이 없지만 달려 다니는 것을 힘들게 여기지 않는다. 한 산에서 조금 특별한 경치라도 만나면 반드시 눈을 들어 사방을 바라보는데, 그 모습이 마치 감상이라도 하는 것 같았다. 비록 그렇지만 또 오래 머물지도 않으니, 가고 머무름에 연연해하지도 않는 것 같다. 다른 산으로 갈 때에는 반드시 떠나는 승려를 따라간다. 백거사가 동쪽이나 서쪽으로 갈 때, 산사(山寺)를 출입하는 사람이 비록 매우 많지만, 또한 구차히 따라가지 않으니 그 신묘한 이해와 말없는 깨달음은 생각과 의논의 미칠 바가 아니다.

아아, 세상 사람들이 작은 우물 같이 국한된 지역을 맴돌고 저잣거리에 묻힌 채 달팽이 껍질 속처럼 좁은 곳에서 살아가면서 말하기를 "이만 하면 되었으니, 어찌 내 눈으로 승경 구경을 일삼겠는가."라고 하니, 이런 사람들에 대해서는 더 말할 것이 없다. 유인(幽人)과 아사(雅士)들이 산과 계곡을 사랑하여 몸소 나막신을 신고 명승지를 찾아다니며 홀로 가는 것을 멋진 풍치로 여기지만, 대부분 세상일과 우환 때문에 흥취와 바람을 잃는다. 한 번 비탈진 산을 오르고선 문득 뻐기며 스스로 자랑거리로 삼지만, 잠깐 사이에 어느새 늙어버리면 지난날 유람했던 구름 덮이고 노을 물든 선경(仙境)은 문득 한바탕 꿈처럼 남을 뿐이다. 이에 집의 벽에 그려서 태산과 화산을 한 촌 높이로,

천하를 한 자 크기로 묘사해 놓고서는 스스로 와유(臥遊)하는데, 세상 사람들은 이것도 고상하다고 일컬으니, 거사가 얻은 바와 비교하면 어찌 서글프지 않겠는가.

다만 거사는 형체에 구애되었기 때문에, 자신이 본 아름다운 풍광을 열거하여 세상에 드날리지 못하니 답답할 것 같다. 그러나 그대는 물고기가 아니니, 어찌 물고기의 즐거움을 알겠는가.[13] 석가씨(釋迦氏)의 오랜 업(業)과 남은 인연은 알 수가 없는 것이다.

거사가 찬 패에는 지리산과 월출산 등 호남 여러 산의 이름이 없는데, 가야산의 승려가 말하기를 하안거(夏安居)[14]를 마치면 거사가 장차 어디론가 갈 것이라고 한다. 나도 짐짓 유람이 지겨웠는데, 가을 산에 낙엽이 지고 수석(水石)이 메마르기를 기다려, 짚신 신고 지팡이 짚고서 반야봉 높은 정상에 올라, 거문고 뜯고 퉁소 불어 모든 봉우리가 다 울리게 하려는데, 백거사가 따라오려는가.

13 그대는……알겠는가 : 이 말은 본래 《장자(莊子)》 〈추수(秋水)〉에 보이는데, 여기서는 백거사의 마음을 어떻게 알 수 있겠느냐는 말로 사용되었다.

14 하안거(夏安居) : 결하(結夏)는 승려들이 여름에 행하는 안거(安居)로, 음력 4월 16일부터 7월 15일까지 일체 외출하지 않으며 수행 정진하는 것을 말한다.

원주객사 중건기 을해년(1635, 인조13)
原州客舍重建記 乙亥

원주(原州)는 관동(關東)의 한 도회지이다. 서울에서 3백리 정도 밖에 떨어져 있지 않고, 영동과 영서로 가는 거마들의 길목이며, 방백(方伯)이 머무르는 곳이며, 사자(使者)들의 수레가 모여드는 곳으로, 고을은 크고 대로(大路)에 위치하였으니, 마땅히 명성에 맞게 누대(樓臺)와 동우(棟宇)의 아름다운 볼거리가 있어야 한다. 그러나 빈관(賓館)이 전란에 훼손되어 없어진 뒤로 복구하지 못한 지 40년이나 지나, 개구리와 맹꽁이가 뛰어다니고 살쾡이와 오소리가 굴을 파고 서식하며, 언덕에는 잡목이 우거지고 길에는 잡초가 무성하니, 고을의 부로들이 대단히 부끄러워하였다.

임신년(1632, 인조10)에 이배원(李培元)[15]이 이 고을에 목사로 부임하였다. 스스로는 검소하게 생활하면서 공무(公務)를 봉행(奉行)하여, 한결같이 침체(沈滯)된 것을 흥기시키고 해진 곳을 보완하는 것으로 임무를 삼아 3년 동안 다스리면서 고을에는 아무 일도 없었다. 이에 관찰사 강홍중(姜弘重)[16] 공과 협의하여, 빈관의 옛터를 대거

15 이배원(李培元) : 1575~1653. 본관은 함평(咸平), 자는 양백(養伯), 호는 귀휴당(歸休堂)이다. 1632년부터 3년간 원주 목사(原州牧使)로 재임하였다. 《白軒集 卷42 黃海道觀察使贈左議政李公神道碑銘》

16 강홍중(姜弘重) : 1577~1642. 본관은 진주(晉州), 자는 임보(任甫), 호는 도촌(道村)이다. 1632년에 강원도 관찰사로 부임하였다. 《東溟集 卷14 岳君江原道觀察使贈吏曹判書姜公墓碑》

정비하여 기와조각을 치우고 고목을 잘라냈다. 계획을 세워 자재를 마련하고 일꾼을 모았는데, 경비는 속환(贖鍰)[17]으로 충당하고 일은 노는 사람들에게 맡겨 많은 사람들이 다투어 권면하니 고고(鼛鼓)가 감당하지 못하였다.[18] 겨우 한 계절이 지나자 정청(正廳)과 동헌(東軒), 서헌(西軒)이 차례로 모습을 드러내, 지난날 황량한 빈터와 높은 언덕에 날개를 펼친 듯 크고 아름다운 광경이 펼쳐졌으니, 어쩌면 이토록 아름답단 말인가.

공사가 끝나기 전에 이배원 목사는 이전의 공로를 인정받아 충주 목사로 옮겨가고, 이중길(李重吉)[19]이 그 후임으로 부임하여 오롯한 마음으로 공사를 이어 공정을 게을리하지 않았다. 먹줄을 고쳐 대는 일도 없고 도끼질을 쉬는 일이 없었다. 헛간과 부엌이 모두 제자리에 갖추어지고, 회칠과 단청을 일시에 모두 거행하니, 장관(壯觀)[20]을

17 속환(贖鍰) : 죄인이 그 형벌의 대가로 금전이나 물품을 바치는 것을 말하는데, 조선 시대에 준용(遵用)된 《대명률(大明律)》에 의하면 오형(五刑)에 모두 속전(贖錢)을 내는 규정이 있었다.

18 고고(鼛鼓)가 감당하지 못하였다 : 고을 사람들이 복원 공사를 즐거워하여 공사를 권면하는 북을 그칠 수 없을 정도였다는 말이다. 《시경》 〈면(緜)〉에 "모든 담장을 쌓으니, 고고가 감당하지 못하도다.〔百堵皆興, 鼛鼓弗勝.〕"라고 하였다.

6 이중길(李重吉) : 1578–1637. 본관은 전주(全州), 자는 길보(吉甫)이다. 1635년(인조13)에 원주 목사가 되었다. 《承政院日記 仁祖 13年 1月 20日》

20 장관(壯觀) : 윤환(輪奐)은 규모가 크고 아름답다는 뜻으로, 건물이 낙성된 것을 축하할 때 쓰는 표현이다. 진(晉)나라 헌문자(憲文子)가 저택을 신축하여 준공하자 대부들이 가서 축하하였는데, 이때 장로(張老)가 "아름답구나, 크고 성대하도다. 제사 때에도 여기에서 노래하고, 상사 때에도 여기에서 곡하고, 연회 때에도 여기에서 국빈과 종족을 모아 즐기리로다.〔美哉輪焉, 美哉奐焉. 歌於斯, 哭於斯, 聚國族於斯.〕"라고 축사하였다. 《禮記 檀弓下》

이룬 건물의 성대함이 우뚝 도내에서 제일이었다.

이에 고을의 부로 및 자제들 가운데 뛰어난 이들이 모여 축하하며 다음과 같이 말하였다.

"이 객사가 없어지고 40년 동안 여기에 부임해 온 나라의 대부들이 30여 명이나 됩니다. 그들 가운데 어진 사람은 '시대가 어려운데 사치스러운 일을 행한다면,[21] 우리 백성을 힘들게 할까 두렵다.'라고 하였습니다. 그러자 우리 백성들도 불쌍하게 여겨 주는 그 마음에 감동하여 그 덕을 칭송해 마지않았습니다. 그러나 우리의 재산이 일찍이 주머니에 넘치지 않았고, 곡식이 창고에 넉넉하지도 않았습니다. 오늘에 이르러 이 객관이 완성되었는데도 우리의 재산과 곡식은 진실로 줄어들지 않았으니, 아마도 전후의 두 분 이 목사는 귀신을 부려서 일을 이루신 모양입니다. 그렇지 않고서야 우리 백성들로 하여금 집에서 편안히 쉬게 할 뿐, 일찍이 나무 하나도 어깨에 메게 하지 않았고 벽돌 하나도 손으로 나르게 하지 않았는데, 이처럼 눈앞에 우뚝 솟아 있으니, 어떻게 이럴 수 있단 말입니까."

풀이하는 사람이 다음과 같이 말하였다.

"마음과 정성을 집에 온전히 기울이지 않는다면 나라에 온전히 기울일 수 있는 것이고, 재물과 힘을 자기 자신에게 돌아오게 하지 않으면 나라에 돌아가게 되며, 사사로운 욕심을 채우려고 들면 직무에 나태해

21 시대가……행한다면 : 시굴이거영(時屈而擧贏)은 시대가 어려운데 도리어 사치스러운 일을 추진하는 것을 말한다. 《사기(史記)》 권45 〈한세가(韓世家)〉에 "지난해에 진나라가 의양을 차지하고 금년에는 가뭄이 들었는데, 소후가 이러한 시기에 백성들의 다급한 사정을 구휼하지 않고 도리어 더욱 사치하니, 이것을 시굴거영이라 한다.〔往年秦拔宜陽, 今年旱, 昭侯不以此時, 卹民之急, 而顧益奢, 此謂時絀擧贏.〕"라고 하였다.

지고 사사로운 이익을 물리치면 떳떳한 의리가 확립되니, 이와 같이 하였을 뿐이다."

객관의 공사는 숭정(崇禎) 갑술년(1634, 인조12) 정월에 시작하여 이듬해 을해년(1635) 8월에 마쳤다. 내가 당시 이곳에 관찰사로 있었으므로, 잔치를 베풀고 성대하게 낙성(落成)하였다. 저 강홍중 공과 이배원 목사는 공사를 시작하였으나 완공의 즐거움을 누리지 못하고, 나와 이중길 목사가 조용하게 그 성과를 차지하게 되었다. 옛 사람의 말에 "집을 지은 사람은 살지 않고, 사는 사람은 집을 짓지 않는다."[22] 라고 하였는데, 참으로 그렇다. 나는 이미 두 분 이 목사가 원주에서 큰 공을 이룬 것을 아름답게 여기는데, 다행히 내가 새 관사에 가장 먼저 거처하게 되었다. 이에 이 글을 짓노라.

22 집을……않는다 : 이 말은 예부터 전해진 말로, 《진서(晉書)》, 《자치통감(資治通鑑)》 등에 보인다.

원주향교 중수기

原州鄕校重修記

내가 강원 감사(江原監司)가 되어[23] 원주(原州)에서 정사(政事)를 살피고, 문묘(文廟)에 나아가 경건히 배알하고, 명륜당(明倫堂)에 물러나 앉아서 바라보니 사당의 모습이 엄숙하고, 당(堂)과 숙(塾), 재(齋)와 무(廡), 서적을 보관하는 곳과 제기(祭器)와 제구(祭具)를 보관하는 곳과 곡식을 보관하는 곳이 모두 흠잡을 데 없이 잘 정돈되어 있었다.

고을의 여러 학생들을 불러 만나보니, 여러 학생들이 또 다 푸른 옷깃에 소매가 넓은 옷을 입고[24] 차례로 나와 예를 갖추어 마주하는 모습이 대단히 엄숙하여 볼만하였다. 또 고을의 일에 대해 물으니, 빼어난 몇 사람이 앞으로 나와 다음과 같이 말하였다.

"우리 고을은 한 도회지입니다. 면적이 매우 넓고 거주하는 사람도 대단히 많습니다. 걸출한 선비와 유능한 인재들이 선비의 옷을 입고

23 내가 강원 감사(江原監司)가 되어 : 이민구는 1635년(인조13) 가을에 강원 감사에 임명되었다. 당시 지은 시를 모아 수록한 것이 《동주집(東州集)》 시집(詩集) 권7 〈관동록(關東錄)〉이다. 그 소서(小序)에 "을해년 가을 내가 예조 참판으로 있다가 강원 감사를 맡게 되었다.〔乙亥秋, 予由小宗伯領關東節.〕"라고 하였다.

24 푸른……입고 : 고을 선비들의 복장을 말한 것이다. 청금(靑衿)은 《시경》 〈자금(子衿)〉의 "푸르고 푸른 그대의 옷깃이여.〔靑靑子衿〕"라고 한 데서 유래하였고, 봉액(逢掖)은 봉액지의(逢掖之衣)라는 말로, 소매가 넓은 옷을 말한다. 《禮記 儒行》 이는 모두 유자(儒者)의 옷을 가리킨다.

선왕(先王)의 도를 이야기합니다. 이들이 집에 있을 때는 몸을 깨끗이 하고 행실을 고결하게 하여 사도(斯道)를 돕고 가르침의 법규를 준수합니다. 세상에 나가서는 고을의 관리가 되고 당세에 등용되어 이름을 드러낸 이들이 많습니다. 그 사람들이 모두 어려서부터 향학(鄕學)에 소속되어 서로 더불어 절차탁마(切磋琢磨)하고 훈도(薰陶) 연마(硏磨)하여 그 재주와 기량을 성취하였습니다. 이런 까닭으로 향교의 시설이 다른 고을에 비해 특히 성대하여 정전(正殿)과 당서(堂序)와 부엌과 곳간이 동쪽과 서쪽에 위치하여 질서정연하게 잘 갖추어져 있습니다.

지난번 섬나라 도적놈들이 일으킨 전란을 어찌 차마 입에 담을 수 있겠습니까. 시골 마을들은 싹 쓸어버린 듯이 다 없어져서 하나의 황무지가 되어 버렸고, 향교도 이때 불탔습니다. 그 뒤에 백성들이 전란이 끝나자마자 옛 터에다가 집을 세워 영령을 모시는 장소로 삼았습니다. 그러나 시대 상황이 좋지 않고 힘이 부족하여 처음 지은 규모가 너무 초라하였으니, 지난날의 웅장하고 아름다운 광경을 다시 볼 수 없었습니다. 또 근심스럽게도 건물이 튼튼하지 못하여, 위에서는 물이 새고 아래로는 바닥이 꺼져, 바람과 비를 가리지 못하고 새와 쥐를 없애지 못하니, 우리 무리가 수치스러움을 면할 수 없었습니다.

임신년(1632, 인조10)에 목사 이배원(李培元)[25]이 부임해 와서 고을의 사업을 대대적으로 경영하여 온갖 일을 다 거행하였습니다. 이에 재목과 기와를 모아 향교를 중수하였는데, 일의 규모를 헤아리고 공정

25 이배원(李培元) : 1575～1653. 본관은 함평(咸平), 자는 양백(養伯), 호는 귀휴당(歸休堂)이다. 원주 목사(原州牧使)를 역임하였다. 《三山齋集 卷9 觀察使李公行狀》

을 맞춰 서두르지도 않고 더디게도 하지 않았습니다. 기둥과 서까래 위쪽으로 비 때문에 상하고 습기로 썩은 것은 다 걷어내서 새롭게 하고 뽑아내서 새로운 것으로 바꾸었으며, 기둥과 평고대 이하로 파손된 것과 기운 것, 단단하지 않아 헐어진 흙벽과 색깔이 바래서 곱지 못한 붉은 칠 등을 반드시 완전하게 만들고 정비하였으며 흙손질하고 더욱 아름답게 꾸며서 때를 넘기지 않고 일을 끝마쳤습니다. 오직 우리 어리석은 사람들이 힘을 보태 일을 완성했다며 근방 고을의 사람들에게 자랑하여 '우리가 거의 한시름 놓게 되었다.'라고 했을 뿐만 아니라 여름철 밭에서 일하고 길을 가는 식견 없는 사람들도 모두 다시 바라보며 아름답게 여겼으니, 이것은 오직 이 목사의 덕택입니다.

또 못난 저희들이 전란의 뒤에 태어났고 궁벽한 시골에서 성장하였습니다. 좁은 식견으로 하늘을 엿보는 것 같아 몽매함을 깨치지 못하고, 학업을 익히면서도 의심나는 것을 물을 곳이 없으며, 외떨어져 지내서 덕을 살펴 서로 계발해 주는 이가 없으므로 항상 멍하니 갈팡질팡하는 것이 마치 장님이 길을 가면서 볼 수 없는 격입니다. 그러니 벗들과 떨어져 외로이 살아가다가 문득 초목과 함께 썩어버리는 신세가 될까 두려워하였습니다. 그런데 이제 학업을 익힐 곳이 있고 만나서 학문을 토론할 곳이 있으며 많은 사람들이 모여 생활하면서 어리석음을 계발하고 서로 성장할 수 있게 되었습니다. 이를 통해 더욱 갈고 닦으며 떨쳐 일어나 유사(有司)에게 추천되어 고을을 빛내는 데까지 이르렀으니, 이것 또한 이 목사의 덕택입니다.

아아, 이 목사를 어찌 잊을 수 있겠습니까. 이 목사는 청렴한 몸가짐을 지녔고 부지런히 일을 추진하여 주린 사람이 밥을 찾고 목마른 사람이 물을 찾듯 간절한 마음으로 낡고 무너진 것을 정비하여 우리

주민들에게 혜택을 베풀었으니, 이 목사를 어찌 잊을 수 있겠습니까."

내가 이에 감탄하여 "성묘(聖廟)를 수리하는 것은 먼저 해야 할 일을 서둘러 시행한 것이고, 강당을 지어 넓힌 것은 인도(人道)를 진작시킨 것이다. 백성들을 수고롭게 부렸지만 백성들이 원망하지 않고 지금까지 덕을 강마해 마지않으니, 그가 이끌어서 가르침에 나가게 한 것이 또 이와 같다. 그렇다면 이것은 기록할 만하다."라고 하였다. 드디어 말한 바를 정리해서 원주향교의 중수기로 삼는다.

백운루기 경진년(1640, 인조18) 이후

白雲樓記 庚辰以後

정축년(1637, 인조15)에 도적놈들이 물러나고 나랏일이 어느 정도 안정되자 도성의 인사들이 부담을 덜게 되었다. 동회옹(東淮翁)[26]이 곧바로 청하여 돌아가 쉬겠다고 아뢰니, 식자(識者)들이 모두 출처(出處)의 의리로 동회옹을 평가하였다. 동회옹이 말하기를 "어찌 이리 말들이 많단 말인가. 나 스스로 병이 들어 일을 감당할 수 없을 뿐이다."라고 하였다.

이미 돌아가서는 선영 아래에 몇 칸짜리 작은 집을 짓고 거주하면서 32수(首)의 시를 지어 나에게 보여주었다.[27] 2년 뒤에 시사(時事)가 더욱 평안해지자 청백당(青白堂)을 지었는데, 주변에 푸른 산과 흰 물이 있기 때문에 지은 이름으로, 나에게 화운시(和韻詩)를 지어달라고 요청하였다. 또 2년 뒤에 원림(園林)을 가꾸어 점차 넓어지자 작은 누대 한 칸을 지었는데, 백운봉(白雲峯)을 직면하고 있으므로 백운루라 이름 짓고, 나에게 기문을 지어달라고 하였다. 대개 동회옹이 세

26 동회옹(東淮翁) : 신익성(申翊聖, 1588～1644)으로, 본관은 평산(平山), 자는 군석(君奭), 호는 낙전당(樂全堂)·동회거사(東淮居士), 시호는 문충(文忠)이다. 선조(宣祖)의 딸 정숙옹주(貞淑翁主)와 결혼하여 동양위에 봉해졌다. 《淸陰集 卷26 東陽尉申公神道碑銘 幷序》

27 이미……보여주었다 : 《동주집(東州集)》 시집(詩集) 권2에 실린 〈차동회옹회상잡술각체삼십이수(次東淮翁淮上雜述各體三十二首)〉가 이민구가 신익성의 시에 화답한 작품이다.

번 집을 지었는데, 내가 반드시 그 사실을 알아 모두 마음으로 노닐고 눈에 선한 듯하니, 그 지역을 생생하게 그려볼 수 있다.

안일(安逸)과 부귀(富貴)를 바라는 사람의 욕심이 어찌 끝이 있겠는가. 만일 이 욕심만을 좇아 거처하는 곳에 따라 키운다면, 아무리 넓고 화려한 집이라도 협소하고 비루하게만 느껴질 것이다. 처음에 동회옹(東淮翁)이 포위된 남한산성에서 벗어나자, 곧바로 머리가 부딪힐 만큼 낮은 초가집을 지었는데, 동회옹은 널찍하여 부족한 것이 없는 듯이 여겼다. 5년 동안 세 번 집을 고치는 데 이르러서, 낮고 비좁은 문제점은 앞에서 고쳐지고 뒤로 갈수록 시원하고 화락함을 즐기려는 데 마음을 빼앗겼으니, 이 또한 사람의 마음이 안일로 옮겨가는 것이라 마치 부귀한 생활을 하루라도 벗어나지 못하는 것 같았다.

비록 그렇지만 동회옹은 어려서 금날(金埒)과 지고(脂膏)의 생활을 누리는 데 평안하였고,[28] 성장해서는 글과 술을 즐기는 봉양을 누렸다. 늙어서는 자제와 친척들이 집안을 화려하게 빛내고 여러 손자들이 재롱을 피우며 동회옹의 앞에 가득하였으니, 그 아름다운 모습을 떠올릴 수 있다. 세상 사람들의 이른바 복록(福祿)이 가득함을 누구나 바라지만 온전하기 어려운 것을 동회옹은 하늘에서 얻지 못한 것이 한 가지도 없었다. 그러나 기꺼이 초연하게 물러나서 선영 아래 자취를

28 동회옹은……평안하였고 : 신익성이 부마(駙馬)로서 풍족한 생활을 누렸다는 말이다. 금날(金埒)은 금구(金溝)와 같은 말로, 금전(金錢)을 깔아 만든 도랑이다. 진 무제(晉武帝) 때 왕제(王濟)가 무제의 딸 상산공주(常山公主)에게 장가들어 극도의 호사를 누렸는데, 땅을 사들여 도랑을 만들고 그 안에 금전을 깔아 말을 타고 달리며 활쏘기를 즐겼다 한다. 《晉書 卷42 王渾列傳 王濟》

감추고 살면서, 맑고 깨끗한 물결에 몸을 씻고 바위 비탈에 마음을 둔 채, 시끄러운 세상에서 벗어나 장차 적막한 물가에서 늘그막을 마치려 하니, 동회옹은 남들보다 몇 등급이나 탁월한 사람이다.

저 득실(得失)에 골몰하여 이로움을 따지며 말과 수레가 내달리는 풍진세상 사이에 묻혀 사는 사람들은 진실로 더 말할 것도 못되지만, 세상일이 안정되지 못한 때를 만나 북문(北門)의 근심[29]이 간절할 때에는 선비가 자취를 거두어 떠나고자 해도 돌아갈 곳이 없는 것을 근심해야 한다. 일 묘(畝)의 좁은 집과 백 묘의 작은 밭도 오히려 구하지 못하는데, 하물며 누대에 거처하면서 자적(自適)하기를 바라겠는가. 그렇다면 동회옹이 이 누대를 지어서 한가로운 생활의 편의를 이룬 것도 하늘이 동회옹을 도운 것이다. 동산(東山)의 뜻은 곧바로 천하의 사람들과 함께 추앙해야 한다는 것[30]이 맞는 말이 아니겠는가.

제남(濟南)의 이생(李生)이 백설루(白雪樓)를 짓고, 그 가운데 채

29 북문(北門)의 근심 : 어진 사람이 조정에 출사(出仕)하여 뜻을 이루지 못하고 빈곤함을 겪는 근심을 말한다. 《시경》 〈북문(北門)〉에 "북문으로 나오니 마음에 근심이 많기도 해라. 종내 궁하고 가난한데도 나의 어려움 알아주지 않는구나. 그만두자, 하늘이 실로 이렇게 한 것이니 말해 무엇 하랴.〔出自北門, 憂心殷殷. 終窶且貧, 莫知我艱. 已焉哉, 天實爲之, 謂之何哉.〕"라고 하였다.

30 동산(東山)의……것 : 세속을 떠나 은거하는 것을 높이 평가해야 한다는 말이다. 동산은 절강(浙江) 상우현(上虞縣) 동남쪽에 위치한 산이다. 진(晉)나라의 사안(謝安, 320~385)이 초년에 왕희지(王羲之), 지둔(支遁) 등과 교유하며 이곳에 은거하였으므로 은거지의 대명사로 쓰인다. 사안의 자는 안석(安石)으로, 경륜과 지략이 뛰어나 명망이 높았는데, 동산에 은거하자 당시 사람들이 "안석이 세상에 나오지 않으니, 창생들을 어찌하려는가."라고 하였다. 《晉書 卷79 謝安列傳》 또 유담(劉惔)이 "안석이 동산에 은거한 뜻은 마땅히 천하의 사람들과 함께 추앙해야 한다.〔若安石東山志, 立當與天下共推之.〕"라고 말한 바 있다. 《世說新語 賞譽》

희(蔡姬)를 맞이하여 문묵(文墨)을 즐기면서, 손님이 와도 문을 닫고 만나지 않았다.[31] 이로 인해 간귀(簡貴)하다는 평판을 얻었다. 동회옹은 문장과 풍류가 이생(李生)보다 뒤지지 않고, 누대 가운데의 사람이 채희와 비교할 때 어떠한가는 논할 것도 없다. 하지만 올라서 바라보는 강과 산의 아름다운 풍경, 그리고 꽃과 나무와 구름과 안개의 빼어난 경치에 이르러서는 공인(工人)과 상인(商人)이 번성한 도회지로 배와 수레가 모여드는 제남(濟南)의 거리와 비교해 볼 때 한만(汗漫)과 저잣거리[32]처럼 격차가 크다고 할 것이다. 그렇지만 가령 나와 같은 사람이 다행히 동쪽으로 돌아가 차 사발과 술통을 가지고 누대 아래에 배를 댄다면, 반드시 낯선 손님이라고 막지는 않을 것이니, 이생과 비교해 볼 때 얻은 바와 자처하는 바가 또 어떠한가.

31 제남(濟南)의……않았다 : 명(明)나라 때의 시인 이반룡(李攀龍, 1514~1570)의 일을 말한 것이다. 그의 자는 우린(于鱗), 호는 창명(滄溟)이다. 백설루(白雪樓)에서 은거하면서 방문객을 사절하였으므로 오만하다는 평을 들었다. 채희(蔡姬)는 이반룡이 총애했던 시녀이다.

32 한만(汗漫)과 저잣거리 : 신선이 사는 세계와 인간이 사는 세상을 말한다. 노오(盧敖)가 북해(北海)에서 노닐다 한 선비를 만났는데, 그가 말하기를 "나는 한만과 구해의 밖에서 만나기로 하였으니, 오래 머물 수가 없다.〔吾與汗漫期于九垓之外, 吾不可以久駐.〕"라고 하였다. 《淮南子 道應訓》

조양헌기
朝陽軒記

봉황은 신령스러운 새로, 천하에 도(道)가 있으면 나타난다. 순(舜) 임금이 소악(韶樂)을 지었는데, 당시에 봉황이 나타나 춤을 추었으니,[33] 봉황은 대개 성인을 위하여 나타나는 것이다. 봉황은 오동나무가 아니면 깃들지 않고, 오동나무는 반드시 아침 해가 비치는 곳에 자라니,[34] 순 임금 때에 마땅히 해가 비치는 곳에 오동나무를 심어 봉황이 오기를 기다렸을 것이 분명하다.

순 임금이 일찍이 남쪽으로 창오(蒼梧)의 들판을 순행하고 바닷가에 이르러서 바위 위에서 소악을 연주하였는데, 지금까지도 그 바위를 소석(韶石)이라고 부르며 신령함을 드러내고 있다. 그 뒤에 창오군은 호남(湖南)에 속하게 되었는데 호남과 소석은 모두 천지의 남쪽에 있다. 남쪽은 문명(文明)의 땅이다. 문명의 땅이면서 성인의 자취가 머문 곳으로, 남방이라 오동나무도 많으니, 봉황이 남방에 자주 나타났을 것은 필연적인 일이다.

순 임금이 돌아가신 후 3천여 년 동안 다시 순 임금 같은 인물이 없었으니, 봉황이 끝내 적막하게 나타나지 않은 지가 오래되었다. 세

33 순(舜) 임금이……추었으니 : 《서경》 〈익직(益稷)〉에 "순 임금의 음악이 아홉 번 연주되자, 봉황새가 와서 춤을 추었다.〔簫韶九成, 鳳凰來儀.〕"라고 하였다.

34 봉황은 오동나무가……자라니 : 《시경》 〈권아(卷阿)〉에 "봉황이 우니 저 높은 언덕이요, 오동이 자라나니 아침 해 뜨는 동산이라.〔鳳凰鳴矣, 于彼高岡. 梧桐生矣, 于彼朝陽.〕"라고 하였다.

상 사람들은 바야흐로 아름다운 꽃과 기이한 풀을 심어놓고 감상하기를 좋아하지만 오동나무를 심는 사람은 거의 없다. 이미 윗자리에 성인이 없고 아침 해가 비치는 곳에도 오동나무가 없으니, 봉황이 무엇 때문에 나타나겠는가. 그러나 지금 우리나라는 성인이 일어나 유우씨(有虞氏)와 같은 정치를 성대하게 일으키고, 담당 관리들이 음악을 만들고 음률을 고르는 등의 일을 의논하고 있다. 온갖 짐승과 초목이 모두 저마다의 이치를 얻고, 오색(五色)의 봉황이 구름 사이에 아른거리는 듯하니, 오동나무를 심고 기다릴 때일 것이다.

박성오(朴省吾)[35]는 영암(靈巖) 사람이다. 그 고을이 바닷가에 있지만 기이한 모양의 바위가 있기 때문에 영암이라고 불렀다. 영암은 전라도에 속해 있는데, 전라도는 또 호남(湖南)이라고도 부른다. 박성오가 사는 곳은 월출산(月出山) 서쪽에 있어서 떠오르는 햇살을 가장 먼저 받기 때문에 집 이름을 조양(朝陽)이라고 하였다. 그 아래에 오동나무를 많이 심어 울창하게 숲을 이루니, 둥지를 틀 수 있는 큰 나무가 수십 그루나 되었다. 박성오가 오동나무를 심은 것은 의도한 바가 있을 것이다. 오동나무가 자라면 봉황이 장차 나타날 것인데, 나타난다면 다른 곳이 아니라 반드시 호남에 먼저 올 것이고, 호남에 나타난다면 다른 곳이 아니라 반드시 영암에 먼저 올 것이고, 영암에 나타난다면 다른 곳이 아니라 반드시 조양의 오동나무에 먼저 올 것이

35 박성오(朴省吾) : 1589~1651. 본관은 함양(咸陽), 자는 자안(子安), 호는 조양재(朝陽齋)이다. 1642년에 영변 부사(寧邊府使)에 임명되었고, 1643년에는 평안병사 겸 안주목사(平安兵使兼安州牧使)가 되어 영변에 유배 중이던 이민구와 가깝게 지냈다.

니, 기약하여 기다릴 만하다.

박성오는 사람들 가운데의 봉황이니, 봉황이 기류(氣類)로써 상응하는 것이 또 그 이치이다.[36] 봉황이 나타나는 것은 성인 때문이지 박성오 때문은 아니지만, 봉황이 반드시 박성오의 거처에 나타난다면 박성오는 진정 봉황이 주인으로 삼은 사람이 되는 것이다. 옛날 황패(黃霸)가 영천(潁川)을 다스리면서 깃털이 조금 특이한 새를 발견하고는 봉황이라고 아뢰었다. 당시 임금이 봉황을 매우 좋아하였으므로, 조서를 내리고 품계를 올려 주었으며, 경조윤(京兆尹)에 임명하여 마침내 승상에 올랐다.[37]

지금 봉황이 조양에 나타난다면 호남 지방을 다스리는 자가 서둘러 조정에 아뢸 것이다. 그리하여 조정에서 박성오를 포상하고 박성오가

36 박성오는……이치이다 : 박성오가 봉황과 같은 사람이기 때문에 봉황이 박성오와 어울릴 것은 이치로 볼 때 필연적이라는 말이다. 기류(氣類)는 기가 비슷한 것을 말하는데, 《주역》〈건괘(乾卦) 문언(文言)〉에 "같은 소리끼리 서로 응하고 같은 기운끼리 서로 찾나니……이것은 각자 자신에 맞는 성향을 따르는 것이다.〔同聲相應, 同氣相求……則各從其類也.〕"라고 하였다.

37 황패(黃霸)가……올랐다 : 황패(?~기원전 55)는 한(漢)나라 때 사람으로, 자는 차공(次公), 시호는 정후(定侯)이다. 영천 태수(潁川太守)를 두 차례 역임하면서 농상(農桑)을 장려하고, 먼저 교화를 베푼 뒤에 죄를 다스려 호구가 날로 불어나 치적이 천하에서 제일이라고 칭해졌다. 공수(龔遂)와 함께 순리(循吏)로 손꼽혀 공황(龔黃)이라 일컬어졌다. 당시 군국(郡國)에 봉황과 신작(神雀)이 많이 나타났는데, 영천에 특히 많았으므로, 선제(宣帝)가 조서를 내려 칭찬하였으며 뒤에 태자태부(太子太傅)에 임명되었고 승상에 올랐다. 그가 승상이 되었을 때 할작(鶡雀)이라는 새가 승상부에 날아들었는데, 황패는 그것이 신작이라고 여겨 황제에게 아뢴 일이 있다. 《漢書 卷89 循吏傳 黃霸》 이민구가 여기에서 황패가 영천 태수로 있을 때 기이한 새를 보고 봉황이라고 여겨 아뢰었다는 말은 오류로 보인다.

임금의 총명(寵命)을 영광스럽게 받아서 전적에 빛날 것이니, 어떠하겠는가. 내가 박성오에 대하여 평소 개인적인 친분이 있어서가 아니라 국가가 성스러운 길조를 맞이하고 박성오가 가장 먼저 큰 상을 받을 것이라고 찬미하는 것이니, 장차 눈을 비비며 봉황이 조양에 나타나기를 기다리겠다.

침해당[38]기 갑신년(1644, 인조22) 이후
枕海堂記 甲申以後

무릇 조정은 관리가 진취(進取)하는 길이요, 시장은 백성들이 이득을 저울질하는 곳이다. 널찍하고 한가한 교외와 멀고 외진 시골은 또한 선비들 가운데 세상을 만나지 못하여 편안함을 기르고 자유분방하게 지내려는 이들이 달려가는 곳이다. 그러나 강과 바다에서 사는 사람은 축축하고 낮은 것을 싫어하고, 산림(山林)에서 사는 사람은 외지고 험한 것을 꺼린다. 강해와 산림은 매번 두 곳의 장점을 온전하게 함께 가질 수는 없으니, 이것은 또 한적함을 추구하는 사람이 늘 한스럽게 여기는 것이다. 혹 이쪽의 장점을 가지고 저쪽의 단점을 헐뜯거나 가까운 것에만 구애되어 먼 곳을 알지 못한다면 모두 사리에 통달한 의론이 아니다. 그렇다면 산과 바다의 빼어난 경치를 겸하는 동시에 높고 깊은 정취를 갖추어 단점을 비호하거나 장점에 치우치는 안목을 뛰어넘을 수 있는 것은 오로지 성씨(成氏)의 침해당일 것이다.

아산(牙山)의 진산(鎭山)은 영인산(靈人山)이다. 산의 서쪽은 완만하고 동쪽은 가파르며, 북쪽으로 솟은 곳이 신풍(新豐) 고개이고, 고개 아래 평평한 곳이 창성(倉城)이다. 성의 좌우에 민가가 모여 있

38 침해당(枕海堂) : 충청남도 아산(牙山) 영인산(靈人山) 주변에 있는 성시망(成時望)의 당(堂)이다. 《동주집(東州集)》 시집(詩集) 권9에 〈차운침해당팔수(次韻枕海堂八首)〉가 있다.

어 수많은 가옥이 즐비한데, 가운데 높은 건물이 관청이고 옆으로 뻗어나간 건물이 여러 창고들이다. 또 솟아 머리를 쳐든 것 같은 곳이 곡성(曲城)이고, 곡성에서 서쪽으로 돌아 몇 걸음 떨어진 곳에 마치 사람이 바다를 돌아보는 것처럼 생긴 건물이 곧 침해당(枕海堂)이다. 성씨(成氏)는 그곳을 차지하여 아름다운 경치를 모두 볼 수 있다.

큰 호수의 곁과 너른 바닷가에 깎아지른 바위가 그 터를 받들고, 큰 물결이 그 모퉁이를 때린다. 우이(嵎夷)의 동쪽과 발해(渤海)[39]의 나루 주변에 섬들이 숨었다 나타났다 하는 형세와 배들이 오가는 길은 다만 시력이 미치지 못해서 보이지 않을 뿐이지 일찍이 앞을 가로막는 것이 하나도 없다. 그러므로 높은 곳에 올라 멀리까지 바라보면서 지형의 아름다움을 모두 바라보는 데 진실로 손색이 없다. 그리고 작은 산의 꼭대기에 있어서 진펄과는 단절되고, 높은 곳과 낮은 곳, 움푹 팬 곳과 돌출한 곳이 지세에 따라 교묘하게 붙어 있으며, 굽이굽이 오르고 내리는 곳에 좁은 돌계단 길이 빙 둘러 있고, 운무가 자욱하고 초목이 울창하니, 아득히 산림의 정취가 물씬 풍긴다. 앞에서 말한 산림과 강해의 장점을 온전하게 함께 갖춘 곳으로는 마땅히 여기보다 먼저 손꼽을 곳이 없을 것이다. 어쩌면 성씨는 가슴속에 큰 바다와 작은 수미산(須彌山)[40]을 품고 있는 것인가.

39 우이(嵎夷)의 동쪽과 발해(渤海) : 우이는 전설 속의 해 뜨는 곳으로, 산동성(山東省)의 동쪽 해변을 말한다. 《서경》 〈요전(堯典)〉의 "희중에게 따로 명하여 동쪽 바닷가에 살게 하니 그곳이 바로 해 뜨는 양곡인데, 해가 떠오를 때 공손히 맞이하여 봄 농사를 고르게 다스리도록 하였다.〔分命羲仲, 宅嵎夷, 曰暘谷, 寅賓出日, 平秩東作.〕"라는 말에서 유래하였다. 발해는 산동성의 동북쪽에 위치한 바다를 말하므로, 아산에서 볼 때 서해바다에 해당된다.

천지가 생겨난 이래 문득 이 강산이 있어서 배를 타고 온 사람들이 머물러 쉰 곳도 반드시 여기였을 것이고, 나그네가 물을 건널 때도 반드시 여기를 이용했을 것이다. 백성들이 모여 살고 관리들이 달려와 모이기도 하면서 백대(百代)의 세월을 지나왔으니, 어찌 한두 사람이라도 안목을 갖춘 이가 없었으랴. 그러나 퇴적된 언덕과 깎아지른 절벽으로 잡목과 잡초가 우거진 사이에 있어서 어촌의 어부들이 모여 사는 곳으로 여겼을 뿐, 시인과 고상한 선비들이 한 번도 눈여겨보지 않았다. 이제 좋은 주인을 만나 꼭꼭 숨겨졌던 것과 깊이 가려졌던 것을 드러내고, 그윽하고 은미한 것을 밝혀 나타내 새로운 면모를 만들어 내니, 산은 더욱 아름답고 물은 더욱 수려하며 우주는 더욱 환하고 일월은 더욱 맑아 올라와 관람하는 사람들로 하여금 황홀하고 상쾌하여 마음과 경치가 합하지 않음이 없게 한다.

호서 지역에 바다를 마주하고 물가에 세워진 정자가 수십 수백 곳인데, 이 침해당이 하루아침에 최고가 되었으니, 서쪽에 있는 추설정(秋雪亭)과 백사정(白沙亭) 등 유명한 정자는 쓸쓸히 빛이 바랬다. 생각건대 드러나고 감춰지는 것은 하늘에 달렸고, 마름질하여 조화를 이루는 것[41]은 사람에게 달렸으니, 하늘과 사람이 서로 더불어 함께하는 사이에 열고 닫음을 주장하여 남몰래 돕는 자가 존재하는 것인가.

산수는 내가 즐기는 것이다. 여기저기 수없이 찾아다녀서 발자취가

40 수미산(須彌山) : 불교(佛敎)에서 말하는 이른바 세계의 중심에 우뚝 솟아 있다는 산 이름이다.

41 마름질하여……것 : 재성(財成)은 《주역》 〈태괘(泰卦) 상(象)〉에 나오는 재성보상(財成輔相)의 준말로, 지나친 것을 억제하고 모자란 것을 보충해서 천지간에 조화가 이루어지도록 하는 것이다.

온 나라에 두루 닿았다. 평소에 속세를 떠나 멀리 산수 사이로 떠나려는 바람이 있었지만, 늘그막까지 떠도는 신세로 한 언덕, 한 골짝조차 가꾸지 못한 채 인생 말년에 다다르고 말았다. 시골 마을에서 우거하면서 성씨와 어울리게 되었는데, 한가한 날이면 서로 만나 이 당 위에서 술을 마시고 시를 읊으며 높은 곳에서 멀리 바라보는 즐거움을 주인과 공유하였으니 또한 매우 다행한 일이다. 당의 서쪽 아래로는 절벽이라 매일 밤낮으로 조수가 밀려오니, 베개 밑에서 파도 소리가 들린다. 당의 이름은 그 의미를 여기에서 취하였다. 그러나 성씨가 세상에서 짐짓 꼿꼿한 지조를 견지한 채 살아가는 모습을 보니, 혹여 손 참군(孫參軍)이 귀를 씻은 것과 같은 뜻이 있는 것인가.[42] 성씨의 이름은 시망(時望), 자는 상보(尙甫)이다. 신사년(1641, 인조19)에 이 당을 지었다고 한다.

42 손 참군(孫參軍)이……것인가 : 속진(俗塵)에 찌든 귀를 씻겠다는 의미를 담아 침해당이라고 명명했을 수도 있다는 말이다. 손 참군은 진(晉)나라 손초(孫楚)를 가리킨다. 그가 장차 은거하려고 하면서 "돌을 베개 삼고 흐르는 물에 양치질하련다.〔枕石漱流〕"라고 말할 것을 "물을 베고 돌로 양치질하련다.〔枕流漱石〕"라고 잘못 말했다. 왕제(王濟)가 그 말을 듣고 지적하자, 손초가 "물을 베는 것은 속진에 찌든 귀를 씻어내기 위함이고, 돌로 양치질하는 것은 치아의 때를 갈아서 없애기 위함이다.〔所以枕流, 欲洗其耳, 所以漱石, 欲礪其齒.〕"라고 대답한 고사가 전한다. 《世說新語 排調》

속리산 백련암 중수기

俗離山白蓮庵重修記

세상 사람들은 불자(佛者)들이 농사도 짓지 않고 빈둥빈둥 놀고먹으면서 편안히 앉아 그 이로움을 향유한다며 그 도를 크게 비방한다. 그러나 불자는 고달프게 먹고 해진 옷을 입으면서 검소하게 생활하여 진실로 목숨을 부지할 뿐이다. 그리고 그 남은 것을 미루어 집을 수리하고 불화(佛畫)와 불상(佛像)을 제작하여, 단청으로 아름답게 꾸미고 기와와 벽돌로 누수(漏水)를 막기 위해 분주하게 동냥하며 힘든 것도 아랑곳하지 않고 일을 완성시키니, 마음 씀씀이가 매우 정성스럽다. 시속 사람들 중에 남에게서 많은 것을 취해 넉넉히 쌓아두고서 처자식을 돌보느라 터럭만큼도 나라에 보탬이 되지 않는 자들과 비교한다면, 어찌 크게 차이가 나지 않겠는가.

호서(湖西)에는 산이 매우 많지만 속리산(俗離山)이 가장 크고, 속리산에는 절이 매우 많지만 공림사(空林寺)[43]가 가장 빼어나다. 그 서쪽에 있는 백련암(白蓮庵)은 더욱 유명하다. 건물을 지은 지가 이미 오래되었고 중간에 훼손되어, 유람하는 사람들이 안타깝게 여겼다.

성정(性靜) 스님과 심각(心覺) 스님이 동시에 서원(誓願)을 발하여 재목을 구하고 장인들을 모아 다시 건물을 세워 가람(伽藍)의 옛 모습을 다 복원하였는데, 세 불상을 빚어 만들고 열네 제불(諸佛)의 모습을 그리는 일에서부터 색을 칠하고 기와를 덮는 일에 이르기까지

43 공림사(空林寺) : 충청북도 괴산군 청천면 사담리의 낙영산 자락에 있는 절이다.

빠짐없이 갖추어 완비한 것은 바로 신회(神會) 스님이다.

임오년(1642, 인조20)으로부터 정해년(1647)에 이르기까지 6년의 세월 동안 공사를 진행하고 경비와 인력을 모으며 마음과 힘을 다하여, 아무리 험해도 가지 않은 곳이 없고 아무리 멀어도 이르지 않은 곳이 없었으니, 아마도 일신의 주림과 목마름은 스스로 돌아볼 겨를이 없었을 것이다. 이와 같이 한 뒤에 이룬 바가 있어서, 마침내 산문(山門)에 드문 크고 화려한 경관을 만들었으니, 빈둥빈둥 놀고먹으며 편안히 앉아서 그 이익을 향유하는 자가 아니라, 고달프게 먹고 해진 옷을 입으며 남은 것을 미루어 공적을 세우는 자일 것이다. 남에게서 많은 것을 취하여 넉넉히 쌓아두기만 하고 터럭만큼도 국가에 도움이 되지 않는 사람과 비교할 때 누가 더 낫다고 하겠는가. 내가 세 분 스님들이 부지런히 마음 쓴 것을 가상히 여겨 이에 기록하노라.

백운산 백운사[44] 중수기

白雲山白雲寺重修記

사람들은 보통 푸른 산〔靑山〕, 흰 구름〔白雲〕이라고 말한다. 그러나 청산이라고 산 이름을 지은 경우는 적고, 백운산이라고 산 이름을 지은 경우는 많다. 대개 산은 주인이고 구름은 객인데, 객을 의지하여 주인을 형용하니, 산에 구름이 있는 것을 오랫동안 보아 왔기 때문이다. 구름은 산이 가지고 있는 것이다. 산은 체(體)이므로 안정되어 움직이지 않고, 구름은 용(用)이므로 피어나서 다함이 없다. 안정되어 움직이지 않기 때문에 항상 존재하지만 경관은 새롭지 않고, 피어나서 다함이 없기 때문에 항상 변하여 경관이 더욱 아름다우니, 백운을 붙여서 산의 이름을 짓는 것은 이러한 이유 때문이리라.

우리나라 산 가운데 이름에 백운이 붙은 곳이 수십 개인데 오직 영평(永平)[45]에 있는 것이 가장 빼어나고 그윽하다. 이 산에 의지하여 지어진 사찰이 또 수십 개인데 백운사가 가장 정밀하고 엄격하다. 맑은 시내와 우뚝 솟은 바위, 그리고 빼어난 경치 등 눈과 귀를 즐겁게 하고 성정을 도야할 수 있으며 산중의 그윽한 일을 제공하고 도기(道機)를 맑게 해 주는 것들이 영은사(靈隱寺)나 국청사(國淸寺)[46]와 우

44 백운산 백운사 : 경기도 포천시 백운산에 있는 사찰이다. 《미수기언(眉叟記言)》 〈백운산수기(白雲山水記)〉에 "백운사는 산속에 있는 고찰(古刹)인데 전면의 누각이 암벽과 마주 보고 선 것이 매우 기이하였다. 누각의 벽에는 동주(東州) 이 학사(李學士)의 산루기(山樓記)가 걸려 있었다."라고 하였다.

45 영평(永平) : 경기도 포천시 지역의 옛 지명이다.

열을 다툰다. 그리고 흰 구름이 산봉우리에서 뭉게뭉게 피어나 하늘 가득 퍼져서 아침저녁으로 드러내는 자태와 흐렸다 갰다 하면서 변화하는 모습은 다른 산과 비교되지 않는다.

산이 있으면 반드시 구름이 있는데 구름을 말하는 사람은 반드시 태산의 조금씩 모여드는 구름을 거론하니,[47] 백운산에 백운사가 있는 것도 진실로 까닭이 있을 것이다. 승사(僧史)에 의하면 도선 국사(道詵國師)[48]가 이 절을 창건했다고 한다. 그렇다면 거의 8백 년간 비바람을 맞았고 참새와 쥐가 구멍을 뚫고 둥지를 틀었던 것이다. 기둥과 용마루는 가운데가 꺾이고 단청은 흐릿흐릿하게 퇴색되어, 불상을 모실 수 없게 되니 승려들이 탄식하였다.

색름(賾凜) 장로[49]가 여기에 머물게 되었을 때, 중건 공사 진행을

46 영은사(靈隱寺)나 국청사(國淸寺) : 영은사는 절강성(浙江省) 항주(杭州) 영은산(靈隱山)에 있는 사찰이다. 진(晉)나라 함화(咸和) 원년(326)에 인도의 승려 혜리(慧理)가 창건하였는데, 그가 "부처가 세상에 있을 때 대개 선령의 비호를 받는다.〔佛在世日, 多爲仙靈之所隱.〕"라고 하여 그렇게 명명했다고 한다. 국청사는 절강성(浙江省) 천태산에 있는 사찰로 천태종(天台宗)의 발상지이다. 수(隋)나라 개황(開皇) 18년(598)에 천태 지의(智顗, 538~597) 대사에 의해 건립되었다. 초기에는 천태사(天台寺)였다가 이후 국청사로 개명되었다.

47 구름에……거론하니 : 구름이 모여 비를 내려서 천하를 윤택하게 하는데, 그 가운데 태산의 구름을 으뜸으로 친다는 말이다. 《춘추공양전》 희공(僖公) 31년 기사에 "능히 백 리 땅을 윤택하게 하는 산천에는 천자가 차례로 제사를 지내는데, 운기가 바위를 부딪고 나와 점차로 조금씩 모여서 하루아침이 지나기도 전에 천하에 두루 비를 내리게 하는 것은 오직 태산뿐이다.〔山川有能潤於百里者, 天子秩而祭之, 觸石而出, 膚寸而合, 不崇朝而徧雨乎天下者, 惟泰山爾.〕"라고 하였다.

48 도선 국사(道詵國師) : 827~898. 신라 말의 승려로, 속성은 김씨(金氏)이다. 풍수도참설의 대가로 유명하다.

자신의 소임으로 삼아 그의 세 제자 설청(雪淸), 두섬(杜暹), 영십(靈什)과 더불어 가지런한 마음으로 지혜를 모아 널리 시주(施主)를 받아서 전당(殿堂)과 암자(庵子)를 차례로 세웠다. 마땅히 고쳐야 할 대들보와 서까래 및 마땅히 장식해야 할 불상에 이르기까지 모두 새롭게 해서 산사(山寺)의 면모를 일신하였다. 또한 제불(諸佛) 십 수 개를 만들고 기타 예불에 필요한 기물(器物)과 온갖 물품을 구비하였다. 숭정(崇禎) 신미년(1631, 인조9)에 공사를 시작하여 10년 뒤에 일을 마치니, 진실로 부지런히 정성을 기울인 것이다.

저 불자(佛子)들이 발원(發願)하여 도량을 세우고 승려들을 머물게 하여 부처를 받들며 다음 생의 무량(無量)한 복을 바라는 것은 내가 알지 못하는 바이다. 오직 청정한 지역에서 경치 좋은 곳을 차지하고 정사(精舍)를 지어 유람객들에게 혜택을 베풀어서, 오솔길을 다닐 때 호랑이와 표범의 우환(憂患)이 없게 하며, 잠잘 때 편안한 방이 있게 하였으니, 사람들이 명승지를 찾아다닐 수 있도록 기여하는 것이 또한 적지 않다.

아아! 이 몸은 뜬구름과 같아서 본래 남쪽이든 북쪽이든 갈 곳이 정해져 있지 않으니, 여장을 준비하여 절에 찾아가 흰 구름이 나타났다가 사라지는 모습을 누워서 보면서 스스로 기뻐하는 날이 오기를 기다린다. 우선 나의 뜻을 써서 글을 구하러 온 산인 도휘(道徽)에게 준다.

49 색름(賾凜) 장로 : 성정(性淨)의 제자인데, 인적사항은 미상이다.

부강정[50]기
浮江亭記

부강정은 경산(京山)과 대구(大丘) 두 고을 사이에 있다. 강과 매우 가깝고 돌을 쌓아 기초를 만들어서 마치 사수(泗水) 물가의 부경(浮磬)[51]과 흡사하니, 정자의 이름은 이런 이유에서 붙여졌다고 한다. 강의 위쪽과 아래쪽 물가에 세워진 정자가 수십 개인데 유독 이 정자가 가장 아름답고 오래되었다. 나의 벗 이이실(李而實)[52] 군이 그곳의 형세와 경치를 그리고 나에게 기문을 요청하였다.

대개 영남(嶺南)의 금호강(琴湖江)과 낙동강(洛東江)은 모두 물결이 맑고 물가가 깨끗하니, 진실로 물가의 정자가 두 강줄기 가운데 한 줄기만 끼고 있어도 충분히 아름답다. 그런데 이 정자는 두 강이 만나 흐르는 곳에 위치하여 한 기운의 맑은 하늘 위에 올라타 두둥실 뗏목을 타고 우주에 나아가 은하수에 떠 있는 것과도 같으니, 올라가서 바라보는 아름다운 경관은 진실로 그림으로 그려주는 수고로움을 기다리지 않아도 전모(全貌)를 알 수 있다.

아아! 정자로부터 바라본다면 강 위에 떠 있다고 해도 될 것이다.

50 부강정(浮江亭) : 대구광역시 달성군 다사읍 죽곡리에 있던 정자이다.

51 사수(泗水) 물가의 부경(浮磬) : 《서경》 〈우공(禹貢)〉에 "사수 물가에 떠 있는 경쇠이다.〔泗濱浮磬〕"라고 하였다.

52 이이실(李而實) : 이지화(李之華, 1588~1666)로, 본관은 전의(全義), 자는 이실, 호는 다포(茶圃)・부강거사(浮江居士)이다. 《四未軒集 卷11 通政大夫兵曹參議茶圃李公行狀》

그러나 천지로부터 바라본다면 크게는 악독(嶽瀆)[53]과 벌판, 작게는 날벌레와 동식물이 마치 강한(江漢)에 떠 있는 부평초와도 같으니, 무엇이든 사물에 의탁하여 떠 있지 않은 것은 없다. 보이는 것을 가지고 말한다면 정자는 강물에 떠 있으며 강은 땅위에 떠 있고, 보이지 않는 것을 가지고 말한다면 하늘은 기 위에 떠 있으며 땅은 물 위에 떠 있어서, 하늘과 땅조차도 오히려 떠 있는 사물에 불과하다. 하물며 자그마한 산천과 보잘것없는 사람은 더 말할 것이 있겠는가. 인생이란 것이 덧없고 세상이란 것이 부질없어서 잠깐 사이에 태어났다가 죽는 것이 마치 부풀었다가 사라지는 물거품과도 같은데, 하물며 몸 밖에 있는 뜬 명성이야 더 말할 것이 있겠는가. 하물며 이 정자의 지나친 이름이야 더 말할 것이 있겠는가.

나는 이 우주 안에 잠깐 머물다 가는[54] 존재이니, 정처 없는 뜬 구름과도 같은데 바다 위로 떠나가고자 하는 바람 또한 때때로 있다. 마땅히 강에 배 띄워 이 정자에 올라 "하늘과 땅이 밤낮으로 떠 있다."[55]라는 시를 읊으면서 태백(太白)이 술 실은 배에 둥둥 떠서 노닐겠다[56]고

53 악독(嶽瀆) : 오악(五嶽)과 사독(四瀆)을 함께 이르는 말이다. 오악은 중국의 다섯 명산인 태산(泰山), 화산(華山), 형산(衡山), 항산(恒山), 숭산(嵩山)을 가리키고, 사독은 네 개의 큰 강인 양자강(揚子江), 황하(黃河), 회수(淮水), 제수(濟水)를 가리킨다. 여기서는 세상의 높은 산과 큰 강을 의미하는 말로 사용되었다.

54 머물다 가는 : 부휴(浮休)는 잠시 이 세상에 떠돌다가 바로 간다는 의미로 무상한 인생을 비유한다. 《장자(莊子)》 〈각의(刻意)〉에 "삶이란 떠 있는 물거품 같고, 죽음이란 그 거품이 꺼지는 것과 같다.〔其生若浮, 其死若休.〕"라고 하였다.

55 하늘과……있다 : 두보(杜甫)의 "오나라 초나라는 동남으로 트였고, 하늘과 땅은 밤낮으로 떠 있구나.〔吳楚東南坼, 乾坤日夜浮.〕"라는 시구를 인용한 것이다. 《杜少陵集 卷22 登岳陽樓》

했던 배를 띄우고, 우연히 부구백(浮丘伯)[57]을 만나 하늘로 올라가서 한만(汗漫)[58]의 고향에서 노닐려고 하는데, 이실(而實)은 나를 따라 오려는가?

56 태백(太白)이……노닐겠다 : 진(晉)나라의 주호(酒豪)였던 필탁(畢卓)이 일찍이 사람들에게 말하기를 "술을 수백 곡의 배에 가득 싣고, 사철 맛 좋은 음식들을 배의 양쪽 머리에 쌓아 두고, 오른손으로는 술잔을 들고, 왼손에는 게의 집게 다리를 들고서 술 실은 배에 둥둥 떠서 노닌다면 일생을 마치기에 넉넉할 것이다.〔得酒滿數百斛船, 四時甘味置兩頭, 右手持酒杯, 左手持蟹螯, 拍浮酒船中, 便足了一生矣.〕"라고 한 고사가 있다.《晉書 卷49 畢卓列傳》 필탁의 자는 무세(茂世)인데, 여기서 태백(太白)의 고사로 말한 것은 오류로 보인다.

57 부구백(浮丘伯) : 옛날의 신선으로, 부구공(浮丘公)이라고 한다.

58 한만(汗漫) : 본래 광대무변한 공간을 가리키는 말인데, 그곳에서 사는 신선의 뜻으로 사용되기도 한다. 옛날 노오(盧敖)가 북해(北海)에서 노닐다가 이인(異人)인 약사(若士)를 만나 함께 벗으로 노닐자고 청하자, 약사가 응답하기를 "나는 구해 밖에서 한만과 만날 약속이 되어 있으니 오래 머물러 있을 수가 없다.〔吾與汗漫期于九垓之外, 吾不可以久駐.〕"라고 하고는 곧바로 구름 속으로 들어가 보이지 않았다는 이야기가 전한다.《淮南子 道應訓》

만휴정기
晩休亭記

휴식에 이름과 늦음이 있겠는가? 휴식에 어찌 이름과 늦음이 있으랴만, 오직 마음의 휴식과 몸의 휴식이 같지 않을 뿐이다. 천성대로 유유자적하며 몸 밖의 것을 부러워함이 없고 안으로 허물이 없는 것[59]을 마음의 휴식이라 하고, 한가롭게 숨어 살면서 여유롭게 편안함을 즐겨 다급한 일이나 수행할 공무가 없는 것을 몸의 휴식이라고 한다. 그러므로 몸의 휴식에는 이름과 늦음이 있지만 마음의 휴식에는 이름과 늦음이 없다.

세상 사람들 가운데 젊은 나이에 조정에 출사하여 온통 벼슬길에 전념하는 사람을 어찌 보지 못하는가. 그들은 일의 이해(利害)에 대해서 아무리 작은 것이라도 갖은 수단을 비교하여 밤이나 낮이나 구하지 않음이 없다. 그렇게 살다가 나이가 들어 기운이 쇠하고 근력이 떨어져 당세에 쓸모가 없는 지경에 이르러도 득실(得失)을 생각하는 마음이 끊임없이 초조하게 일어나, 낮에는 이런저런 궁리를 하느라 지치고 밤에는 몽상(夢想)에 시달려서, 강호(江湖)에 살면서도 대궐을 그리는 신세를 면하지 못한다. 그렇다면 이런 사람은 처음부터 끝까지 잠시도 쉬지 못하는 것이니, 휴식이 어찌 이름과 늦음이 있겠는가.

가령 여기에 어떤 사람이 있는데, 그 사람은 성취하기는 하지만 그

59 안으로……것 : 공자(孔子)가 "안으로 반성하여 조그마한 하자도 없으니, 무엇을 근심하며 무엇을 두려워하겠는가.〔內省不疚, 夫何憂何懼.〕"라고 했다. 《論語 顔淵》

가 억지로 구한 것이 아니고, 일을 해내기는 하지만 그가 힘들게 일한 것도 아니다. 뜻밖에 쓰이거나 버려지는 것에도 전혀 마음을 두지 않은 채 도모하는 마음도 끊고 일도 줄여서 몸은 조정에 있지만 마음은 동산(東山)[60]에 가 있다. 그러다가 물러날 나이가 되면[61] 초연히 스스로 나이를 핑계로 물러나 인간세상과 멀리 떨어진 고을에 작은 집을 짓고 물고기와 새와 짝이 되어 한가롭게 지내다가 생을 마치니, 이와 같이 하고서야 바야흐로 휴식한다고 할 것이다.

그 휴식은 사지(四肢)의 밖에 있는 것이 아니라 방촌(方寸)의 안에 있고, 관직에서 물러나기를 구한 뒤에 있는 것이 아니라 처음 벼슬에 나갈 때부터 있었으니, 그 몸은 비록 늦게야 휴식하게 되었다고 하겠지만 그 마음은 진실로 일찍부터 휴식했던 것이다. 저들은 이미 마음이 수고로워 조정에 나가서도 초야로 물러나서도 모두 휴식하지 못하지만, 나는 마음이 편안하여 젊어서나 늙어서나 다 휴식을 얻었으니, 두 사람 사이의 차이가 어찌 아홉 마리 소 터럭의 차이일 뿐이겠는가.[62]

60 동산(東山) : 은거지를 의미한다. 진(晉)나라 사안(謝安)이 회계(會稽) 땅 동산에 은거하면서 계속되는 조정의 부름에도 응하지 않고 20여 년 동안 한가로이 지낸 고사가 전한다. 《晉書 卷79 謝安列傳》

61 물러날 나이가 되면 : 치사(致仕)할 나이가 됨을 의미한다. 《예기》 〈곡례 상(曲禮上)〉에 "대부는 나이가 칠십이 되면 일을 그만둔다.〔大夫七十而致事〕"라고 하였는데, 여기서 예년(禮年)은 이것을 가리킨다.

62 어찌……뿐이겠는가 : 두 사람의 차이가 현격하다는 말이다. 구우모(九牛毛)는 아홉 마리 소의 터럭이라는 말로, 현격한 차이를 의미한다. 진(晉)나라 때 어떤 사람이 화담(華譚)에게 "속어에 사람 사이의 거리가 아홉 마리 소의 터럭처럼 차이가 많이 난다고 하니, 어찌 이럴 리가 있겠는가.〔諺言人之相去如九牛毛, 寧有此理乎.〕"라고 물었다. 화담이 대답하기를 "옛날에 허유와 소부는 천자의 존귀한 지위도 사양하였는

연천(延川) 이자릉(李子陵)[63]은 일찍 조정에 나아가 높은 작위에 오르고 존귀한 지위를 차지하여 관리로서 맡은 일이 있었는데, 거처하는 곳에 반드시 멋들어진 연못과 집과 숲과 정원이 있었으니, 날마다 쉬는 것이 생활화되었다. 그러다가 칠십을 바라보는 나이에 서호(西湖)의 동쪽 언덕에 터를 잡고 세 칸짜리 정자를 지어 겨울에는 따뜻하고 여름에는 시원한 거처를 마련하였다. 드디어 그곳 이름을 만휴(晚休)라고 하였으니, 대개 조석으로 편안히 쉬면서 노년의 삶을 살아가겠다는 뜻을 담은 것이다. 그런데 호수와 산의 아름다움과 사시(四時)의 경관을 안석과 뜰 사이에서 보면서 눈과 귀를 즐겁게 하니, 저절로 즐거움이 되는 것이 어찌 이미 온전하고 두텁지 않겠는가.

정자의 위쪽과 아래쪽으로 동호(東湖)와 서호(西湖)에는 화려한 집과 탁 트인 누각이 사립문을 맞대고 겹겹이 세워져 있는데, 대부분 문을 걸어 닫았고 두드려 보아도 텅 비어 사는 사람이 없다. 그 이웃의 사람들에게 물어보면, 혹은 도성 중심가에 집이 있다 하고, 혹은 사방으로 벼슬살이 나갔다고 한다. 이런 사람들은 끝내 한 번도 쉬지 못한 채 먼지 날리는 세상 속에서 늙어 죽고, 정자는 다른 사람의 차지가 된다.

그러나 유독 자릉은 성품이 젊어서부터 한가로움을 탐하더니 늙어서는 그 정도가 더욱 심해져서 날마다 빈객과 벗들과 함께 이 정자에서

데, 저잣거리의 소인들은 반 전의 이익을 다투니, 서로의 차이가 어찌 아홉 마리 소의 터럭 정도일 뿐이겠는가.〔昔許由巢父讓天子之貴, 市道小人爭半錢之利, 此之相去, 何啻九牛毛也.〕"라고 하였다. 《晉書 卷52 華譚列傳》

63 이자릉(李子陵) : 이경엄(李景嚴, 1579~1652)으로, 본관은 연안(延安), 자는 자릉, 호는 현기(玄磯)이다.

술을 마시고 시를 읊으며 스스로를 만휴옹(晩休翁)이라 불렀는데, 사람들도 옹(翁)을 만년에 쉬는〔晩休〕 사람으로 인정하였다. 옹이 바야흐로 몸이 쉬는 것을 스스로 다행으로 여기고 마음이 쉬는 것을 스스로 높이지 않으니, 사람들은 다만 옹이 늘그막에 그 몸을 쉬는 것만을 알고 일찍부터 그 마음을 쉬게 한 줄은 모른다. 나는 세상 사람들 가운데 옹에 대해 말하는 이들이 젊어서나 늙어서나 변함이 없는 옹의 진면모를 쉽게 엿보지 못하고 옹의 휴식이 오늘부터 시작되었다고 여길까 걱정스럽다. 그렇게 생각한다면 어찌 공을 조금밖에 알지 못하는 것이 아니겠는가. 그러므로 한 마디 말을 써서 대략의 자취만 좇는 자들을 깨우쳐 주노라.

과학헌기
跨鶴軒記

"허리에 10만 관을 차고서 학을 타고 양주(揚州) 하늘을 날겠다."[64] 라는 것은 옛 사람의 지나친 말이지 달사(達士)의 바른 말이 아니다. 양주는 큰 도시이니, 이곳을 얻었다면 10만 관은 큰돈이라고 할 수도 없다. 학을 탔다면 훌쩍 날아오르는 것이니, 양주는 또 내려다 볼 것도 못 된다. 신선은 상청(上淸)을 도회지로 삼아 세상 밖으로 벗어나니, 양주를 보고서 더러운 곳으로 여길 것인데 어찌 이곳의 자사가 되는 것을 영광으로 여기겠는가. 이백(李白)이 도사 오균(吳均)[65]의 살진 모습을 조롱하여 말하기를 "그대의 시를 읽고서 입으로 연하(煙霞)를 먹을 것이라 생각했는데, 지금 그대를 보니 난학(鸞鶴)이 그대의 몸무게를 견뎌내지 못할까 두렵다."라고 하였으니, 허리에 10만 관을 찬 저 사람이 과연 고요한 하늘에 올라갈 수 있겠는가.

64 허리에……날겠다 : 옛날에 어떤 사람들이 함께 모여서 각각 자기 소원을 말하는데, 한 사람은 양주 자사(揚州刺史)가 되고 싶다 하고, 한 사람은 많은 재물을 갖고 싶다 하고, 한 사람은 학(鶴)을 타고 승천(升天)하고 싶다고 하였다. 그러자 다른 한 사람이 말하기를 "나는 허리에 십만 꿰미의 돈을 차고, 학을 타고 양주로 날아가서, 앞서 말한 세 사람의 소원을 겸하고 싶다.〔腰纏十萬貫, 騎鶴上揚州, 欲兼三者.〕"라고 했다는 고사가 있다. 《事文類聚後集 卷42 鶴條》

65 오균(吳均) : 양(梁)나라 오흥(吳興) 사람으로, 자는 숙상(叔庠)이다. 오흥의 주부(主簿)로 있으면서 날마다 시부(詩賦)를 읊으며 지냈는데, 그가 지은 시부를 오균체(吳均體)라고 하였다.

수준 낮은 가난한 사람이, 10만 관을 우습게 여기고 양주 자사가 된 사람의 부유함과 현달함을 보고 내심 부러워 마지않아서, 이에 학을 탄 사람과 견주어 말한 것이다. 그런데 후대에 부귀를 좋아하는 사람들이 드디어 구실(口實)로 삼았으니 진실로 개탄스럽다.

유심(柳淰)[66]은 젊어서부터 청직(淸職)을 역임하였다. 어사중승(御史中丞)과 중서사인(中書舍人)을 거쳐, 오랫동안 승명려(承明廬)[67]에서 숙직하다가, 잠시 지방으로 나아가 양주 목사(楊州牧使)가 되었으니, 진퇴(進退)의 측면에서 논한다면 마땅히 양주(揚州)에 내려갔다고 말할 것이다. 유 목사는 그러나 목사가 된 것을 가볍게 여기지 않고 밤낮으로 고을을 다스리는 데 힘써서 석 달 만에 고을 정사(政事)가 이루어졌다. 공해(公廨)의 서쪽 모퉁이에 작은 집을 새로 지으니, 높고 밝은 곳에 위치하였으므로 올라 바라보는 멋진 경치가 있었다.

편액을 걸어서 이름을 과학(跨鶴)이라 하였다. 그러자 어떤 사람은 유 목사가 부러움을 버리지 못하고 동경하는 마음을 끊지 못해서 이런 이름으로 스스로 자랑하는 것이라고 의심하였는데, 이는 그렇지 않다. 유 목사가 유악(帷幄)에서 임금을 가까이 모시며 날마다 내전(內殿)에서 시강(侍講)하다가 뜻밖에 목사 인끈을 차고 문서더미에 파묻혔으니, 동방(東方)의 산선(散仙)[68]이 세성(歲星)의 자리를 떠나 시끄

66 유심(柳淰) : 1608~1667. 본관은 전주(全州), 자는 징보(澄甫), 호는 도계(道溪)이다. 전창군(全昌君) 유정량(柳廷亮)의 아들이다. 《雪峯遺稿 卷27 贈資憲大夫……全平君柳公墓碣銘》

67 승명려(承明廬) : 한(漢)나라 때 시종신들이 숙직했던 곳인데, 여기서는 유심이 도승지(都承旨)로 재직한 사실을 말한 것이다.

럽고 비루한 곳에서 노니는 것과 다를 것이 없는데, 무엇을 자랑하겠는가. 자잘한 일은 오리(傲吏)를 구속하지 못한다. 하늘같이 높은 관부(官府)에서 생학(笙鶴)을 보내 부르면, 장차 구름 기운에 올라 회오리바람을 타고, 먼지 구덩이를 벗어나 붉은 하늘에 오를 것이니, 양주(揚州)와 10만 관은 두엄과 쭉정이에 불과할 것이다. 과학이라는 이름이 바로 그 징조이다. 청컨대 이 글을 적어두고 그 때를 기다리기 바란다.

68 산선(散仙) : 아직 선계(仙界)의 관직을 받지 못한 선인(仙人)이라는 뜻인데, 어디에도 구속받지 않고 자유롭게 유유자적하는 은자를 비유하는 말로 흔히 쓰인다.

문소각기
聞韶閣記

우리나라는 산과 바다에 끼어 있으니, 군(郡)과 읍(邑)을 두어 다스리는 곳마다 산수의 승경(勝景)을 간직하지 않은 곳이 없다. 영동(嶺東)과 영서(嶺西)의 여러 고을은 더욱이 그 아름답기가 다른 도(道)에 비해 으뜸으로 일컬어진다. 그 가운데서도 수춘주(壽春州 춘천)는 가장 뛰어난 곳으로 유명하다. 대개 그 소재지의 동쪽에는 봉의산(鳳儀山)이 우뚝 솟아 높은 하늘에 꽂히고, 소양강(昭陽江)과 장양강(長楊江)이 그 서쪽에서 합해져, 깨끗한 물빛을 반짝이며 흘러간다.

산수가 아름다운 우리나라에서도 영동과 영서가 가장 아름답고, 가장 아름다운 영동과 영서에서도 수춘주가 제일 아름다우니, 이곳에는 마땅히 정자와 누대 등 올라가 전망을 바라볼 수 있는 곳이 있어서 그 좋은 경치를 아우를 수 있어야 하는데, 관청(官廳)과 해사(廨舍)는 구릉의 깊숙한 가운데 위치하여 각각 그 지형을 살펴 지은 것이다. 그러므로 공관(公館)에 머무는 사람은 봉의산이 있는 줄은 알지만 소양강과 장양강이 있는 줄은 모르고, 요선당(邀仙堂)에 거처하는 사람은 소양강과 장양강이 있는 줄은 알지만 봉의산이 있는 줄은 모른다. 이것은 마치 왼쪽에서 보는 것이 있으면 오른쪽에 반드시 놓치는 것이 있고, 앞쪽에서 얻는 것이 있으면 뒤쪽에 반드시 잃는 것이 있어서, 저것과 이것이 서로를 가려 양쪽 모두 그 아름다움을 온전히 하지 못하는 것과 같다. 그러므로 완전히 갖추어지기를 바라는 사람들이 항상 안타깝게 여겼다.

지금 부사 엄황(嚴愰)[69]이 고을을 다스린 지 3년인데, 윗사람이 평안하고 아랫사람이 화목하였다. 이에 공관과 요선당 사이에 터를 마련하여 작은 각(閣)을 세우고는 문소(聞韶)라고 명명(命名)하였다. 조금 높은 곳에 위치하여 시야를 막는 높이 한 길 이상의 구릉도 없으므로 사방이 확 트여 두 가지 즐거움[70]을 다 갖추었으니, 봉의산 서쪽과 소양강과 장양강 동쪽에 바위 봉우리가 그 면목을 드러내고 큰 물줄기가 띠처럼 뻗어 있다. 구름과 안개가 일어났다 사라지는 경치와 배들이 모여드는 모습과 사시의 경관과 기상의 변화가 처마 너머에 모두 펼쳐지니, 반걸음을 걷는 노력과 애써 찾아가는 수고를 하지 않아도 안석에 기대 눈동자를 돌리는 사이에 얻어지는 것이 있지 않은 것이 없고 극진하지 않은 것이 없었다. 이것은 마치 파사(波斯)[71]의 거상(巨商)이 많은 보물을 진열해 놓고 있으면 전방을 이리저리 옮겨 다니지 않아도 다른 나라의 특이한 보석들이 종횡으로 눈에 가득 들어오는 것과 같다. 대단하다. 엄 부사의 계획한 바가 진실로 크고 날마다 새롭구나.

69 엄황(嚴愰) : 1580~1653. 본관은 영월(寧越), 자는 명보(明甫)이다. 춘천 부사를 역임하였다. 《東州集 文集 卷10 水軍節度使嚴公墓碣銘 幷序》

70 두 가지 즐거움 : 《논어》 〈옹야(雍也)〉에 "지혜로운 이는 물을 좋아하고 어진 이는 산을 좋아한다.〔知者樂水, 仁者樂山.〕"라고 하였는데, 여기서는 문소각에서 봉의산의 아름다움과 소양강과 장양강의 승경을 모두 감상하는 즐거움을 누릴 수 있다는 의미이다.

71 파사(波斯) : 이란의 옛 이름인 페르시아를 가리킨다. 고대(古代)에 진보(珍寶)를 많이 생산하기로 유명하였다.

아아, 수춘주에 봉의산과 소양강과 장양강이 있게 된 것은 우주가 생겨난 때부터인데, 그곳을 소재지로 삼은 지가 얼마나 오래되었는지 알지 못하고, 이곳에 관리로 부임한 사람들이 또 얼마나 현달한 이들이었는지 알지 못한다. 천지가 은밀하게 감추어 둔 것과 산천이 꼭꼭 숨겨두었던 것들이 이때에 이르러 비로소 남김없이 다 드러나게 되었다. 이것은 어쩌면 엄 부사의 구상하는 솜씨가 홀로 빼어나고, 천기(天機)가 홀로 심오하여 형세를 잘 살펴 경영한 것이니, 사람의 힘으로 이를 수 있는 바가 아니라 귀신과 이물(異物)이 암암리에 그 일을 도왔던 것이란 말인가. 아니면 조화옹(造化翁)과 진재(眞宰)가 조금도 그 솜씨[72]를 아끼지 않은 것이란 말인가. 이 산을 봉의라고 부른 지도 오래되었다. 봉황은 반드시 소악(韶樂)을 기다린 뒤에 춤을 추는 것이니,[73] 소악이 없는데도 봉의라고 부른 것은 대개 오늘을 기다린 것일 것이다.

내가 숭정(崇禎) 을해년(1635, 인조13) 가을에 감사의 신분으로 수춘주에 이르러 공관에서 왕명(王命)을 선포하고 밤에 요선당에서 묵었는데, 당시에는 이른바 문소각이라는 것이 없었다. 여기저기 다

72 솜씨 : 탁약(橐籥)은 본래 《노자(老子)》 제4장에 "천지의 기운은 탁약과 같은 것이 아니겠는가. 비어도 굽히지 않고 움직일수록 더욱 나온다.〔天地之間, 其猶橐籥乎, 虛而不屈, 動而愈出.〕"라고 한 데서 유래한 말이다. 본래 대장간의 풀무와 같은 것으로, 조물주가 만물을 만들어내는 도구라는 의미로 사용되는데, 여기서는 조물주가 만물을 만드는 솜씨라는 의미로 풀이하였다.

73 봉황은……것이니 : 《서경》 〈익직(益稷)〉에 "순 임금이 창작한 음악인 소소를 아홉 번 연주하자, 봉황이 듣고 찾아와서 춤을 추었다.〔簫韶九成, 鳳凰來儀.〕"라고 하였다.

니기에 지쳐서 그곳의 형승을 다 구경하지 못하였으므로, 항상 오고가면서 마음에 걸려 했던 것이 지금까지 14년이나 되었는데, 이 각이 완성되었다는 소식을 들으니 그 위치를 손가락으로 가리킬 수 있을 만큼 정확히 그려진다. 그 대략을 간략히 써서 엄 부사의 요청에 갈음한다.

옥과객사 중건기
玉果客舍重建記

지난 무오년(1618, 광해군10)에 내가 조정의 명령으로 해방도(海防道) 호남의 옥과현(玉果縣)을 안찰(按察)하였는데, 옥과현은 험한 산골이었다. 순창(淳昌)과 부유현(富有縣)[74]의 깊숙한 곳에 끼어서, 십여 가구의 작은 마을이 호젓하였다. 마중하는 아전이 나를 연못가의 누각에 머물게 하였는데, 누각은 작고 낮았다. 밖에는 가을이 저물어 날씨가 추운 때라 비바람이 싸늘하고 창문이 밤새 덜컹덜컹 울리니, 심사가 매우 처량하였다.

아침에 바라보니, 설산(雪山)이 그 북쪽에 버티고 있는데 들쭉날쭉하여 그 지역과 어우러지지 않았다. 영귀정(詠歸亭)이 그 동쪽에 솟아 있는데, 물러서 있어서 서로 어우러져 빈주(賓主)가 되지 못했다. 산에는 큰 대나무밭 천 묘(畝)가 있는데, 가리고 망가져서 그 푸르른 빛을 다 드러내지 못하였다. 그 지역 사람에게 물어보니 "옛날에 공관이 있어서 경치 좋기로 이름났었는데, 정유년(1597, 선조30)의 전란에 불타버리고 복원하지 못한 지가 이제 22년이 되었습니다."라고 말하였다. 내가 여기에서 사람들이 일을 서두르지 않는 것과 옛 장관이 중간에 사라진 것을 탄식하고 항상 마음에 두었던 것이 지금까지 또 33년이다.

경인년(1650, 효종1) 봄에 이르러, 신 현감(申縣監)[75]이 이 고을을

74 부유현(富有縣) : 전라남도 순천시 주암면 일대에 있던 고을이다.

맡아 다스린 지 마침 3년이 되었다. 그 사이에 객사를 새로 지었는데, 다른 여러 사람들과 도모하지도 않고 백성들에게 일을 시키지도 않았다. 일 없는 사람들 가운데에서 장인(匠人)을 모으고 관아 창고의 남는 것에서 경비를 마련하여 공사를 마쳤다. 방위와 터를 살펴 모두 처음의 규모를 따라 청랑(廳廊)과 해서(廨序)가 하나도 갖추어지지 않은 것이 없었으며, 흙벽을 바른 것과 기와와 벽돌이 환하게 거듭 새로워졌다. 지난날의 들쭉날쭉하여 그 지역과 어우러지지 않았던 설산(雪山)은 마치 배후를 가려주는 병풍과 같이 되었다. 물러서 있어서 서로 조회하여 빈주가 되지 않았던 영귀정(詠歸亭)은 마치 마주 읍하며 술잔을 올리는 것과 같이 되었다. 가려지고 망가졌던 대밭의 푸르름은 또 마치 푸른 장막과 초록 장막이 그 왼쪽을 빙 둘러 에운 듯하고, 가로지른 병기와 줄지은 창이 삼엄하게 서서 버티고 있는 것과 같이 되었다.

고을의 기로 대부(耆老大夫)들이 그 아래 와서 노닐면서 말하기를 "어쩌면 옛날 오랫동안 폐허가 되었던 것을 지금 이렇게 빨리 복원할 수 있단 말인가."라고 하였다. 동쪽과 서쪽의 빈객들 가운데 이곳에 머문 이들이 말하기를 "고요하구나, 집이여. 홀로 여기에서 볼 뿐이다."라고 하였다.

아아, 객관이 처음 불타고 나서 지금까지 54년의 세월이 지나도록 고을을 다스린 수령이 수십 명인데, 그들의 현명함과 어리석음은 진실

75 신 현감(申縣監) : 신득홍(申得洪, 1608~1653)으로, 본관은 고령(高靈), 자는 대오(大吾), 호는 지담(芷潭)이다. 《승정원일기》 인조 26년 2월 25일 기사에 신득홍을 옥과 현감으로 삼는다는 기록이 있다.

로 저마다 달랐을 것이다. 그들이 "백성들의 힘을 아껴야 한다."라고 말하지 않으면 "고쳐 짓는 것에 신중을 기해야 한다."라고 하며 날짜를 계산하여 임기가 차기만을 기다렸으니, 객사(客舍)에 나그네가 지나감과 같았던 것이다. 오직 신 현감은 청렴과 검약으로 몸을 단속하고 이를 미루어 시행하는 일에 통달하였으므로 세운 건물이 이와 같이 훌륭하니, 공무(公務)를 봉행(奉行)하는 데 부지런하고 일을 추진하는 데 민첩한 사람이라고 할 만하지 않겠는가.

나는 늙었다. 깊은 병을 오랫동안 앓아 새로 지은 객관에 가서 술잔을 들고 그 완성된 모습을 볼 길이 없으므로 외람되게 한 마디 말로 신 현감의 아름다운 공적을 드러내고, 또 내가 평소 마음에 걸렸던 불편한 심기를 풀어내는 것을 어찌 그만두겠는가. 신 현감의 이름은 득홍(得洪), 본관은 고령(高靈)이며, 문학과 행의(行誼)가 대대로 그 집안에 전해지고 있다.

낭천아사 중창기
狼川衙舍重創記

단단대령(單單大嶺)[76] 서쪽에 위치한 산골 고을은 모두 십여 곳인데, 대부분 우거진 숲을 걷어내고 치소(治所)를 만들었다. 낭천현(狼川縣)은 더 황폐하고 후미진 곳으로 불리니, 민가는 채 백 가구도 되지 않고 관청과 공해(公廨)는 띠풀을 엮고 쑥으로 가려 겨우겨우 지탱할 정도였다. 내가 강원도를 다스리면서[77] 본 것이 이와 같았다.

또 불행히 고을 사람 중에 십악(十惡)[78]을 저지른 이가 있어서 현

76 단단대령(單單大嶺) : 《삼국지(三國志)》 권30 〈위서(魏書) 동이전(東夷傳) 예(濊)〉에 "단단대령에서 서쪽은 낙랑군에 속하고, 동쪽 일곱 현은 도위가 이를 맡아 다스렸다.〔自單單大嶺以西, 屬樂浪, 以東七縣, 都尉主之.〕"라고 하였다. 이민구는 이에 대해 자신이 저술한 《독사수필(讀史隨筆)》 권1에서 "단단대령의 동서는 지금의 관동(關東)과 관서(關西)이다."라고 말하였다. 안정복(安鼎福)은 이민구의 말을 인용하면서 "단단대령은 지금의 철령(鐵嶺) 안팎에서 대관령(大關嶺)에 이르는 한 가닥 산령(山嶺)이 바로 그것이다. 《여지승람(輿地勝覽)》에서 대관령을 또한 대령(大嶺)이라고 칭하였으니, 아마 옛 이름이 없어지지 않았던가 보다."라고 하였다. 《東史綱目 附錄 卷下 地理考》

77 내가 강원도를 다스리면서 : 이민구는 1635년(인조13) 7월 17일부터 1636년 명(明)나라 황손무(黃孫武)의 접반사에 임명될 때까지 강원도 관찰사의 직책을 수행하였다.

78 십악(十惡) : 《대명률(大明律)》에 정한 열 가지 큰 죄로, 모반(謀反), 모대역(謀大逆), 모반(謀叛), 악역(惡逆), 부도(不道), 대불경(大不敬), 불효(不孝), 불목(不睦), 불의(不義), 내란(內亂)을 이른다.

(縣)이 없어지고 김화(金化)의 속현(屬縣)이 되었다. 쑥으로 덮였던 곳이 더욱 정비되지 못하고 겨우 지탱되던 건물이 더욱 허물어져 무너졌으니, 오직 여우, 살쾡이, 너구리, 오소리들의 소굴이 되었을 뿐이다. 10년 뒤에 현이 다른 고을들처럼 회복되고, 전적(典籍) 신최(申最)[79] 군이 현감이 되었다. 처음 부임하면서부터 부지런히 고을 정사를 돌봐 한결같이 오래된 폐허를 일으키는 것으로 급선무를 삼으니, 열흘도 지나지 않아 모두 예전처럼 회복되었다. 이윽고 말하기를 "관사는 내 몸을 보호해 주는 곳이다. 내 몸도 보호하지 못하고서 어떻게 남을 다스리겠는가. 전사(傳舍)는 아침저녁으로 사람들이 거쳐가는 곳이니, 내가 감히 공적으로나 사적으로 편함을 꾀하겠는가."라고 하였다. 이에 산에서 목재를 베어오고 가마에서 기와를 구웠다. 그리고는 직접 방위를 살펴 공사를 진행하였는데, 옛 터보다 넓혀서 건물을 지었다.

고을 백성들이 이미 신군(申君)의 정사를 흡족하게 여겼으므로 무리지어 달려와 부지런히 일하니, 3개월 만에 공사를 끝마쳤다. 청서(廳序), 낭해(廊廨), 창고, 마구간, 당황(堂隍) 등의 건물이 제자리에 다 갖추어지니, 고을 사람들은 서로 축하하고 나그네들은 일신된 면모를 바라보았다. 이에 일반 백성들이 다음과 같이 말하였다.

"훌륭하십니다. 우리 현감이여! 우리 백성들을 자식처럼 사랑하여

79 신최(申最) : 1619~1658. 본관은 평산(平山), 자는 계량(季良), 호는 춘소(春沼)이다. 아버지는 동양위(東陽尉) 신익성(申翊聖)이며, 어머니는 선조의 딸인 정숙옹주(貞淑翁主)이다. 1653년(효종4) 1월에 낭천 현감에 임명되었다. 《東州集 文集 卷9 咸鏡道都事申君墓碣銘 幷序》

편안히 살게 하였으며, 또 밤낮으로 게을리하지 않고 집을 지어 먼 뒷날까지 이롭게 해 주시니, 스스로를 북돋우는 것입니다.

한편 군자들은 다음과 같이 말하였다.

"훌륭하십니다. 현감이여! 자부심이 강한 선비는 내직과 외직을 비교하여 경중(輕重)을 정합니다. 조정에 있을 때는 모두들 정성껏 직책을 수행합니다. 그러나 현감의 부신(符信)을 차고 대궐에 하직인사를 올리면 곧바로 해이해져서 편안함을 추구합니다. 술에 빠져 방탕해지지 않는다면 재물(財物)[80]에 물들어 더욱 자신을 살찌우고 백성을 병들게 하는 자가 대체로 많습니다. 오직 현감께서는 오롯한 마음으로 공무를 수행하면서 오만하거나 게으르지 않고 정사를 베풀어 환히 드러난 성과가 이와 같으니, 낭천 사람들은 현감을 자신들을 지켜주는 장막처럼 여깁니다."

나 동주노인(東州老人)이 빙그레 웃으며 다음과 같이 말하였다.

"저 일반 백성들은 처음 본 일을 과장한 것이고, 군자들은 구차하게 어려운 일만을 기뻐한 것이니,[81] 어찌 신군을 위한 말이 되겠는가.

80 재물(財物) : 지고(脂膏)는 본래 기름덩어리라는 뜻인데, 여기서는 재물 또는 뇌물을 의미한다. 동한(東漢)의 공분(孔奮)이 고장(姑臧)이라는 부유한 고을에 4년 동안 수령으로 있으면서 재물을 탐하지 않고 청렴한 자세로 일관하자, 당시 사람들이 "기름 덩어리 속에 두었건만 제 몸 하나도 윤택하게 하지 못한다.〔置脂膏中, 亦不能自潤.〕"라고 조롱했다는 고사가 전한다. 《東觀漢記 卷15》

81 군자들은……것이니 : 낭천 관사를 중건하기가 어려운 일인데, 그 일을 해낸 것만을 좋아했다는 말이다. 《논어》〈공야장(公冶長)〉에 자장(子張)이 자문(子文)의 일을 들어서 공자에게 인(仁)이 될 수 있는지 물은 내용이 보이는데, 그 주에서 주희(朱熹)가 "자장이 인의 체를 알지 못하고 어려운 일을 구차하게 하는 것을 좋아하여 끝내 작은 것을 큰 것이라고 믿었다.〔子張未識仁體, 而悅於苟難, 遂以小者信其大者.〕"라고

신군은 대대로 문장으로 명성을 날린 가문의 사람으로, 예문관을 거쳐 홍문관에 뽑혀 경연(經筵)에서 임금을 가까이 모신 지 몇 년이나 되었다. 지금 승명(承明)의 숙직[82]을 그만두고 비루한 지역을 맡아 시서(詩書)를 읽는 일을 버리고 자잘한 일에 종사하니, 부풍(扶風)의 기이한 여인이 하늘에서 내려와 먼지 속으로 떨어져 멍하니 어쩔 줄을 모르는 것과 같은 것이다.[83] 이런 경우 곤경 속에서 실의에 빠져 우울해하며 살지 못할 것처럼 된다. 그런데 지금 신군(申君)은 내직에서나 외직에서나 한결같은 자세를 견지하고 득실(得失)을 같게 여겨, 귀한 신분을 내세우지도 않고 일을 가리지도 않았다. 처한 분수대로 자신이 만난 운명을 받아들이고 맡은 지위에서 자신의 직분을 다하였다. 부지런히 노력하고 조심하면서 몸과 마음을 수고롭게 하여 관사 짓는 것을 임무로 삼았으니, 어찌 출처(出處)와 영욕(榮辱)으로 마음에 누를 끼쳐 근심하거나 즐거워하겠는가.

비녀 하나를 잃어버려도 낯빛에 드러나는 사람이 있고, 4천 마리의 말을 매어두고도 크게 여기지 않는 사람이 있으니, 사람마다 도량의

하였다.

82 승명(承明)의 숙직 : 승명은 한(漢)나라 때 시종신들이 숙직했던 승명려(承明廬)를 가리킨다.

83 부풍(扶風)의……것이다 : 신최가 조정에서 근무하다가 낭천 현감으로 부임한 것을, 하늘나라에서 쫓겨난 여인의 입장에 비유하여 말한 것이다. 유종원(柳宗元)의 〈적룡설(謫龍說)〉에, 부풍의 마유자(馬孺子)가 택주(澤州)에 있을 때 여러 아이들과 교외의 정자에서 놀다가 기이한 여인이 땅에 떨어지는 것을 보았는데, 그 여인이 자신은 천제(天帝)의 노여움을 받아 유배 왔지만 7일 뒤에는 돌아갈 것이라고 했다는 내용이 보인다.

크기가 진실로 다르지만, 오직 도량이 커야만 많은 것을 담을 수 있다. 신군이 가시나무 속에서 벗어나 큰 집의 동량이 될 날이 머지않으리라."

드디어 그 일을 써서 훗날의 징험으로 삼는다.

귀래정기
歸來亭記

도 징사(陶徵士)가 은둔의 성향이 있어 팽택 령(彭澤令)이 된 지 50일 만에, 향리의 애송이에게 허리를 굽히고 싶은 마음이 없어 〈귀거래사(歸去來辭)〉를 짓고 홀가분하게 돌아왔으니,[84] 귀거래는 벼슬을 돌려주고, 직임을 버리고, 집으로 돌아온다는 의미이다. 높은 풍도와 빼어난 절조가 온 세상을 비추니, 그를 칭송하는 것은 단지 문사(文辭)가 아름답기 때문만은 아니다.

도잠의 뒤로 벼슬길에 나온 사람들이 그의 풍도와 절조를 상상하고 사모하여 모두들 글을 지어 화운하였는데, 소 장공(蘇長公)도 해남(海南)에 있을 때 〈귀거래사〉에 화운하여 돌아가고픈 뜻을 붙였으

84 도 징사(陶徵士)가……돌아왔으니 : 징사(徵士)는 군주의 부름을 받은 처사(處士)를 일컫는 바, 여기서는 진(晉)나라의 도잠(陶潛)을 가리킨다. 도잠이 팽택 현령(彭澤縣令)으로 있을 때, 군(郡)에서 파견한 독우(督郵)의 시찰을 받게 되었는데, 아전이 도잠에게 의관을 갖추고 독우에게 인사를 해야 한다고 하자, 노삼이 탄식하면서 "내가 쌀 다섯 말 때문에 허리를 꺾어 향리의 애송이에게 굽실거릴 수는 없다.〔我不能爲五斗米, 折腰向鄕里小兒.〕"라고 하고는, 즉시 수령의 인끈을 풀어 놓고 고향으로 돌아갔다는 기록이 있다.《晉書 卷94 陶潛列傳》 삼경(三徑)은 은자가 사는 집을 말한다. 한(漢)나라 장후(蔣詡)는 자가 원경(元卿)으로, 왕망(王莽)이 집권하자 벼슬에서 물러나 향리인 두릉(杜陵)에 은거하였다. 그 뒤로 집의 대밭 아래에 세 개의 오솔길을 내고 벗 구중(求仲)과 양중(羊仲) 두 사람하고만 교유하였다.《蒙求 卷上 蔣詡三逕》 도잠도 〈귀거래사(歸去來辭)〉에서 이 고사를 인용하여 "삼경은 황폐해졌어도, 솔과 국화는 그대로 남아 있네.〔三徑就荒, 松菊猶存.〕"라고 하였다.

니,[85] 세상의 많은 사람들이 외워 전한 것은 대개 문사의 아름다움을 취한 것이다. 그러나 벼슬길에 나온 사람들 가운데 도잠이 했던 것처럼 관직에서 벗어나 고상하게 살아간 사람은 없었다. 소 장공이 바야흐로 해남도(海南島)에 구금되었다가 끝내 돌아오지 못하고 중도에 죽어 묻혔으니,[86] 그 말은 매우 구슬프고 그 도는 매우 곤궁하다.

지금 개성 유수(開城留守) 죽소(竹所) 김공(金公)[87]이 중년 이후에 행주(幸州)의 강기슭에 땅을 매입하였는데, 그 동네의 이름은 율리(栗里)이다. 그 위에 정자를 지었는데, 전원(田園)과 골목의 버들, 뽕과 삼, 솔과 국화의 아름다움이 시상(柴桑 도잠의 고향)의 경치와 매우 흡사하고, 도잠의 〈귀거래사〉에 화운한 글이 벽에 걸려 있었다. 매번 휴가를 받을 때마다 수레를 타고 돌아오니, 높다란 언덕을 거닐고 깊숙한 골짜기를 찾는 운치,[88] 그리고 지친 새가 날아오고 산 구름이 오가는 경관 등 얼굴에 기쁜 빛이 돌게 하고 오만한 마음을 부치게

85 소 장공(蘇長公)도……붙였으니 : 소 장공은 소식(蘇軾)을 가리킨다. 소식이 소순(蘇洵)의 장자이면서 그의 문장이 백대(百代)의 으뜸이라고 할 만했기 때문에 장공이라고 하였다. 그가 화운한 작품은 《동파전집(東坡全集)》 권32의 〈화귀거래혜사(和歸去來兮辭)〉를 가리킨다.

86 소 장공이……묻혔으니 : 소식은 1093년에 철종이 친정을 하고 신법당이 재집권하면서 해남도(海南島)로 귀양을 갔는데, 1101년에 철종이 죽고 휘종이 즉위하자 사면되어 상경하던 중, 상주 땅에서 이질로 추정되는 병에 걸려 숨을 거두었다.

87 죽소(竹所) 김공(金公) : 김광욱(金光煜, 1580~1656)으로, 본관은 안동(安東), 자는 회이(晦而), 호는 죽소, 시호는 문정(文貞)이다.

88 높다란……운치 : 도잠의 〈귀거래사〉에 "어떤 때는 수레를 타고 또 어떤 때는 거룻배를 저으면서, 깊숙한 골짜기를 찾아도 가고 높다란 언덕에 올라 거닐어 보기도 한다.〔或命巾車, 或棹孤舟, 旣窈窕以尋壑, 亦崎嶇而經丘.〕"라는 말이 있다.

하는 것들을[89] 모두 얻을 수 있으니, 세대를 뛰어넘어 서로 감응하는 것이 사돈(謝墩)[90]과 흡사한 점이 있다. 고금을 돌아보니 인간의 거리가 멀리 떨어졌다는 것을 알지 못하겠는데, 공의 뜻은 오히려 부족하다고 여겨 마침내 그 정자의 이름을 "귀래"라 하고, 평생 속세와 멀리 떨어져 지내려는 계획으로 삼았다.

아아, 옛날 사람과 지금 사람의 같은 점과 다른 점을 갑자기 논할 수는 없다. 진(晉)나라[91]가 말기에 이르러 장차 지려는 우연(虞淵)[92]의 해와 같을 때, 징사(徵士)는 진나라 왕실의 남은 원로(元老)로서 새로운 왕조에 출사하여 술을 따라 올리며 제사를 도울 수 없었고, 하읍(下邑)에서 녹봉으로 받는 오두미(五斗米)가 고향의 고사리만 못하였으니, 거취를 결정할 때 조금 쉽게 결단을 내렸을 것이다.

죽소공의 경우에는 문장(文章)과 행업(行業)으로 세 조정에서 인정받았으니, 조정에 앉아 이른 아침부터 밤늦게까지 정무를 처리하여 백성들을 편안히 살게 하려는 임금의 일을 도운 것이 많았으며, 개성유수로 나아가 옛 도읍을 편안히 다스렸으니, 임금과 재상이 의지하고

89 얼굴에……것들을 : 도잠의 〈귀거래사〉에 "뜰의 나뭇가지를 보면서 얼굴에 기쁜 빛이 돈다.〔眄庭柯以怡顏〕"라는 말과 "남창에 기대어 교오한 마음을 부친다.〔倚南窓以寄傲〕"라는 말이 보이는데, 이를 원용하였다.

90 사돈(謝墩) : 사공돈(謝公墩)의 준말로, 진(晉)나라 때 사안(謝安, 320~385)이 항상 노닐었던 돈대(墩臺)를 말한다.

91 진(晉)나라 : 금행(金行)은 진나라를 이르는 말이다. 오행설에 따르면 진나라는 금덕(金德)으로 일어났다고 한다.

92 우연(虞淵) : 전설상의 해가 지는 곳이다. 《회남자(淮南子)》〈천문훈(天文訓)〉에 "태양이 양곡에서 나와서……우연으로 떨어질 때를 황혼이라고 한다.〔日出於暘谷……至于虞淵, 是謂黃昏.〕"라는 말이 있다.

중시하였으며 백성이 우러르고 의지하였다. 그러므로 도(道)는 진실로 행할 만하고 의(義)는 조정을 떠날 이유가 없으니, 만일 징사(徵士)가 입장을 바꾸어 죽소공과 같은 경우를 만났다면 틀림없이 전원으로 돌아가지 않았을 것이다. 세상이 잘 다스려지면 최상의 덕을 지닌 사람이라도 이름나지 않는 것이며, 세상이 탁하면 고결한 선비가 드러나는 것이니, 또한 그 시대를 논할 뿐이다.

비록 그러나 공은 이미 조정에 나가기 피곤한 나이가 되자, 아들에게 "서둘러 나의 정자를 지어라. 내가 돌아갈 것이다."라고 분부하였다. 이것을 비유하자면, 진기한 음식을 즐기는 이가 사람을 시켜 돈과 재물을 가지고 가게에 가서 음식을 사오게 했다면, 비록 곧바로 그 음식을 먹을 수는 없더라도 맛을 알지 못하는 사람이라고 할 수는 없으며, 그가 배불리 먹을 것은 서서 기다릴 수 있는 경우와 같다. 내가 당일에 동쪽 울 아래에 나아가 남산을 바라보며 아름다운 국화를 따고[93] 술자리에서 공을 모시려고 하는데, "그대는 돌아가게."라고 하지 마소서.

93 동쪽……따고 : 도잠의 시에 "동쪽 울 아래에서 국화꽃을 따다가, 유연히 남산을 바라보노라.〔採菊東籬下, 悠然見南山.〕"라고 하였는데, 이를 원용한 것이다. 《陶淵明集 卷3 飮酒》

만우당[94]기

漫寓堂記

너는 네가 의탁하고 있는 것을 버리고자 하는가. 의탁한 것은 버릴 수가 없다. 하늘은 기에 의탁하고 땅은 물에 의탁하니, 하늘과 땅도 오히려 자립하지 못하여 의탁한 것에 의지하여 존재하니, 어찌 의탁한 것을 버리겠는가. 노자(老子)는 그것을 지켜서 그가 의탁한 것을 항상 유지하려 하였지만 그렇게 할 수 없었고, 불씨(佛氏)는 그것을 싫어하여 그가 의탁한 것을 벗어나려 하였지만 그렇게 할 수 없었으니, 의탁한 것을 버리지 못한 지가 오래되었다.

네 몸은 네 정신이 의탁한 것이고, 네 집은 또 네 정신이 의탁한 네 몸을 의탁하는 곳이다. 싫어도 벗어날 수 없고 지키려 해도 항상 유지할 수 없으니, 네가 의탁하는 것을 장차 어떤 방법으로 할 것인가. 나는 만우(漫寓)로써 할 뿐이라 생각하노라.

대저 만우라는 것은 벗어나기를 구하는 것도 아니고, 항상 유지하기를 바라는 것도 아니다. 의탁하기를 허(虛)로써 하고 실(實)로써 하지 않으며, 의탁하기를 무(無)로써 하고 유(有)로써 하지 않는다. 네 몸이 매미의 허물이나 뱀의 껍질과 같은데, 하물며 그 몸에 의탁한 바이겠는가. 봄과 가을이 문득 갔다가 문득 돌아오고, 기화(氣化)가 왕성

94 만우당(漫寓堂) : 이민구의 형 이성구(李聖求)의 둘째 아들 이동규(李同揆, 1623~1677)의 김포(金浦) 별장이다. 이동규의 자는 조연(祖然), 호는 혼천(混泉)이다. 《동주집(東州集)》 시집(詩集) 권18에 〈만우당팔영(漫寓堂八詠)〉이 있다.

해졌다가 쇠락해져서 밤과 낮이 앞에서 바뀌어도 이미 차지하여 사사로이 소유할 수 없으니, 이것을 만우라 할 수 있는 것이다.

무릇 네 집에 있는 나무와 돌, 화초와 새처럼 계정(階庭)과 원지(園池)에 위치한 실물, 그리고 우뚝 솟은 산과 흘러가는 물, 피어났다 사라지는 운무(雲霧) 등의 물태(物態)가 시간에 따라 변해가는 모습을 잠시 얻었다가 금세 잃게 되는데, 이러한 것들도 모두 너의 눈과 귀가 의탁한 바이니, 그 의탁한 바가 또한 자유로울 뿐이다. 장차 시서(詩書)에 아취(雅趣)를 의탁하고 술에 흥취(興趣)를 의탁하여 고요함을 맘껏 즐기면서 가한 것도 없고 불가한 것도 없이 지낼 것이다.[95] 그런 자세로 무위(無爲)의 영역과 무하유(無何有)의 고을[96]에서 여유롭게 노닐면서 병들지도 않고 얽매이지도 않은 채 백발의 늙은이가 될 때까지 살아갈 것이다. 마침내 그 당을 "만우"라고 명명한다.

95 가한……것이다 : 어떤 일에 대해 꼭 해야 한다고 고집을 피우거나 해서는 안 된다는 편견을 갖지 않는다는 말이다. 《논어》 〈이인(里仁)〉에 "군자는 천하의 모든 일에 대하여 무조건 찬성하는 것도 없고 무조건 반대하는 것도 없어서 오직 의로운 것을 따를 뿐이다.〔君子之於天下也, 無適也, 無莫也, 義之與比.〕"라고 하였다.

96 무하유(無何有)의 고을 : 유무(有無)와 시비(是非) 등 모든 대립적 요소가 사라진 이상향(理想鄕) 혹은 선경(仙境)을 뜻하는 말로, 상대적인 세계인 현실의 제약을 벗어난 무위자연(無爲自然)의 세계를 말한다. 《장자(莊子)》 〈소요유(逍遙遊)〉에 "지금 선생에게 큰 나무가 있는데 쓸모가 없어 걱정인 듯하오만, 어째서 아무것도 없는 드넓은 들판에 심고 그 곁에서 마음 내키는 대로 한가로이 쉬면서, 그 그늘에 유유히 누워 자 보지는 못하오.〔今子有大樹, 患其無用, 何不樹之於無何有之鄕廣莫之野, 彷徨乎無爲其側, 逍遙乎寢臥其下.〕"라고 하였다.

석성 현감 이돈림[97]의 새 거처 동성정 기문

李石城新寓東城亭記

삼포(三浦)[98]는 한강 하류에 위치하여 도성과 10리 밖에 떨어져 있지 않다. 뒤에는 산이 있고 앞에는 호수가 있어서 이름난 정자들이 많기로 유명하다. 대개 이곳은 물결이 맑으면서도 깊고 물가와 모래톱들이 둘러있으며, 사람들이 많이 찾아오고 배들이 모여들며, 바람과 조수가 아침저녁으로 오르내리고 갈매기가 떼 지어 놀다가 무리 지어 날아가니, 무릇 높은 곳에 살면서 내려다 볼 수 있는 풍광을 대부분 다 누릴 수 있다. 다만 높은 터에 우뚝하게 지은 큰 집과 긴 처마 때문에 뜨거운 햇빛과 무더운 비가 심하게 들어오지 못하는 것은 오직 동성정이 으뜸이다. 예전에 공을 세워 동성군(東城君)에 봉해진 신씨(申氏)[99]가 처음 지었으므로, 이름을 동성정이라 하였다고 한다.

97 이돈림(李惇臨) : 1609~? 본관은 연안(延安), 자는 여길(汝吉)이다. 《승정원일기》 효종 2년 7월 21일 기사에 이돈림을 석성 현감(石城縣監)에 임명한 기록이 실려 있다. 석성은 현재의 충남 부여군 석성면 지역이다. 《동주집(東州集)》 시집(詩集) 권19에 〈이석성돈림교우신씨정이이전승(李石城敦臨僑寓申氏亭詑以專勝)〉이라는 작품이 있다.

98 삼포(三浦) : 현재의 서울특별시 마포구(麻浦區) 지역을 가리킨다. 《漢京識略 卷2 山川》

99 신씨(申氏) : 신경인(申景禋, 1590~1643)으로, 본관은 평산(平山), 자는 자정(子精)이다. 인조반정에 공로를 세워 정사 공신(靖社功臣) 2등으로 책훈(策勳)되고 동성군(東城君)에 책봉되었다. 《西溪集 卷14 東城君申公墓表》

동성군이 운명한 뒤에 정자는 마침내 빈 채로 몇 해가 흘렀는데, 올해 여름에 석성 현감 이군(李君)이 용산(龍山)에서 어머니를 모시고 와서 여기에 우거하였다. 가난한 선비[100]가 하루아침에 이처럼 크고 화려한 집을 얻었으니, 가난뱅이가 별안간 부자가 되었다고 할 수 있을 것이다. 석성군이 대단히 즐거워하여 글을 지어 멋진 경치를 자랑하고 또한 내게 한 마디 글을 지어 빛내달라고 요청하니, 장차 영원히 전하려는 계획인 것이다.

아아, 그대의 몸은 그대의 소유가 아니라 조화옹이 맡겨준 형체이고, 그대의 글은 그대의 소유가 아니라 기기(氣機)[101]가 빌려준 말이다. 집[102]은 항상 거처할 수 없고 천지도 오래도록 의탁할 수 없다. 하물며 삽시간에 왔다 가는 세월과 빈번히 피어나 자주 변하는 운하(雲霞), 그리고 흘러가서 머물지 않는 강하(江河)와 번갈아 대사(代謝)를 반복하여 늘 새로워지는 만물이야 더 말할 것이 있겠는가. 주야(晝夜)가 앞에서 바뀌는데도 잡아 지킬 수 없고 득실(得失)이 빈번히 마음속에서 교차하는데도 차지하여 마음대로 할 수 없다. 하물며 이

100 가난한 선비 : 필문(蓽門)은 대나무를 엮어서 만든 사립문을 말하고, 규두(圭竇)는 담장을 뚫어 만든 창문이라는 뜻으로, 가난한 사람이 사는 다 쓰러져 가는 집을 말한다.

101 기기(氣機) : 음양(陰陽)이 서로 조화를 이룬 기틀, 즉 음양 두 기운이 형평(衡平)을 이룬 상태를 말한 것으로, 《장자(莊子)》 〈응제왕(應帝王)〉의 형기기(衡氣機)라는 말에서 유래하였다.

102 집 : 병몽(帡幪)은 비바람을 가리고 덮어 주는 장막으로, 여기서는 집을 뜻한다. 《양자법언(揚子法言)》에 "비바람이 친 다음에 집이 나를 덮어 줌을 알았다."라고 한 데서 온 말이다.

정자가 지어지거나 무너지는 것을 미리 기약할 수 없고, 한번 주기도 하고 한번 빼앗기도 해서 일정한 주인이 없는 경우이겠는가. 그런데도 그대는 버젓이 그것을 소유하게 된 것을 다행으로 여기고 부질없이 그곳의 편리함을 바랐으니, 자못 도(道)를 말하기 어렵다.

또 글이라는 것은 빈 말이라서 사물에 의탁하여 이루어지니, 의탁한 사물이 사라지면 글도 따라서 없어진다. 세 왕씨(王氏)가 등왕각(滕王閣)을 서술한 글[103]과 장공(長公)이 능허대(凌虛臺)를 기록한 글[104]은 매우 아름답고 화려하다. 그런데도 오히려 회오리바람이 귀를 스쳐 지나가고 번개가 눈앞을 지나가는 것과 같아서 비슷한 빛과 소리를 구해봐야 잠시도 얻을 수 없으며, 쓸쓸한 글은 사람의 뼈가 썩어가는 것에 힘이 될 수 없다. 그대의 계책이 또한 졸렬하다고 할 것이다.

비록 그러나 동성군이 이 정자를 지은 것은 어찌 이곳을 지키면서 늙어가려고 한 것이 아니겠는가. 하지만 완공되기도 전에 동성군은 운명하였다. 석성군이 이때에 길가에서 서성이다가 화려한 서까래와 높은 기둥을 바라보면서 마치 신선의 거처와 같이 아스라하게 여겼을 것인데, 이제 까닭 없이 손에 넣었으니, 까치가 지은 집에 비둘기가 사는 것과 같다.[105] 옛말에 "집을 지은 사람은 살지 않고, 사는 사람은

103 세 왕씨(王氏)가……글 : 왕발(王勃)의 〈등왕각서(滕王閣序)〉, 왕서(王緖)의 〈등왕각부(滕王閣賦)〉, 왕중서(王仲舒)의 〈중수등왕각기(重修滕王閣記)〉를 가리킨다. 삼왕은 세 명의 왕씨(王氏)를 의미한다.

104 장공(長公)이……글 : 장공 즉 소식(蘇軾)이 쓴 〈능허대기(凌虛臺記)〉를 가리킨다. 소식이 소순(蘇洵)의 장자이면서, 그의 문장이 백대(百代)의 으뜸이라고 할 만했기 때문에 그를 장공이라 하였다. 능허대(凌虛臺)는 송(宋)나라 진희량(陳希亮)이 봉상(鳳翔)의 태수로 있을 때 관사 후원에 지은 누대이다.

집을 짓지 않는다."[106]라고 하였으니, 또한 변화하고 왕래하는 이치가 이처럼 일정하지 않음을 볼 수 있다. "배를 골짜기에 숨겨두어도 장사(壯士)가 등에 지고 달아나 버린다."[107]라고 하였는데, 이 말은 오로지 이익을 탐하고 부후(富厚)함에 안주하여 구차하게 자신의 이익만 꾀하는 세상 사람들에게 경계가 될 만하기에, 마침내 이러한 내용으로 기문을 쓴다. 석성군의 이름은 돈림(敦臨)이니, 품행(品行)과 도의(道誼)가 있는 사람으로 세상에 명성이 있다.

105 까치가……같다 : 석성 군수 이돈림이 신경인이 지은 동성정(東城亭)에 들어가 사는 것을 비유하여 말한 것이다. 《시경》 〈작소(鵲巢)〉에 "까치가 지은 집에 비둘기가 들어가서 사네.〔維鵲有巢, 維鳩居之.〕"라고 하였다. 원뜻은 비둘기는 둥지를 짓지 못하여 까치의 둥지에서 산다는 것인데, 남의 집이나 물건을 강점(强占)하는 것에 비유하는 말로 사용하기도 한다.

106 집을……않는다 : 이 말은 예부터 전해진 말로, 《진서(晉書)》, 《자치통감(資治通鑑)》 등에 보인다.

107 배를……버린다 : 삶에 집착하여 자신의 이익만을 추구하려고 해도 소용없다는 말이다. 《장자(莊子)》 〈대종사(大宗師)〉에 "배를 골짜기에 감추고 그물을 못에 숨겨두고서 그것으로 든든하다고 한다. 그렇지만 한밤중에 장사가 그것을 메고 달아나 버려도, 어리석은 자는 알지 못한다.〔夫藏舟於壑, 藏山於澤, 謂之固矣. 然而夜半有力者負之而走, 昧者不知也.〕"라고 하였다.

수명정[108]기

水明亭記

한강변에는 좋은 경치가 많다. 삼포(三浦)의 봉우리에 올라 시험 삼아 눈을 돌려 바라보면, 동작나루와 노량진, 와구(瓦丘)와 용산(龍山)으로부터 아래로 현석(玄石), 서강(西江), 죽리(竹里)에 이르기까지 십여 리의 사이에 높은 곳을 등지고 깊은 곳을 앞에 두어 먼 산과 가까운 물가에 평탄하고 탁 트인 경관을 모두 일람할 수 있다. 삼포는 그 가운데에 위치하여 마치 높은 언덕에 오른 사람이 시장의 이익을 쓸어담는 것처럼[109] 한 번 눈길을 돌리면 그 위쪽과 아래쪽의 아름다운 경치를 다 볼 수 있으니, 한강변의 승경을 삼포가 전유(專有)하고 있다.

108 수명정(水明亭) : 박이서(朴彛敍, 1561~1621)가 세운 정자이다. 박이서의 본관은 밀양(密陽), 자는 서오(敍吾), 호는 비천(泌川)·동고(東皐), 시호는 충간(忠簡)이다. 이식(李植)의 《택당집(澤堂集)》 별집(別集) 권7 〈이조참판비천박공묘비명(吏曹參判泌川朴公墓碑銘)〉에 박이서가 이식에게 "내가 마포(麻浦)에다 새로 정자를 지은 뒤에 두보(杜甫)의 시 뜻을 취하여 수명으로 편액(扁額)을 붙여 놓고 아침저녁으로 노닐고 있다.……그대는 나를 위해 정기(亭記)를 써주었으면 한다."라고 하였다는 기록이 있다.

109 삼포는……것처럼 : 삼포에서 한강변의 아름다운 풍경을 모두 볼 수 있는 것을 농단에 올라 저자의 이익을 독점하는 것에 비유하여 말한 것이다. 《맹자》 〈공손추 하(公孫丑下)〉에 "천장부가 반드시 높이 솟은 언덕을 찾아 올라가서 좌우를 살펴서는 시장의 이익을 모두 쓸어담는다.〔有賤丈夫焉, 必求龍斷而登之, 以左右望而罔市利.〕"라고 하였다.

그러므로 성시(城市)에서 살면서 낮고 비좁은 것을 싫어하고 한적한 곳을 좋아하는 사람들이 모두 이곳에 정자를 지었으니, 동우(棟宇)가 닿고 서까래 끝이 이어질 듯이 겹겹이 세워지고 마주보며 솟아 있는데, 그 정자들이 모두 명성을 드날리고 있다. 그러나 물과 가까우면 지대가 낮아지기 때문에 멀리까지 바라보기에 적합하지 않은 반면에 무너질 근심과 비린내가 나고, 이익을 추구하느라 시끄럽게 떠드는 소리가 날마다 눈과 귀를 어지럽히니, 완비된 것을 추구하는 사람은 혹 문제점으로 여긴다.

그러나 수명정은 높은 봉우리의 기슭을 베고 여러 구릉의 꼭대기를 차지하여 삼강(三江)[110]이 그 발아래에 모이고 한 쌍의 섬이 앞에 놓여 있으며, 목멱(木覓), 백악(白嶽), 부아(負兒),[111] 마안(馬鞍), 지주(砥柱), 잠암(蠶巖), 그리고 계양(桂陽)과 시흥(始興)의 산들이 좌우에 늘어서 있다. 배들이 모이고 저잣거리가 도회지를 이루어, 민가들이 즐비하게 늘어선 모습이 마치 물고기 비늘이나 벌집과도 같으니, 이 모든 것들이 내가 아침저녁으로 매일 보는 볼거리가 된다. 거기다가 동우가 닿고 서까래 끝이 이어진 주변의 여러 정자들이 모두 손가락으로 가리키며 돌아볼 수 있는 범위 안에 있으니, 수명정이 여러 정자 가운데 가장 으뜸이라는 데에 마땅히 이론(異論)이 없을 것이다.

승경을 자랑하는 한강변에서 삼포가 그 아름다움을 전유하고, 명성

110 삼강(三江) : 한강(漢江), 용산강(龍山江), 서강(西江)을 합쳐 부르는 말이다. 남산(南山) 남쪽 일대 노량(鷺梁)까지를 한강, 그 서쪽 마포(麻浦)까지를 용산강, 양화도(楊花渡) 일대를 서강이라고 하였다.

111 부아(負兒) : 부아악(負兒岳)으로, 삼각산 인수봉이 애를 업은 것 같은 모양이라는 데서 유래하였다.

을 날리는 여러 정자 가운데 수명정이 가장 으뜸이다. 그렇다면 수명정의 주인이 되는 사람은 반드시 하늘로부터 얻은 것이 온전해서 맑은 복을 넉넉히 누리고 지극한 즐거움을 향유할 것이니, 당세 사람이 얻어서 오래도록 전유할 수 있는 이가 자주 있지 않을 것이다.

처음 만력(萬曆) 병진년(1616, 광해군8)에 이부 좌시랑(吏部左侍郎) 비천(泌川) 박공(朴公)[112]이 비로소 이 정자를 지었고, 그의 아들 병부 좌시랑(兵部左侍郎) 대호공(大瓠公)[113]이 담과 지붕을 손질하였고, 손자 봉화군(奉化君)[114]에 이르러 현감 자리를 그만두고 돌아왔다. 지금 삼대(三代) 39년의 세월이 지났건만 건물은 날마다 더욱 튼튼해지고 섬돌과 뜰은 날마다 더욱 잘 가꾸어졌으며, 터는 기울지 않고 세업(世業)은 무너지지 않았으니, 어찌 어려운 일이 아니겠는가.

아아, 우주는 역려(逆旅)와 같다. 사람이 문득 왔다가 홀연 떠나가니, 사악(四嶽)과 삼도(三塗)처럼 험한 지역도 한 성씨의 차지가 되지 못했는데,[115] 오히려 어찌 영원히 소유할 수 있겠는가. 부귀(富貴)는

112 비천(泌川) 박공(朴公) : 박이서(朴彝敍, 1561~1621)로, 본관은 밀양(密陽), 자는 석어(錫吾), 호는 비천이다.

113 대호공(大瓠公) : 박노(朴簹, 1584~1643)로, 본관은 밀양(密陽), 자는 노직(魯直), 호는 대호이다. 《恬軒集 卷31 兵曹參判朴公神道碑銘》

114 봉화군(奉化君) : 봉화 현감(奉化縣監)을 지낸 박수소(朴守素)로, 박이서의 손자이며, 박노의 7남 2녀 가운데 장남이다. 《승정원일기》 효종 원년 1월 3일 기사에 박수소를 봉화 현감에 임명하는 기록이 보인다.

115 사악(四嶽)과……못했는데 : 아무리 험준한 곳에 나라를 세워도 한 왕조의 영원한 소유가 될 수 없다는 말이다. 《춘추좌씨전》 소공(昭公) 2년 기사에 "사악과 삼도와 양성과 대질과 형산과 중남은 구주 가운데 험한 곳이지만, 이러한 곳도 한 성씨의 차지가 되지 못했다.〔四嶽三塗陽城大室荊山中南, 九州之險也, 是不一姓.〕"라고 하였다.

무상(無常)한 것이다. 진(秦)나라의 기년궁(祈年宮 진 혜공(秦惠公)의 궁)과 아방궁(阿房宮 진 시황(秦始皇)의 궁), 진(陳)나라의 결기(結綺)와 임춘(臨春),[116] 수(隋)나라 양제(煬帝)의 현인궁(顯仁宮)과 분양궁(汾陽宮)과 미루궁(迷樓宮) 등은 모두 장엄하고 화려하였지만, 얼마 지나지 않아 터는 황량해지고 담장은 무너져 속절없이 여우와 토끼의 서식지가 되고 말았으니, 오히려 어찌 영원히 소유할 수 있겠는가. 하물며 강변과 물가에 지은 한 이랑의 집과 서까래 몇 개 없은 집은 아침저녁으로 주인이 바뀌어 거쳐 간 사람이 많은 법인데, 오직 박씨 집안은 대대로 지켜서 집이 무너지지 않았으니,[117] 봉화군은 노력할지어다.

천지는 무궁하지만 산천은 정해진 형태가 있는 것이다. 정해진 형태로 무궁한 데까지 전해지길 구한다면, 봉화군의 마음이 또한 어디인들 이르지 않겠는가. 봉화군이 이 정자를 소유하게 되었으니, 밤낮으로 전전긍긍하며 영원히 보전할 계책을 세워, 자손들에게 전해주어 비천공(泌川公)과 대호공(大瓠公)이 거주하던 옛 집이 쇠퇴하는 일이 없

116 결기(結綺)와 임춘(臨春) : 진(陳)나라의 누각 이름이다. 《진서(陳書)》 권7 〈후주심황후열전(後主沈皇后列傳) 장귀비(張貴妃)〉에 "이에 광조전 앞에 임춘각과 결기각과 망선각을 지었는데, 높이가 몇 길이나 되고 모두 합하면 수십 칸이 되었다.〔乃於光照殿前, 起臨春結綺望仙三閣, 閣高數丈, 竝數十間.〕"라고 하였다.

117 집이 무너지지 않았으니 : 박이서로부터 3대 동안 수명정을 잘 보전했다는 말이다. 당구(堂構)는 긍당긍구(肯堂肯構)의 준말로, 가업을 이어받아 발전시키는 것을 비유하는데, 여기서는 수명정을 잘 지켰다는 말이다. 《서경》 〈대고(大誥)〉에 "아버지가 집을 지으려 하여 이미 설계까지 끝냈다 하더라도, 그 자손이 집터도 닦으려 하지 않는다면 어떻게 집이 완성되기를 기대할 수 있겠는가.〔若考作室, 旣底法, 厥子乃不肯堂, 矧肯構.〕"라고 하였다.

도록 해야만 그 터전을 버리지 않았다고 할 수 있을 것이다. 봉화군은 노력할지어다.

내가 일찍이 이 정자에 우거한 적이 있기 때문에 나에게 글을 지어 기록해 달라고 하였다. 그로 인하여 시를 덧붙인다. 시는 시집(詩集)에 보인다.[118]

118 시는 시집에 보인다 : 이민구가 수명정에서 지은 시는 《동주집(東州集)》 시집(詩集) 권13의 〈수명정이거(水明亭移居)〉와 〈수명정연구체(水明亭聯句體)〉가 있는데, 이 기문과 관련된 시는 후자(後者)로 보인다.

칩구정기
縶駒亭記

《소아(宵雅)》의 시에 "희고 깨끗한 망아지가 우리 마당의 풀을 먹는다 하여 발을 묶고 고삐를 매어 오늘 아침 내내 있게 하리라."[119]라고 하였으니, 이는 현자(賢者)가 떠나는 것을 안타까워하여 머물게 하고 싶다는 말이다. 대저 현자가 떠나기를 바라는데 머물게 하고 싶어도 그렇게 하지 못하면 세도(世道)가 잘못되는 책임이 돌아가는 바가 있게 된다. 현자가 이미 조정에서 뜻을 이루지 못했다면 갈 곳은 빈 골짜기뿐이지만, 조수(鳥獸)와 무리를 이룰 수는 없으므로 사람들과 어울려 지내게 되니,[120] 홀로 자고 만나 노래하며[121] 비록 그

119 소아(宵雅)의……하리라 : 소아는 《시경》 소아(小雅)를 가리키며, 이민구가 인용한 시는 〈백구(白駒)〉의 일부분이다.

120 조수(鳥獸)와……되니 : 현자가 조정에서 뜻을 이루지 못해 빈 골짜기로 물러나도 조수와 무리를 이룰 수는 없으므로, 사람들과 어울려 지내게 된다는 말이다. 공자(孔子)가 "조수와는 함께 무리 지어 살 수 없는 것이니, 내가 이 세상 사람들과 함께하지 않고 누구와 더불어 살겠는가.〔鳥獸不可與同群, 吾非斯人之徒與而誰與.〕"라고 하였다. 《論語 微子》

121 홀로……노래하며 : 현자가 조정에서 물러나 한가롭게 지내는 모습의 단면을 《시경》의 내용을 인용해 말한 것이다. 독매(獨寐)는 《시경》 〈고반(考槃)〉의 "시냇가에 오두막 있으니 훌륭한 분이 편안히 거처하네. 홀로 자고 깨어 길이 잊지 않으려 맹세하네.〔考槃在澗, 碩人之寬, 獨寐寤言, 永矢弗諼.〕"라는 내용에 보이고, 오가(晤歌)는 〈동문지지(東門之池)〉의 "동문의 못이여, 삼을 담글 수 있네. 저 아름다운 숙희여, 함께 만나 노래할 수 있네.〔東門之池, 可以漚麻, 彼美淑姬, 可與晤歌.〕"라는 내용에 보인다.

즐거움을 스스로 즐길 수 있으나, 이웃의 부로(父老)들을 초대하여 그들과 평소의 회포를 풀어내서 곡진한 마음을 다 나누는 것도 현자의 우아한 풍치(風致)이다. 만나고 헤어지는 즈음에 또한 애틋하게 소맷자락을 당기는 심회(心懷)가 없지 못하니, "손님은 돌아가지 마시오."라는 노래가 〈여구곡(驪駒曲)〉 다음에 나오는 까닭이다.[122]

패현(佩弦) 김공(金公)은 현자이다. 젊어서 청직(淸職)을 역임한 뒤 이윽고 시골에서 지내다가 용구현(龍駒縣 현재의 경기도 용인시) 서북쪽에 있는 선영(先塋) 아래로 물러나 몸소 농사를 지으며 살았다. 연로해서는 출입을 줄였지만 손님을 좋아하는 마음은 누그러지지 않았다. 손님이 오면 반드시 텃밭의 푸성귀를 따고 술자리를 마련하여, 농사일을 논하고 날씨를 헤아리며 손님과 주인이 너와 내가 되는 줄도 알지 못하였다. 그러다가 숲의 해가 서쪽으로 기울어 손님의 수레가 장차 돌아가려고 하면 이쪽저쪽을 잡아끌면서 머물게 하기를 마지않았다.

이에 집 세 칸을 지으니, 여름에는 시원하고 겨울에는 따뜻한 공간이 마련되었다. 그 집을 칩구(縶駒)라고 명명하였으니, 비녀장을 던지는 뜻을 담은 것이다.[123] 땅에 떨어진 사람들은 모두 나의 형제라는

122 손님은……까닭이다 : 손님이 떠날 때 작별 인사를 하면, 주인이 가는 손님을 만류한다는 말이다. 여구(驪駒)는 《대대례(大戴禮)》에 나오는 〈여구곡(驪駒曲)〉이라는 일시(逸詩)로, 손님이 떠나려 하면서 이별의 정을 표시하는 노래이다. 손님이 "검정 망아지 문밖에 있고, 마부 모두 대기하오. 검정 망아지 길 위에 있고, 마부 멍에 올리었소."라고 노래를 부르면, 주인은 "손님이여 돌아가지 마오."라는 뜻의 〈객무용귀곡(客無庸歸曲)〉을 불렀다고 한다. 《漢書 卷88 王式傳 註》

123 칩구(縶駒)라고……것이다 : 《시경》 〈백구(白駒)〉의 내용에서 따온 칩구에 손

의리[124]와 나무를 벨 때 거른 술을 마시는 기쁨[125]이 편액에 성대히 나타나니, 패현공(佩弦公)은 어질도다.

처음 공이 일을 그만두고 돌아올 때, 조정의 사대부들이 모두 애석해하여, 시인들은 시를 지어 공을 만류하였는데, 그 시가 풍아(風雅)[126] 못지않게 아름다운지는 진실로 알지 못하겠지만 공의 말을 매어 둘 수 없었다. 차라리 산속에 잠기고 들에 엎드려 지내면서 찾아오는 멋진 손님의 말을 매어 두고서 한가롭게 소요하는 것이 더 나으니, 이것이 또한 군자의 출처(出處)의 도리이다.

나는 집이 가난하여 한 마리뿐인 조랑말이 매우 노둔하고 이마에 병까지 들었지만, 봄 언덕에 길 마르기를 기다려 공의 당 아래에 말을 매어두고 공에게 한 묶음 푸른 꼴을 마련하는 번거로움을 끼치리라. 우선 글을 지어 기록한다.

님을 잡으려는 마음이 담겨 있다는 뜻이다. 투할(投轄)은 비녀장을 던진다는 말로, 손님을 만류하여 가지 못하게 한다는 말이다. 한(漢)나라 진준(陳遵)이 술을 몹시 좋아하여 빈객들을 초청해서 술을 마실 때마다 대문을 걸어 잠그고 손님이 타고 온 수레의 바퀴에서 비녀장을 뽑아 우물에 던져서 빈객을 가지 못하게 했던 고사가 전한다.《漢書 卷92 游俠傳 陳遵》

124 땅에……의리 : 진(晉)나라 도잠(陶潛)의 시에 "땅에 떨어진 사람들 모두가 나의 형제이니, 어찌 반드시 골육의 친척만 있으리오.〔落地爲兄弟, 何必骨肉親.〕"라고 하였다. 이것은 서로 다른 곳에 태어났어도 모두가 형제처럼 친한 사이가 된다는 말로, 여기서는 손님을 친근하게 여긴다는 말이다.《陶淵明集 卷4 雜詩》

125 나무를……기쁨 : 벗들과 함께하는 즐거움을 말한다.《시경》〈벌목(伐木)〉에 "산비탈에서 나무를 베거늘, 거른 술이 많기도 하여라."라고 하였다.

126 풍아(風雅) :《시경》의 국풍(國風)과 대아(大雅), 소아(小雅)를 가리킨다.

학림정[127]이 그린 산수화 여덟 폭 병풍의 기문

鶴林正畫山水八帖屛風記

만력(萬曆) 신축년(1601, 선조34)에 선친께서 조복(朝服)을 뜯어 여덟 폭 병풍을 만들고, 학림정(鶴林正) 공자(公子)에게 사시(四時)의 산수(山水)를 그려 달라고 요청하셨다. 공자는 평소 그림을 잘 그리셨는데, 이 그림은 매우 정교하게 그려졌으므로 당시 훌륭한 작품으로 불리었다. 그 뒤에 학림 공자가 운명하여 세상에 남은 그분의 필적을 다시 얻을 수 없게 되자 사람들이 소중한 보물로 여겼으니, 한번 보는 것만으로도 행운으로 여기는 것은 진실로 마땅하다. 하물며 선친께서 마음과 눈길을 주었고 그 손때가 남아 있으며, 병풍으로 만들어 좌우에 펼쳐 두었던 것을 60년이 넘도록 분실하지 않고 전해왔으니, 자손들의 입장에서 소중한 보물로 여기는 마음이야 더더욱 어떠하겠는가.

변란이 많은 시대를 만나 내부(內府)에 소장하고 있던 것들도 정축년(1637, 인조15)의 난에 모조리 사라져, 귀하고 훌륭한 책과 그림이 모두 수레에 실려 북쪽 오랑캐 땅으로 갔으니, 이것은 또한 도서(圖

127 학림정(鶴林正) : 이경윤(李慶胤, 1545~1611)으로, 본관은 전주(全州), 자는 수길(秀吉), 호는 낙파(駱坡)・낙촌(駱村)・학록(鶴麓)이다. 성종(成宗)의 열한 번째 아들 이성군(利城君) 이관(李慣)의 종증손이다. 서화에 능했으며, 학림수(鶴林守)에 제수되었다가 학림정이 되었다. 절파풍(浙派風)의 대가 김시(金禔)와 친밀하게 교유하면서 화풍의 영향을 받았다. 간이당(簡易堂) 최립(崔岦)의 발문과 찬시(贊詩)가 적혀 있는 《산수인물화첩》, 《산수도》, 《고사탁족도(高士濯足圖)》 등이 전한다.

書)의 한 액운(厄運)이다. 그런데 이 병풍만은 해지고 때가 찌들었다는 이유로 아무 탈 없이 보존되었으니, 어찌 다행이 아니겠는가. 이에 훌륭한 장인에게 맡겨서 찌든 때를 닦아내고 낡은 곳을 손질함과 동시에 판자와 종이를 교체하여, 옛 형태를 따라 면모를 일신하였다. 그러자 선친께서 일찍이 병풍으로 만들어 좌우에 펼쳐 두셨던 물건이 한번 옛 모습대로 회복되었다. 펼쳐 바라보면서 어루만지고 완미하는 즈음에 나도 모르게 주르르 눈물이 흘렀다.

아아, 옛사람이 서화(書畫)를 논하면서 명주의 수명이 2백년 밖에 되지 않으므로 예원(藝苑)에서 매우 한스럽게 여긴다고 하였다. 처음 이 그림이 그려진 신축년(1601, 선조34)에 내 나이 열세 살이었는데, 이제 58년이 흘러 칠십 노인이 되었으니, 바람 앞의 등불처럼 사그라질 때가 성큼성큼 날마다 다가오고 있다. 이 그림이 신령과 통하여 변화할 때[128]를 헤아려 보면 오히려 100년이 남았다. 내가 이것을 한스러워할 겨를도 없지만 인생이 끝이 있다는 사실에 거듭 탄식이 일어난다.

128 신령과……때 : 학림정의 그림이 수명을 다하여 없어지는 것을 가리킨다. 진(晉)의 고개지(顧愷之)가 평소 보배로이 여겨온 그림들을 한 상자에 가득 담고 전면(前面)에 봉제(封題)를 풀로 붙여서 환현(桓玄)에게 보냈다. 환현이 표시나지 않게 그 상자의 후면(後面)만 열어서 그림을 다 꺼낸 다음, 처음과 똑같이 봉함하여 다시 고개지에게 돌려보내면서 상자를 열지 않았다고 거짓말을 하였다. 고개지가 상자를 열어 보니, 봉제는 처음과 똑같은데 그림들만 모두 없어졌으므로, 곧장 말하기를 "신묘한 그림이 신령과 통하여 변화해서 날아간 것이니, 이 또한 사람이 신선 되어 올라가는 것과 같은 것이다.〔妙畫通靈, 變化而去, 亦猶人之登仙.〕"라고 하였다는 고사가 전한다.《晉書 卷92 文苑列傳 顧愷之》

동리정사기
東里精舍記

상서(尙書) 정군칙(鄭君則)[129] 공의 동리정사(東里精舍)가 예전부터 흥인문(興仁門) 밖에 있었다. 도성에서 한 화살이 날아갈 정도의 거리 밖에 떨어지지 않았지만 인가(人家)가 드물어 한산하고 광활한 정취가 있었다. 집이 비록 아담하지만 반듯하게 지어져 편안히 거처하기에 적합하고, 뜰이 비록 협소하지만 제때 말끔하게 가꾸어서 지팡이를 짚고 천천히 거닐기에 좋았다. 그곳에서 느긋하게 지내며 쉬면서 눈과 귀를 즐겁게 하고, 복숭아와 오얏을 섞어 심어서 봄에는 꽃을 감상하고 가을에는 과일을 따 먹었다.

바깥쪽으로는 교외가 탁 트여서 수락산(水落山)과 아차산(峨嵯山) 이하 살곶이 말 목장의 남쪽으로부터 멀리 광릉(廣陵)의 여러 산들과 한강 상류의 승경(勝景)이 모두 조망할 수 있는 범위 안에 모여 있었다. 시내의 미나리와 채마밭의 나물과 연못의 물고기와 갯가 새들을 조리한 음식의 맛이 나의 몸을 기르는 데 이바지하였으니, 마음에 쏙 드는 곳이 반드시 성시(城市)에서 멀리 떨어져 있는 것만은 아니어서 가깝게는 혹 호량(濠梁)에도 있는 것이다.[130] 내가 매번 벗들을

129 정군칙(鄭君則) : 정세규(鄭世規, 1583~1661)로, 본관은 동래(東萊), 자는 군칙, 호는 동리(東里)이다. 《歸鹿集 卷17 吏曹判書鄭公謚狀》

130 마음에……것이다 : 가까운 곳에도 자적(自適)할 만한 곳이 있다는 말이다. 호량(濠梁)은 장자(莊子)와 혜자(惠子)가 물고기의 즐거움에 대해서 논한 곳이다. 《莊子 秋水》 또 간문제(簡文帝)가 화림원(華林園)에 들어가 좌우를 돌아보며 "마음에

따라 말을 타고 성곽을 나서서 배회하며 회포를 풀었으니, 대단히 즐거웠다.

그 뒤에 동리공(東里公)이 장릉(長陵 인조)과 영릉(寧陵 효종)의 융숭한 지우(知遇)를 받아 외직으로 나가 변방을 안찰하고 내직으로 들어와 이조 판서(吏曹判書)가 되어 아침부터 저녁까지 조정에 머물렀으므로 집이 황폐해졌다. 황폐해지고 나서 또 수십 년 동안 다시 수많은 세상풍파를 겪었고, 공의 나이가 여든을 바라보게 되자 드디어 녹을 반납하고 연로함을 아뢰어 벼슬에서 물러났다.[131] 그리고는 옛 터에 나아가 무너진 것을 일으켜 세우고 담장을 수리하여 정사를 다시 세우니, 사치스럽지도 않고 비루하지도 않아 옛 모습을 그대로 회복하는 데서 그쳤다. 그 거처와 휴식을 취하는 곳과 바라보이는 전망, 그리고 새와 물고기를 맛보는 정취도 또한 다 예전대로 회복되었다. 다만 한스럽게도 나는 쇠약하고 고통스러워 그 곳에 한번 가서 회포를 푸는 즐거움을 누릴 길이 없다.

전혀 쇠약하지 않고 강건했던 공은 가만히 앉아 세속을 진정시킬 수 있었다. 그런데도 벼슬을 그만두고 초야로 돌아갔으니, 만 마리 소로도 되돌릴 수 없는 지조가 있었다. 영욕(榮辱)이 반복되는 벼슬길에서 벗어나매 득실(得失)의 귀결이야 반드시 있을 테지만, 이 집의

맞는 곳을 찾으려면 굳이 멀리 갈 필요가 없다. 울창하게 우거진 이 수목 사이에 들어서니, 호량과 복수 가에 와 있는 듯한 느낌이 저절로 든다.〔會心處不必在遠, 峠然林木, 便自有濠濮間想也.〕"라고 말한 고사가 전한다.《世說新語 言語》

131 공의……물러났다 : 정세규는 1655년(효종6)에 73세의 나이로 벼슬에서 물러났으며, 그 후로 세상을 떠나기 전까지 계속해서 관직에 임명되었으나 모두 사직하고 나가지 않았다.《松坡集 卷17 故資憲大夫吏曹判書……鄭公行狀》

흥폐(興廢)만을 논한다면 불행한 일이라고 할 수 없을 것이다.

양숙자(羊叔子)가 말하기를 "다른 날 각건(角巾)을 쓰고 동쪽으로 돌아가 내 관 넣을 터를 마련하겠다."[132]라고 하였다. 그러나 숙자는 바야흐로 변방에서 힘을 발휘하여 공명(功名)을 세우기 위해 스스로 노력하였고, 깊이 환란을 염려하여 주밀한 방비에 신경을 쓰면서 말류(末流) 속에 머물렀으니, 거듭 한탄을 자아내게 한다.

지난 갑인년(1614, 광해군6)에 나와 동리공(東里公)이 벗 한태이(韓泰而)[133]와 정덕여(鄭德餘)[134]와 안몽부(安夢孚)[135]를 데리고 이천(伊川) 임소(任所)로 가시는 형님 의정공(議政公)[136]을 전송하면서 영곡서원(靈谷書院)[137]에서 술자리를 가졌다. 그리고는 동리공의 침

132 양숙자(羊叔子)가……마련하겠다 : 숙자는 진(晉)나라 장수 양호(羊祜)의 자이다. 《진서(晉書)》 권34 〈양호열전(羊祜列傳)〉에 의하면 양호가 그의 종제(從弟) 양수(羊琇)에게 보낸 편지에서 "변방의 일을 안정시키고 나면, 마땅히 각건을 쓰고 동쪽으로 고향에 돌아가 관 넣을 터를 마련하겠다.〔既定邊事, 當角巾東路歸故里, 爲容棺之墟.〕"라고 하였다.

133 한태이(韓泰而) : 한형길(韓亨吉, 1582~1644)로, 본관은 청주(淸州), 자는 태이, 호는 유촌(柳村)이다. 《海左集 卷24 兵曹參判韓公墓碑銘》

134 정덕여(鄭德餘) : 정백창(鄭百昌, 1588~1635)으로, 본관은 진주(晉州), 자는 덕여, 호는 현곡(玄谷)·곡구(谷口)이다. 《澤堂集 別集 卷6 觀察使谷口鄭公墓誌銘 幷序》

135 안몽부(安夢孚) : 안홍량(安弘量, 1590~1616)으로, 본관은 죽산(竹山), 자는 몽부, 호는 취봉(醉峰)이다.

136 이천(伊川)……의정공(議政公) : 이민구의 형 이성구(李聖求)가 이천 현감(伊川縣監)으로 부임할 때를 말한다. 이민구의 기록에 "갑인년에 외직으로 이천 현감이 되었다.〔甲寅, 外敍伊川縣監.〕"라고 하였다. 《東州集 文集 卷7 伯氏領議政分沙李公神道碑銘 幷序》

류당(枕流堂)에 머물면서 서원의 장역(匠役)을 감독하고 다른 사람들은 모두 말을 타고 돌아갔다. 당시에 눈보라가 심하여 동리(東里)의 빈 집으로 가서 술을 찾아 추위를 달랬다. 동리의 부인이 계집종을 시켜 청소하게 한 다음 객을 맞이하고 맛난 술을 내놓으셨다. 또 이웃집의 노래하는 이를 불러 흥을 돋우셨다. 객이 이미 취하자 함께 연구(聯句)로 변우문(騈偶文)을 지어 문에 두루 적었으니, 이제 47년이라는 오랜 세월이 흘렀다. 오직 나와 동리공만 다행히 살아남아 지난날 노닐던 때를 돌아보니, 한바탕 꿈처럼 생생하다. 비록 정사가 중건되었다는 소식을 들었지만 나는 이미 스스로의 힘으로 갈 수가 없고, 여러 벗들도 다 아득한 황천객이 되었으니, 글과 술을 질탕하게 즐기는 것을 또 어찌 말할 수 있겠는가. 대략 이제와 지난날의 일을 기록하여 이승과 저승으로 갈린 감회를 부친다.

137 영곡서원(靈谷書院) : 도봉서원(道峰書院)을 가리킨다. 《촌은집(村隱集)》 권2 부록 〈행록(行錄)〉을 참조하면 도봉서원 아래의 소주(小註)에 "이 서원은 본래 폐허가 된 영국사 터에 세워졌으므로 처음에는 영곡서원이라고 불렀다.〔院本寧國廢寺基, 故初以靈谷書院稱之.〕"라고 하였다.

발跋

동회옹의 풍악유기 발문 신미년(1631, 인조9)

東淮翁楓嶽遊記跋 辛未

나와 동회옹(東淮翁)이 선후(先後)로 출발하여 풍악산을 유람한 것은 신미년 8월의 일이었다.[138] 산에 들어가 비 때문에 길이 막히게 되자 서로 2유순(由旬)[139] 만큼 거리가 벌어져 고작 두세 번 소식을 주고받았을 뿐, 끝내 한 번도 서로 만나지 못했으니, 홀로 감상하며 혼자 가는 것과 다름이 없었다. 그러므로 이것이 아쉬운 마음으로 남았다.

유람에서 돌아와서는 여전히 티끌세상의 오래 묵은 사람일 뿐이었

138 나와……일이었다 : 이민구는 1631년(인조9)에 금강산 유람을 떠났는데, 당시 지은 작품을 모아 기록한 것이 《동주집(東州集)》 시집(詩集) 권6 〈동유록(東遊錄)〉이다. 동회옹(東淮翁)은 당시 동행했던 신익성(申翊聖, 1588~1644)으로, 본관은 평산(平山), 자는 군석(君奭), 호는 낙전당(樂全堂)·동회거사(東淮居士)이다. 《淸陰集 卷26 東陽尉申公神道碑銘 幷序》

139 유순(由旬) : 범어(梵語)의 음역으로 거리의 단위이다. 옛날 제왕(帝王)이 하루 동안 행군(行軍)하는 거리를 뜻하는 불교 용어인데, 실제 거리는 40리라는 등의 여러 설이 있으나 정확하지 않다.

으니, 지난날 유람한 신선들의 거처는 어느덧 꿈속 세상이 되어버렸다. 매번 서로 만날 때마다 탄식하며 다시금 이런 유람의 기회를 가질 수 없음을 안타까워하였다. 기회를 갖고서도 함께 나란히 가지 못했고, 나란히 가보려고 해도 다시 기회를 갖지 못하니, 모두 서글픈 일이다.

지금 동회옹의 《동행록(東行錄)》이 완성되었다. 내가 지팡이를 짚고 나막신을 신고서 지나갔던 물과 바위와 숲과 봉우리의 아름다운 경치, 그리고 고승(高僧) 및 시승(詩僧)들과 그윽하고 현묘한 이야기를 나누었던 정취까지 공의 기록에서 먼저 얻을 수 있다. 이것을 보면 참으로 유람을 그만둘 수도 있는 것이다.

종남산(終南山)의 산색이 더욱 맑아지고 단풍과 이내가 더욱 고와지기를 기다려 시원한 마루를 깨끗이 치운 다음 술을 마주하고 잔을 들면서 기록된 글 가운데의 아름다운 경치를 자세하게 논해본다면, 나란히 함께 가지 못한 한이 거의 없어질 것인가 한다.

사혜련[140]의 《설부》 배경을 범중립이 그리고 문징중이 쓴 작품에 대한 발문 정해년(1647, 인조25) 이후

謝惠連雪賦范中立畫文徵仲書跋 丁亥以後

사혜련(謝惠連)의 〈설부(雪賦)〉는 양효왕(梁孝王)의 토원(兎園) 유람을 기린 것인데, 양효왕의 객 사마상여(司馬相如)와 추양(鄒陽)과 매숙(枚叔)이 모두 사부(詞賦)에 뛰어났으므로, 이 세 사람을 빙자해서 글을 지었으니, 전아한 운치와 뛰어난 운율이 천고에 뛰어난 작품이다. 송(宋)나라에 이르러 범중립(范中立)[141]이 〈설부〉의 배경을 그림으로 그리고, 성명(盛明) 때의 문징중(文徵仲)[142]이 소해체(小楷體)로 그 글의 내용을 쓴 다음 이어 붙여 큰 두루마리가 되었으니, 그 재능과 흥취가 족히 예원(藝苑)의 삼절(三絶)이라 일컬을 만하다.

대개 사혜련으로부터 범중립과 문징중이 살았던 시기를 따져보면 지금과 멀게는 천 년, 가깝게는 백여 년의 세월이 흘렀는데, 미묘한 데까지 이른 용의주도함과 절묘한 경지에 들어간 필체를 아직도 생생하게 눈으로 감상할 수 있으니, 글씨와 그림은 진실로 유익한 것이다.

140 사혜련(謝惠連) : 397~433. 남조(南朝) 송(宋)나라 진군(陳郡) 양하(陽夏) 사람으로, 족형(族兄) 사영운(謝靈運)과 함께 대소사(大小謝)로 병칭되었다.

141 범중립(范中立) : 950~1032. 북송(北宋) 시기의 유명한 화가로, 본명은 중정(中正), 자는 중립이다.

142 문징중(文徵仲) : 1470~1559. 명(明)나라의 서예가로, 초명은 벽(璧)이고, 자는 징중이다.

양효왕은 친왕(親王)의 아우로서, 수천 리의 땅을 소유하고 문인(文人)과 묵객(墨客)을 초대하여 포의(布衣) 시절의 친분을 의탁하니, 사마상여가 천자의 종관(從官)을 가볍게 여겨 번국(藩國)의 비루함을 잊고 흠모하여 함께 어울렸다. 세모(歲暮)의 수원(睢園)[143]에 싸락눈이 내려 안지(雁池)와 부저(鳧渚)[144]의 사이에 가득 흰 눈이 쌓였다. 그러자 양효왕이 천자의 깃발을 물리치고 소사(小駟)를 보내 손님과 벗을 불러오도록 하고, 평대(平臺)[145]에 술자리를 마련하였다. 술을 마시는 동안 즐거움이 한껏 달아오르고 거문고와 비파가 간간이 연주되자, 세 대부에게 간지(簡紙)를 주어 각각 그 멋진 일을 아뢰게 하였으니, 이처럼 풍류를 즐기는 멋진 모습은 어찌 후세에 필묵으로 본떠보려는 사람들이 미칠 수 있는 바이겠는가. 사람으로 하여금 뛰는 듯 흥기하게 한다.

143 수원(睢園) : 양효왕(梁孝王)이 빈객(賓客)들을 맞이하던 토원(菟園)을 말한다.

144 안지(雁池)와 부저(鳧渚) : 양효왕의 토원 안에 안지가 있고, 그 연못 안에 학주(鶴洲)와 부저가 있었다. 《西京雜記 卷2》

145 평대(平臺) : 양효왕이 천하의 재사(才士)들을 모아 주연(酒宴)을 베풀며 노닐었던 누대(樓臺) 이름이다.

조송설[146]이 그린 〈나한과해도〉의 발문

趙松雪畫羅漢過海圖跋

무량공덕(無量功德)이 있는 큰 시주 바라문(波羅門) 선남(善男) 송설거사(松雪居士)는 성이 조씨(趙氏)이고 자는 자앙(子昂)이다. 이 분이 백의보살상(白衣菩薩像)을 그렸는데, 보타락가산(寶陀落迦山)[147]과 사굴산(闍崛山)[148] 가운데 있으며, 자리의 뒤쪽에는 자죽(紫竹)이 숲을 이루고, 옆에는 수정병(水晶缾)과 금강호법(金剛護法)이 있으니, 이것은 관세음(觀世音)이다. 또 성문(聲聞) 아라한(阿羅漢)[149]이 그의 권속(眷屬)을 이끌고 여러 짐승과 신룡(神龍)과 연잎과 마른 풀을 타고서 바다를 건너 관세음에게 나아가 정과(正果)[150]를 이루는 수십 명의 모습이 그려져 있다.

146 조송설(趙松雪) : 원(元)나라의 화가 조맹부(趙孟頫, 1254~1322)로, 자는 자앙(子昂), 호는 송설이다. 송 태조(宋太祖)의 아들 진왕(秦王) 덕방(德芳)의 후예이다.

147 보타락가산(寶陀落迦山) : 인도 남쪽 해안에 있는 산 이름이다

148 사굴산(闍崛山) : 중인도 마갈다국 왕사성의 동북쪽에 있던 산 이름으로, 본래 기사굴산(耆闍崛山)이다. 기사굴은 기자쿠타(gijjhakūṭa)의 음역이다. 영취산(靈鷲山), 영오산(靈烏山), 영오정산(靈烏頂山)이라고도 한다.

149 아라한(阿羅漢) : 불가의 말로, 소승(小乘)의 교법(教法)을 수행하는 성문사과(聲聞四果)의 가장 윗자리이다.

150 정과(正果) : 불교를 배우는 사람이 정수(精修)하여 소득이 있음을 증과(證果)라 이르는데 외도(外道)와 구별하기 위하여 정과라고 한다. 과(果)란 비유하자면 과일의 성숙과 같은 것이다.

관세음이 현세(現世)하였다가 시적(示寂)한 지는 얼마나 많은 세월이 지났는지 알지 못하지만, 거사(居士)가 이 그림을 그려 세상에 드문 무량공덕을 쌓은 것은 이미 3백여 년이 지나, 바람 앞의 등불과 물거품처럼 덧없이 사라져 아득할 뿐이니 불가사의한 일이다. 송(宋)나라 천성(天聖) 연간에 어떤 상인이 표류하여 서양(西洋) 불계(佛界)에 이르렀는데, 정밀하고 엄숙하게 지어진 탑우(塔宇)에 다만 한 선사가 감실 아래 가부좌를 하고 있었다. 이 상인이 자리 뒤의 자죽(紫竹) 한 가지를 얻어서 돌아와, 페르시아 상인에게 보여주고서야 비로소 직접 관세음을 만났다는 사실을 알게 되었다고 한다.

저 관세음은 하나이다. 그런데 거사의 그림은 과거라고 하고, 상인이 본 것은 현재라고 한다. 현재라는 것은 있는 것이고 과거라는 것은 없는 것이니, 관세음은 과연 있는 것인가 없는 것인가. 있는 것을 있다고 여겨서 있다고 하는 것은 없는 것을 없다고 여겨서 없다고 하는 것만 못하다. 이 이야기를 나는 황면노자(黃面老子)[151]에게 들었다.

151 황면노자(黃面老子) : 부처를 가리킨다. 불상이 황금빛이므로 이렇게 부른다.

여자구[152]가 〈귀거래사〉에서 집자한 율시 삼십 수의 발문
呂子久歸去來辭集字律詩三十首跋

송(宋)나라 사람이 사대부는 하루라도 채소 뿌리를 몰라서는 안 된다고 말하였는데, 나도 일찍이 사대부는 하루도 〈귀거래사(歸去來辭)〉를 읽지 않으면 안 된다고 생각하였다. 대개 내외(內外)의 구분이 명확한 뒤에 스스로를 돌아봄이 진중하고, 스스로를 돌아봄이 진중한 뒤에 벼슬 그만두기를 쉽게 할 수 있다. 벼슬 그만두기를 쉽게 한다면 천 대의 수레와 만종의 녹도 내 마음을 어지럽히지 못할 것이니, 진퇴(進退)와 거취(去就)에 느긋하게 여유가 있을 것이다.

유수(留守) 여자구(呂子久) 공이 강화도에 있을 때 〈귀거래사〉에서 집자(集子)하여 근체시 30수(首)를 지었는데, 소리와 기운이 조화롭고 조예가 깊었다. 또 구사한 글자가 적절하여 하나같이 베틀에서 짜낸 것 같았으니, 억지로 끌어대어 껄끄러운 병통이 없었다. 요컨대 말은 글자에 얽매이지 않고 뜻은 단어에 얽매이지 않았으니, 이렇게 하기는 어려운 것이다.

한편 도 징사(陶徵士)[153]는 진(晉)나라가 멸망하고 송(宋)나라가 일어나는 시기를 만나 작은 고을에서 벼슬할 뜻이 없어 통달한 마음으

152 여자구(呂子久) : 여이징(呂爾徵, 1588~1656)으로, 본관은 함양(咸陽), 자는 자구, 호는 동강(東江)이다. 저서로 《동강유고(東江遺稿)》가 전한다.

153 도 징사(陶徵士) : 진(晉)나라의 시인 도잠(陶潛, 365~427)으로, 자는 연명(淵明), 호는 오류선생(五柳先生)이다. 387쪽 각주84 참조.

로 한적한 생활을 선택하여 쌀 몇 말의 녹봉을 내던지고 전원으로 돌아왔다. 따라서 자신이 떠나고 머무르는 것 자체가 진실로 의리와 분수에 관계될 것이 없었으니, 당시 접한 상황을 글로 풀어낸 것은 모두가 진실한 심경에서 얻은 내용이다.

자구(子久)의 경우는 상하(上下)가 조우(遭遇)한 치세(治世)를 만나 조정에 들어가서는 묘당(廟堂)의 계획을 받들고, 외직으로 나가서는 유수(留守)의 임무를 맡았으니, 어찌 몸을 빼내어 과감히 물러나서 골짜기에서 지내는 소원을 이루려고 하겠는가. 그렇다면 이 시는 다만 그가 마음에 간직한 바를 말한 것이므로, 또한 고아한 지조를 감상하는 데 해가 되지 않는다. 사대부는 하루도 〈귀거래사〉를 읽지 않으면 안 된다고 했던 내 생각의 의미를 공이 나보다 먼저 알았던 것이다.

나는 떠돌이 신세이다. 이리저리 옮겨 다니느라 늙도록 쉬지 못한 채 머물려 해도 정착할 곳이 없고 돌아가려 해도 갈 곳이 없으니, 갈팡질팡 쉴 곳 없는 뜬 구름과 떠도는 새와 같다. 하물며 술을 즐기는 정취, 그리고 솔과 국화를 감상하는 즐거움은 또 어찌 말할 수 있겠는가.[154] 오직 편 말미에 있는 한 단락의 말은 가슴 저리도록 마음에 맞음이 있다. 애오라지 나의 감회를 써서 책 끝에 기록하노라.

154 술을……있겠는가 : 도잠은 술과 송국(松菊)을 좋아한 것으로 유명하다. 그가 지은 〈귀거래사(歸去來辭)〉에 "세 오솔길이 거칠어졌으나, 솔과 국화는 아직 남아 있네.〔三逕就荒, 松菊猶存.〕"라는 표현이 있다.

평양백의 시초 발문

平壤伯詩草跋

평양백(平壤伯) 조준(趙浚)[155] 공은 고려 말기의 흥망(興亡)하는 시기를 만나 좌군 총제사(左軍摠制使)로 군대를 통솔하여 우리 거룩한 임금을 도와 나라를 세우고 왕업을 열었다. 내가 생각하기에, 이분은 뛰어난 무력으로 공신에 오른 선비일 뿐이라고 여겼는데, 좌주(座主) 계당(溪堂)[156]에게 화답한 시고(詩稿)를 후손 형조 정랑 조경진(趙景禛)[157]이 모아 놓은 한 본을 보게 되었다. 시가 힘차고 맑아 양철애(楊鐵崖)[158]보다 뒤지지 않고, 행서와 초서는 나는 듯이 빼어나서 강좌(江左)의 풍류[159]가 있었다. 이런 분은 예원(藝苑)의 고수

155 조준(趙浚) : 1346~1405. 본관은 평양(平壤), 자는 명중(明仲), 호는 우재(吁齋)・송당(松堂), 시호는 문충(文忠)이다. 1391년(공양왕3)에 좌군 총제사(左軍摠制使)가 되었고, 1392년 7월에 이성계를 추대하여 개국 공신 1등으로 평양백(平壤伯)에 봉해졌고 문하우시중(門下右侍中)의 자리에 올랐다.

156 계당(溪堂) : 이무방(李茂芳, 1319~1398)으로, 본관은 광양(光陽), 자는 석지(釋之), 시호는 문간(文簡)이다. 1374년(공민왕23) 정당문학으로 지공거(知貢擧)가 되었는데 그해 조준이 문과에 급제하였으므로, 이무방은 조준의 좌주(座主)가 된다. 계당은 이무방의 당호(堂號)이다.

157 조경진(趙景禛) : 1579~? 본관은 평양(平壤), 자는 유지(綏之), 호는 의루(倚樓)이다. 소사구(小司寇)는 형조(刑曹)의 관직으로, 《승정원일기》 인조 6년 3월 13일 기사에 조경진을 형조 정랑에 임명한 내용이 보인다.

158 양철애(楊鐵崖) : 원말(元末) 명초(明初)의 시인 양유정(楊維楨, 1296~1370)으로, 자는 염부(廉夫), 호는 철애이다. 절강성 산음 사람이다. 원말의 병란으로 벼슬에 나아가지 않고 강남에 은거하였다.

이니, 비교하자면 종 태부(鍾太傅)[160]가 바로 그런 사람이다.

같은 시기의 야은(冶隱)[161]과 도은(陶隱)[162] 등 여러 공들의 경우 그분들의 시는 이미 평양백의 경지를 뛰어넘지 못하고, 글씨는 전해지는 것이 없는데도 학사와 대부가 아직도 칭술(稱述)해 마지않는다. 그러나 평양백에 대해서는 끝내 적막할 정도로 아는 사람이 없으니, 어쩌면 공명(功名)의 아래에 가려진 부분이 있기 때문인가.

왕봉주(王鳳洲)[163]가 서화(書畵)의 종이 수명을 평가하면서 기껏해야 2백 년 전후에 지나지 않는다고 하였는데, 지금 이 책은 두 왕조에 걸쳐 거의 3백 년이라는 세월이 지났다. 먹빛은 비록 바랬지만 자획은 완연하게 남아 뭉개진 곳이 없다. 마땅히 자손들이 보배로 간직하여 오래도록 전해야 할 것이다.

159 강좌(江左)의 풍류 : 강좌는 위진남북조 시대에 외족에게 중원을 빼앗기고 양자강 남쪽으로 옮겨간 동진(東晉)을 가리키는 말이다. 여기서는 회계(會稽) 산음(山陰)에 살았던 왕희지(王羲之), 왕휘지(王徽之) 등 글씨로 이름났던 이들을 가리킨다.

160 종 태부(鍾太傅) : 위(魏)나라 때의 정치가이자 서예가인 종요(鍾繇, 151~230)로, 자는 원상(元常)이다. 위나라가 건국하면서 재상에 올랐고 명제(明帝) 때 정릉후(定陵侯)에 봉해지고 태부의 자리에 올랐기 때문에 종 태부라고 불렸다.《三國志 卷13 鍾繇傳》

161 야은(冶隱) : 여말(麗末) 선초(鮮初)의 학자 길재(吉再, 1353~1419)로, 본관은 해평(海平), 자는 재보(再父), 호는 야은·금오산인(金烏山人)이다.

162 도은(陶隱) : 고려 말기의 학자 이숭인(李崇仁, 1347~1392)으로, 본관은 성주(星州), 자는 자안(子安), 호는 도은이다.

163 왕봉주(王鳳洲) : 명(明)나라의 문장가 왕세정(王世貞, 1526~1590)으로, 자는 원미(元美), 별호는 엄주산인(弇州山人)이다.

《상촌집》[164] 중간 발문
象村集重刊跋

정밀해야 한다고 하지 않겠는가만, 정밀하게만 하다보면 원대하지 못할까 걱정이고, 통달해야 한다고 하지 않겠는가만, 통달만 추구하면 규범이 없을까 걱정이니, 이것은 진실로 문장가(文章家)[165]들이 항상 벗어나지 못하는 것이다. 그러나 시를 잘하는 사람이 반드시 산문까지 잘하는 것은 아니고, 산문을 잘하는 사람이 반드시 시까지 잘하는 것은 아니니, 또한 시와 문을 모두 잘하기가 어려움을 알 수 있다.

정밀하면서도 원대하고, 통달하면서도 규범에 맞으며, 시와 산문이 각각 뛰어난 경지에 이르러서, 아무리 엄격한 평론가라도 어느 한쪽만 뛰어나고 어느 한쪽은 부족하다고 감히 지목하지 못하는 사람은 오직 신 문정공(申文貞公)이 있을 뿐이다. 대개 신 문정공은 재주가 높고 식견이 해박하다. 재주가 높기 때문에 한 가지 재능에만 국한되지 않

164 상촌집(象村集) : 신흠(申欽, 1566~1628)의 문집이다. 신흠의 본관은 평산(平山), 자는 경숙(敬叔), 호는 상촌・현옹(玄翁), 시호는 문정(文貞)이다. 《芝峯集 卷23 議政府領議政申公墓誌銘》

165 문장가(文章家) : 조고(操觚)는 붓을 잡고 시문을 짓는다는 의미로, 여기서는 문장가를 의미한다. 진(晉)나라 육기(陸機)의 〈문부(文賦)〉에 "혹은 고를 잡고 빨리 짓는가 하면, 혹은 호를 입에 물고 더디게 짓기도 한다.〔或操觚以率爾, 或含毫而邈然.〕"라고 하였는데, 그 주(註)에 "고는 나무인데, 옛 사람들이 그것으로 붓을 삼았다."라고 하였다. 《文選 卷17》

고, 식견이 해박하기 때문에 여러 가지 훌륭한 것들 중에서 적절히 골라서 취한다. 외진 나라에서 고난의 시기에 태어나 훌륭한 글을 지어 작자(作者)의 반열에 표지를 세워 문장과 덕업이 모두 천고(千古)에 환히 드러났으니, 어찌 하찮은 일이겠는가.

공은 젊은 시절에 달리 좋아하는 것이 없었지만, 입을 열 때마다 경지에 들어간 말을 이루었고 독서에 몰두하느라 침식(寢食)조차 잊었으니 백발이 될 때까지 한결같았다. 옛말에 "도달하는 것은 그대의 힘이지만, 적중시키는 것은 그대의 힘이 아니다."[166]라고 하였으니, 이것은 천부적인 재능과 사람의 노력이 모두 지극해야 함을 이른 것이 아니겠는가.

선조(宣祖)께서 공을 홍문관에 배치하여 고문대책(高文大冊)으로 왕의 정책을 발휘하게 하였으니, 찬란하게 빛나도록 훌륭하였다.[167] 그러나 중간에 비색(否塞)한 운수를 만나 우레와 번개 같은 고난을 거듭 겪으며 유배되었으니, 공이 감담(坎窞)에 빠진 것 같은 의심이

166 도달하는……아니다 : 《맹자》 〈만장 하(萬章下)〉에 "지는 비유하자면 공교함이고 성은 비유하자면 힘이니, 백보 밖에서 활을 쏘는 것과 같아서, 과녁까지 이르는 것은 너의 힘이지만 적중시키는 것은 너의 힘이 아니다.〔智譬則巧也, 聖譬則力也, 猶射於百步之外也, 其至爾力也, 其中非爾力也.〕"라고 하였다.

167 홍문관에……훌륭하였다 : 옥당(玉堂)과 동관(東觀)은 모두 홍문관을 가리킨다. 신흠은 1598년(선조31)에 홍문관 교리(校理)·응교(應敎) 등을 역임하였다. 《芝峯集 卷23 議政府領議政申公墓誌銘》 고문대책(高文大冊)은 왕명으로 찬술하는 귀한 문서로서, 교서나 법령처럼 중대한 국가의 문서를 말한다. 신흠은 장중하고 간결한 성품과 뛰어난 문장으로 선조의 신망을 받으면서 항상 문한직(文翰職)을 겸하고, 대명 외교문서의 제작, 시문의 정리, 각종 의례문서의 제작에 참여하는 등 문운의 진흥에 크게 기여하였다.

들었다.[168] 그러나 유배로 인한 시름은 공을 터럭만큼도 흔들지 못하였으니, 그렇다면 하늘이 진실로 고달프고 어긋나게 하는 시간으로 공을 온전하게 하려는 시련을 안긴 것이다.[169] 택반(澤畔)을 거닐며 부른 노래와 상수(湘水)에 던진 부(賦)[170]가 모두 깊은 생각을 드러내어 훌륭한 문장을 완성하였으니, 이것이 어쩌면 또한 겉으로는 누르면서 속으로는 도와주는 이치인 것인가.

이윽고 하늘의 태양이 다시 밝아지자, 공은 가장 먼저 정승에 임명되어[171] 훌륭한 문장으로 중흥의 공렬(功烈)을 밝게 도왔으니, 문장으

168 중간에……들었다 : 1613년(광해군5) 계축옥사가 일어났을 때, 신흠은 선조(宣祖)로부터 영창대군(永昌大君)의 보필을 부탁받은 유교칠신(遺敎七臣)의 하나였으므로 파직되었다. 1616년 인목대비(仁穆大妃)가 폐비되고, 이와 관련하여 김제남(金悌男)이 가죄(加罪)될 때, 춘천에 유배되었다가 1621년에 사면되었다.《芝峯集 卷23 議政府領議政申公墓誌銘》감담(坎窞)의 감(坎)은 구덩이이고, 담(窞)은 구덩이 가운데 깊이 들어간 곳인데, 더욱 깊은 구덩이로 빠져 들어감을 이른다.《주역》〈감괘(坎卦) 초육(初六)〉에 "습감에 깊은 구덩이로 들어감이니, 흉하다.〔習坎, 入于坎窞, 凶.〕"라고 하였다.

169 하늘이……것이다 : 하늘이 신흠으로 하여금 고난을 겪게 하였다는 말이다.《맹자》〈고자 하(告子下)〉에 "하늘이 장차 큰 임무를 이 사람에게 내리려 하실 때에는 반드시 먼저 그 심지를 괴롭게 하며, 그 힘줄과 뼈를 수고롭게 하며, 그 육체와 살갗을 굶주리게 하며, 그 몸을 궁핍하게 하여 행함에 그가 하는 바를 잘못되고 뒤틀리게 하니, 이것은 마음을 분발시키고 성질을 참게 하여 그의 능하지 못했던 일을 더욱 잘하게 하려는 것이다.〔故天將降大任於是人也, 必先苦其心志, 勞其筋骨, 餓其體膚, 空乏其身, 行拂亂其所爲, 所以動心忍性, 曾益其所不能.〕"라고 하였다.

170 택반(澤畔)을……부(賦) : 신흠이 유배지에서 지은 시문을 말한다. 굴원(屈原)이 초(楚)나라 조정에서 삼려대부(三閭大夫)로 있다가 참소를 받아 행음택반(行吟澤畔)했던 일과 상수(湘水)에 투신하여 죽은 굴원의 넋을 애도한 한(漢)나라 가의(賈誼)의 〈조굴원부(弔屈原賦)〉를 원용하였다.

로써 쓰임을 지극히 한 효력이 여기에서 크게 드러났다. 공명(功名)은 당대에 밝게 드러나고 명성과 실제는 후대에까지 이어졌으니, 지난날 하늘이 사람의 궁달(窮達)과 세상의 성쇠(盛衰)에 뜻을 두었음을 분명히 알 수 있다.

공의 문집이 세상에 나온 지 수십 년이 지났는데, 공의 시를 본 사람들은 시가 산문보다 낫다고 하고, 산문을 본 사람들은 산문이 시보다 낫다고 하여 둘 사이의 우열을 정하지 못하였다. 그러나 원대함을 이루면서도 정밀하고 통달을 숭상하면서도 규범을 다 갖췄다는 평가에 이르러서는 백대(百代)의 공정한 말이지, 한 사람이 사사로이 할 수 있는 말이 아니다.

처음 공이 세상을 떠나자, 공의 맏아들 익성(翊聖)[172]씨가 가숙(家塾)에서 공의 유문(遺文)을 간행하였는데, 널리 유포되지 못할까 염려하였다. 이제 공의 조카 태인 현감(泰仁縣監) 익량(翊亮)[173]이 문집을 중간(重刊)하면서, 나를 대대로 교분이 있는 사람이라 하여 발문을 지어달라고 하였다.

171 이욱고……임명되어 : 신흠은 1623년(인조1) 3월에 인조의 즉위와 함께 이조판서 겸 예문관·홍문관의 대제학에 중용되었다. 같은 해 7월에 우의정에 발탁되었고, 1627년 정묘호란이 일어나자 좌의정으로서 세자를 수행하고 전주에 피난했으며, 같은 해 9월 영의정에 올랐다.《芝峯集 卷23 議政府領議政申公墓誌銘》

172 신익성(申翊聖) : 1588~1644. 본관은 평산(平山), 자는 군석(君奭), 호는 낙전당(樂全堂)·동회거사(東淮居士), 시호는 문충(文忠)이다.《淸陰集 卷26 東陽尉申公神道碑銘 幷序》

173 신익량(申翊亮) : 1590~1650. 본관은 평산(平山), 자는 군보(君輔), 호는 상봉(象峯)이다.《陶菴集 卷48 觀察使申公行狀》

아아, 옛사람이 말하기를 "글이 있으면 썩지 않고, 자손이 있으면 죽지 않는다."라고 하였다. 남긴 글이 없는 사람은 진실로 말할 것이 없으나, 글은 있지만 자식이 없거나 혹 자식이 있어도 자식답지 못하면, 사라져서 적막하게 된 경우가 고금에 얼마나 많았던가. 아버지께서 돌아가시면서 내 손을 잡고 문집을 만들어 달라 부탁하셨으니, 뜻이 이미 서글펐다. 문집이 완성되었지만 또 감히 당대에 드러내지 못하고 명산에 숨겨둔 채 뒷날 알아줄 사람을 기다리고 있다. 이제 공의 문집을 보니, 이 사람에게 한이 남지 않을 수 없다.

이제현의 포도 그림 발문
李齊賢畫葡萄跋

중국에 예전에는 포도가 없었다. 박망후(博望侯) 장건(張騫)[174]이 서역으로 사신 갔다가 포도 종자를 가지고 돌아왔는데, 무제(武帝)가 이궁(離宮)의 별관에 그것을 심고 흐뭇해하면서 국빈(國賓)들에게 자랑하였다. 포도는 풀도 아니고 나무도 아닌데, 유달리 상쾌한 맛이 있어서 마침내 음식 가운데 상품(上品)이 되었다. 양주(涼州) 사람이 그것으로 술을 빚어 많게는 만석(萬石)에 이를 정도로 담았지만 십 년이 지나도 썩지 않았는데, 술 빚는 방법은 중국에 전해지지 않았다고 한다.

우리나라에는 예전에 포도를 그린 사람이 없었다. 근래에 집중(執中) 황씨(黃氏)가 처음으로 포도를 잘 그리는 것으로 유명하였다. 내가 그 그림을 보니, 실물과 흡사하여 사람으로 하여금 입에 침이 고이게 할 정도였다.

황씨가 죽고 지금 현재 이러한 재능으로 이름난 사람은 이제현(李齊賢)이다. 이제현은 다른 일은 하지 않고 오직 아침저녁으로 여기에만 전념하였다. 먼저 한 넌출의 포도[175]를 마음속에 두어 날마다 눈앞

174 박망후(博望侯) 장건(張騫) : 장건은 한 무제(漢武帝) 때 서방 대월지국(大月氏國)과 동맹을 촉진할 목적으로 사신으로 떠나 서역(西域)을 두루 돌아다니며 동서(東西) 교역의 길을 열었다. 그는 박망후에 봉해졌다. 《漢書 卷61 張騫傳》 진(晉)나라 장화(張華)의 《박물지(博物志)》 권6에 "장건이 서역에서 안석류, 호도(胡桃), 포도 등을 가지고 돌아왔다."라고 하였다.

에 오가는 만물이 모두 포도처럼 보인다. 그런 뒤에 포도를 그리기 시작하는데, 붓이 가는 바에 따라, 바람 부는 숲에 이슬 젖은 넌출이 늘어지고 수많은 포도 알이 주렁주렁 매달리니, 자못 조물주가 만들어 내고 이끄는 것 같아서, 그것이 마음에서 나와 손에서 이루어진 것임을 알 수 없을 정도였다. 그런 뒤에 붓을 잡고 서서 이리저리 그림을 돌아보면, 그 천성을 따라 그 모습을 드러냈으니, 대개 재능이 아닌 재능인 것 같다. 비록 그러하나 아름다운 산수를 보는 사람은 마치 그림 같다고 하고, 훌륭한 산수화를 보는 사람은 마치 실물 같다고 하니, 진짜와 가짜의 구분은 틀림없이 있는 것이다.

이생(李生)의 그림은 진실로 훌륭하지만, 나는 한창 소갈증을 앓아서 오랫동안 고생하고 있다. 가을 이슬이 내린 뒤에 포도 잎은 성글어지고 열매가 주렁주렁 달릴 것이니, 시원한 그늘에 앉아 맛좋은 알맹이를 따서 목을 축일 수 있을 것이다. 하물며 양주(涼州)의 맛 좋은 술로 내가 천일 동안 취하는 데 이바지할 수 있다면, 이생의 그림과 어떠하겠는가.

175 포도 : 초룡주(草龍珠)는 포도 가운데 둥근 것을 말한다. 《본초강목(本草綱目)》 권33 〈포도(葡萄)〉에 초룡주가 보이는데, 그 주에 "둥근 것은 초룡주, 길죽한 것은 마유포도, 흰 것은 수정포도, 검은 것은 자포도라고 한다.〔其圓者名草龍珠, 長者名馬乳葡萄, 白者名水晶葡萄, 黑者名紫葡萄.〕"라고 하였다.

조숙온[176]이 모사한 기묘제현의 서간첩 발문
趙叔溫摸己卯諸賢簡帖跋

황노직(黃魯直)이 죄를 받아 의주(宜州)로 유배 갔는데,[177] 혹자가 동도 당인(東都黨人)에게 부끄러움이 없으니, 〈범방전(范滂傳)〉을 써달라고 권하였다.[178] 소성(紹聖)[179] 연간에 여러 사람들이 멀리 유배되었으니, 북쪽 문에서 당고(黨錮)[180]로 나란히 죽은 것에 비하면

176 조숙온(趙叔溫) : 조박(趙璞, 1577~?)으로, 본관은 풍양(豐壤), 자는 숙온, 호는 석곡(石谷)이다.

177 황노직(黃魯直)이……갔는데 : 황노직은 황정견(黃庭堅, 1045~1105)으로, 호는 산곡(山谷), 자는 노직이다. 홍주(洪州) 분녕(分寧) 사람으로, 소식(蘇軾)의 제자이며, 강서시파(江西詩派)의 시조로 일컬어진다. 1095년 왕안석(王安石)의 신법당(新法黨)이 부활되면서, 신법을 비난했다는 죄목과 그의 《신종실록(神宗實錄)》에 무고가 많다는 장돈(章惇)과 채변(蔡卞)의 탄핵을 받아 부주 별가(涪州別駕)로 좇겨났다가 검주(黔州) 등지에 유배되었다. 1100년 휘종(徽宗)이 즉위하면서 사면되어 태평지주(太平知州)로 복직했지만, 2년 뒤 다시 무고를 당해 의주(宜州)에 유배되어 그곳에서 병사하였다.

178 혹자가……권하였다 : 황정견이 의주에 유배되었을 당시 붕당을 엄격하게 금지하였는데, 통판(通判) 여약저(余若著)가 경리관사(經理館舍)가 되어 황정견에게 이르기를 "선생의 오늘 거동은 동도의 당고를 당한 여러 현인들에게 부끄러울 것이 없으니, 〈범방전〉을 써 주십시오.〔先生今日擧動, 無愧東都黨錮諸賢, 願寫范滂一傳.〕"라고 하였다. 황정견이 허락하여 그 내용을 외워서 큰 글씨로 썼는데, 한두 글자만 틀렸다고 한다. 《式古堂書畫彙考 卷11 黃山谷書范滂傳 外錄》

179 소성(紹聖) : 북송(北宋) 철종(哲宗)의 두 번째 연호로, 1094년 4월부터 1098년 5월까지 4년 간 사용되었다.

180 당고(黨錮) : 후한(後漢) 환제(桓帝)와 영제(靈帝) 때에 사대부인 이응(李膺),

극심한 지경에는 이르지 않았으나, 오히려 분함을 느끼는 것이 이와 같았다.

본조(本朝)의 기묘제현(己卯諸賢)은 경세의 학문을 지닌 분들인데, 소인들의 음해를 당하여[181] 같은 법망에 걸려 나란히 운명하니, 실로 이두(李杜)의 원한[182]과 같다. 어찌 심하다고 하지 않겠는가. 이제 그분들은 세상을 떠나 풍류와 언론을 보고 들을 수 없으니 짧은 유묵(遺墨)도 더욱 귀중하다.

안씨(安氏)가 모아 기록한 서간과 시사(詩詞)를 살펴보니, 모두 한

진번(陳蕃) 등이 태학생들과 연합하여 권세를 쥔 환관들을 숙청하려다가, 오히려 붕당을 결성하여 조정을 비방한다는 죄목으로, 수백 명이 죽고 유배 당한 사건을 말한다. 《後漢書 卷67 黨錮列傳》

181 기묘제현(己卯諸賢)은……당하여 : 기묘사화(己卯士禍)에서 많은 현인들이 소인들의 음해(陰害)를 당하여 죽었다는 말이다. 기묘사화는 조광조(趙光祖)·김정(金淨)·김식(金湜) 등 신진사류가 남곤(南袞)·심정(沈貞)·홍경주(洪景舟) 등의 훈구재상에 의해 화를 입은 사건이다. 귀역(鬼蜮)은 물여우를 말하는데, 일명 사영(射影)이라고도 한다. 《시경》〈하인사(何人斯)〉에 "도깨비도 되었다가 또 물여우도 되었구나.〔爲鬼爲蜮〕"라고 하였는데, 그 주에 "이 물여우가 입에 모래를 머금고 사람의 그림자에 뿜으면 그 사람에게 바로 종기(腫氣)가 생긴다."라고 하였다. 주로 사람이 흉독(凶毒)을 품고 남을 음해하는 것을 비유하는 말로 쓰인다.

182 이두(李杜)의 원한 : 이두는 후한(後漢)의 이응(李膺)과 두밀(杜密)을 병칭한 말이다. 이응과 두밀은 각각 '천하의 모범 이원례〔天下楷模李元禮〕'와 '천하의 보필 두주보〔天下良輔杜周甫〕'라는 칭호를 받은 명신(名臣)들로, 영제 건녕(建寧) 2년에 환관들로부터 당고(黨錮)의 화를 당하여, 이응은 옥사하고 두밀은 자결하였다. 범방(范滂)이 죽음의 길로 떠나면서 모친에게 마지막 인사를 드리자, 모친이 "네가 이제 이응, 두밀과 더불어 이름을 나란히 할 수 있게 되었으니, 죽는다 한들 또 무슨 유감이 있겠느냐.〔汝今得與李杜齊名, 死亦何恨.〕"라고 위로하며 격려한 고사가 전한다. 《後漢書 卷67 黨錮列傳 范滂》

시대 명현(明賢)의 손에서 나왔으니, 어찌 후대의 사관이 그 사적을 추술(追述)한 것과 비교하여 함께 논하겠는가. 하물며 범위종(范蔚宗)[183]은 어떤 사람인가. 진실로 지금에 이르러 전철(前哲)을 우러러 사모하여 슬피 바라보며 눈물을 흘리는 자라면, 어찌 능히 이 편에 대하여 세 번 탄식하지 않겠는가.

조숙온 군은 옛 것을 좋아하는 선비이다. 스스로 모사본(摹寫本)을 만들어 날마다 좌우에 두고 옛 현인을 사모하는 마음을 길이 간직하였으니, 의탁한 뜻이 심오하다. 그의 필세(筆勢)가 맑고 고와 황 태사(黃太史)의 글씨에 못지않으니,[184] 또한 공경할 만하다.

183 범위종(范蔚宗) : 범엽(范曄, 398~445)으로, 자는 위종이고, 산음(山陰)에서 태어났다. 《후한서(後漢書)》를 편찬하였다.

184 필세(筆勢)가……못지않으니 : 조박의 글씨가 황정견이 쓴 〈범방전〉의 글씨에 뒤지지 않는다는 말이다. 황 태사(黃太史)는 황정견을 가리킨다.

동주집

문집 제4권

說 설

祭文 제문

哀辭 애사

설說

이윤설 임오년(1642, 인조20) 이후

伊尹說 壬午以後

대개 주(周)나라가 쇠퇴한 이후로 성인의 말씀이 행해지지 못하니, 양주(楊朱)와 묵적(墨翟)의 말이 천하에 가득하여 방자하고 무엄하였다.[1]

인의(仁義)라는 것은 선비가 그것으로 몸을 닦아서 도를 행하는 것이다. 저 양주와 묵적이 오히려 그 일단(一端)을 훔쳐서 그 도를 사사로이 하여, 그 유파(流派)의 폐단이 홍수에 비유되는 지경에 이르렀다. 하물며 사람을 때려 죽여 땅에 묻고 무덤을 파헤치는 무리[2]들이

1 양주(楊朱)와……무엄하였다 : 《맹자》 〈등문공 하(滕文公下)〉에 "성왕이 나타나지 않아 제후들이 방자하고 처사들은 마구 의론하니, 양주와 묵적의 말이 천하에 가득하여 천하의 말이 양주로 돌아가지 않으면 묵적으로 돌아간다.〔聖王不作, 諸侯放恣, 處士橫議, 楊朱墨翟之言盈天下, 天下之言不歸楊則歸墨.〕"라고 하였다.

2 사람을……무리 : 유자(儒者)를 표방하면서 음흉한 짓을 하는 사람을 가리킨다. 추매(椎埋)는 방망이로 사람을 때려죽이고 파묻어서 그 죄적(罪跡)을 감추는 것을 의미한다. 발총(發冢)은 무덤을 파헤친다는 말로, 《장자(莊子)》 〈외물(外物)〉에 "유자들이 시와 예를 빙자하여 무덤을 파헤친다.〔儒以詩禮發冢〕"라고 하였다.

거짓을 아름답게 꾸며 간사한 말로 세주(世主)에게 요구하여 이익을 삼은 자들을 어찌 다 말할 수 있겠는가. 제후들 가운데 자기의 군주(君主)를 내치거나 시해한 자들은 "요 임금은 옥에 갇히고 순 임금은 들에서 죽었다."라고 하면서 자신들의 찬탈(簒奪)을 꾸미고, 제후들 가운데 대대로 충성을 다하던 신하를 죽인 자들은 "계(啓)가 익(益)을 죽이고 태갑(太甲)이 이윤을 죽였다."[3]라고 자신들의 포악함을 꾸몄다. 이처럼 분분하게 사실과 다른 말들을 얽어내면서 전혀 꺼리는 바가 없었다. 그 마음에서 일어나 입으로 내뱉고 또 그 책에 기록하였다. 아아, 이사(李斯)가 육경을 불태운 것도 어쩌면 또한 부추긴 사람이 있는 것인가.[4] 사람이 부모가 없으면 태어날 수 없는 법이다.

말하는 자가 말하기를 "이윤은 공상(空桑)에서 태어났다. 이윤이 밭두둑 사이에서 농사를 짓고 살며 느긋하게 그 즐거움을 바꾸지 않다

3 요 임금은……죽였다 : 여기 인용한 말들은 279년 하남성(河南省) 급현(汲縣)의 위 양왕릉(魏襄王陵)에서 출토된 《죽서기년(竹書紀年)》에서 유래하였다. 이 책은 출토된 지명을 따서 《급총기년(汲塚紀年)》이라고도 한다. 당(唐)나라의 유지기(劉知幾)가 지은 《사통(史通)》 권16 〈급총기년일조(汲冢紀年一條)〉에 "죽서기년이 진대에 나오자 학자들이 비로소 후계가 익을 죽이고 태갑이 이윤을 죽이고 문왕이 계력을 죽였다는 사실을 알게 되었다.〔竹書紀年出于晉代, 學者始知后啓殺益, 太甲誅伊尹, 文王殺季歷.〕"라고 하였다. 《주자어류(朱子語類)》 권138 〈잡류(雜類)〉에는 "급총고서는 요 임금이 옥에 갇히고 순 임금이 들에서 죽고 이윤이 태갑을 찬탈하고 태갑이 이윤을 죽였다는 등의 말들이 모두 여기에서 나왔다.〔汲冢古書, 堯幽囚舜野死, 尹簒太甲, 太甲殺尹之類, 皆其所出.〕"라고 하였다.

4 이사(李斯)가……것인가 : 이사가 분서갱유(焚書坑儒)를 저지르기까지 그의 생각에 영향을 준 글이나 가르침이 있으리라는 말이다. 이사는 초(楚)나라 상채(上蔡) 사람으로, 젊어서 순자(荀子)에게 배워 후기 법가(法家) 사상의 대표적인 인물이 되었다. 진(秦)나라의 승상으로 진 시황(秦始皇)에게 분서갱유를 건의하였다.

가 세 번 불러서야 세상에 나왔다."[5]라고 한다. 또 말하는 자가 말하기를 "이윤은 유신씨(有莘氏)의 잉신(媵臣)인데, 솥을 지고 가서 탕(湯)에게 써줄 것을 요청하였다. 탕이 이윤을 얻어 하(夏)의 걸(桀)에게 보내자, 이윤이 몸소 전에 서쪽에 도읍한 하나라를 보았는데, 이윽고 걸이 악행을 고치지 않자 드디어 탕을 도와 걸을 정벌하였다."[6]라고 한다. 또 말하는 자가 말하기를 "이윤이 말희(末喜)를 간통하자 걸이 말희를 추방하였는데, 이윤과 함께 하나라를 망하게 하였다."[7]라고 한다.

탕이 운명하고, 중임(仲壬)과 외병(外丙)도 일찍 세상을 떠났으므로, 태갑(太甲)이 왕위를 계승하여 탕의 전형(典刑)을 어지럽혔다.

5 이윤이……나왔다 : 이윤이 은(殷)나라의 탕왕(湯王)에게 발탁되기까지의 과정을 말한 것이다. 이윤이 공상(空桑)에서 태어났다는 말은 《열자(列子)》 권1 〈천서(天瑞)〉에 보인다. 공상에 대해서는 여러 가지 설이 있으나, 이익(李瀷)의 《성호사설(星湖僿說)》 권30 〈시문문(詩文門) 공상(空桑)〉에 자세한 고증이 보인다.

6 이윤은……정벌하였다 : 이윤이 탕에게 발탁되어 걸을 정벌하기까지의 과정을 서술한 것이다. 《사기(史記)》 권3 〈은본기(殷本紀)〉에 "이에 유신씨의 잉신이 되어 솥과 도마를 짊어지고 맛난 음식으로 탕에게 유세하여 왕도를 이루었다.〔乃爲有莘氏媵臣, 負鼎俎以滋味說湯, 致于王道.〕"라고 하였다. 《서경》 〈태갑 상(太甲上)〉에 "제가 몸소 먼저 서쪽에 도읍한 하나라를 보았습니다.〔惟尹躬先見于西邑夏〕"라고 하였는데, 그 주에 "하나라 도읍인 안읍은 박땅의 서쪽에 있기 때문에 서쪽에 도읍한 하나라라고 한 것이다.〔夏都安邑, 在亳之西, 故曰西邑夏.〕"라고 하였다.

7 이윤이 말희(末喜)를……하였다 : 말희는 말희(妺喜)라고도 하며, 걸의 비(妃)이다. 이윤이 말희를 간통했다는 말은 역시 《죽서기년(竹書紀年)》에 보인다. 《升菴集 卷46 汲冢文誣》 이윤과 함께 하나라를 망하게 했다는 말은 여러 기록에 보이는데, 《역사(繹史)》 권51 〈진문공패업(晉文公霸業)〉에 "옛날 하나라 걸이 유시씨를 정벌하였는데, 유시씨의 사람들이 말희를 걸에게 시집보냈다. 말희가 총애를 받자 이에 이윤과 함께 하나라를 망하게 하였다.〔昔夏桀伐有施, 有施人以妺喜女焉. 妺喜有寵, 於是乎與伊尹比而亡夏.〕"라고 하였다.

이윤이 정성스럽게 깨우쳐서 두세 번 반복하였지만, 태갑이 용렬하여 동궁(桐宮)으로 내쫓으니,[8] 대개 성인이 불행을 만난 것이다. 태갑이 스스로를 다스려 그 덕(德)을 잘 마칠 수 있게 된 뒤에 박(亳)으로 모시고 돌아왔으며,[9] 공을 이룬 뒤에 오래도록 그 자리에 있을 수 없음을 알고 연로한 나이를 핑계로 초야로 돌아왔다. 그의 아들 이척(伊陟)도 재상의 자리를 이어 명성이 있었다.[10]

군신의 사이에 모두 이처럼 본말이 있는데, 태갑이 이윤을 죽였다고 말하는 저들은 어디에 근거를 둔 것인가. 장차 성인을 기만하려는 것

8 탕이 운명하고……내쫓으니 : 이 내용은 《맹자》 〈만장 상(萬章上)〉에 보인다. 중임(仲壬)과 외병(外丙)은 탕의 아들이다. 다만 《맹자》에서는 외병은 두 살, 중임은 네 살이라고 하여, 나이가 어렸던 것으로 보았다. 이민구가 조세(早世)라고 한 것은 《사기(史記)》에 근거한 것으로 보인다. 그 글에 "탕이 붕어하자, 태자 태정은 왕위에 오르지 못하고 죽었다. 이에 태정의 아우 외병을 세우니 이분이 제 외병이다. 제 외병이 즉위한 지 2년 만에 붕어하자, 외병의 아우 중임을 세우니, 이분이 제 중임이다. 제 중임이 4년 만에 붕어하자, 이윤이 이에 태정의 아들 태갑을 세우니, 태갑은 성탕의 적장손이다.〔湯崩, 太子太丁未立而卒. 於是迺立太丁之弟外丙, 是爲帝外丙. 帝外丙卽位二年崩, 立外丙之弟中壬, 是爲帝中壬. 帝中壬卽位四年崩, 伊尹乃立太丁之子太甲, 太甲成湯適長孫也.〕"라고 하였다.

9 태갑이……돌아왔으며 : 이 내용은 《맹자》 〈만장 상(萬章上)〉에 보인다. 그 글에 "이윤이 태갑을 3년 동안 동으로 추방하니, 태갑이 자신의 과오를 뉘우쳐 스스로 원망하고 스스로 다스려 동에서 3년 동안 인에 처하고 의에 옮겨서, 이윤이 자기를 훈계한 것을 따라 다시 박읍으로 돌아왔다.〔伊尹放之於桐三年, 太甲悔過, 自怨自艾, 於桐處仁遷義三年, 以聽伊尹之訓己也, 復歸于亳.〕"라고 하였다.

10 그의……있었다 : 이윤의 아들 이척(伊陟)이 은나라 태무(太戊)를 섬겨 명성이 있었다는 말이다. 《서경》 〈군석(君奭)〉에 "태무 때에는 이척과 신호가 있었다.〔在太戊時, 則有若伊陟臣扈.〕"라고 하였는데, 채침(蔡沈)의 주에 "태무는 태갑의 손자이고, 이척은 이윤의 아들이다.〔太戊太甲之孫, 伊陟伊尹之子.〕"라고 하였다.

인가. 성인은 기만할 수가 없다. 장차 한 세상을 속이려는 것인가. 한 세상은 속일 수 없다. 소인이 스스로 기만하고 스스로 속여서 당시의 임금을 기망(欺罔)하고 후세를 그르친 경우가 적지 않다. 예컨대 부차(夫差)가 오자서(伍子胥)를 죽이고,[11] 이세(二世)가 몽염(蒙恬)을 죽이고,[12] 원제(元帝)가 소망지(蕭望之)를 죽이고,[13] 고종(高宗)이 장손무기(長孫無忌)를 죽였으니,[14] 이러한 경우들이 모두 여기에 속한다. 내가 그러므로 특별히 이윤의 일을 들어 책만 믿는 사람들의 경계로 삼는다.

11 부차(夫差)가 오자서(伍子胥)를 죽이고 : 춘추 시대 오(吳)나라의 부차가 공신 오자서를 죽인 일을 가리킨다. 오자서는 초(楚)나라 사람으로 이름은 원(員)이다. 오왕(吳王) 합려(闔閭)를 도와 오나라를 강국으로 만들었는데, 합려의 아들 부차가 즉위한 후에 태재(太宰) 백비(伯嚭)의 모함에 빠져 오자서에게 자결을 명하였다. 《史記 卷66 伍子胥列傳》

12 이세(二世)가 몽염(蒙恬)을 죽이고 : 진 이세(秦二世)가 몽염을 죽인 일을 말한다. 몽염은 진(秦)나라의 장군으로, 제(齊)나라를 멸망시키고 흉노(匈奴)를 정벌하고 만리장성을 축조하는 데에 큰 공을 세웠으나, 시황(始皇)이 죽은 뒤에 환관 조고(趙高)와 승상(丞相) 이사(李斯)의 흉계로 투옥되어 옥중에서 자살하였다. 《史記 卷88 蒙恬列傳》

13 원제(元帝)가 소망지(蕭望之)를 죽이고 : 한(漢)나라의 소망지는 원제 때 환관(宦官)의 전횡을 막고 제도를 개혁하려다가 도리어 중서령(中書令) 홍공(弘恭)과 석현(石顯)의 모함에 빠져 자살하였다. 《漢書 卷78 蕭望之傳》

14 고종(高宗)이 장손무기(長孫無忌)를 죽였으니 : 장손무기는 당 태종(唐太宗)의 처남으로 태종을 도와 천하를 평정한 일등공신이었으나, 태종의 아들 고종이 즉위하고 무씨(武氏)를 후비로 삼으려고 하자 이를 반대한 일을 계기로 무후(武后)의 원한을 사서 모반죄로 귀양 갔다가 유배지에서 자살하였다. 《新唐書 卷105 長孫無忌列傳》

주공설

周公說

《시경》〈치효(鴟鴞)〉를 해설한 서(序)에 "이숙(二叔 관숙(管叔)과 채숙(蔡叔))이 무경(武庚)을 데리고 배반하고, 유언(流言)을 퍼뜨려 '주공(周公)이 장차 유자(孺子 성왕(成王))에게 불리하게 할 것이다.'라고 하였다. 그러므로 주공이 동쪽 지방 정벌에 나선 지 2년 만에 마침내 관숙과 무경을 잡아 주살하였는데도 성왕은 여전히 주공의 뜻을 알지 못하였다. 이에 공이 이 시를 지어 왕에게 주었다."라고 하였다. 〈동산(東山)〉을 해설한 서(序)에는 "성왕(成王)이 이미 〈치효〉의 시를 얻고, 또 뇌풍이 일어나는 변고에 감동되어 비로소 깨닫고 주공을 맞이하였다. 이에 주공이 동쪽으로 정벌을 떠난 지 이미 2년이 지났다. 이미 돌아온 뒤에 이 시를 지어 돌아오는 병사들을 위로하였다."라고 하였다.

처음 주공이 나갈 때 사방에 퍼진 유언(流言)이 밖에 만연하였고, 성왕의 쌓인 의심이 풀리지 않았으니, 주공은 피하지 않을 수 없었다. 섬(陝)땅 동쪽은 진실로 주공이 다스리는 곳이었으니, 자리를 피해 동쪽에 머문 것은 형세상 그렇게 한 것이다. 이때에 주공은 진퇴양난(進退兩難)[15]의 상황이었으니 위태로움이 지극하였다. 그러므로 오직

15 진퇴양난(進退兩難) : 발전체후(跋前疐後)는 진퇴양난에 빠졌다는 말이다. 《시경》〈낭발(狼跋)〉에 "이리가 앞으로 가려다가 제 턱을 밟고, 뒷걸음치다가 제 꼬리를 밟아 넘어지네.〔狼跋其胡, 載疐其尾.〕"라고 한 데서 유래하였다.

몸을 받들고 물러나[16] 자기 자신이 유자(孺子)에게 이롭지 못한 점이 없다는 것을 천하의 사람들에게 보여 주려고 생각했을 뿐이었다. 그런데 군사들이 자진해서 따라나서 도끼를 부수고 도끼를 망가뜨렸으니,[17] 정벌의 큰 권한을 자임했다는 것은 반드시 그렇지 않은 것이다.

주공의 마음을 삼숙(三叔)[18]이 의심하고, 성왕(成王)이 의심하고, 천하 사람들이 더욱 의심하는데, 주공이 바야흐로 세금을 거두고 군비를 확충하여[19] 유자를 돕고자 했다면 그 누가 믿었겠는가. 당시에 오히려 삼숙과 녹보(祿父)[20]가 유언(流言)을 퍼뜨린 주범(主犯)이라는 사

16 몸을 받들고 물러나 : 봉신(奉身)은 봉신이퇴(奉身而退)의 준말로, 몸을 받들고 물러난다는 뜻이다. 《춘추좌씨전》 양공(襄公) 26년 기사에 "신하의 녹봉은 임금이 실로 소유하는 것이니, 의로운 일에는 나아가 녹을 받고, 그렇지 않을 경우에는 몸을 받들고 물러나야 한다.〔臣之祿, 君實有之, 義則進, 否則奉身而退.〕"라고 하였다.

17 군사들이……망가뜨렸으니 : 주공이 동정(東征)한 것이 아니라 동쪽으로 피신한 것인데, 군사들이 스스로 따라와 동정한 것처럼 보였다는 말이다. 《시경》〈파부(破斧)〉에 "이미 내 도끼를 부수고, 또 내 도끼를 망가뜨렸네.〔旣破我斧, 又缺我斨.〕"라고 하였다.

18 삼숙(三叔) : 성왕(成王)의 세 숙부인 관숙(管叔), 채숙(蔡叔), 곽숙(霍叔)을 가리킨다. 무왕(武王)이 죽은 뒤에 무왕의 동생인 주공(周公)이 어린 성왕을 대신해 섭정(攝政)하자, 이들이 상(商)의 왕족인 무경(武庚)과 연합하여 반란을 일으켰다.

19 세금을……확충하여 : 정선(征繕)의 정(征)은 부세(賦稅)를 받아들이는 것이고, 선(繕)은 병기(兵器)를 수선하는 것이다. 《춘추좌씨전》 희공(僖公) 15년 기사에 "정선하여 유자를 돕는다.〔征繕以輔孺子〕"라고 하였다. 여기서는 주공의 동정(東征)을 의미한다.

20 녹보(祿父) : 상(商)나라 무경(武庚)의 이름이다. 《회남자(淮南子)》〈요략(要略)〉에 "채숙과 관숙이 공자 녹보를 도와 난을 일으키려고 하였다.〔蔡叔管叔, 輔公子祿父而欲爲亂.〕"라고 하였는데, 그 주에 "녹보는 주의 형의 아들이다. 주나라가 봉하여 은의 후예로 삼고 관숙과 채숙으로 하여금 감시하게 하였다.〔祿父, 紂之兄子. 周封之

실을 알지 못했는데, 군사를 모아 출정했다면 장차 누구를 토벌하였겠는가.

대개 동쪽에 머문 지 2년 만에 비로소 죄인을 잡았다는 것은 곧 말을 만들어 낸 사람을 잡았다는 것이지, 그 사람을 잡아서 죽였다는 뜻이 아니다. 성왕이 이미 정황을 파악하고 주공을 맞이하여 돌아오게 함에 미쳐 비로소 왕명을 받들어 육사(六師)를 정비하여, 동쪽으로 토벌을 나선 지 3년 만에 저들을 주살하였던 것이니, 〈치효〉는 주공이 동쪽에 2년 동안 머물며 아직 돌아오지 않았을 때 지은 시일 것이다. 또 〈동산〉과 〈파부〉는 동정에 나선 지 3년 만에 개선하여 돌아온 뒤에 지은 시일 것이다. 《서경》 〈대고(大誥)〉 서(序)에 "주공이 자리를 피해 동쪽에 머물렀는데 성왕이 주공을 맞이하여 돌아오니, 삼숙(三叔)이 두려워하여 무경(武庚)과 함께 배반하자, 성왕이 주공으로 하여금 동정하여 치게 하였다."라고 하였으니, 이 말이 가장 명백하다.

以爲殷後, 使管蔡監之.〕"라고 하였다.

병설

病說

인체에는 좌우(左右)와 사지(四肢)와 백해(百骸)가 갖추어져 있다. 관절이 굴신하고 기혈이 흘러 사람이 되는 것이다. 때에 맞춰 일어나고 쉬며, 적절하게 먹고 마시면서 근심과 욕망이 정신을 흔들지 않고 비바람과 한서(寒暑)가 몸의 외부에 닿지 않으면 병이 없는 사람이 된다. 이런 경우 돌아다니거나 앉거나 쥐는 것이 모두 자신의 의지대로 되기 때문에 자기 몸에 있는 좌우와 사지와 백해가 자신의 쓰임이 되는 줄도 모른다. 그러나 혹 일어나고 쉬는 것과 먹고 마시는 것을 마땅하게 하지 않고, 근심과 욕망이 내면을 흔들고 비바람과 한서가 몸의 외부에 닿으면 자신의 쓰임이 되는 좌우와 사지와 백해가 도리어 자신의 근심거리가 되니, 이에 이름 없는 질병과 형용하기 어려운 증세가 있게 된다.

내가 근자에 풍비병(風痺病)을 앓았다. 그 병세가 왼쪽에 나타났으니 그 이름은 풍완(風緩)인데, 몸을 움직이려고 하면 뻣뻣하고 쓰러질 것 같아 차츰 묵직한 군더더기가 몸에 붙어 있는 것처럼 느껴진다.[21] 나의 조카 석규(碩揆)[22]도 이 병에 걸려 병세가 오른쪽에 나타났는데,

21 차츰……느껴진다 : 풍에 걸려 운신하기 어렵고 몸에 군더더기가 붙은 것처럼 거추장스러운 상태를 묘사한 말이다. 췌우(贅疣)는 혹과 사마귀란 말로 아무데도 쓸데없는 것을 가리킨다. 《장자(莊子)》 〈변무(騈拇)〉에 "사마귀가 붙고 혹이 달린 것은 몸에서 나왔지만, 본성에서 볼 때에는 군더더기이다."라고 하였다.

22 이석규(李碩揆) : 1626~1666. 본관은 전주(全州), 자는 거공(鉅公)이다. 이성구

오른쪽 다리에 힘을 주고 서려고 하면 쓰러지고 손으로 주물러보면 감각이 없어서 빈 것 같았으니, 멍멍하고 허전하여 언제나 몸 반쪽이 없는 것 같았다. 예전에 내가 가지고 있으면서도 가지고 있다는 것을 알지 못했던 것은 나와 더불어 한가지로 같았는데, 지금 가지고 있다는 것을 알고 없다는 것을 아는 것은 나와 더불어 두 가지로 다르다.[23] 나는 가지고 있는 것을 괴로워하고 석규는 없는 것을 괴로워하지만, 모두가 병든 것은 마찬가지이다.

이를 통해 미루어 나가보면, 진(秦)나라가 실정(失政)하자 산동(山東)이 먼저 배반하여 산동의 36개 군이 모두 진나라의 근심거리가 되었으니, 이것은 근심이 있음에 있는 것이다. 진(晉)나라가 양자강의 왼쪽에서 국맥을 보존하여[24] 한 모퉁이에서 안일을 도모하려고 회수(淮水) 이북의 땅을 모두 호갈(胡羯)에게 주고 차지하지 못하였으니, 이것은 근심이 없음에 있는 것이다. 만일 진(秦)과 진(晉)이 한가하고 일이 없던 때에 정교(政敎)를 밝히고, 민심을 따라 국맥(國脈) 부지하기를 마치 사람이 일어나고 쉬는 것과 먹고 마시는 것을 마땅하게 하고, 근심과 욕망에 흔들림이 없게 하고, 비바람과 한서가 닿지 못하게 하는 것처럼 했다면, 우환이 어디서부터 생겨났겠는가. 이것은 또 우리 두 사람의 과오이기도 하다.

(李聖求)의 넷째아들이다. 《樊巖集 卷50 贈吏曹參判行戶曹佐郎李公墓碣銘》

23 예전에……다르다 : 예전에 풍에 걸리기 전에는 건강하였기 때문에 자신과 조카가 모두 사지와 백해가 있는 줄을 모를 정도로 자연스러웠는데, 지금은 두 사람이 각각 다른 증상의 풍을 앓아서 느끼는 불편이 다르다는 말이다.

24 진(晉)나라가……보존하여 : 진나라가 외족에게 중원을 빼앗기고 양자강 남쪽으로 가서 동진(東晉)을 세웠던 사실을 말한다.

문장은 짓는 속도에 따라 공졸을 나눌 수 없다는 설
文不可以遲速分工拙說

대개 옛날에 글 짓는 것을 논하는 사람들이 짓는 속도의 느림과 빠름을 기준으로 공졸(工拙)을 구분하였다. 이것은 매고(枚皐)와 사마상여(司馬相如)를 논한 데서부터 유래하였는데,[25] 장차 이러한 기준으로 천하고금의 글 짓는 사람을 평가하려고 한다면 자못 모두가 그렇다고는 할 수 없다.

문장의 공졸은 그 사람의 재주가 어떠한가에 달려 있는 것이니, 어찌 짓는 속도의 느림과 빠름에 달려 있겠는가. 그러므로 붓이 썩도록[26] 오랜 시간을 들여도 글이 졸렬한 사람이 있으며, 바리때 두드리는 사이에 지어도 글이 공교로운 사람이 있으니, 재주가 졸렬한 사람에게는 글을 공교롭게 지으라고 책망할 수 없고, 재주가 공교로운 사람은 억

25 매고(枚皐)와……유래하였는데 : 매마(枚馬)는 한대(漢代)의 문장가인 매고와 사마상여(司馬相如)의 합칭이다. 《한서(漢書)》 권51 〈매고전(枚皐傳)〉에 "매고는 동방삭보다 부를 더 잘 지었다.……임금이 느낀 바가 있을 때마다 매고에게 부를 짓도록 하였는데, 글을 워낙 빨리 지어 분부를 받는 즉시 지었으므로, 지은 부가 많았다. 사마상여는 글을 잘 지었지만 더뎠으므로, 지은 것은 적지만 매고의 글보다 좋았다.〔皐爲賦善於朔也.……上有所感, 輒使賦之, 爲文疾, 受詔輒成, 故所賦者多. 司馬相如善爲文而遲, 故所作少而善於皐.〕"라고 하였다.

26 붓이 썩도록 : 시문(詩文)을 지을 때 너무 오래 구상하는 것을 비유한 말이다. 《문심조룡(文心雕龍)》 권6 〈신사(神思)〉에 "사마상여는 붓을 입에 물고 너무 오래 생각하다 붓이 썩었고, 양웅은 붓을 멈추고 오래 있다가 꿈에서 깨듯 눈을 떴다.〔相如含筆而腐毫, 揚雄輟翰而驚夢.〕"라고 하였다.

눌러서 글을 졸렬하게 할 수 없다. 이것은 마치 미녀를 추녀로 만들 수 없고, 추녀를 미녀로 만들 수 없는 것과 같다. 못생긴 사람[27]을 아리따운 미녀로 만들 수 없는데, 문장을 어찌 짓는 속도를 기준으로 공졸(工拙)을 구분하겠는가.

모든 사물에는 빨리 이루어져도 오랫동안 존속하는 것이 있고, 느리게 이루어져도 갑자기 사라지는 것이 있다. 참새와 꿩은 바람이 이르면 날아가서 물에 들어가 큰 대합조개와 작은 대합조개가 되는데,[28] 매우 순식간의 일이어서 일찍이 그 깃털과 뼈와 가죽조차 남기지 않지만, 그 껍데기는 벌써 만들어져 단단하니, 그 이루어짐이 또한 빠르다. 그러나 높은 산의 바위 사이에서 오랜 세월이 지나도 오히려 남아 있다. 편남(楩枏)과 예장(豫章)은 싹이 난 지 7년 만에 비로소 그 모습이 보여 하늘 높이 해를 덮을 정도로 자라기까지는 수백 년의 세월이 걸리니, 그 이루어짐이 또한 느리다. 그러나 도끼를 든 사람이 쪼개서 땔감을 만들면 하루아침에 다 없앨 수 있다.

문장을 짓는 속도가 느리고 빠름, 그리고 그 글이 오랫동안 전해짐과 그렇지 못함이 또한 어찌 이와 다르겠는가. 이백(李白)은 한 말

27 못생긴 사람 : 구두축알(臼頭蹙頞)은 추녀가 미인 흉내를 내는 것을 비유하는 말이다. 당 의종(唐懿宗) 때 장응(蔣凝)이 굉사과(宏詞科)에 응시할 때 부(賦)를 4운(韻)만 쓰고 나가버렸다. 금방 그 글이 여러 사람에게 알려지자 그들은 "못생긴 여자가 만면에 장식을 해도 서비가 반 화장한 것만 못하다.〔臼頭花鈿滿面, 不若徐妃半粧.〕"라고 한 데서 유래하였다. 《海錄碎事 卷19 臼頭花鈿》

28 참새와……되는데 : 《광박물지(廣博物志)》 권45 〈조수(鳥獸)〉에 "천 년 묵은 꿩이 바다에 들어가 큰 대합조개가 되고, 백 년 묵은 참새가 강에 들어가 작은 대합조개가 된다.〔千歲之雉入海爲蜃, 百年之雀入江爲蛤.〕"라고 하였다.

술을 마시는 동안에 백 편의 시를 짓고,[29] 진삼(陳三)은 문을 닫고 시구를 찾았지만,[30] 어찌 이것을 가지고 이백의 시를 폄하하고 진삼의 시를 높이겠는가. 한유(韓愈)가 문장을 논하여 말하기를 "처음에는 끙끙거리며 어렵다가 끝에는 거침없이 풀려 나온다."[31]라고 하였다. 이 말은 처음에는 어렵다가 끝에는 쉽다는 것이니, 어찌 어려운 것을 공교로운 글로 삼고, 쉬운 것을 졸렬한 글로 삼겠는가. 그러므로 문장의 공졸(工拙)은 그 사람의 재주가 어떠하냐에 달려있는 것이지 짓는 속도에 달려있는 것이 아니라고 하노라.

29 이백(李白)은……짓고 : 이백이 속작에 능했음을 말한 것이다. 두보(杜甫)의 시에 "이백은 술 한 말에 시가 백 편인데, 장안의 저잣거리 술집에서 자기도 하고, 천자가 불러도 배에 오르지 않으면서, 신이 바로 술 가운데 신선이라 자칭하였네.〔李白一斗詩百篇, 長安市上酒家眠. 天子呼來不上船, 自稱臣是酒中仙.〕"라고 하였다. 《杜少陵集 卷2 飮中八仙歌》

30 진삼(陳三)은……찾았지만 : 진삼은 송(宋)나라 휘종 때의 진사도(陳師道, 1053~1101)를 말하는데, 그가 진씨(陳氏) 집안의 셋째 아들이기 때문에 진삼이라고 불렀으며, 자는 무기(無己)이다. 황정견(黃庭堅)의 시에 "문 닫고 앉아 시구 찾는 이는 진무기이고, 손님 마주해 붓 휘두르는 이는 진소유로다.〔閉門覓句陳無己, 對客揮毫秦少游.〕"라고 하였다. 《山谷集 卷7 病起荊江亭卽事》

31 처음에는……나온다 : 이 말은 한유(韓愈)의 〈답이익서(答李翊書)〉에 보이는 내용을 발췌한 것이다. 《韓昌黎文集 卷16》

잡설

雜說

사람은 하늘이 낳아 주는 것이며, 사물은 기(氣)가 화(化)한 것인가? 아니면 사람과 사물 모두 스스로 태어나고 스스로 화하는 것인가? 하늘이 낳아 주고 기가 화하는 것이라면, 어찌하여 혹은 주고 혹은 빼앗아, 곤궁하거나 천박하게 하고 일찍 죽게 만들어서, 순리대로 가지런하게 되지 않는 것인가? 스스로 태어나고 스스로 화하는 것이라면, 지혜와 기교(機巧)를 갖추어서 이로움과 해로움을 살펴 알 것인데, 어찌 동일한 본성을 지녀 다르게 나타나지 않는 것인가?

사람은 만물 가운데 가장 영험하다고 한다. 사람은 집을 지어 거처하고, 곡식을 수확해서 먹고 옷감을 짜서 입으며, 산에서 사냥을 하고 물에서 물고기를 잡아먹는다. 세상의 수많은 동식물이 모두 사람을 위해 있는 것 같으니, 하늘이 진실로 사람에게 특별한 마음이 있는 것인가? 사물은 하늘이 부여해 준 것이 부족하여 어리석다고 한다. 마시고 먹는 것과 하고 싶은 것을 즐기는 것, 그리고 거처를 시원하게 하거나 따뜻하게 하는 것은 사람들이 힘들게 노력해서 적합하게 하려는 것들인데, 만물은 일찍이 지혜를 동원하지 않고서도 부족한 바가 없으니, 하늘이 과연 만물에 대해 특별한 뜻이 없는 것인가?

비록 그렇지만 사람이 축축한 곳에 산다면 비바람에 시달리고, 농사를 짓지 않고 옷감을 짜지 않는다면 굶주림과 추위가 이르니, 과연 자신의 외부로부터 바라는 것이 없는 것인가? 여우는 구멍에서 살고 사슴은 들을 뛰어다닌다. 물고기는 물에서 살며 헤엄치고 원숭이는 나무에서 살며 멋대로 노니, 과연 그들은 외부로부터 바라는 것이 있겠는가? 사물은 바라는 것이 적기 때문에 쉽게 만족하고, 쉽게 만족하기 때문에 자신의 분수에 맞게 멈춘다. 반면 사람은 욕심이 많기 때문에 채우기 어렵고, 채우기 어렵기 때문에 오래도록 부지런히 일해야만 한다. 이로 말미암아 사특(私慝)함에 빠지고, 이로 말미암아 형벌을 받게 되니, 하늘은 사람에게 후한 것인가, 동물에게 후한 것인가?

누가 능히 맞이함도 없고 거스름도 없이 적게 취하고 가까이에서 구하여 하늘의 이치에 합하기를 바라지 않아도 하늘이 그와 더불어 합하게 하겠는가. 누가 능히 살기를 좋아하지 않고 죽기를 싫어하지 않아서, 편안히 순리대로 살다가 조화의 기운을 타고 노닐면서, 하늘의 이치를 어기지도 않고 또한 하늘에 도움을 받지도 않을 수 있겠는가. 이미 낳아 주고 이미 화하게 해주고서, 또 그 낳은 것을 핍박하고 그 화한 것을 괴롭혀서, 낳아 주고 화하게 해주는 주재자에게 책임과 원망을 돌리게 하는 것은 또 누구란 말인가?

하늘이 명령한 것을 성(性)이라 하니, 만물이 그것을 받아 태어나므로 저마다 천성(天性)을 소유하고 있는 것이다. "하늘의 도가 변하여 화함에 각각 성명(性命)을 바르게 한다."[32]라고 하였는데, 이것을 말하는 것인가?

많고 적음도 없고 크고 작음도 없으며, 있고 없음도 없고 길고 짧음도 없다면, 스스로 만족해서 부족한 것이 없을 것이다. 사람의 다리도 두 개이고 새의 다리도 두 개인데, 그 두 개의 다리로 걸어도 넘어지지

32 하늘의 도가……한다 : 《주역》 〈건괘(乾卦) 단(彖)〉의 말이다.

않는다. 토끼는 네 개의 다리를 가졌고, 노래기는 백 개의 다리를 가졌지만, 그렇게 많은 다리로 달려봐야 사람이나 새보다 빠르지 않으니, 많은 것이 적은 것만 못한 것이다. 개미들은 빈 구멍만 얻어도 무리지어 편안히 지내지만, 고래가 육지에 머물게 되면 그 몸을 움직일 수 없으니, 큰 것이 작은 것만 못한 것이다. 노루와 사슴은 쓸개가 없어도 보고, 조개와 지렁이는 심장이 없는데도 먹으니, 없어도 있는 것이나 마찬가지이다. 땅강아지는 날개가 있지만 날지 못하고, 용은 귀가 있지만 들을 수 없으니, 있어도 없는 것이나 마찬가지이다. 그러므로 《장자(莊子)》에 이르기를 "학의 다리가 비록 길지만 짧게 자르면 슬퍼하고, 오리의 다리가 비록 짧지만 길게 이어주면 근심한다."[33]라고 하였으니, 저마다 천성(天性)대로 살아갈 뿐이다.

33 학의……근심한다 : 《장자(莊子)》 〈변무(騈拇)〉에 보이는 말이다.

문장을 비유하는 설

文喩說

그대는 일찍이 강을 오가는 배를 보았는가? 그대가 그대의 문장을 공교(工巧)하게 하고자 하니, 배를 가지고 비유해 보겠다.

저 장인이 배를 만들 때에 많은 재목을 모아 완성한다. 산에 자라는 크고 작은 나무를 취해서 하나도 버리는 것이 없다. 톱으로 자르고 도끼로 깎고, 자로 재고 먹줄로 재단하여 돛대와 키와 노 등의 장비와 고물과 이물과 갑판 등의 시설과 물에 적신 옷가지[34]와 각종 밧줄을 빠짐없이 구비한다. 그렇게 한 뒤에 넓고 깊은 강해(江海)와 주요한 나루에 띄우게 되는데, 구정(九鼎)[35]처럼 무거운 것과 만곡(萬斛)의 많은 물량과 사람과 짐승과 재물과 수레 등 이 세상의 온갖 물건을 싣지 못하는 것이 없고 운반하지 못하는 것이 없으며, 순풍을 타고 가면 마음먹은 대로 되지 않는 것이 없게 되는 것이다. 사람들은 배[36]

34 물에 적신 옷가지 : 의여(衣袽)는 물이 새는 곳을 막기 위한 옷가지를 말한다. 《주역》〈기제괘(旣濟卦) 육사(六四)〉에 "물이 새는 곳에 옷과 해진 옷을 마련해 두고 종일토록 조심한다.〔繻有衣袽, 終日戒.〕"라고 하였는데, 정전(程傳)에 "배에 새는 곳이 있으면 헝겊 조각으로 막는다.〔舟有罅漏, 則塞以衣袽.〕"라고 하였다.

35 구정(九鼎) : 하우씨(夏禹氏)가 구주(九州)의 쇠붙이를 모아 주조(鑄造)한 솥으로, 본래는 제왕 혹은 왕조의 정통성을 상징하는 보배로 여겨지는데, 여기서는 단순히 대단히 무거운 물건을 의미한다.

36 배 : 고목(刳木)은 나무를 파낸다는 말인데, 배를 의미한다. 《주역》〈계사전 하(繫辭傳下)〉에 "나무를 파내서 배를 만들고, 나무를 깎아서 노를 만든다.〔刳木爲舟, 剡木爲楫.〕"라고 하였다.

가 물에 뜨는 것만을 볼 뿐, 많은 재목을 이용해서 만들었음을 알지 못하니 이상한 일이다.

글이란 도(道)를 싣는 그릇이다.[37] 입언(立言)과 수사(修辭)를 통해 작자(作者)의 법도에 부합하기를 기대하고, 후세에 남겨서 장래 긴긴 세월이 지나도록 수많은 사람들이 눈으로 읽고 좋아하기를 바라면서, 어찌 거칠고 엉성하게 할 수 있겠는가. 글을 지을 때 공교(工巧)하게 하지 않는다면 반드시 먼 후대까지 전해지지 못한다. 그러므로 육경(六經)에 근거하여 재료로 삼고, 백가(百家)의 글에서 더듬어 틀을 삼아야 한다. 저 여러 성인들이 지어 남긴 글과 노자(老子), 장자(莊子), 좌구명(左丘明), 굴원(屈原), 사마천(司馬遷), 매승(枚承), 추양(鄒陽), 가의(賈誼), 회남왕(淮南王) 유안(劉晏), 사마상여(司馬相如), 양자운(揚子雲), 반고(班固), 진사(陳思), 한유(韓愈), 유종원(柳宗元), 구양수(歐陽脩), 소식(蘇軾) 등이 지은 글로부터 위아래로 수천 년 사이에 재인(才人)과 과부(夸夫)와 지사(志士)들이 지은 글에 이르기까지, 전아하면서도 법도가 있고 복잡하게 얽혀 있으면서도 결이 있으며, 방자한 듯하면서도 거만하지 않고 아름다우면서도 음란하지 않으며, 툭 트여서 강물이 터진 것과 같고 심오해서 귀신의 괴이함과 같으며, 세밀하여 옥구슬과 고운 비단의 화려함과 같고 풍부해서 우주 사이에 수많은 사물이 있는 것과 같으며, 바람과 비와 서리와 눈이 갑자기 닥쳐왔다가 갑자기 기세가 변하는 것과 같고 슬픔과 기쁨과 놀라움을 번갈아 만나면서 옮겨가는 것과 같아서, 한 글자의

37 글이란……그릇이다 : 송나라 주돈이(周敦頤)의 《통서(通書)》 〈문사(文辭)〉에 "문장이란 도를 싣는 것이다.〔文所以載道也〕"라고 한 데서 유래한 말이다.

아름다움과 한 구의 미려함이 모두 다 나 자신이 내면에 간직한 자와 먹줄로 재고 재단하는 대로 귀결되어야 한다. 그리고 이른바 저 배를 만들 때 갖추었던 옷가지와 밧줄, 그리고 돛대, 키, 노, 고물, 이물, 갑판 등의 시설에 해당하는 요소들을 모두 모아 글을 지어야 한다.

이와 같이 한 뒤에야 인의(仁義)의 항구에서 오가고 도덕(道德)의 물결에서 떠다니며 마침내 지극한 이치를 윤택하게 하여 그 순정(純精)함이 밝게 빛을 발하는 것이다. 쟁그랑 쟁그랑 금석(金石)의 소리가 울리고 성대하게 용과 호랑이의 화려한 무늬를 이루어, 지난날의 전범(典範)에 견주었을 때 합당하지 않은 것이 없고 후세에 전해서 빛나지 않음이 없으며, 전대의 성인들을 우익(羽翼)하여 그 사업이 이 문장으로 말미암아 빛나고 선대의 왕들을 찬란하게 드러내서 그 도가 이 문장으로 말미암아 더욱 밝아지게 되니, 이것이 바로 글의 완성이다.

만일 한 토막의 나무로 만든 뗏목을 타거나 한 줄기 갈댓잎과 같은 배를 타고서, 평범한 도랑물에 떠서 하늘과 맞닿은 수평선 너머의 해가 목욕하는 곳까지 건너가고자 한다면, 마침내 할 수가 없을 것이다. 아아, 글이란 이와 같은 것이니, 어찌 쉽게 지을 수 있으며 어찌 쉽게 밀힐 수 있겠는가.

내가 이러한 견해를 가지고 평소 사람들이 물어오기를 기다렸는데, 지금 김대진(金大振) 군이 글에 뜻을 두고 나에게 가르침을 요청하였다. 내가 이에 사양하지 않고 이 말로 대답해 주니, 김대진 군의 정성을 가상히 여겼기 때문이다. 그러나 내가 선생께 들은 것을 말해 준 것일 뿐, 내가 이미 이 경지에 이르렀다고 감히 말하는 것은 아니다.

굴원설

屈原說

대부(大夫) 굴원(屈原)은 초(楚)나라 왕실과 같은 성씨이다.[38] 참소에 걸려 멀리 쫓겨난 뒤에 근심하고 원망하다가[39] 멱라수(汨羅水)에 몸을 던져 죽었다. 초나라 사람들이 가엾게 여겼으니, 〈대초(大招)〉[40]와 〈초혼(招魂)〉[41]이 지어진 까닭이다. 어부가 술지게미를 먹고 맑은 술을 마시라고 권하였으니, 이것은 곧 양웅(揚雄)이

38 대부(大夫)……성씨이다 : 《사기(史記)》 권84 〈굴원열전(屈原列傳)〉에 "굴원은 이름이 평이고 초나라 왕실과 같은 성씨이다.〔屈原者, 名平, 楚之同姓也.〕"라고 하였다.

39 근심하고 원망하다가 : 굴원이 방축(放逐)되어 근심하고 원망했다는 말인데, 사실상 그가 지은 〈이소경(離騷經)〉의 전체적인 분위기를 말한 것이다. 《사기(史記)》 권84 〈굴원열전(屈原列傳)〉에 "굴평이 임금이 총명하지 못함과 참소하는 말이 밝은 이치를 가리는 것과 사악한 말이 공정한 말을 해치는 것과 방정한 사람이 세상에 수용되지 못하는 것을 가슴 아프게 생각하였다. 그러므로 근심하고 침울하여 〈이소〉를 지었으니, 이소라는 것은 근심에 걸린 것이다.〔屈平疾王聽之不聰也, 讒諂之蔽明也, 邪曲之害公也, 方正之不容也. 故憂愁幽思而作離騷, 離騷者, 猶離憂也.〕"라고 하였고, 또 "국풍은 색을 좋아하면서도 음란한 지경에는 이르지 않았고, 소아는 원망을 하면서도 어지러운 지경에는 이르지 않았는데, 〈이소〉의 경우는 국풍과 소아 두 가지를 겸했다고 이를 만하다.〔國風好色而不淫, 小雅怨誹而不亂, 若離騷者, 可謂兼之矣.〕"라고 하였다.

40 대초(大招) : 《초사(楚辭)》의 편명이다. 굴원이 쫓겨난 지 9년 만에 자신의 죽음을 예측하여 스스로 지은 글이라고도 하고, 경차(景差)가 지었다고도 한다.

41 초혼(招魂) : 송옥(宋玉)이 굴원을 가련하게 여겨서 지었다는 작품이다.

지은 〈반소(反騷)〉의 뜻과 같은 것이다.[42]

가의(賈誼)가 말하기를 "구주를 돌아다니면서 임금을 도울 것이다."[43]라고 했는데, 태사공(太史公)이 그 말을 취해서 말하기를 "그의 재주를 가지고 제후들에게 유세하였다면, 어느 나라인들 받아들이지 않았겠는가?"[44]라고 하였다. 아아, 이것은 대부의 의열(義烈)을 슬퍼할 줄만 안 것이지, 대부의 뜻을 분명하게 이해하지 못한 것이다. 그 결과 발끈 화를 내며 생사(生死)를 가볍게 여겨서 스스로 구렁에 빠져 죽는 사람과 견주었으니, 애석하구나.

대개 대부는 전국 시대의 말기에 살았던 인물이다. 당시 구복(九服)[45]이 횡류(橫流)[46]에 휩쓸려, 천하가 모두 꺾여서 진(秦)나라로 들

42 어부가……것이다 : 굴원의 〈어부사(漁父辭)〉에 어부가 "사람들이 모두 취해 있다면, 어째서 함께 술지게미를 먹고 박주를 마시지 않는가.〔衆人皆醉, 何不餔其糟而啜其醨.〕"라고 말한 내용이 있는데, 이것은 양웅(揚雄)이 〈반소(反騷)〉를 지어 표현하려는 말과 같다는 의미이다. 〈반소〉는 양웅의 작품으로 《양자운집(揚子雲集)》 권5에 수록되어 있다. 이것은 굴원의 처사를 너무 과격하다고 여긴 양웅이 굴원의 〈이소경(離騷經)〉과 상반(相反)되는 뜻을 적어서 강물에 던져 굴원을 조문한 글이다.

43 구주를……것이다 : 가의(賈誼)의 〈조굴원부(弔屈原賦)〉에 "구주를 돌아다니며 임금을 도울 것이니, 어찌 반드시 이 도읍만을 생각하겠는가.〔歷九州而相其君兮, 何必懷此都也.〕"라고 하였다.

44 그의……않았겠는가 : 《사기(史記)》 권84 〈굴원가생열전(屈原賈生列傳)〉의 사평(史評)에 보이는 말이다.

45 구복(九服) : 중국에 복속된 지역을 가리킨다. 천하를 왕기(王畿) 이외에 아홉 등급으로 나누는데, 왕기로부터 차례로 5백 리 밖을 후복(侯服), 전복(甸服), 남복(男服), 채복(采服), 위복(衛服), 만복(蠻服), 이복(夷服), 진복(鎭服), 번복(藩服)이라 한다.

46 횡류(橫流) : 백성이 유리 표박하는 것이 마치 물의 횡류와 같음을 비유한 것이다.

어갔다. 초나라의 여러 신하들이 두려움에 벌벌 떨었으니, 진나라 군대가 하루아침에 무검(巫黔)을 침범하고 언영(鄢郢)을 공격한다면 마땅히 모두 제(齊)나라 재상 후승(后勝)과 여러 빈객이 이간하는 뇌물을 받고 나라를 팔아먹은 것과 같이 했을 것이다.[47] 그렇지 않다면 날카로운 칼날 아래 피를 뿌리고 죽었을 것이다. 대부가 어찌 기꺼이 자기의 깨끗함으로 외물의 더러운 것을 받아들일 수 있었겠는가.[48]

대부가 상수(湘水)에 투신하고서 얼마 지나지 않아 초나라 사직(社稷)이 무너졌다. 가령 대부가 이러한 상황을 만났다면 이사(李斯)처

범녕(范寧)의 〈곡량전서(穀梁傳序)〉에 "공자가 창해의 횡류를 보고 위연히 탄식하였다.〔孔子覩滄海之橫流, 迺喟然而歎.〕"라고 하였다.

47 초나라의……것이다 : 초나라 신하들이 진나라의 뇌물을 받고 자기 나라를 버렸을 것이라는 말이다. 《사기(史記)》 권46 〈전경중완세가(田敬仲完世家)〉에 "후승이 제나라의 재상이 되어 진나라에서 이간하기 위해 주는 뇌물을 많이 받고서 빈객들을 진나라로 들어가게 하였다. 빈객들이 들어오자 진나라가 또 많은 뇌물을 주므로, 빈객들이 모두 반간이 되어 왕에게 합종을 어기고 진나라에 조회하도록 하였다. 전쟁을 위한 대비를 하지 않고, 다섯 나라가 진나라를 공격하는 것을 돕지 않았다. 진나라가 이로 인해 다섯 나라를 멸망시킬 수 있었는데, 다섯 나라가 이미 망하자 진나라 군대가 임치로 들어왔다.〔后勝相齊, 多受秦間金, 多使賓客入秦, 秦又多予金, 客皆爲反間, 勸王去從朝秦, 不脩攻戰之備, 不助五國攻秦. 秦以故得滅五國, 五國已亡, 秦兵卒入臨淄.〕"라고 하였다.

48 대부가……있었겠는가 : 이 부분은 〈어부사(漁父辭)〉의 "내가 들으니 새로 머리를 감은 사람은 반드시 갓을 털고, 새로 목욕한 사람은 반드시 옷을 턴다고 하니, 어찌 깨끗하고 깨끗한 몸으로 남의 더러움을 받겠는가. 내 차라리 소상강 강물에 뛰어들어 강 물고기의 뱃속에 장사될지언정, 어찌 희디흰 결백한 몸으로 세속의 더러운 먼지를 뒤집어쓰겠는가.〔吾聞之新沐者必彈冠, 新浴者必振衣, 安能以身之察察, 受物之汶汶者乎. 寧赴湘流, 葬於江魚之腹中, 安能以皓皓之白, 而蒙世俗之塵埃乎.〕"라는 말을 원용한 것이다.

럼 거짓으로 속여서 죽이는 일[49]을 할 수도 없었을 것이고, 한비자(韓非子)처럼 궤변을 늘어놓는 것도 또한 할 수 없었을 것이다. 그럴 바에는 차라리 홀가분하게 몸을 버려서 하루아침과도 같은 목숨을 버릴지언정, 차마 나라가 망해 억센 호랑이와 이리 같은 진나라에 얽매이는 꼴은 될 수 없었을 것이다. 이것이 대부가 가진 생각이었다.

후대의 사람들이 다시 대부의 뜻을 분명하게 알지 못하고서, 대부의 죽음을 지나쳤다고 하는 것은 잘못이다. 노중련(魯仲連)이 말하기를 "진나라가 멋대로 황제가 된다면 나는 동해에 빠져 죽을지언정, 그 나라의 백성이 되지는 않겠다."[50]라고 하였다. 노중련이 어찌 헛된 말을 하였겠는가. 그도 또한 대부의 뜻과 같았던 것이다. 대부가 죽은 지 수천 년인데, 대부의 뜻이 끝내 사라져 드러나지 않았으니, 대부가 당시와 후세에 만나지 못한 것을 내가 더욱 슬프게 생각한다.

49 이사(李斯)처럼……일 : 이사가 한비(韓非)를 모함하여 죽인 일을 말하는 것으로 보인다.

50 노중련(魯仲連)이……않겠다 : 노중련은 전국 시대 제(齊)나라 사람으로, 이 말은 《사기(史記)》 권83 〈노중련열전(魯仲連列傳)〉에 보인다.

동주산인설
東州山人說

옛날에는 자(字)는 있었으나 호(號)는 없었으니, 당(唐)나라에 이르기까지도 그러하였다. 태백(太白 이백(李白))의 청련(靑蓮)은 불가(佛家)의 이야기를 취하여 시흥(詩興)을 돕는 데 사용되었고, 자미(子美 두보(杜甫))의 초당(草堂)은 그 집을 가리키면서 그 사람을 그리워한 것이지, 처음부터 그들의 호는 아니었다. 그 뒤에도 더러 호를 가진 사람이 있기는 했지만 또한 소수에 불과하였으니, 창려(昌黎 한유(韓愈))와 유주(柳州 유종원(柳宗元))도 모두 호가 없었다.

송(宋)나라 중엽에 이르러 문장의 거벽(巨擘)으로 꼽히는 구양수(歐陽脩), 소식(蘇軾) 등 여러 공들이 비로소 스스로 호를 지었다. 말엽에는 명인(名人)과 학사(學士)가 모두 호를 갖게 되었는데, 간혹 호가 없는 사람도 있었으니, 중엽에 호를 가진 사람이 있었던 것과 같았다. 이후로 명대(明代)에 이르러서는 아래로 백정, 술장수, 장사치에 이르기까지 호를 가지고 서명하지 않는 사람이 없었으며, 또한 화물(貨物)에 기록하기도 하였으니, 말류(末流)의 폐단이 된 것이다.

나는 동국(東國)에서 태어나 한양에서 자랐으니, 일찍이 근교(近郊)에도 나가본 적이 없었다. 벼슬살이를 시작한 뒤로 조정의 명령으로 전국 사방을 두루 다니게 되었다. 우리나라 동서남북을 모두 돌아다녀서 매우 멀고 외진 곳까지도 두루 살펴보지 않은 곳이 없었으니, 비로소 호를 관해(觀海)라고 하였다. 신미년(1631, 인조9)에 공무의 여가를 이용하여 동쪽으로 유람을 떠나, 철원(鐵圓)의 산에서 좋은 경치를 보게 되었는데, 그곳은 바로 옛날의 동주(東州)였으므로, 드디어 호를 바꾸어 동주라고 하였다. 그 뒤 을해년(1635, 인조13)에 강원도 관찰사가 되어, 횡성 오슬산(五瑟山) 기슭에 무덤 쓸 자리를 정했는데, 그곳도 옛날의 동주 땅이었다. 처음에는 발걸음이 미친 곳을 따라 한때 우연히 호로 삼아 불렀던 것인데, 마침내는 살아서나 죽어서나 바뀌지 않을 호가 되었다. 그리고 그 조짐이 먼저 나타났으니, 또한 기이하다.

우리나라와 중원은 동주, 서주(西州)와 같으니, 살고 있는 지역에 의거하여 동주라고 부르는 것은 진실로 마땅하다. 죽고 나서는 동주 땅에 묻히게 될 것이니, 동주라고 부르는 것이 또한 마땅하다. 족성(族姓)이 이미 번성하여 오랜 세월이 지남에 따라 조상과 계파가 뒤섞이는 폐단이 생기게 될 텐데, 나의 후손들이 동주로부터 파가 나뉘었다는 사실을 알게 될 것이니, 이것도 또한 불가할 것이 없다. 장차 나의 무덤에 "동주산인의 무덤"이라고 새길 것이다.

제문 祭文

고 영의정 이덕형[51]에게 내리는 제문 응제○계해년(1623, 인조1) 이후

故領議政李德馨賜祭文 應製○癸亥以後

왕은 다음과 같이 말하노라.

생각건대 선조대왕은	洪惟宣考
훌륭한 공업 세우셨는데	業崇功邁
종신인 경을	卿爲宗臣
사직이 의지하였도다	社稷是賴
나랏일 보필하여 크게 빛나니	翼亮熙載
하늘에까지 이르렀고	格于皇天
한결같은 덕으로 돕고 받들어	一德協承
처음부터 끝까지 담당하였도다	終始永肩

51 이덕형(李德馨) : 1561~1613. 본관은 광주(廣州), 자는 명보(明甫), 호는 한음(漢陰)·쌍송(雙松)이다. 영창대군(永昌大君)의 처형과 폐모론을 적극적으로 반대하다가 관직에서 삭직되었다. 경기도 양근(楊根)으로 물러났다가 경기도 광주의 사저에 머물며 삶을 마쳤다. 시호는 문익(文翼)이다. 《漢陰集 附錄 卷3 行狀》

혼조에 이르러서는 逮在昏朝
바로잡는 데 더욱 노력하였으니 采勤匡濟
거의 경륜을 펼쳐 庶幾彌綸
위태롭지 않게 할 것 같았는데 以無危替
모난 자루와 둥근 구멍처럼 맞지 않아서[52] 枘鑿不周
국운이 장차 기울고 國步將蹉
인륜이 무너졌으니 彝倫攸斁
경이 홀로 어찌할 수 있었겠는가 卿獨奈何
상서로운 기린은 덕을 실천했건만 祥麟蹈德
탐욕스러운 호랑이가 괴이하게 여겨[53] 饞虎見怪
혹독한 형벌이 눈앞에 넘치건만 淫刑溢目
재앙의 기틀 속으로 뛰어들었네[54] 足投機駭
어리고 어린 대군[55] 眇眇嬰子

52 모난……않아서 : 이덕형이 시대를 만나지 못하고, 광해군과 뜻이 맞지 않았다는 말이다. 예조(枘鑿)의 예는 둥근 자루를 말하고 조는 네모진 구멍을 뜻하는데, 둥근 자루를 네모진 구멍에 넣으면 맞지 않듯이 쌍방이 서로 맞지 않거나 모순되는 것을 비유한다.

53 상서로운……여겨 : 이덕형을 상서로운 기린에, 영창대군(永昌大君)을 해치려는 무리를 탐욕스러운 호랑이에 비유하여 말한 것이다.

54 혹독한……뛰어들었네 : 영창대군을 해치려는 논의에 반대하는 사람들은 혹독한 형벌을 받게 되었지만, 이덕형은 그러한 상황에 개의치 않고 자신의 주장을 펼쳐서, 다가올 재앙을 피하지 않았다는 말이다.

55 어리고 어린 대군 : 영창대군 이의(李㼁, 1606~1614)를 가리킨다. 선조(宣祖)와 인목왕후(仁穆王后)의 사이에서 태어났다. 1608년(선조41)에 선조가 갑작스럽게 승하하고 광해군이 즉위한 뒤에 서인(庶人)으로 강등되어 강화도에 위리안치 되었다가

선왕께서 어여삐 여기셨는데	先王所顧
가슴아파라 저 무지한 것들	閔彼無知
마땅히 도마에 올려야 한다고 하였어라	宜机宜俎
이런 짓도 차마 하는데	是猶可忍
어찌 백성들을 구휼하겠는가	胡恤於人
해와 달과 별이 머뭇거리고	三光嫽婀
우주에 신이 없었도다	宇宙無神
경이 조정에 서서	卿立朝端
의로운 모습 굳건하였으니	形義毅然
보답할 것을 생각하지 않으랴	得不思報
선조의 영령이 하늘에 계셨도다	宣考在天
충성스러운 계책 잇따라 세웠으니	忠謨袞袞
어찌 경이 자신의 처지를 생각했으랴	豈卿謀身
간과 폐를 가르듯 진심 드러내서	析肝鉥肺
종족으로 인을 바꾸었도다[56]	以族易仁
그러나 임금이 생각이 없어서	惟庸罔念
안색을 바꾸고 노여워하였건만[57]	而色而怒

강화 부사 정항(鄭沆)에 의해 살해되었다.

56 간과……바꾸었도다 : 이덕형이 멸족의 화를 당할 수 있는 상황에서도 소신을 굽히지 않고 자신의 주장을 펼쳤다는 말이다. 역인(易仁)은 살신성인(殺身成仁)의 자세를 말한다.

57 그러나……노여워하였건만 : 광해군이 이덕형의 충간(忠諫)을 듣지 않았다는 말이다. 유용망념(惟庸罔念)은 《서경》 〈태갑 상(太甲上)〉의 "왕이 오직 심상히 여기시어 귀 기울여 듣지 않았다.〔王惟庸, 罔念聞.〕"라는 말을 원용한 것이다.

소장을 앞에 두었고 封章在前
부월을 뒤에 두었지 斧鉞在後
굴신에는 때가 있는 법 屈伸有時
도는 비색했지만 몸은 평안하여 道否身泰
거친 들판 떠돌면서도 棲棲荒野
거두어 감추었으니 누구를 원망하랴[58] 卷懷誰懟
안타깝게도 근심에 걸린 심정 읊다가 惜誦離愍
깊은 걱정에 병들어 幽憂疹疾
하늘이 일찍 앗아가니 天方夭椓
여덟 기둥이 부러졌네[59] 八柱中折
내가 잠저에 있을 때부터 自予處潛
지난 일 떠올리며 슬퍼했는데 撫事流悵
천운이 순환하였건만 運屬廻環
마음 아프도록 더욱 서글프다[60] 惄焉增愴
쓰러지는 나라를 부지한 대의와 扶顚大誼

58 거두어……원망하랴 : 이덕형이 양근의 시골집으로 돌아와 생활하면서도 원망하는 뜻이 없었다는 말이다. 권회(卷懷)는 《논어》 〈위령공(衛靈公)〉의 "군자답다, 거백옥이여. 나라에 도가 있으면 벼슬하고, 나라에 도가 없으면 거두어 감추어 두는구나.〔君子哉蘧伯玉, 邦有道則仕, 邦無道則可卷而懷之.〕"라는 말에서 유래하였다.

59 하늘이……부러졌네 : 이덕형이 53세의 나이로 운명한 사실을 말한 것이다. 옛말에 "여덟 기둥이 하늘을 받친다.〔八柱擎天〕"라고 했으며, 《초사(楚辭)》 〈천문(天問)〉의 주(註)에 "하늘에 여덟 산이 있어 기둥이 된다.〔天有八山爲柱〕"라고 하였다.

60 내가……서글프다 : 인조(仁祖)가 왕위에 오르기 전부터 이덕형의 일을 안타깝게 생각하였는데, 이제 계해반정(癸亥反正)으로 나라를 바로잡았지만, 이덕형은 고인이 되어 그의 충절을 보답할 길이 없으므로, 더욱 서글프다는 말이다.

그릇된 임금 바로잡은 밝은 정성은	格非明忱
역사에 귀감으로 기록되고	著龜簡策
고금에 환히 빛나리라	炳烺古今
충절을 기리고 지난 일 애도하여	褒忠悼往
이에 제사를 올리면서	載申哀祭
향기로운 제수 정성껏 마련하였으니	苾芬惟誠
영령은 어둡지 않으리라	靈其不昧

증 예조 판서 송영구[61]에게 내리는 제문 응제

贈禮曹判書宋英耉賜祭文 應製

왕은 다음과 같이 말하노라.

아아, 경(卿)은 부사(父師)[62]의 인(仁)과 모초(茅焦)[63]의 의(義)와 분육(賁育)[64]의 용(勇)과 우중(虞仲)[65]의 지(智)를 지니고서, 그 인으로 뜻을 이루고, 의로 절의를 세웠으며, 용으로 지조를 확고히 하였고,

61 송영구(宋英耉) : 1556~1620. 본관은 진천(鎭川), 자는 인수(仁叟), 호는 표옹(瓢翁)이다.《月沙集 卷43 同知中樞府事贈禮曹判書宋公神道碑銘》

62 부사(父師) : 은나라 삼공(三公)의 하나인 태사(太師)와 같은 말로, 여기서는 기자(箕子)를 가리킨다.

63 모초(茅焦) : 진 시황(秦始皇) 때 충간(忠諫)했던 사람이다. 시황의 모후(母后)가 노애(嫪毐)와 사통(私通)하여 두 아들을 낳았는데, 이에 노애가 방자하게 권세를 휘두르며 난동을 부리자, 시황이 그를 잡아 거열형(車裂刑)에 처하고 모후를 부양궁(萯陽宮)으로 옮긴 뒤, 태후(太后)의 일을 거론하는 자는 죽이겠다고 선포하였다. 그 이후로 간언을 올렸다가 죽임을 당한 사람이 27명이나 되었는데도, 모초가 죽음을 무릅쓰고 간언을 올린 다음 옷을 벗고 죽음을 기다리자, 시황이 비로소 자신의 잘못을 깨닫고 태후를 다시 감천궁(甘泉宮)으로 모셔오는 동시에 모초를 상경(上卿)으로 삼은 고사가 전한다.《史記 卷6 秦始皇本紀》

64 분육(賁育) : 전국 시대 제(齊)나라의 용사인 맹분(孟賁)과 주(周)나라의 역사(力士)인 하육(夏育)을 말한다. 맹분은 맨손으로 쇠뿔을 뽑았다고 하고, 하육은 천균(鈞)의 무게를 들어 올렸다고 한다.

65 우중(虞仲) : 은(殷)나라 때 주 태왕(周太王)의 둘째아들로, 아버지가 셋째아들인 계력(季歷)에게 왕위를 물려주고 싶어 하는 뜻을 알아채고, 형 태백(泰伯)과 함께 형만(荊蠻)으로 피신하여 동생에게 왕위가 돌아가게 하였다.《史記 卷4 孔子世家, 卷31 吳太伯世家》

지혜로 명철함을 보존하였도다. 혼탁하고 어그러져 법도가 무너지는 때를 만나 간역(奸逆)한 무리를 우익으로 삼고 포악한 무리들을 선동하여, 떳떳한 인륜을 무너뜨리고 없앨 수 있다고 생각하여, 장차 인류를 금수의 영역으로 몰아넣으려고 하였으니,[66] 그 기세가 마치 홍수가 제방을 무너뜨리고 넘실넘실 하늘까지 닿는 것과 같았다. 그 누가 한쪽 손으로 그것을 막을 수 있었겠는가.

사방을 돌아보매 함정을 깊이 파고 거기다가 그물까지 펼쳐 놓으니, 온 세상 사람들이 지조를 잃고 쓰러져 합사(合辭)하여 포악한 짓을 도왔다. 그러나 오직 경이 우뚝한 지주석[67]처럼 한 몸으로 윤상(倫常)을 부지하려는 무거운 책임을 자임하니, 순수한 금석 같은 지조로 정기(正氣)를 도와 수많은 화살이 몸을 뚫어도 살갗과 터럭조차 꿈쩍도 하지 않았도다. 그 덕분에 실낱같이 위태롭던 삼강(三綱)이 끊어지지 않았도다. 나라에는 백성이 있고 사직에는 신하가 있는데, 소인들이 일어나 서로 공격하였다. 이로 인해 백 번 견책당하고 세 번 쫓겨나 아침에는 형(荊)에 있고 저녁에는 만(蠻)에 있었는데, 바야흐로 물여우가 그림자를 쏘고 부득부득 이를 갈았으니, 형틀에서 죽지 않는다면 귀양지에서 죽을 상황이었다.[68] 그러나 하늘이 가만히 보호하여 온전

66 혼탁하고……하였으니 : 광해군(光海君) 당시에 인목대비(仁穆大妃)를 서궁(西宮)에 유폐하려고 했던 상황을 말한 것으로 보인다.

67 지주석 : 지주(底柱)는 산 이름으로, 지주산(砥柱山)·삼문산(三門山)이라고도 한다. 지금 하남성(河南省) 삼문협시(三門峽市)에 있는데, 황하(黃河)의 한가운데에 있다. 이 산이 급류 가운데 기둥처럼 우뚝 서 있기 때문에 그렇게 부른 것이다.《文選 卷19 高唐賦》 여기서는 송영구의 꿋꿋한 지조를 비유한 말이다.

68 소인들이……상황이었다 : 폐모론(廢母論)이 일어났을 때 반대하는 사람들에게

하게 하였으니, 마치 넘어지려는 것을 부축하고 물을 건널 때까지 기다려 주려는 것 같았다.[69]

슬프다. 하수(河水)가 맑아지려면 까마득한데[70] 짧은 인생의 세월은 멈추지 않아, 법망에 걸려 죽지는 않았으나 곤궁하게 살다가 운명하였도다. 관직이 열경(列卿)의 반열에 올랐으나 변변찮은 음식마저 자주 걸렀고, 흉년 들고 집안 살림이 가난하였으니, 군자의 운명이 끝내 흉하였도다. 그러나 천운(天運)은 가고나면 돌아오기를 좋아하니, 인륜이 다시 펴지고 천질(天秩)이 모두 이어져 선한 이를 표창하는 법을 거행하고 죽은 이를 생각하며 길이 애도하지만, 망자를 다시 살릴 수는 없으니 오늘 볼 수 없는 것이 안타깝도다. 예조 판서에 증직하여 나와 같은 시대에 만났더라면 하는 바람을 표하노라. 이에 사관(祠官)에게 명하여 제사를 베풀어 혼령에게 정성을 바치노라. 이승과 저승이 사이가 없으니 어둡지 않은 영혼이 있으리라.

가해진 혹독한 상황을 말한 것이다. 귀역(鬼蜮)은 물여우를 말하는데, 일명 사영(射影)이라고도 한다. 《시경》 〈하인사(何人斯)〉에 "저 사람은 도깨비도 되었다가 또 물여우도 되었구나."라고 하였는데, 그 주에 "이 물여우가 입에 모래를 머금고 사람의 그림자에 뿜으면, 그 사람에게 바로 종기(腫氣)가 생긴다."라고 하였다. 흔히 사람이 흉독을 품고 남을 음해(陰害)하는 것을 비유하는 말로 쓰인다. 정확(鼎鑊)은 전국 시대에 죄인을 삶아 죽이던 형구(刑具)로, 큰 형벌을 받는 것을 비유하는 말로 쓰인다.

69 하늘이……같았다 : 폐모론에 반대하는 사람들은 대부분 유배를 가거나 처형되었는데, 송영구가 강력히 반대의 입장을 고수했음에도 처벌되지 않은 것은 하늘이 도와서 위기를 넘길 수 있게 해주려는 것처럼 보였다는 말이다.

70 하수(河水)가 맑아지려면 까마득한데 : 광해군의 학정이 끝날 기미를 보이지 않았다는 말이다. 《습유기(拾遺記)》 권1에 "단구(丹丘)가 천 년에 한 번 불타고 황하(黃河)가 천 년에 한 번 맑아지는데, 성인이 나타날 큰 상서로움이다."라고 하였다.

갑자년(1624, 인조2)에 대가가 환도하고 나서 종묘에 위패를 다시 안치하는 제문 응제
甲子大駕還都 宗廟還安祭文 應製

미쳐 날뛰는 무리를 제거하지 못해	猘狂不礫
저의 급소를 찔리니	擣我腹脆
나라에 큰 어려움 발생하여	國有大艱
군대가 여러 번 후퇴하였습니다[71]	師屢左次
흉적의 서슬 더없이 날카로워	兇鋒莫銳
추악한 무리를 꺾기 어려웠으니	折醜則難
임시로 위패를 옮긴 것은	權移宗祧
안전을 도모하려는 생각이었습니다	計出全安
사방 바라보며	粤瞻四方
저 남쪽 지방 생각했는데[72]	懷彼南紀
신주 모신 수레는 흔들거리고	搖搖神御
가는 길 끝없이 멀었습니다	行路靡届
이에 저 소자는	肆予小子

71 미쳐……후퇴하였습니다 : 1624년(인조2) 이괄(李适)이 반란을 일으키자, 인조(仁祖)가 도성을 떠나 피난한 사실을 말한다. 좌차(左次)는 후퇴하여 머무는 것을 말한다. 《주역》 〈사괘(師卦) 육사(六四)〉에 "군대가 후퇴하여 머무니, 허물이 없도다.〔師左次無咎〕"라고 하였다.

72 사방……생각했는데 : 인조가 남쪽 지방으로 피신한 것을 말하는데, 이괄의 난 당시 인조는 공주까지 몽진(蒙塵)하였다.

밤낮으로 놀라고 두려웠습니다	夙宵震惕
원침을 떠나왔으니	違離園寢
감히 편안히 먹고 쉴 수 있었겠습니까	敢遑食息
선왕들의 혼령이 하늘에 계시고	祖考在上
삼령[73]이 도우시니	三靈攸騭
크고 큰 국가의 기업이	丕丕基業
천리대로 마침내 끊어지지 않았습니다	理罔終絶
천과[74]를 한 번 휘둘러	天戈一揮
요망한 종자들을 말끔히 제거하니	載淸妖孼
우주는 돌고 돌아	廻斡宇宙
나쁜 기운 모두 사라졌습니다	氛銷祲歇
시위가 왔던 길 되돌려	容衛復路
비와 이슬 맞으며 들판과 습지 지나	雨露原隰
산을 넘고 한강을 건너	踰山越漢
서울에 도착하였습니다	至于京邑
고요한 사당에[75]	有侐閟宮
옥좌와 잉궤[76]	玉座仍几

73 삼령(三靈) : 천신(天神), 지기(地祇), 인귀(人鬼)를 말한다.

74 천과(天戈) : 천자의 창, 즉 제왕의 군대를 가리킨다. 한유(韓愈)의 글에 "천자의 창을 휘두르니 모두 순종하네.〔天戈所麾, 莫不寧順.〕"라고 하였다. 《韓昌黎集 卷39 潮州刺史謝上表》

75 고요한 사당에 : 비궁(閟宮)은 신(神)을 모신 사당이다. 《시경》 〈비궁(閟宮)〉에 "깊게 닫혀 있는 사당이 고요하기도 하다.〔閟宮有侐〕"라고 하였다.

76 잉궤(仍几) : 안석(案席)을 생시와 같이 놓아두는 것을 말한다. 《주례(周禮)》 〈춘

의례의 형식도 어그러지지 않았고	儀文不缺
음악과 무용도 모두 아름답습니다	籥羽具美
두루 문을 바라보매	周旋望戶
서글피 눈물이 흐릅니다	落淚悽切
위기를 극복했다는 것이지	旣危獲濟
감히 드러내서 자랑하는 것이 아닙니다	非敢旌伐
아득한 가운데 오르내리시니	冥冥陟降
나라가 영원히 보살핌을 받아	國以永賴
종묘가 길이 편안하리니	廟貌長安
만세토록 훌륭한 덕을 볼 것입니다	觀德萬世

관(春官) 사궤연(司几筵)〉에 "무릇 길사에는 안석을 새로 바꾸고, 흉사에는 안석을 그대로 쓴다.〔凡吉事變几, 凶事仍几.〕"라고 하였다.

사인 심광세[77] 제문

沈舍人 光世 祭文

아아 부자여	噫乎夫子
인척으로 내게 형님인데	戚惟我昆
공은 나를 벗으로 대하였으나	而公友我
내가 졸렬하니 무슨 도움 되었겠습니까	我巽曷援
그러나 또한 하늘이 주신 행운이라	亦天與幸
난관을 만났을 때나 극복했을 때나	于阨于濟
함께 기뻐하고 슬퍼하며	合併欣戚
반평생 보냈습니다	以訖半世
계축년 여름이 지날 무렵	昭陽徂夏
옥서에서 꿈 어긋나	睽夢玉署
바다에 접한 철성으로 갔으니	鐵城枕海
이곳이 공의 유배지였습니다[78]	是公湘階
나와 공이 만나고	我盍公簪

77 심광세(沈光世) : 1577~1624. 본관은 청송(青松), 자는 덕현(德顯), 호는 휴옹(休翁)이다. 《休翁集 卷5 行狀》

78 계축년……유배지였습니다 : 1613년(광해군5) 계축옥사가 일어나자 심광세가 무고를 입어 고성(固城)으로 유배 갔던 일을 말한다. 철성(鐵城)은 경상남도 고성의 옛 이름이다. 상저(湘階)는 상수 물가라는 뜻으로, 초(楚)나라의 굴원(屈原)이 쫓겨나 상강(湘江) 가에서 배회하다가 멱라수(汨羅水)에 투신하였기 때문에 후대에는 귀양지를 의미하게 되었다. 《古文眞寶 後集 卷1 離騷經》

이매까지 셋이 되어　魑魅與三
술은 맛있지만　酒錯斯味
대화가 즐겁지만은 않았습니다　言旨非甛
예전의 정의　誰昔之款
어딜 가든 화합하지 않은 적 없었습니다　靡投不契
숨은 교룡이 때를 만나　蟄鱗乘時
임금께서 관대히 용서하셨으니[79]　雷雨發解
법연 다시 열어　法筵再肆
나와 공이 강독하였고　我講公讀
좋은 책 만나면　有弋書林
공과 내가 단서를 이끌어 내었습니다　公紬我繹
서관[80]에 정절 지고 나갈 때　西關載節
삭풍 매섭다며 길 조심하라 했으니　朔吹戒塗
줄줄이 이어진 역참은　翼翼其傳
공이 실로 먼저 간 곳이었습니다　公實先驅
문 앞에서 이별할 때　臨門之別
공은 내 학질 염려하셨습니다　公念我瘧
안북[81]에서 만났을 때　安北之逢

79 숨은……용서하셨으니 : 심광세가 유배에서 풀려났다는 말이다. 뇌우(雷雨)는 각각 위엄과 은혜를 뜻하는 말로, 임금이 사면령(辭免令)을 내린 것을 말한다. 《주역》 〈해괘(解卦) 상(象)〉에 "우레 치고 비가 내리는 것이 해이다. 군자가 이 상을 보고, 잘못을 저지른 자를 사면하고 죄 지은 자를 너그럽게 처리한다.〔雷雨作解, 君子以, 赦過宥罪.〕"라고 하였다.

80 서관(西關) : 서도(西道), 즉 황해도와 평안도를 말한다.

나는 역참으로 가는 공을 잡고	我挽公驛
활터에서 술대접했는데	觴公射圃
눈과 바람이 사납고 매서웠습니다	雪饕風作
공은 전석에 있었고[82]	公承前席
나는 격문을 지었습니다	我需于檄
정의 얽힌 평생 이야기를	綢繆百齡
실로 문장으로 담았는데	實發詞翰
나를 오랜 친구라고	謂我宿留
누차 시 속에 나타냈습니다	屢形吟歎
풍진에서 명을 받들어	風塵奔命
나는 호서로 갔습니다	我行湖甸
칼과 살촉 빗발치는 수많은 전쟁에서	百戰鋒鏑
나는 살아남았는데	我有餘喘
작은 고을 부소에서	扶蘇下邑
공은 질병에 시달려	公困于瘵
높은 수레 문 앞에 있었지만	高車在門
북쪽으로 가는 끌채 마침내 멈추었습니다[83]	北轅終稅

81 안북(安北) : 평안남도 안주(安州)의 옛 이름이다.

82 공은 전석(前席)에 있었고 : 경연에서 임금에게 응대했다는 말이다. 전석은 임금이 신하의 이야기를 더 잘 들으려고 앞으로 나와 바짝 다가앉는 것을 말한다. 진 효공(秦孝公)이 상앙(商鞅)과 대화를 하다가 자기도 모르게 앞으로 나와 앉았다는 고사와, 한 문제(漢文帝)가 선실(宣室)에서 가의(賈誼)와 귀신에 대한 이야기를 나누다가 바짝 다가앉아 경청했다는 고사가 전한다. 《史記 卷68 商君列傳》《漢書 卷48 賈誼傳》

83 작은……멈추었습니다 : 심광세가 운명하여 임금이 있는 곳으로 가지 못했다는

연이어 높은 자리에 올라	聯登岳薦
쭉정이 같은 내가 앞서는 것 늘 부끄러웠는데	恒愧秕前
내가 영남 관찰사로 갔을 때	及余按嶠
공은 이승 하직하였습니다	公卽冥然
누가 생각이나 했겠습니까 체백을	孰謂掩魄
내가 다스리는 땅에 묻게 될 줄을[84]	于我之疆
누가 생각이나 했겠습니까 상여를	孰謂紼引
내가 다스리는 진양에서 만날 줄을	會我晉陽
평생의 정의를 생각해 보니	永念平生
공이 세상을 떠날 때까지	以至淪沒
활동하고 만난 것이	回旋遭際
마치 인연에서 나온 듯합니다	若出緣契
예전에는 기쁨으로 만났는데	昔以懽遇
지금은 슬픔 만났습니다	今遇伊悲
높디높은 영취산	靈山嶷嶷
공이 길이 돌아간 곳입니다	公所永歸
거듭거듭 반복하던 간곡한 말과	申申之言
밝고 분명한 식견과	炳炳之識

말이다. 성묘(省墓)를 위해 영남으로 갔던 심광세는 이괄(李适)의 난이 발생했다는 소식을 듣고 행재소(行在所)로 가려고 하였으나, 중도에 병세가 악화되어 부여(扶餘)에서 운명하였다. 부소(扶蘇)는 부여를 가리킨다. 《休翁集 卷5 行狀》

84 체백(體魄)을……줄을 : 심광세는 처음에 경상남도 영산현(靈山縣)의 영취산(靈鷲山)에 안장되었다가 1636년 겨울에 경기도 통진(通津)의 선영으로 이장되었다. 《休翁集 卷5 行狀》

아름다운 위의를	婉婉之儀
다시 볼 수 없으며	不可復覯
지난날 멋진 만남을	曩所奇逢
다시 기대할 수 없으니	不可復企
아득한 우주에서	茫茫宇宙
한 번 통곡합니다	一慟而已
아아 슬픕니다	嗚呼哀哉

박사 허친[85] 제문

許博士 寀 祭文

군은 초당(草堂)[86]의 손자이며 하곡(荷谷)[87]의 아들로서, 조상의 광영을 물려받고 아름다운 평판 있었으니, 무슨 일을 맡겨도 안 될 것이 없었지. 일찍 사림(士林)들과 교유하여, 스스로 요직과 높은 지위를 거의 오를 수 있을 것이라 여겼는데, 중간에 세파에 시달려 이리저리 떠돌며 유배 생활하느라 굶주림과 질병으로 녹초가 되었으니,[88] 마침내 천수를 다 누리지 못하였지.

법망에서 비로소 풀렸을 때 대궐문 바라보고 들어가지 않았으며, 관직에 제수하는 문서가 여러 차례 내려와 높은 벼슬에 오를 수 있었으나 끝내 막혀서, 관직은 박사에 불과하고 수명은 강사(彊仕)[89]에 그쳤으니, 친지(親知)들이 아파하고 말하는 사람들마다 안타까워하였지. 나와 군은 어려서부터 장성하기까지 서로 존모하고 좋아하였지. 비록

85 허친(許寀) : 1583~1625. 본관은 양천(陽川), 자는 종지(宗之)이다. 허엽(許曄)의 손자이며, 허봉(許篈)의 아들이다. 《記言 別集 卷17 許博士碑陰記》

86 초당(草堂) : 허엽(許曄, 1517~1580)으로, 본관은 양천, 자는 태휘(太輝), 호는 초당이다. 《草堂集 附錄 神道碑銘》

87 하곡(荷谷) : 허봉(許篈, 1551~1588)으로, 본관은 양천. 자는 미숙(美叔), 호는 하곡이다. 《荷谷集 年譜 荷谷先生年譜》

88 중간에……되었으니 : 1618년(광해군10)에 허친이 사천(泗川)으로 유배 간 사실을 말한다. 《記言 別集 卷17 許博士碑陰記》

89 강사(彊仕) : 40세를 의미한다. 《예기》 〈곡례 상(曲禮上)〉에 "40세에는 강건하여서 벼슬을 한다.〔四十强而仕〕"라고 한 데서 나왔다. 허친은 43세에 사망하였다.

취향과 기호가 때에 따라 완전히 맞지 않는 경우도 있었지만, 따져보면 짠맛과 신맛을 함께 하지 않은 적이 없었고, 어려울 때나 편안할 때나 잘 어울렸으니, 혹 산수의 조화에 비유할 만하였지.

그대가 살았을 때 출입하며 함께 기뻐하고 함께 슬퍼하였으며, 궁액을 만나는 데 이르러서도 서로 주선하여 도와주었지. 만나서 술을 마시며 즐기다가 헤어지면 서글펐는데, 이제 그대가 세상 떠나니 더욱 슬프오. 함께한 20년 동안 수많은 사변(事變)이 있었지. 무릇 그대를 위해 내 흉금을 열어서 그대의 영령을 위로하려는 말들은 한편으로는 또 내 마음의 슬픔을 누그러뜨리려는 것인데, 말을 시작하기도 전에 눈물이 흘러 오열하게 되고, 마음도 애처롭다오.

그러나 내가 지극히 슬퍼하며 가장 잊을 수 없는 것은 지난여름 경산(京山)[90]에서 밤에 사이좋게 잠자며 한 달 가량을 보낸 일과 가을에 야산(倻山)[91]을 구경하고, 물길 따라 내려가며 술을 마시고 시를 읊조려 평소의 소회(所懷)를 풀어내고 간간히 농담을 주고받았던 일이지. 지금도 그 때 일이 눈에 선하고 귀에 생생하게 남아있는데, 다시 할 수 없게 되었다오.

수년 이래 친구들 가운데 운명을 달리하지 않은 이들이 거의 드무니, 저승에서 손잡고 서로 정답게 지내는 즐거움이 이승보다 덜하지 않을 테지. 또한 진흙탕 같은 세상에서 사람들에게 시달렸던 세월을 이야기하면서 선류(善類)들에게 따가운 눈총을 보내고 있지는 않은가. 그대는 이미 박복하게 살다가 세상이 싫어서, 조화의 기운을 타고

90 경산(京山) : 경상북도 성주(星州)의 옛 이름이다.

91 야산(倻山) : 경상북도 성주(星州)에 있는 가야산(伽倻山)이다.

정신으로 유람하면서 장차 둥둥 떠다니며 하늘과 더불어 하나 되어, 천만 대를 마치도록 오래 존재할 것인가. 모이면 형체를 이루고, 흩어지면 가없는 세계[92]에 있으면서, 순환하고 이합(離合)하여 다시는 끝나지 않을 것인가. 아니면 지하에서 문교를 닦아 음기(陰機)를 잡고 조화의 권력을 휘둘러, 인간 세상에서 불우했던 것을 펼쳐서 그대가 평소 꿈꾸었던 바람을 다 이루려는가.

그대가 한 번 불행을 만난 뒤로 떨쳐 일어나지 못해 일신의 계획이 불행하게 되었지만, 독우(督郵 찰방(察訪))의 낮은 벼슬에 있으면서도 애당초 주홀(拄笏)하는 것을 고상하게 여기지 않았지.[93] 낮은 지위를 편안히 여기며 조용히 법도를 따르겠다는 생각을 진실로 그대가 평소 가지고 있었지만, 말을 기억하느냐는 희롱조차 끝내 이루지 못했으니,[94] 아아, 운명이구나.

92 가없는 세계 : 무예(無倪)는 가없는 세계로, 하늘나라를 가리킨다. 이백(李白)의 〈고풍(古風)〉에 "표표히 가없는 세계로 들어가, 머리 조아리고 옥황상제께 고한다.〔飄飄入無倪, 稽首祈上皇.〕"라고 하였다. 《李太白文集 卷1》

93 독우(督郵)의……않았지 : 보잘것없는 독우의 직책도 소홀히 하지 않았다는 말이다. 주홀(拄笏)은 진(晉)나라 왕희지(王羲之)가 업무를 보라는 상관의 말에 대꾸도 않은 채 수판(手板), 즉 홀(笏)로 턱을 괴고서 "서산에 아침이 오니, 상쾌한 기운이 이는구나.〔西山朝來, 致有爽氣耳.〕"라고 한 데서 온 말로, 한가로운 관직 생활을 뜻한다. 《世說新語 簡傲》

94 낮은……못했으니 : 허친이 본분을 지키는 삶을 살고자 하였으나, 찰방의 낮은 지위조차 끝내 유지하지 못하고 불행한 삶을 살았다는 말이다. 기마지학(記馬之謔)은 말을 기억하느냐고 희롱하는 말로, 진(晉)나라 왕휘지(王徽之)와 관련된 고사이다. 왕휘지가 거기장군(車騎將軍) 환충(桓沖)의 기병참군(騎兵參軍)으로 있으면서, 머리는 쑥대 같고 허리띠는 풀어 헤친 채 자기 직무를 돌보지 않고 있었다. 환충이 "그대는 무슨 관서를 맡았는가?〔卿署何曹〕"라고 묻자 "무슨 관서인지는 모르겠지만 때로 말을

병든 아내와 어린 자식을 남쪽 지방에 남겨두었고, 겹겹 봉우리와 높은 하늘이 서로 가려서 아득히 선영도 막혔으니, 떠도는 영혼이 어찌 돌아가기를 바라지 않겠는가만, 슬프다, 반장(返葬)할 길 없으니 쓸쓸한 백년 인생이로다. 적막한 천고에 슬퍼하지 않을 수 있겠는가.

끌고 오는 것을 보니, 아마도 마조인 듯합니다.〔不知何署, 時見牽馬來, 似是馬曹.〕"라고 하였다. 또 "관서에는 모두 얼마의 말이 있는가?〔官有幾馬〕"라고 하자 "공자가 말을 묻지 않았다 했으니 어떻게 그 숫자를 알 수 있겠습니까.〔不問馬, 何由知其數.〕"라고 하였다. 또 "말이 근래 얼마나 죽었는가?〔馬北死多少〕"라고 하자 "산 것도 모르는데 죽은 것을 어떻게 알겠습니까.〔未知生, 焉知死.〕"라고 하였다. 《世說新語 簡傲》 허친이 1616년(광해군8)에 성환도 찰방(成歡道察訪)에 임명되었다가 무오옥사(戊午獄事)로 집안이 화를 당하고, 본인도 유배객이 되었기에 이렇게 말한 것이다.

좌의정 월사 이정귀 제문[95] 을해년(1635, 인조13)
月沙李左相廷龜祭文 乙亥

사람이 이 세상에 태어나	人於斯世
가장 뛰어난 것은 덕을 세우는 일이며	太上立德
그 다음은 훌륭한 글을 남기는 것이며	其次立言
뛰어난 자손을 두고 복을 갖추는 것이다	有子具福
누군들 이것을 항상 바라지 않으랴만	孰靡恒願
혹시라도 성취하는 사람 매우 드무니	然尠或得
뜻하지 않게 만나면	卒然而遇
그 사람을 세상이 모범으로 삼지	其人世則
오직 공은 후하게 쌓아서	唯公厚蓄
이 모든 것을 온전히 이루었으니	而擧其全
억지로 꾸미지도 않고 힘써 구하지도 않았지만	不矯不求
공이 행하는 대로 성대하게 이루어	攸往沛然
한 시대에 널리 알려지고[96]	一時之伸

95 좌의정(左議政)……제문 : 이정귀(李廷龜, 1564~1635)의 본관은 연안(延安), 자는 성징(聖徵), 호는 월사(月沙)·보만당(保晩堂)·응암(凝菴), 시호는 문충(文忠)이다. 이 글이 《월사집(月沙集)》 부록(附錄) 권1에도 수록되어 있는데, 〈동궁치제문(東宮致祭文)〉이라고 한 것으로 보아 소현세자(昭顯世子)의 치제문을 이민구가 지은 것으로 보인다.

96 한……알려지고 : 《월사집》에는 '伸'이 '信'으로 되어 있으나, 저본(底本)을 그대로 따랐다.

만고에 영원히 전해지리	萬古之傳
마침 때가 되어 왔다가 마침 때가 되어 갔는데[97]	適來適去
사람들이 개미처럼 존모하였네[98]	蟻慕者人
비유컨대 저 높은 산은	譬彼穹岳
우뚝 높이 솟아 있을 뿐인데	嵬乎高峙
현묘한 공덕이 묵묵히 흘러나오매	玄功默泄
많은 사람들이 산의 덕을 찬미하고	衆所歸美
해와 달이 하늘을 지나가매	日月行空
장님들도 모두 발돋움하고 바라보려는 것과 같았네	群瞽咸企
이제는 공이 하늘에 계시니	公今在天
선비들은 보살펴 주는 분 잃었어라	士乃失庇
더구나 나는 몽매한 사람으로	矧余愚蒙
공의 문하에 가장 일찍 들어가	登門最早
여린 나무 북돋아 주듯 보살핌 받아	弱植承培

97 마침……갔는데 : 이정귀가 조화의 운행에 따라 이 세상에 왔다가 돌아갔다는 말이다. 노담(老聃)이 죽었을 때 그의 벗 진실(秦失)이 말하기를 “마침 때가 되어 온 것은 부자가 때맞춰 왔던 것이고, 마침 때가 되어 간 것은 부자가 조화에 순응하여 간 것이다. 때를 편안히 여기고 조화에 순응하였으니, 슬픔과 즐거움이 그의 마음에 들어갈 수 없다.〔適來夫子時也, 適去夫子順也, 安時而處順, 哀樂不能入也.〕”라고 하였다. 《莊子 養生主》

98 사람들이 개미처럼 존모하였네 : 개미가 양고기를 좋아하듯 사람들이 이정귀를 존모했다는 말이다. 의모(蟻慕)는 《장자(莊子)》〈서무귀(徐無鬼)〉의 “개미는 양고기를 좋아하니 양고기에서 누린내가 나기 때문이다. 순 임금이 누린내 나는 행동을 하였으므로 백성들이 좋아하였다.〔蟻慕羊肉, 羊肉羶也. 舜有羶行, 百姓悅之.〕”라는 말에서 유래하였다.

혼미한 흐름 속에서 계도 입었어라	迷流啓導
성대하게 베풀어준 은덕 갚지 못했건만	隆施莫報
어느덧 늙었어라	俛仰已老
한 잔 술 올리며 영결하노니	單觴告訣
눈물 흐르고 마음 아파라	涙注心擣

백씨[99] 영의정공 제문 갑신년(1644, 인조44)

伯氏領議政公祭文 甲申

백씨 영의정공이 세상을 하직하였을 때, 아우 민구는 2백 리 먼 타지에 매어 있었기에[100] 초혼(招魂)하고 염습(殮襲)하고 빈소(殯所)를 마련할 때부터 땅에 묻기까지 목놓아 통곡하여 끝없는 아픔을 조금이나마 풀 길이 없었기에, 오직 가슴을 헤치고 두드리며 역려(逆旅)에서 숨이 끊어질 듯하였습니다. 석 달 뒤 여름 4월 초하루 무오일(戊午日)에야 비로소 애통한 마음을 억누르고 슬픔을 머금은 채[101] 제 마음의 만분의 일이나마 글로 기록한 뒤, 신씨에게 시집간 딸[102]에게 조촐한 제수를 준비하게 하고, 어린 손자 현상(玄賞)[103]으로 하

99 백씨(伯氏) : 이성구(李聖求, 1584~1643)로, 본관은 전주(全州), 자는 자이(子異), 호는 분사(汾沙), 시호는 정숙(貞肅)이다. 영의정을 지냈다. 《東州集 文集 卷7 伯氏領議政分沙李公神道碑銘 幷序》

100 아우……있었기에 : 당시 이민구는 아산(牙山) 적소(謫所)에 있었다.

101 슬픔을 머금은 채 : 함휼(銜恤)은 슬픔을 머금는다는 말로, 본래는 부모가 세상을 떠나 늘 근심하는 자식의 마음을 가리킨다. 《시경》 〈육아(蓼莪)〉에 "아버지가 없으면 누구를 믿으며, 어머니가 없으면 누구를 믿을까. 나가면 슬픔을 머금고, 들어오면 이를 곳이 없구나.〔無父何怙, 無母何恃. 出則銜恤, 入則靡至.〕"라고 하였다. 여기서는 형의 죽음에 대한 슬픈 마음을 의미한다.

102 신씨에게 시집간 딸 : 신씨녀(申氏女)는 신변(申昪)에게 시집간 이민구의 딸이다.

103 이현상(李玄賞) : 이민구의 손자로, 이중규(李重揆)의 아들이다. 이민구가 지은 〈숙자진사중규묘지명(叔子進士重揆墓誌銘)〉에 "전창군 유정량의 딸에게 장가들어 아들 둘을 낳았으니, 현상과 현형이다.〔娶全昌君柳廷亮女, 生二子玄賞玄敻.〕"라고 하

여금 곡하면서 다음과 같이 궤연(几筵)의 아래에 아뢰게 합니다.

생각건대 우리 형제들은 누이와 우리 삼형제까지 네 사람만이 친형제로서 부모의 품에서 같은 친속이 되었습니다. 그러나 둘째 형님은 어려서 죽고 누님도 일찍 세상을 떠났으니, 부모님께서 살아계실 때 슬하에서 모시며 즐겁게 해드리고 돌아가신 뒤에 부여잡고 영결한 사람은 나와 형님 두 사람 뿐이었습니다. 어려서는 같은 책상에서 함께 공부하며 잠시도 떨어지지 않았고, 장가를 든 다음에도 한 집에서 함께 살면서 하루도 떨어지지 않았습니다. 성장해서는 함께 조정에 출사(出仕)하여 관직 서열이 차례로 올랐는데, 또 일찍이 1년 넘게 헤어져 지낸 적도 없었습니다. 오직 제가 영남 관찰사로 나갔을 때만 한 해가 지난 뒤에 만났으니, 헤어지면 슬퍼하고 만나면 기뻐하는 즈음에도 지극한 즐거움이 뒤따랐습니다.

제가 죄를 지어 법망에 걸려, 철옹성(鐵甕城)에 유배된 뒤로 일곱 번이나 여름과 겨울이 바뀌었으니, 오랜 세월이었다고 할 만합니다. 그러나 형님께서 조정의 명령을 받은 사신으로 두 번 관서지방을 지나가셨는데,[104] 돌아오는 길에 제게 들러 머물며 성은(聖恩)에 대해 이야

였다. 《東州集 文集 卷8》

104 형님께서……지나가셨는데 : 이성구는 두 차례에 걸쳐 청나라에 갔었다. 첫 번째는 1637년(인조15)의 일로, 인질로 가는 세자를 모시고 갔었다. 《인조실록》 15년 1월 29일 기사에 "병조 판서 이성구를 우의정으로 삼았다. 당시 대신이 세자를 따라 인질로 들어가야 한다는 의논이 있었는데, 이홍주(李弘胄)가 연로했기 때문에 이성구로 대신한 것이다."라고 하였다. 두 번째는 1640년의 일로, 세자의 귀국을 허락한 것에 대한 감사를 표하기 위해 사은사로 심양에 갔다. 《인조실록》 18년 3월 22일 기사에 "판중추부사 이성구, 예조 참판 정광경(鄭廣敬), 예조 정랑 이래(李秾)를 심양으로 보내어 세자의 귀근(歸覲)을 허락해 준 것에 대해 사례하게 하였다."라고 하였다.

기하였으니, 경주(瓊州)와 뇌주(雷州)에서 서로 그리며 바라보는 한(恨)에는 이르지 않았습니다.[105]

지난해 겨울 남쪽으로 이배될 때[106] 형님을 한강 남쪽에서 만났습니다. 걸상을 마주하고 술잔을 들며 오랫동안 이별하여 만나지 못한 것을 슬퍼하고, 노년에는 함께 지내며 단란한 즐거움을 이룰 수 있으리라 여겼는데, 겨우 두 달 만에 홀연 나를 버리고 가셔서 영원히 기약 없는 이별을 하게 될 줄을 어찌 알았겠습니까. 수십 년의 우애와 매우 그리워하던 정[107]을 하루아침에 끊어버리고 돌아보지도 않아 이처럼 가없는 슬픔을 주시니, 아아, 너무도 지나치십니다.

젊어서는 인생에 이별이 있는 줄을 알지 못했고, 중간에 만나고 헤어짐을 반복할 때도 오랫동안 헤어지는 것을 알지 못했으니, 생사(生死)가 갈리는 이별에 대해서는 전혀 생각조차 해보지 못했습니다. 처음에는 이별이 있는 줄을 알지 못했고, 중간에는 오랜 이별을 알지 못했는데, 지금에 와서 생사가 갈리는 이별이 있는 줄을 알게 되었으

105 경주(瓊州)와……않았습니다 : 이민구가 유배지에 있었지만 이성구와 만날 기회가 있었다는 말이다. 경뢰(瓊雷)는 중국의 경주와 뇌주(雷州)를 함께 이르는 말이다. 소식(蘇軾)이 경주 해남(海南)으로 귀양 가면서 뇌주로 귀양 가는 그의 아우 소철(蘇轍)에게 보낸 시에 "경주와 뇌주가 운해로 막혔다고 싫어하지 마라. 멀리서 서로 바라볼 수 있도록 허락한 것도 성은이다.〔莫嫌瓊雷隔雲海, 聖恩尙許遙相望.〕"라고 하였다. 《東坡全集 卷24 吾謫海南子由雷州被命……作此詩示之》

106 지난해……때 : 1643년(인조21)에 이민구가 아산으로 이배된 사실을 말한다.

107 매우 그리워하던 정 : 공회(孔懷)는 형제간에 서로를 걱정하는 마음을 가리킨다. 《시경》 〈상체(常棣)〉에 "사람이 죽는 어려움에 형제간에 심히 걱정하며, 언덕과 습지에 쌓인 시신을 형제가 찾아 나서네.〔死喪之威, 兄弟孔懷. 原隰裒矣, 兄弟求矣.〕"라고 하였다.

니, 어찌 꿈에선들 상상했을 것이며 사람의 이치로 견딜 수 있겠습니까. 옛날의 이별은 기약이 있었으므로, 손가락 꼽으며 기다리고 눈 크게 뜨고 바라보았으며, 술을 나누며 돌아온 것을 즐겼습니다. 그런데 지금의 이별은 기약이 없으므로, 손가락 꼽아도 기다릴 것이 없고 눈을 크게 떠도 바라볼 것이 없으며, 술을 올리는 것은 마음의 슬픔만 더할 뿐입니다. 이 마음이 슬픈 것은 제가 살아 있기 때문입니다. 살아서 지각이 있으므로 죽은 뒤에는 마땅히 지각이 없을 것이니, 이런 슬픔을 안고 살기보다는 차라리 죽는 것이 더 낫겠습니다.

저는 어려서부터 허약하여 병을 잘 앓았는데, 형님은 평소 건강하여 병이 없었고 식사도 잘하셨으므로, 운명을 말하는 사람들이 모두 백세까지 장수할 것이라고 점쳤습니다. 지난겨울 한강 남쪽에서의 만남은 4년 동안 떨어져 지내다가 뵌 것이었는데, 너무 심하게 쇠약해지셔서 거의 알아볼 수 없을 정도였습니다. 제가 속으로 깜짝 놀라 요강을 열어 소변 색깔을 살펴보니, 맑고 깨끗하였습니다. 제가 그제야 비로소 내심 기뻐하며 운명을 말하는 사람들의 점이 틀리지 않았다고 생각했습니다. 아아, 평소 밥 잘 먹고 병이 없던 사람은 병을 앓은 지 사흘 만에 세상을 떠났는데, 허약하여 병을 잘 앓고 이리저리 떠돌며 객지에서 힘들게 지내는 사람은 오래 살아서 오늘에 이르고 있으니, 운명은 진실로 알 수 없는 것입니다.

그러나 저는 형님보다 다섯 살이나 어린데도 파리하고 허약하여 숨도 차고 정신도 혼미합니다. 아침저녁으로 귀신이 보여서 멍하니 죽을 날만 기다리고 있으니, 슬퍼할 날은 얼마 되지 않고 슬퍼하지 않을 날은 끝이 없을 것이라던 한유(韓愈)의 말처럼 될 날이 머지않았습니다.[108] 다만 이 기혈(氣血)에 얽매여 아직까지도 목숨을 보존하고 있지만, 한 가닥 실처럼 끊어지지 않은 이 목숨이 보낼 세월이 모두 길이 애통해하는 날이 될 것이니, 생로병사(生老病死) 이외에 이처럼 가장 고통스러운 일이 있는 줄을 누가 생각이나 했겠습니까.

지난 기사년(1629, 인조7) 선친의 상중(喪中)에 추운 밤 잠자리에서 형님이 저를 깨워 말씀하시기를 "어버이는 엄하시고 벗은 소원하니, 가깝게 다정히 지내는 것은 형제만 한 관계가 없다. 부모님은 먼저 쇠하시고 형제는 함께 늙어가니, 세상을 마치도록 기뻐하는 것도 형제만 한 관계가 없다."라고 하셨습니다. 그런데 지금 이 말씀을 하셨던 의도를 저버리고 중도에 서로 헤어지게 되었으니, 저는 누구와 모여 살고, 누구와 기뻐하며 늙어가고, 누구와 서로 지켜주며 살아가고, 누구와 서로 의지하며 죽는단 말입니까. 이 몸은 비록 살아있으나 그 바탕은 이미 죽은 것이니, 또한 어찌 멀리까지 세월이 이어지기를 바라겠습니까.

양친(兩親)께서 돌아가신 이래 옛사람의 이른바 첫 번째 즐거움[109]은 이미 이룰 수 없었습니다. 고로여생(孤露餘生) 오직 우리 두 사람이 의지하며 백 살까지 살 것이라 생각했는데, 이처럼 참혹한 일을

108 슬퍼할……머지않았습니다 : 이민구 자신이 죽을 날이 머지않았다는 말이다. 이민구가 인용한 한유(韓愈)의 말은 《한창려집(韓昌黎集)》 권23 〈제십이랑문(祭十二郎文)〉에 보인다.

109 옛사람의……즐거움 : 맹자(孟子)가 말한 군자삼락(君子三樂) 중 첫째 즐거움을 말한다. 《맹자》 〈진심 상(盡心上)〉에 "부모가 모두 생존하고 형제가 무고한 것이 첫 번째 즐거움이요, 하늘을 우러러 부끄러움이 없고 사람들에게 부끄럽지 않은 것이 두 번째 즐거움이요, 천하의 영재를 얻어 가르치는 것이 세 번째 즐거움이다.〔父母俱存, 兄弟無故, 一樂也. 仰不愧於天, 俯不怍於人, 二樂也. 得天下英才而教育之, 三樂也.〕"라고 하였다.

만나게 되었으니, 오장이 갈가리 찢어지는 듯합니다. 인간세상 돌아보니, 외로운 몸과 쓸쓸한 그림자만 남았습니다. 전일(前日)에는 오늘이 있을 줄을 알지 못하다가 오늘에서야 전일이 있었던 줄을 압니다. 바야흐로 즐거울 때에는 반드시 피할 수 없는 슬픔이 닥칠 것이라는 사실을 알지 못하다가 그 슬픔이 닥치고 나서야 그 즐거운 때에 다시 미칠 수 없음을 알게 됩니다. 간 사람은 돌아오지 않으니 올 사람을 기다리지 못합니다. 부모님께서 돌아가시고 나서야 〈육아(蓼莪)〉의 애통함이 절박한 줄을 깨닫고,[110] 형제가 죽고 나서야 〈당체(棠棣)〉의 진심이 간절한 줄을 알게 되니,[111] 지난날을 떠올린들 끝내 어찌 미칠 수 있겠습니까.

형님께서 일찍이 저의 아들과 손자를 가리키며 "자네는 이미 오세(五世)를 이루었네."라고 하셨습니다. 그렇게 말씀하신 것은 대개 우리 집안이 삼세(三世)에 걸쳐 경(卿)의 반열에 올랐고, 저의 아들과 손자가 모두 빼어난 자질을 지녀 훌륭한 인재가 될 것 같았기 때문이었을 것입니다. 그러나 상란(喪亂)을 만나 차마 입에 담을 수 없는 참혹한 일들이 있었으니, 평소 하신 말씀이 분명하게 가슴에 새겨져 있지만 만사가 어그러져 지극한 슬픔만 남았습니다.

병자년(1636, 인조14) 여름, 제가 강원도 관찰사의 부절을 반납하고 조정으로 돌아왔는데, 형님께서 제가 지은 행록(行錄)을 가져다가

110 부모님께서……깨닫고 : 부모님이 돌아가신 뒤에야, 부모님을 봉양하지 못하는 마음과 나를 낳아 기르시느라 고생하신 부모님의 은혜를 노래한 《시경》 〈육아(蓼莪)〉의 애통한 뜻이 절박하게 느껴진다는 말이다.

111 형제가……되니 : 형제를 잃고 난 뒤에야, 형제간의 우애와 화합을 노래한 《시경》 〈당체(棠棣)〉의 뜻이 진실이라는 것을 절감하게 된다는 말이다.

며칠 동안 읊고 감상한 뒤에 "자네는 불후(不朽)의 문장에 힘쓰시게. 우리 같은 무리들이 어찌 당해내겠는가."라고 하셨습니다. 그 뒤에 형님은 영상의 자리에 올라 현저하게 공업(功業)을 베푸셨습니다. 그러나 저는 글쓰기를 팽개친 채 한 묶음의 글도 짓지 못했습니다. 백발 드리운 어리석은 사람이 되었으니, 다만 한 늙은이일 뿐 전혀 명성을 얻지 못하여 형님의 큰 기대에 부응하지 못하였습니다. 부끄러운 모습으로 천지 사이에 살아가고 있으니, 땅을 굽어보고 하늘을 우러러보는 사이에 제 마음이 어떠하겠습니까.

충(忠)과 효(孝)를 다하지 못하였기에 죄악이 가득 쌓여 유배지에 갇힌 채 용서받지 못하였습니다. 7년 동안 변방인 철옹성에 있었고, 1년 동안 호서의 아산에 있으면서, 지정된 지역에 국한된 채 한 걸음도 벗어날 수 없었습니다. 형님께서 병에 걸리셨어도 그 소식을 듣지 못했고, 돌아가셨어도 가서 뵙지 못했습니다. 염할 때 관을 두드리며 길게 통곡하지도 못했고, 묻을 때 무덤에서 영결하지도 못했습니다. 제사에 직접 술 한 잔도 올리지 못했고, 곡해도 눈물이 황천까지 이르지 못합니다. 하늘의 가장자리와 땅의 끝자리에 갇힌 이 아우의 불초(不肖)하고 무상(無狀)함은 어디에도 비길 곳이 없는데, 뻔뻔한 얼굴로 세상 안에 살고 있으니, 참으로 어떠한 사람이란 말입니까. 삶은 다하는 날이 있겠지만 슬픈 마음은 끝이 없고, 죽음은 참을 수 있지만 애통한 마음은 견딜 수가 없습니다. 가슴이 답답하고 기가 막혀서 글에 순서가 없습니다. 흠향하소서.

동양위 신익성[112] 공 제문

東陽尉申公翊聖祭文

어려서 내가 부자와 우의 맺어　幼余之託好於夫子兮
양가 아버님의 아름다운 덕 익혔습니다　襲兩父之儷美
나이가 무자년과 기축년으로 비슷해[113]　齡戊己之差池兮
양가 현철한 어머님의 돌봄 번갈아 받았습니다　迭承乳於哲妣
대대로 집안 간에 우의로 맺어졌으니　載世懿而合契兮
시종일관 두터운 우정 나누었습니다　指金蘭以終始
비록 중간에 행적이 달랐지만　縱趨途之中殊兮
어찌 어려서부터 나눈 우정이 변하겠습니까　肯渝情於紈綺
이미 혼인 관계로 맺어지고[114]　旣申之以婚媾兮
게다가 한 마을에서 살면서　又重之以井里
내리비추는 밝은 달빛 우러르고　仰明月之垂耀兮
불어오는 맑은 바람에 목욕했습니다[115]　沐淸風之旁被

112 신익성(申翊聖) : 1588~1644. 본관은 평산(平山), 자는 군석(君奭), 호는 낙전당(樂全堂)·동회거사(東淮居士), 시호는 문충(文忠)이다. 선조의 딸 정숙옹주(貞淑翁主)와 결혼하여 동양위(東陽尉)에 봉해졌다.《淸陰集 卷26 東陽尉申公神道碑銘 幷序》

113 나이가……비슷해 : 신익성은 1588년(선조21), 즉 무자년에 태어났고, 이민구는 1589년, 즉 기축년에 태어났다.

114 혼인 관계로 맺어지고 : 이민구의 딸이 신익성의 아들 신변(申昪)과 혼인하였다.

곱게 빛나는 수주의 빛으로	挹隋握之鮮輝兮
비루한 기와조각 비추었습니다[116]	照瓦礫之頑鄙
진맹을 주관할 때를 만나	當晉盟之狎主兮
나란히 맹세하여 함께 일어나기로 약속하였으니[117]	約齊矢而竝起
이 논의에 내가 허락될 줄 누가 생각했겠습니까	孰此論之我許兮
아래에서 응원해주고 위에서 이끌어 주었습니다	蒙下援而上比
비유하자면 많은 별들이 어지러이 늘어섰는데	譬列宿之錯布兮
두 별 밝게 빛나며 발돋움하는 것 같았습니다	雙星抗其晥跂
화려한 집이 밝고 트인 모습 성대히 드러냈건만	華堂蔚其朗塏兮
외진 곳에 집 짓고 남다른 삶을 지향했습니다[118]	奧舍邃而別跱
좋은 날 고요하고 한가한 때에 맞춰	趁良辰之靜暇兮
한아한 원림을 마주하고 앉아	對園林之閑靡
거문고와 축의 번잡한 음악을 물리치고	却琴筑之繁音兮
시서의 오묘한 뜻을 읊었습니다	詠詩書之妙旨

115 내리비추는……목욕했습니다 : 신익성의 고결한 품성을 명월(明月)과 청풍(淸風)에 비유하여, 이민구가 그의 영향을 받았다는 사실을 말한 것이다.

116 곱게……비추었습니다 : 신익성을 수주(隋珠)에, 이민구 자신을 와력(瓦礫)에 비유하여 말한 것이다. 수주는 수후(隋侯)의 구슬이라는 말로, 명월주(明月珠) 혹은 영사주(靈蛇珠)라고도 한다. 수후가 외출 중에 큰 뱀이 다쳐서 괴로워하는 것을 보고 치료해 주게 하였는데, 나중에 그 뱀이 밤에도 달처럼 환히 비치는 구슬을 바쳐 보은(報恩)했다는 이야기가 있다. 《搜神記 卷20》

117 진맹(晉盟)을……약속하였으니 : 신익성과 이민구가 인조반정(仁祖反正)에 함께 참여한 사실을 말한다.

118 화려한……지향했습니다 : 신익성이 서울을 떠나 동회별서(東淮別墅)에서 지낸 사실을 말한다.

수많은 사람들의 자취를 더듬으며	歷百氏之駝騤兮
천고의 인물 엿보아 오시하였습니다	眇千古而高視
그 방에 들어가 빼어난 향기에 젖어들고	薰入室之奇芬兮
날이 저물도록 그 풍류를 즐겼습니다	湛樂宵而竟晷
궁음으로 부르매 치음으로 화답하면	乍宮倡而徵酬兮
옥 이어지고 구슬이 겹치듯 좋은 글 되었습니다	忽珠聯以璧壘
이러한 즐거움이 영원할 것이라 생각하며	謂茲歡之永久兮
산악처럼 굳건하여 무너지지 않을 줄 알았는데	象山岳而罔毁
안타깝게도 혼란한 세월을 만났으니	嗟丁歲之板蕩兮
곤경에 처해 서쪽으로 옮겨갔습니다[119]	台震剝而西徙
객지의 궁핍한 생활 걱정하여	閔道路之窮餓兮
진흙탕에서 더러워지는 것도 잊었습니다[120]	忘點汚於泥滓
보내준 글이 상자에 넘쳐나고	詞牋溢於篋笥兮
편지가 삶은 잉어의 뱃속에서 나부꼈습니다[121]	尺素翩於烹鯉
지난봄의 만남은	若前春之邂逅兮

119 혼란한……옮겨갔습니다 : 병자호란 뒤에 이민구가 영변으로 유배된 사실을 말한다.

120 객지의……잊었습니다 : 유배지에 있는 이민구를 염려하여 신익성이 방문했던 사실을 말한다. 참고로 《동주집(東州集)》 시집(詩集) 권7에 〈동양위가 심양에서 조사를 받고 돌아오는 길에 방문하였다〔東陽尉被査自瀋回來訪〕〉라는 작품이 있다.

121 편지가……나부꼈습니다 : 신익성이 자주 편지를 보내 주었다는 말이다. 진(晉)나라 육기(陸機)의 〈음마장성굴행(飮馬長城窟行)〉에 "멀리서 온 손님, 잉어 두 마리 전해 주네. 아이 불러 삶으라 했더니, 그 속에 한 자 비단 글 있구나.〔客從遠方來, 遺我雙鯉魚. 呼兒烹鯉魚, 中有尺素書.〕"라는 구절이 있다.

먼저는 걱정했으나 뒤에는 기뻤습니다	乃先憂而後喜
주량이 얼마나 되는지 묻고	訊酒德之淺深兮
건강이 어떠한지 비교했습니다	較筋骸之强骫
늘그막에 낙사를 모방하여	追洛社於桑榆兮
한강 가에서 벗들과 함께하기를 기약하였으니[122]	期漢濱之杞梓
어찌 이 말이 생각대로 되겠습니까만	豈斯言之果諧兮
간곡한 우의를 볼 수 있었습니다	見友誼之款委
성은으로 이배되어 강을 건널 때	逮恩移而涉江兮
찾아가 만나지 못하였습니다[123]	違奉幸於望履
정성스레 보내 준 편지 펼쳐 보니	披投緘之眷眷兮
걸음걸이가 불편하다고 하셨는데	云有愆於步趾
초췌한 모습을 스스로 가엾게 여기면서	而憔悴之自憐兮
평소 건장하셨던 것을 믿었습니다	庶豐腴之足恃
비록 안개와 이슬이 덮였어도	雖霧露之淹時兮

122 늘그막에……기약하였으니 : 신익성이 이민구의 배소(配所)를 방문했을 때 나눈 대화를 소개한 것으로, 해배된 뒤에 서울의 뛰어난 인재들과 모임을 갖자고 했다는 말이다. 낙사(洛社)는 낙양(洛陽)에서 결성한 원로들의 모임으로, 당나라 때 백거이(白居易)가 주도하여 결성한 낙중구로회(洛中九老會)와 송나라 때 문언박(文彦博)이 주도하여 결성한 낙양기영회(洛陽耆英會) 등이 있다.

123 성은(聖恩)으로……못하였습니다 : 이민구가 영변에서 아산으로 이배될 때 한강을 건넜지만, 신익성을 찾아가 만나지는 못했다는 말이다. 망리(望履)는 신발을 바라본다는 말로, 상대방을 만나는 것을 뜻한다. 공자는 유하계(柳下季)와 벗 사이인데, 유하계에게는 도척(盜跖)이라는 못된 아우가 있었다. 공자가 도척을 만나러 갔을 때 그에게 만남을 청하면서 "나는 유하계와 친한 사람이오. 귀하의 막하에서 신발을 바라보고 싶소이다.〔丘得幸於季, 願望履幕下.〕"라고 한 데서 유래하였다. 《莊子 盜跖》

오히려 천리대로 이루어지기를 바랐는데 猶責必於天理
숨결이 약해진다는 소식을 듣고 聞纊息之向微兮
밥을 먹다가 숟가락을 놓쳤습니다 方據案而失匕
객관에 허연 설치하고서 設虛筵於旅館兮
영궤에 그리운 마음을 쏟아냈습니다 替寫臆於靈几
옛날 술잔을 나누며 놀 때는 昔桮勺以流連兮
자주 만나고 가까이 사는 것을 즐거워했는데 忻會數而居邇
어찌하여 오늘의 이별은 胡今日之決絶兮
이 우주에서 삶과 죽음으로 막히고 만단 말입니까 宇宙隔以生死
아득히 사방을 바라보며 어찌할 수 없으니 邈四顧而倀倀兮
나를 알아줄 사람 누구란 말입니까 索何人以知己
구름과 노을 위로 올라 멀리 가시니 登雲霞而遐逝兮
신 벗듯 티끌세상 벗어나셨습니다 蛻塵垢以脫屣
우두커니 세상에 홀로 살아남았으니 塊獨寄於寰區兮
늙은 여종처럼 늙은 얼굴입니다 等衰顔於老婢
삶과 죽음을 헤아리며 슬퍼하니 算存亡而沈痛兮
뼈를 깎고 골수를 뽑아내는 듯 비통합니다 憯鏤骨以抽髓
많은 작자들이 번갈아 나타났으니 紛作者之代興兮
누군들 옛 법도보다 재주 못하다 양보하겠습니까만 誰讓才於往軌
아침에 이삭이 패었다가 저녁에 떨어지듯 然朝秀以夕隕兮
땅강아지나 개미보다도 오래 살지 못하였습니다 曾不壽於螻蟻
수환의 베틀을 살펴보니 觀睢渙之機杼兮
모범이 된다는 말이 명뢰에 성대합니다.[124] 模楷盛於銘誄
끝자락에 임해서 다 알지는 못하지만 臨涯涘而未極兮

스스로 빚어 이뤄낸 것이 많았습니다[125]	夥一家之鑪捶
왕희지의 붓 잡고 조맹부의 취향 따랐으니[126]	操王筆而趙趣兮
마침내 난숙한 솜씨로 모두들 손꼽습니다	卒爛熳以同指
문단에서 갑을 다투는 깃발 세웠으니	幟藝苑之甲乙兮
후세에 질정하여 평가를 기다릴 수 있습니다	質將來而可俟
대개 온전하게 부여해 준 자질 받았으니	蓋受賦之曲全兮
마땅히 크게 펼치고 작게 제지되어야 하는데	宜大展而小止
국법에 구애되어 널리 쓰이지 못하였으니	拘邦制而嗇庸兮
백대까지 남겨 준 것이 많습니다	故遺贏於百祀

124 수환(睢渙)의……성대합니다 : 신익성이 문장에 뛰어나다는 평가가 많다는 말이다. 수환은 진림(陳琳)이 조홍(曹洪)을 위해 위 문제(魏文帝)에게 보낸 편지에 보이는 말로, 그 글에 "고당을 지나간 사람은 왕표의 노래를 본받고, 수환에 노니는 사람은 자수의 문채를 배운다.〔過高唐者, 効王豹之謳, 遊睢渙者, 學藻繢之綵.〕"라고 하였다. 《文選註 卷41》 이는 수환에 사는 사람들이 비단을 잘 짰기 때문에 한 말인데, 여기서는 신익성의 문장을 말한다. 명뢰(銘誄)는 죽은 사람을 조상(弔喪)하는 글이다.

125 끝자락에……많았습니다 : 신익성 문장의 진면모를 전부 파악할 수는 없지만 신익성 스스로 성취한 바가 많았다는 말이다. 애사(涯涘)는 물가를 말하는데, 송나라 양시(楊時)가 한(漢)나라 가의(賈誼), 동중서(董仲舒), 사마천(司馬遷), 사마상여(司馬相如), 양웅(揚雄) 등의 웅대한 문장을 형용하여 "마치 양자강과 황하를 틔운 것처럼 가없이 드넓다.〔如決江河, 浩無涯涘.〕"라고 하였다. 《性理大全 卷56》 노추(鑪捶)는 화로와 도가니로, 모두 금속을 제련하는 데 쓰이는 도구인데, 전하여 우주 자연의 조화(造化)를 주관하는 조물주(造物主)를 비유하는 말로 흔히 쓰인다. 《장자(莊子)》 〈대종사(大宗師)〉에 "무장이 그의 아름다움을 잃고, 거량이 그의 힘을 잃고, 황제가 그의 앎을 잃은 것은 모두가 노추의 사이에 있을 뿐이다.〔夫無莊之失其美, 據梁之失其力, 黃帝之亡其知, 皆在鑪捶之間耳.〕"라고 하였다.

126 왕희지(王羲之)의……따랐으니 : 신익성이 왕희지와 조맹부(趙孟頫)처럼 글씨에도 뛰어났다는 말이다.

내가 화망에 걸렸을 때 余嬰患於禍羅兮
형제처럼 가슴 아파했습니다[127] 屬摧傷於具爾
시들어가는 말운을 탄 채로 乘彫落之末運兮
기댈 장벽이 없음을 탄식합니다 歎墻壁之靡倚
진실로 남은 삶 얼마 되지 않지만 諒餘命之須臾兮
죽을 때까지 슬픔이 가슴에 가득할 것입니다 悲塡膺而沒齒
화락한 모습 눈에 선하고 形穆穆而在目兮
말소리가 생생하게 귀에 가득합니다 語依依以盈耳
서글픕니다 몸은 마르고 소리는 애절하니 悵身枯而聲哀兮
마치 가을매미와도 같습니다 與寒蟬而相似
멀리서 제수 올리며 정성 바치니 薦遙奠而獻誠兮
영령께서는 이 마음 살피소서 冀精爽之鑑此

127 내가……아파했습니다 : 이민구가 유배되었을 때 신익성이 형제처럼 안타까워했다는 말이다. 구이(具爾)는 여러 형제들을 가리킨다. 《시경》 〈행위(行葦)〉에 "가깝고 가까운 형제들을 멀리하지 않고 모두 가까이한다.〔戚戚兄弟, 莫遠具爾.〕"라고 하였다.

장인 공조 판서 윤공[128] 제문

聘君工曹判書尹公祭文

제가 어린 나이로	粤在蒙稚
공의 가문에 장가들어	聘于公門
처음부터 지금까지	自始迄今
사십 년 세월이 지났습니다	四十寒暄
정성스럽게 은혜로 감싸 주며	殷勤覆露
이끌어 주고 도와주셨으니	以提以援
산이 높고 강이 넓다 한들	山高河廣
어찌 그 큰 은혜에 비기겠습니까	曷喩隆恩
생각건대 시종	永惟終始
기약한 바 있었습니다	所期者存
그 사이에 만남과 헤어짐 반복하며	其間聚散
기쁨과 슬픔 되풀이되었으니	忻戚繽繙
오가는 사이에 얽힌 많은 사연을	去來糾繚
어찌 다 말할 수 있겠습니까	胡可勝原
지난 병자년과 정축년에	往歲丙丁
적들이 고래처럼 내달려	寇戎鯨奔

128 윤공(尹公) : 이민구의 장인 윤휘(尹暉, 1571~1644)로, 본관은 해평(海平), 자는 정춘(靜春), 호는 장주(長洲)이다. 이민구는 윤휘의 맏사위이다. 《東州集 文集 卷10 刑曹判書長洲尹公墓碣銘 幷序》

백성들이 흩어져 서로 저버렸으니　民播相棄
골육들을 어찌 말하겠습니까　骨肉寧論
제가 먼저 바다 가운데 섬으로 들어간 것은　余先入海
임금의 행차를 인도하기 위한 것이었는데[129]　祗導鑾轅
어가의 길이 막히자　及駕東沮
공께서 남한산성으로 호종하셨습니다[130]　公扈山藩
적들에게 가로막힌 채　干戈隔閡
애타게 그리며 마음 졸였는데　瞻望心煩
하루아침에 와해되니　一朝瓦解
만사가 틀어졌습니다　萬事瀾翻
부여잡고 애통해하였으니　携持痛絶
북쪽 창에 어두운 구름이 드리웠습니다　北戶陰昏
칠 년 동안 서쪽으로 유배되어　七載西竄
하염없이 흘린 눈물이 자국을 남겼습니다　積淚成痕
중간에 좋은 기회를 만나　中緣幸會
임금의 명령을 성실히 수행하셨는데　王命于敦
상란을 만나서도　喪亂之款
예전에 비해 더욱 온정이 넘쳤습니다[131]　視昔彌溫

129 제가……것이었는데 : 1636년(인조14) 병자호란이 발발하자 이민구는 부검찰사(副檢察使)가 되어 종묘의 신주(神主)와 빈궁을 모시고 강화도로 피난하였다.

130 어가(御駕)의……호종(扈從)하셨습니다 : 병자호란 당시 강화도로 피난하려던 인조는 길이 막히자 남한산성으로 들어갔고, 윤휘도 호종하였다.

131 중간에……넘쳤습니다 : 윤휘가 유배 중인 이민구를 방문했던 때를 말하는 것으로 보이는데, 이민구의 기록에 의하면 윤휘는 1638년(인조16)에 두 차례에 걸쳐 심양

지난겨울 남쪽으로 옮겨올 때 徂冬南徙

얼음이 꽁꽁 얼고 눈이 많이 내렸습니다 氷壯雪繁

당시 공께서는 병을 앓고 계셨는데 方公寢瘵

마침내 뵙지 못하였습니다 遂違晤言

자주 편지를 받았는데 頻承札翰

죄를 지은[132] 저를 감싸 주셨습니다 惠我覆盆

앞길이 아득하여 前途芒忽

바람에 흩날리는 깃발처럼 요동치니 飄若風旛

뵈올 날이 覿面之日

아득함을 어찌 말하겠습니까 眇莽何論

편지를 열어 보고 묵묵히 침울해하며 開緘泯默

저녁때가 되어도 밥을 먹지 못했습니다 當夕忘飧

점에 이르기를 장수할 것이라고 하였으니 卜云其耋

오직 이 말이 거짓 아니리라 믿었습니다 惟恃罔諼

장수와 복록을 타고 나셨으니 具膺壽祿

진실로 천지로부터 받은 것입니다 實稟乾坤

내외분께서 나란히 천수를 누리시고 內外齊享

(瀋陽)에 다녀온 적이 있다. 당시에 아마도 이민구의 적소인 영변을 방문했던 것으로 보이지만, 자세하지 않다. 《東州集 文集 卷10 刑曹判書長洲尹公墓碣銘 幷序》

132 죄를 지은 : 복분(覆盆)은 엎어놓은 동이라는 말로, 억울한 죄를 뒤집어쓰고 풀 길이 없는 경우를 말한다. 《포박자(抱朴子)》 〈변문(辨問)〉에 "해와 달도 비치지 못하는 곳이 있고, 성인도 알지 못하는 것이 있다. 그러나 어찌 이 때문에 성인이 하지 않는 것이라고 하며 천하에 신선이 없다고 하겠는가. 이것은 바로 삼광(三光)이 엎어 놓은 동이 안을 비추지 못한다고 책망하는 격이다."라고 하였다.

아들과 손자도 많이 보셨으니	多子暨孫
한 시대를 다 헤아려 본들	歷數擧代
비교될 사람 누가 있겠습니까	誰輊誰軒
애통합니다 반년 사이에	畫矣半年
복이 재앙의 근원이 되었습니다	福爲禍根
돌고 도는 우주에서	廻斡宇宙
길흉이 같은 담 안에 있었습니다	吉凶同垣
애통해하며 생각해 보니 위태로운 이 목숨	痛念危喘
우두커니 호서의 마을에서 지내고 있는데	塊處湖村
역려에서 곤궁하게 살아가며	窮居逆旅
거듭 두 어른의 상사에 곡하게 되었습니다	荐哭二尊
그러나 오직 새장에 갇힌 새와 같은 신세라	維鳥在籠
날아갈 수 없고	奮莫飛騫
오직 우리에 갇힌 짐승과 같은 격이라	維獸在檻
달려갈 수 없습니다	逝絶其蹯
부여잡고 통곡할 수 없으니	攀號無次
눈물만 줄줄 흐릅니다	血泣有源
가을 등성이에 무덤을 여니	秋岡啓兆
서리가 초목을 뒤덮었습니다	霜被草蕃
제가 붉은 명정을 보지 못할 것이라고	孰謂吾眼
누가 생각이나 했겠습니까	未覩朱幡
몸은 매였지만 정신은 달려가서	形縻神赴
이 정성스러운 술잔을 올립니다	薦此懿樽

영변 용문산 기우제문

寧邊龍門山祈雨祭文

부사(府使)를 대신해서 짓다. 매번 제사 지내고 나면 비가 내렸다.

산이 지역의 가운데에 위치하여 한 고을의 진산(鎭山)이 된 경우, 무릇 수해(水害)와 한해(旱害)를 만나면 경내의 백성들이 그곳으로 달려가 기도하고 제사합니다. 그렇게 하는 것은 어찌 그 산이 우뚝하게 높이 솟고 그윽하게 깊이 우거져, 바라보며 공경할 만함을 알아서일 뿐이겠습니까. 대개 구름과 비를 일으키고 토해 내서 널리 아름다운 이로움을 베풀어 그 은택이 백성들에게 미치고, 능히 천지가 만물을 이루어주는 공(功)을 돕기 때문입니다.

올해의 가뭄은 대단히 심합니다. 쇠와 돌도 그을릴 지경이니, 부들부들한 토양이 갈라지지 않겠으며, 풀과 나무도 마르는데 어린 벼가 마르지 않겠습니까. 찌는 더위가 너무도 심하여 죽음이 장차 가까워지고 있습니다.[133] 이 지방을 다스리는 사람이 진실로 어리석고 못나서, 신(神)의 꾸지람을 받을 일에 저촉된 것이 한두 번에 그치지 않아 꾸짖어 벌하는 때를 만났으니, 진실로 그 죄를 피할 수 없습니다. 이런 까닭으로 그 노여움을 해〔歲〕로 옮겨서, 이 백성들로 하여금 하늘의 혜택을 받지 못하게 하여 끝내 주검이 구학(溝壑)을 가득 메우는 상황

133 죽음이……있습니다. : 대명장근(大命將近)은 《시경》 〈운한(雲漢)〉에 “죽음이 가까운지라, 우러러볼 곳이 없으며 돌아볼 곳이 없노라.〔大命近止, 靡瞻靡顧.〕”라고 한 데서 온 말이다.

을 면하지 못하게 한다면, 또한 신께서 생령(生靈)들을 돕고 암암리에 하토(下土)의 백성들을 돕는[134] 바가 아닐 것이고, 거듭 부끄러움을 남겨서 후세에 변명할 말이 없을 것입니다.

이미 신께서 만물을 윤택하게 하는 권한을 잡았으며, 세행(歲行)을 책임지는 자리에 있는 줄을 알고 있습니다. 그런데도 지극한 정성으로 빌어서 조화(造化)[135]를 일으켜 주기를 바라지 않는다면, 진실로 백성을 기르는 자가 신의 밝음을 소홀히 여기고 신의 어짊을 가리는 것입니다. 그렇게 한다면 한 고을 백성들의 바람을 끊어버리는 것일 뿐만 아니라, 신을 저버린 죄가 또한 클 것입니다.

삼가 바라건대, 밝은 신께서는 서둘러 그 신령함을 발휘하여 단비를 내려 주십시오. 그리하여 마른 것을 되살리고 메마른 것을 적셔서, 여러 곡식들을 일으켜 풍년이 들게 해 주십시오. 그렇게 하면 어리석은 백성들이 분명하게 신의 밝음과 신의 어짊을 알아서 고무되어 부르는 노래가 길이길이 끝이 없을 것이고, 백성을 기르는 사람도 다행일 것이니, 어찌 아름답지 않겠습니까. 제물은 보잘것없지만 정성만은 가득하니, 신께서는 밝게 임하소서.

134 암암리에……돕는 : 《서경》 〈홍범(洪範)〉에 "하늘이 암암리에 백성의 운명을 정해 놓고 그들의 삶을 돕고 화합하게 한다.〔惟天陰騭下民, 相協厥居.〕"라고 하였다.

135 조화(造化) : 탁약(橐籥)은 원래 노자(老子)의 《도덕경(道德經)》에 나오는 말로, 탁은 풀무의 바깥쪽 몸체이고, 약은 안쪽에 있는 관이다. 이것이 움직이면서 바람을 일으키는 작용을 한다. 《도덕경》 제5장에 "천지의 사이는 풀무와 같아서, 비어 있으나 다하지 않고 움직일수록 더욱 쏟아져 나온다.〔天地之間, 其猶橐籥, 虛而不屈, 動而愈出.〕"라는 말이 있다. 여기에서는 용문산의 산신이 일으키는 조화의 의미로 사용되었다.

영변 용문산 기우제문 두 번째
寧邊龍門山祈雨祭文 又

떠돌며 굶주린 백성들 가운데 표주박을 들고 구걸하여 끊어져가는 목숨을 연명하려는 이들도 가난한 집과 어질지 못한 사람의 집은 지나쳐서, 비록 하루에 천백 번 지나가게 되더라도 흘겨보고 들어가지 않습니다. 그러나 만일 재물과 곡식을 쌓아 두고, 구제하려는 마음과 구제할 수 있는 세력을 지니고서 잘 베풀어 준다는 명성을 얻은 대단히 어진 사람이 있다면, 장차 아침저녁으로 가서 그의 문을 두드릴 것이고, 반드시 너무 자주 찾아간다며 스스로 멀리 하지 않을 것이니, 차라리 굶어 죽게 됨을 달갑게 여겨서 끝내 대단히 어진 사람의 덕을 사라지게 하지 않을 것이 분명합니다.

본 고을의 경내 수백 리 땅에는 본래 산이 많다고 일컬어지니, 우뚝 솟고 불룩 튀어나와 널찍하게 자리잡고 떨쳐 일어난 것들이 모두 산입니다. 그러나 가뭄이 들어 농사를 망치게 되는 일이 있으면, 백성들이 은혜를 바라고 도움을 구하며, 지방관이 달려가 호소할 때 모두 다른 산에 가지 않고 반드시 밝은 신령에게 가는 것은 어찌 그럴 만한 까닭이 없겠습니까.

지난 경진년(1640, 인조18)에 가뭄이 들어 비가 내리지 않았는데, 5월에 이르러 더욱 심해지자 모든 사람들이 어쩔 줄 몰라 하며 먹고 살 것이 없을까 걱정하였습니다. 당시에 지방관이 밝은 신령에게 달려가 호소하자 곧바로 단비를 내려 주셨습니다. 백성들은 도움과 복을 받았다며 지금까지도 변함없이 신의 아름다운 조화를 기리고 있습니다.

아, 올해의 가뭄은 예전보다 더 심합니다. 지난해의 극심한 흉작을 이어 가뭄이 계속되기 때문에 사람들이 풀과 나물로 목숨을 부지하고 있습니다. 우두커니 논에 있는 벼가 여물기를 날마다 기다리지만, 죽어 자빠질 구학이 바로 앞에 있어서 피할 수 없음을 압니다. 민사(民事)의 다급함이 날마다 심해지는데, 비구름은 모여들지 않고 해는 쨍쨍 떠서 냇물은 말라버리고 밭이랑은 갈라졌으니, 생령(生靈)을 도와주고 가엾게 여기는 자애로움을 지닌 밝은 신령께서 대단히 불쌍히 여기고 매우 슬퍼하실 것입니다. 지방관이 소박하나마 술과 고기를 마련하고 정성을 다 기울여 밝은 신령의 귀를 번거롭게 하는 것이 또한 떠돌며 굶주리는 백성들이 대단히 어진 사람의 문에서 구걸하는 것과 같습니다. 이와 같은데도 돌봄을 받지 못하고 은택을 입지 못한다면, 허물은 지방관에게 있는 것이니, 그 죄를 피할 바가 없습니다.

엎드려 바라건대, 밝은 신령께서는 지방관이 여러 번 꾸지람 받을 일을 했다고 하여 백성들을 저버리지 말고, 글이 보잘것없다고 하여 진심을 내치지 말고, 희생(犧牲)이 야위고 술이 묽다고 하여 성의를 물리치지 마십시오. 그리하여 시원하게 신령한 비를 내려서 밝은 감응을 크게 드러내신다면 실로 밝은 신령의 은혜일 것입니다.

영변 용문산 기우제문 세 번째

寧邊龍門山祈雨祭文 又

아아, 지금 우리 백성들이 하늘에 죄를 받은 것이 이미 많습니다. 돌봐 주고 불쌍히 여겨 주는 비호를 받지 못하고, 버림받은 채 어쩔 줄 몰라 한 지가 지금 몇 해나 되었습니다. 가뭄의 재앙이 해마다 모질더니, 올해에 이르러서는 극에 달했습니다. 봄부터 초여름까지 끝내 비가 내리지 않아서 심어 놓은 오곡은 타들어가고 자라는 온갖 식물들이 말랐습니다. 하물며 논바닥이 달궈져서 속까지 굳은 경우이겠습니까. 게다가 목화씨가 그을려 안이 말라버린 경우이겠습니까. 죽을 날이 이미 다가왔으니, 죽음에서 구제되기를 어찌 바라겠습니까.

우리 백성들이 진실로 죄를 지어 스스로 하늘의 꾸짖음을 불렀다면, 감히 눈을 뜨고 하늘을 우러러 하소연해서 거듭 큰 재앙을 재촉하지 못할 것입니다. 위로 받들고 아래로 덮어 주는 영험한 산과 큰 강의 신들이 민물(民物)과 서로 접하고 서로 도와주는 데 이르러서는 대체로 친근(親近)합니다. 그리하여 아침저녁으로 분주히 달려 다니며 허둥대고 서두르는 백성들의 실상이 마땅히 이르지 않는 곳이 없음을 잘 아실 것이니, 애달파하고 불쌍히 여기서 어루만지고 구제해 주려는 마음이 마땅히 없지 않을 것입니다.

삼가 듣건대, 하늘의 운수가 장차 가물게 될 때는 산천(山川) 신들의 영험한 능력을 막아서 마음대로 혜택을 베풀지 못하게 한다고 하는데, 이것은 그렇지 않습니다. 옛 사람 중에 부절(符節)을 잡고 조명(朝命)을 사칭하여 창고를 열어 구휼한 사람이 있었는데, 당시의 임금이 처벌하지 않았고, 후세의 사람들이 이 이야기를 전하며 찬미하였습니다.[136] 생각건대, 밝은 신령께서는 한 고을을 진호(鎭護)하고 있으니, 불길을 밟고 물에 빠진 것처럼 경내(境內) 백성들의 사정이 다급함을 잘 알 것입니다. 그런데도 장차 내려 주던 혜택을 멈추고 어진 마음을 거두어 온 고을 사람들이 죽어가는 것을 바라보기만 하면서 그들을 위해 힘을 발휘하여 구원하지 않겠습니까. 반드시 불쌍하게 여기고 측은하게 보아서, 보살펴 주는 은혜[137]를 아끼지 않아 구렁에 뒹구는 이 목숨을 살려 주실 것이니, 어찌 아랑곳하지 않은 채 가만히 계시겠습니까.

생각건대, 밝은 신령과 백성을 기르는 지방관은 유명(幽明)이 비록 다르지만, 백성을 사랑하고 만물을 아끼는 마음은 마땅히 같습니다. 지금 묽은 술과 야윈 희생으로 신명(神明)께 간절히 비는 것은 진실로 지방관의 직분입니다. 한편, 단비를 아끼지 않아서 풍년이 들게 하고 우리 한 지역의 백성들을 소생시키는 것은 또한 밝은 신령의 책임입니다. 지방관인 제가 감히 우리 백성들을 사사롭게 여기는 것이 아니오니, 바라건대 밝은 신령께서는 살펴 주십시오.

136 옛……찬미하였습니다 : 전한(前漢) 무제(武帝) 때에 하내(河內)의 민가 천여 호가 불에 타는 큰 화재가 발생하자 급암(汲黯)을 사자로 파견하여 진상을 조사하게 했다. 급암이 하내의 상황을 보니, 백성들이 가뭄과 홍수로 만여 호가 굶주리고 있었으므로, 임의로 황제의 어명을 사칭하고 창고를 열어 백성들을 구제하였다. 뒤에 무제에게 이를 보고하자, 무제가 훌륭히 여겨 용서해 주었다고 한다. 《漢書 卷50 汲黯傳》

137 보살펴 주는 은혜 : 구유(呴濡)는 애처롭게 여겨 보살펴 주는 것을 말한다. 《장자(莊子)》 〈대종사(大宗師)〉에 "물이 바짝 말라 물고기들이 땅바닥에 처하게 되면, 서로들 김을 내뿜어 축축하게 해 주고 서로들 거품으로 적셔 준다.〔泉涸, 魚相與處於陸, 相呴以濕, 相濡以沫.〕"라고 하였다.

여제문

厲祭文

남을 대신하여 짓다.

지금 큰 역병이 발생하니, 또한 너무 심합니다. 한 해가 저물도록 멈추지 않아 방방곡곡 미치지 않은 곳이 없고, 마을마다 모두 퍼져 걸리지 않은 사람이 없으니, 구렁이 장차 시체로 가득할 것이고 백성들의 목숨이 위태롭게 되었습니다. 어쩌면 정사(政事)의 시행이 그 타당성을 잃고, 음양의 운행이 그 바른 길을 잃었으며, 귀신의 운용이 그 상도에서 어긋났기 때문입니까. 아니면 천도(天道)가 마침 그렇게 될 운수가 있어서 백성들이 액운(厄運)의 때를 만났기 때문에, 그 사이에 어떠한 사람의 힘도 끼어들지 못하므로, 묵묵히 손 놓은 채 죽어가는 사람들을 보아 넘기며 안타까워하지 않는 것입니까.

사람의 목숨은 아침저녁으로 자라나는 초목처럼 쉽게 나고 쉽게 죽는 것이 아닙니다. 수십 년 동안 생장(生長)하여 상수(上壽)는 8, 9십 세, 중수(中壽)는 5, 6십 세까지 살아갑니다. 어린 시절을 보내고 장성했다가 쇠하여 늙어 죽을 때까지 넉넉하게 길러 주어야 천지(天地)의 인(仁)에 서운함이 없습니다. 그런데 혹 역병이 사라지지 않고 해로운 기운이 가득 차서, 찌는 듯한 기운이 점차 전염되고 더러운 기운이 차츰 성해져, 사람들의 목숨이 아침에 자랐다가 저녁에 죽는 초개(草芥)처럼 끊어져 가는데도, 모두 죽는 것을 바라만 보고 내버려 둔 채 돕지 않는다면, 이것이 어찌 천지의 마음이며 귀신의 덕(德)이겠습니까.

천지는 만물을 살리는 것으로 마음을 삼고, 귀신은 화육(化育)으로 덕을 삼으니, 사랑하는 것을 어찌 미워하며 살리려는 것을 어찌 죽이시겠습니까. 백성을 기르는 지방관이 비록 어리석고 못나 천지에 죄를 지었더라도 불쌍한 이 백성들은 죄도 없고 허물도 없는데, 갑자기 큰 재앙을 만나 날마다 죽어가고 있습니다. 백성을 기르는 지방관이 진실로 이것을 차마 그대로 보고 있을 수 없지만, 상천(上天)은 지극히 존엄하므로 감히 구구한 사정을 우러러 하소연할 수 없습니다.

이에 정성을 다 기울이고 간절한 마음을 펼쳐서 귀신에게 호소합니다. 위로 받들고 아래로 이어서 재앙을 몰아내고 뭇 생명을 보호하고, 수화(水火)의 곤경에서 건져내서 편안한 삶을 살도록 하는 것이 또한 오직 신의 책임입니다. 오직 바라건대, 그 밝은 덕을 환하게 밝히시고 신묘한 능력을 드러내서, 맑은 바람으로 씻어내어 더러운 기운을 제거해 주십시오. 그리하여 병든 사람의 몸에서 병이 사라지게 하며 신음소리가 노랫소리로 변하게 하고, 어두운 기운이 말끔히 걷혀 온 나라가 평온하게 해 주십시오. 그렇게 해 주신다면, 백성을 기르는 지방관인 저는 감히 신의 은혜를 잊지 못할 것입니다.

파주 목사 이공익[138] 제문 기축년(1649, 인조27) 이후

李坡州公益祭文 己丑以後

내가 그대와 함께	自我與君
손잡고 숲에 들어갔던 때부터	携手入林
서로 막역한 사이가 되었으니	相視莫逆
그 세월 얼마나 되었던가	凡幾光陰
처음 머리를 묶었을 때부터	爰始結髮
백발이 될 때까지	迄于白首
그 사이에 슬픈 일과 즐거운 일	其間哀樂
모두 있었지	靡不具有
질병과	至於疾病
우환과 사변	憂患事變
상란을 만나는 등	喪亂之遭
이치로 떨쳐 버리기 어려운 일에 이르러서는	理所難遣
애틋하게 자기 일처럼 여겨	恍若在躬
함께 슬퍼하고 함께 기뻐했지	共戚同歎
내가 늙어 돌아왔을 때는	余老得歸
몸도 정신도 모두 바뀌었으니	形神都換
떠돌며 고생한 사람이	流離困頓

138 이공익(李公益) : 1588~1649. 본관은 전주(全州), 자는 사선(士先)이다. 파주 목사(坡州牧使)를 역임하였다.《東州集 文集 卷9 坡州牧使李公墓碣銘 幷序》

노쇠하게 되는 것은 진실로 당연하지만　衰相固然

그대는 평안하게 지내며　君安其居

자녀들도 모두 온전하여　子女俱全

가득한 술잔 기울이고 맛난 생선 먹으며　引滿茹鯁

오직 뜻대로 지냈으니　唯意是適

이미 마음속에 근심 적고　旣少內疚

마땅히 괴롭힐 바깥 요인 없는데　宜無外鑠

치아와 살쩍을 살펴보매　循省牙鬢

나보다 더 빠지고 세서 괴이했지　怪君益甚

어찌 타고난 체질이 허약해서일까　豈惟稟薄

술을 너무 즐겼기 때문이지　殆由耽飮

해학으로 규간하여　假謔誠規

잠자리도 언급하였지　兼及床席

하찮은 병이　孰謂微瘵

시간 지날수록 더 심해질 줄을 어찌 생각이나 했으랴　經時彌酷

게으른 몸 지팡이 짚고 가서 영결하니　策懶就訣

산 사람과 죽은 사람으로 이별하여　生人死別

이승과 저승으로 갈리니　明幽分隔

한 번 슬퍼하고 길이 끊어졌어라　一慟長絶

생각건대 지난날 친구들　念昔友朋

저마다 큰 포부 다지며　各厲壯志

다정하게 어울려　婉孌徵逐

친밀하지 않은 적 없었는데　罔匪親懿

노년에 이르러　年迫日索

대부분 세상 떠나니 淪謝略盡
위태한 뿌리와 연약한 나무 같은 내가 危根弱植
어찌 눈서리를 감당하랴 詎堪霜霰
세상을 돌아보니 顧瞻宇宙
나만 홀로 남았어라 但餘隻身
사력이 가운데 썩었으니 社櫟中朽
얼마 못가 장차 쓰러지리[139] 朝夕將顚
눈물 흘리며 오열하니 涕沱摧咽
또한 스스로 서글프네 亦以自悲
넋이 아직 사라지지 않았다면 精爽未泯
와서 내가 올리는 술잔 드소서 來擧余卮

139 사력(社櫟)이……쓰러지리 : 이민구 자신도 곧 세상을 떠나게 될 것이라는 말이다. 사력은 크기만 하고 쓸모가 없는 재목으로, 이민구 자신을 비유한 말이다. 《장자(莊子)》〈인간세(人間世)〉에 "장석(匠石)이 제(齊)나라로 가다가 곡원(曲轅)이라는 땅에 이르러 그 곳 사당 앞에 서 있는 상수리나무를 보았다. 그 크기는 수천 마리의 소를 가릴 만하여 재어보니 백 아름이나 되며 그 높이는 산을 굽어볼 정도였으나, 장석이 그것을 돌아보지도 않고 가버렸다. 그 제자가 이렇게 크고 아름다운 재목을 선생께서는 돌아보지도 않고 가신 까닭이 무엇이냐고 묻자, 장석이 저 상수리나무는 전혀 아무 데도 쓸모가 없기 때문이라고 대답하였다."라는 내용이 보인다.

영흥 부사 이지정[140] 제문

李永興 志定 祭文

그대가 운명한 지	自君之逝
이제 어느덧 한 달 지났네	今已閱月
나는 그때 참소를 피해	我方逃讒
오두막에서 숨어 지내느라	戢影蓬室
병 앓을 때 문병도 못했고	病不執手
영좌 앞에 곡도 못했으니	哭不及尸
침문에서 애통해한들	寢門之慟
어찌 서글픈 마음 다 쏟아내겠는가[141]	寧寫中悲
늘그막에 이르렀으니	年迫桑榆
이제 만년이네	是爲末路
젊은 시절 회상하니	追想弱齡
교유하는 벗들 즐겁게 지냈는데	交遊詡詡

140 이지정(李志定) : 1588~1650. 본관은 여주(驪州), 자는 정오(靜吾), 호는 청선(聽蟬)이다. 영흥 부사(永興府使)를 역임하였다. 《松坡集 卷15 通政大夫永興府使聽蟬李公墓碣銘 幷敍》

141 침문(寢門)에서……쏟아내겠는가 : 이지정의 죽음에 대한 슬픔을 달랠 길이 없다는 말이다. 침문지통(寢門之痛)은 친구의 죽음을 슬퍼하는 것을 말한다. 침문은 곧 거실의 문을 가리키는데, 공자(孔子)의 말에 "스승의 경우에는 내가 침에서 곡(哭)하고, 친구의 경우에는 내가 침문 밖에서 곡한다.〔師, 吾哭諸寢, 朋友, 吾哭諸寢門之外.〕"라고 하였다. 《禮記 檀弓上》

뜻이 같았던 벗들	同志之友
대부분 세상 떠나고	擧皆喪亡
오직 그대만 다행히 살아남아	獨君幸全
영광전처럼 우뚝했지[142]	巋然靈光
내가 남쪽으로 유배지 옮겼을 때[143]	我遷于南
호숫가에서 그대 만났는데	遇君湖邊
난새의 기름으로 아교를 끓여	鸞膏煎膠
내 끊어진 거문고 줄 이었지[144]	續我斷弦
우리 모두 세상에서 좌절한 신세로	俱躓於世
서로 바라보니 백발 되었으나	相視皓髮
비유컨대 감자를 먹을 때	譬彼啖蔗
좋은 맛은 끝에 있지[145]	佳境在末

142 오직……우뚝했지 : 교유하던 벗들이 대부분 세상을 떠났지만 이지정은 장수를 누리며 살아 있었다는 말이다. 영광(靈光)은 영광전(靈光殿)으로, 한(漢)나라 경제(景帝)의 아들인 공왕(恭王)이 산동성 곡부(曲阜)에 건립한 궁전이다. 후한(後漢) 왕연수(王延壽)의 글에 "서경의 미앙궁과 건장궁으로부터 모든 궁전이 파괴되어 허물어졌지만, 영광전만은 우뚝 홀로 서 있었다.〔自西京未央建章之殿, 皆見隳壞, 而靈光巋然獨存.〕"라고 하였다. 《東漢文紀 卷14 魯靈光殿賦序》

143 내가……때 : 이민구가 영변에서 아산으로 이배되었을 때를 말한다.

144 난새의……이었지 : 오랫동안 만나지 못하던 이지정을 만나 우정을 나누었다는 말인 듯하다. 《해내십주기(海內十洲記)》에 의하면, 서해(西海)의 봉린주(鳳麟洲)에는 선가(仙家)가 많은데, 그 선가에서 봉황새의 부리와 기린의 뿔을 고아서 제조한 기름을 난교라 하는바, 이것은 이미 끊어진 궁노(弓弩)의 줄도 다시 접속시킬 수 있는 강한 접착력을 지닌다고 한다. 전하여 후세에는 흔히 후처(後妻)를 맞이하는 것을 속현(續弦)이라 쓰기도 하였는데, 여기서는 벗과의 사이에서 말하는 것이므로 거문고 줄을 잇는 것으로 풀이하였다.

수레를 타고 와서 정겹게 만났으니 命駕團圓
삼십 리 길도 멀다 여기지 않았지 無遠一舍
혹 깊은 물에서 배를 타면 或舟于深
구름 그림자가 들판 덮고 雲陰冪野
흰 물결이 하늘에 떠서 雪浪浮天
교룡과 고래가 중간에 변하는 것 같았네 蛟鼉中變
내가 시를 읊고 그대가 글씨를 쓰면 我詩君筆
용이 휘감고 번개가 번쩍이는 듯했으니 龍纏電眩
타향의 경치 좋은 곳에서 殊鄕勝地
즐거운 일 많았지 爲樂多方
북쪽으로 서울에 돌아와서는 北還京洛
가까이 만나기 어려웠으니 偪側拘妨
그대는 외직에서 내직으로 들어오곤 했는데 君出而入
나는 오히려 멀리 숨어 지냈지 我尙幽潛
그동안 마음 터놓고 만난 것이 其間披對
서너 번에 불과했으니 不過四三
평소에도 늘 그리웠는데 居恒菀結
더구나 이처럼 사별하게 되었음에랴 況伊死別
사방을 돌아봐도 의지할 데 없으니 環顧無旁

145 우리……있지 : 이민구와 이지정이 노년까지 많은 어려움을 겪었지만 앞으로는 좋은 일이 있을 것이라 생각했다는 말이다. 담자(啖蔗)는 감자(甘蔗)를 맛본다는 뜻으로, 진(晉)나라 고개지(顧愷之)가 사탕수수를 꼬리 부분부터 맛보자, 어떤 사람이 그 이유를 물으니 "점점 더 좋은 맛을 보려고 해서이다.〔漸入佳境〕"라고 대답했다는 고사에서 유래하였다.《晉書 卷92 文苑列傳 顧愷之》

홀로 남은 내 신세 한탄스럽네 歎我孤子
그러나 생각건대 그대보다 然念於君
내가 겨우 한 살 적으니 次歲以少
저승에서 만날 날은 冥會之期
얼마 남지 않았네 如鍾待曉
혼란한 시대 만났으니 屬時紛挐
먼저 죽는 것이 차라리 편안하리 先歸者佚
이런 말로 그대의 영혼 위로하려니 用慰君靈
간장이 모두 끊어질 듯하오 肝腸內絶

생질녀 부솔 한후기의 처 권씨[146] 제문

姊女韓副率妻權氏祭文

너의 어머니께서 돌아가셨을 때, 우리 어머니는 통곡하며 울다가 병을 얻어 돌아가셨다. 나는 마땅히 죽어야 하는데 죽지 못하고, 큰 슬픔에 가슴이 찢어지는 것 같았던 세월이 37년하고도 하루가 지났다.[147] 그런데 이제 네 딸이 죽자, 너도 통곡하며 울다가 병들어 죽어서, 거듭 나로 하여금 가슴 아프게 하는구나.

어머니께서 돌아가셨을 때, 우리 형제들은 모두 이미 성립(成立)[148]한 상태였다. 그러나 너희들은 양친을 모두 잃고 어린 나이에 의지할 곳이 없었으므로, 어머니께서 임종(臨終)하실 때 너희들을 가리켜 불쌍해하면서 후회하고 자책하셨다. 네가 그때 열 살이었으니 익히 들어

146 권씨(權氏) : 이민구의 누나는 승문원 부정자 권경(權儆)에게 시집갔다. 권경은 3남 4녀를 두었는데, 아들은 권제(權躋), 권적(權蹟), 권지(權趾)이며, 딸은 윤원거(尹元擧), 김정곤(金挺坤), 한후기(韓後琦), 이명징(李明徵)에게 시집갔다. 《동주집(東州集)》 문집(文集) 권8 〈한부솔처권씨묘지명(韓副率妻權氏墓誌銘)〉에 "셋째 딸이 동궁 부솔(東宮副率) 한후기의 처가 되었다."라고 하였다.

147 나는……지났다 : 어머니 상을 당한 뒤로 슬픔을 견디며 지낸 세월을 말한 것이다. 도독(荼毒)은 《서경》 〈탕고(湯誥)〉의 "흉해에 걸려 도독을 참지 못한다.〔罹其凶害, 不忍荼毒.〕"라는 말에서 유래한 것인데, 여기서는 어머니 상을 당한 슬픔을 의미하는 말로 사용되었다.

148 성립(成立) : 일반적으로는 장성(長成)했다는 의미이다. 그러나 아래에 "아직 혼인하지 않았다.〔未及婚娶〕"라는 말과 호응하고 있는 것으로 보아, 여기서 성립은 혼인하여 가정을 이루고 자립(自立)한 정도의 나이를 가리키는 것으로 보인다.

서 알 것이다. 너는 지금 네 자식들 가운데 큰 아이가 아직 성립(成立)하지 못하였고, 그 아래 어린 아이들은 혼인도 못하였는데, 마치 불에 덴 사람처럼 감정대로 슬퍼하다가 스스로 뉘우칠 줄도 모른 채 어찌 죽었단 말이냐. 너희 7남매 가운데 거의 반이 죽었지만, 너는 기상이 완전하고 풍채도 커서 매양 장수하리라 기대했는데, 이제 이런 지경에 이르렀다는 말이냐.

내 딸이 너와 같은 해에 태어나 일찍 죽었으므로 너를 내 딸처럼 여겼었다. 우리 어머니께서 돌아가시고, 내 딸도 죽고, 이제 네가 또 죽었는데, 어리석고 둔한 나는 살아남아 다시 갖가지 고뇌를 겪으면서, 울어도 눈물조차 없는데도 실낱같은 목숨 홀로 보존하고 있으니, 도대체 어떤 사람이란 말이냐. 이에 어머니 제삿날에 술과 과일과 떡을 네 영구 앞에 조촐히 차려놓고, 한편으로는 네 죽음을 곡하고 한편으로는 내 슬픔을 붙이노라. 네 영혼이 어둡지 않다면 오히려 나의 마음을 알 것이다.

생질 사부 권적[149] 제문

甥姪權師傅蹟祭文

임진년(1652, 효종3)　維歲壬辰
동지 가까운 날에　日迫長至
동주 노인은 조촐하게 술과 음식을 갖추어　東州老人略備醴饎
생질 권군의 영령에 영결을 고하노라　告訣甥姪權君靈次
나는 늙어 자식도 없고　吾老無子
조만간 죽을 것이기에　朝暮入地
장례를 네가 치러줄 것이라 여겼는데　謂當煩君以窀穸事
죽지 않고 네 무덤에 글 쓸 줄을 어찌 알았으랴　豈期未死誌君泉隧
계축년(1613, 광해군5) 5월　癸丑五月
누이가 병으로 쓰러져　姊病而瘁
혼미한 상태로 곧 운명하려 할 때　昏迷將瞑
애써 몸을 일으켜　奮身自致
너를 안고 일어나　抱君以起
버리듯 너를 내게 맡기고　屬我如棄
자리로 돌아가 숨을 거두니　返席而沒
말은 없었어도 뜻은 분명했다　無言有意
당시 너는 막 말을 배우고　君始學語
겨우 돌이 지난 어린 아이였지　甫晬而稚

149 권적(權蹟) : 1611~? 본관은 안동(安東), 자(字)는 성유(聖由)이다.

어리고 의지할 데 없었으므로	弱植零丁
여린 곡식 기르듯 너를 돌본 지	如養穀穉
이제 사십 년 세월이지만	今四十年
아직도 흐르는 눈물이 소매 적신다	泣有餘漬
사람이 이 세상에 살아가는 것은	人物之生
아득히 더부살이하는 것과 같고	眇然如寄
수명에 이르러서는	至於壽命
장단과 성패가	長短成毁
제각각 같지 않으니	有萬不齊
어찌 헤아릴 수 있겠느냐	烏可思議
오직 저 통달한 사람은	惟彼達者
삶을 허물로 여기고	以生爲累
죽음을 돌아가는 것으로 여겼으니[150]	以死爲歸
그 말은 크게 다르지만	其言大異
골육의 사랑이란	骨肉之愛
슬픔이 나오는 바라	悲哀所自
통곡할 일에 통곡하지 않는다면	當慟不慟
다시 누구를 위해 통곡하랴	而又誰爲
내 관을 닦다 말고	舍我拭棺

150 오직……여겼으니 : 장자(莊子)의 생사관(生死觀)을 말한다. 《장자(莊子)》 〈제물론(齊物論)〉에 "내 어찌 삶을 좋아하는 것이 미혹된 것이 아님을 알 수 있으며, 내 어찌 죽음을 싫어하는 것이 마치 어려서 고향을 잃고 고향으로 돌아갈 줄 모르는 것과 같음이 아님을 알겠는가.〔予惡乎知說生之非惑邪, 予惡乎知惡死之非弱喪而不知歸者邪.〕"라고 하였다.

와서 너를 곡하려니 來哭君位
슬프고 괴로운 마음을 酸腸苦心
말로 표현할 길이 없구나 無假辭費

동지중추부사 민응회[151] 제문

閔同知應恢祭文

장님이 된 지 여러 해 뒤에 마침내 죽었다.

계사년(1653, 효종4) 12월 8일, 바람에 눈발이 어지러이 날리는데, 고(故) 동지중추(同知中樞) 민공(閔公)이 평소 살던 집을 떠나 운명하였다. 나 동주(東州) 이민구(李敏求)는 삼가 제물과 술을 준비하여 서글픈 마음을 다음과 같이 서술한다.

무릇 사람은 서로 좋아하는 것이 같은 사람과 사귀고, 또 나이가 비슷한 사람끼리 함께 어울리며 사이좋게 지내는 법입니다. 그러므로 머리를 묶는 어린 시절부터 흠모하여 흰머리가 되도록 그 즐거움이 변하지 않습니다. 그러나 늙어 죽는 데 이르러서는 선후의 순서를 정할 수 없으니, 나보다 먼저 죽은 사람은 진실로 까마득하게 아무 것도 모른 채 온갖 걱정과 기쁨을 버려두고 가지만, 뒤에 죽을 나는 오히려 살아서 벗들과 헤어지고 짝도 잃은 신세로 어쩔 줄 몰라 하며 홀로 남아 있습니다. 비록 죽을 날이 곧 다가와서 슬퍼하지 않을 날이 무궁할 줄을 알지만,[152] 오히려 어찌 슬픔을 잊고 마음을 비워서, 슬퍼하며

151 민응회(閔應恢) : 1582~1653. 본관은 여흥(驪興), 자는 이정(而精), 호는 환성(喚醒)이다.

152 비록……알지만 : 이민구 자신도 곧 세상을 떠나서 슬픔을 잊게 될 것이라는 말이다. 한유(韓愈)의 글에 "모혈은 날로 더욱 쇠약해지고 지기는 날로 쇠미해지니, 곧 너의 뒤를 따라 죽지 않겠느냐. 사후에 앎이 있다면 헤어짐이 얼마나 되겠느냐. 사후에 앎이 없다면 슬퍼할 시간은 얼마 되지 않고 슬퍼하지 않을 날은 무궁할 것이다.

눈물 흘리지 않을 수 있겠습니까.

지난날 내가 때때로 그대를 만났으나 그대와 내가 만나지 못한 지가 햇수로 20년이 되었습니다. 그런데 이제 또 홀연 자취 감추듯 길이 떠나 관속으로 영원히 들어가서 상여 속에 깊이 잠드시니, 목소리를 들을 수 없고 손을 잡을 수 없습니다. 관을 어루만지며 통곡하노라니, 온갖 감회가 모여듭니다. 영령은 혹시라도 제 술을 흠향하소서.

〔毛血日益衰, 志氣日益微, 幾何不從汝而死也. 死而有知, 其幾何離, 其無知, 悲不幾時, 而不悲者無窮期矣.〕"라고 하였다.《韓昌黎集 卷23 祭十二郎文》

판서 심액[153] 제문

沈判書詻祭文

제가 일곱 살에 공을 뵈었는데, 아득히 어리석고 혼매(昏昧)하여 아는 것이 없었습니다. 그 뒤로 다시 변화하는 세상일을 겪으며 지금에 이르렀으니, 세월은 어느덧 60여 년이 흘렀고, 세상일도 문득 변했습니다. 위로는 부모님이 없고 곁에는 형제도 없어 담장처럼 의지하며 즐거워할 사람이 없으니, 쓸쓸한 여생(餘生)이 우러러 의지할 분은 공 말고 또 누가 있었겠습니까.

생각건대 공께서 이끌어 주고 관심 기울이실 때 그 어리석은 점을 버리고 그 진심을 취하였으니, 또한 저에게 가장 큰 사랑을 주셨습니다. 변방에 유배되었다가 죽지 않고 돌아왔을 때, 공은 늙으시고 저는 쇠잔하였습니다. 강변 교외(郊外)에 살면서 성시(城市)에 발을 들이지 않았는데, 한 해에 한 번 들어가 뵙고[154] 술잔 올릴 때면, 매번 안으로는 신명(神明)을 보존하고 밖으로는 건강이 좋은 공의 모습에 감탄하며, 늘 한결같은 모습으로 무너지지 않는 큰 산처럼 건강하시리

153 심액(沈詻) : 1571~1654. 본관은 청송(靑松), 자는 중경(重卿), 호는 학계(鶴溪), 시호는 의헌(懿憲)이다. 형조와 예조와 이조의 판서를 역임하고 청송군(靑松君)에 봉해졌다. 《白軒集 卷38 吏曹判書靑松君沈公諡狀》

154 들어가 뵙고 : 망리(望履)는 신발을 바라본다는 뜻으로, 만남을 겸손하게 표현한 말이다. 공자가 벗 유하계(柳下季)의 동생 도척(盜跖)을 교화하려고 만나러 가서 "나는 유하계와 친한 사람이오. 원컨대 귀하의 막하에서 신발을 보고 싶소이다.〔丘得幸於季, 願望履幕下.〕"라고 한 데서 유래하였다. 《莊子 盜跖》

라 여겼습니다. 서가에는 도서(圖書)가 꽂혀 있고 술잔에는 맛난 술이 담겨 있었으므로, 세상 마칠 때까지 이와 같을 줄 알았습니다.

그런데 이제 제가 공의 방에 들어가도 아름다운 모습을 뵐 수 없고 말씀도 들을 수 없습니다. 다만 마시지 않은 가득한 술잔과 먼지 앉은 휘장만 보이니, 머뭇머뭇 이 세상에 날은 저물고 길은 막혔습니다. 홀로 갈팡질팡 허둥대며 어디로 가야 합니까. 비록 아침 버섯처럼 죽을 날이 얼마 남지 않았다는 사실을 알고 있지만,[155] 가슴 아파하며 죽을 때까지 슬픔을 머금고 살 것입니다.

아아, 평소의 웃음이 통곡으로 바뀌고, 주고받던 술잔이 궤연(几筵)에 올리는 술잔이 되었습니다. 영령께서 이르시기를 바랍니다.

155 비록……있지만 : 이민구 자신이 죽어서 심액을 만날 날이 얼마 남지 않았다는 사실을 안다는 말이다. 조균(朝菌)은 아침 버섯으로, 짧은 시간을 비유한다. 《장자(莊子)》 〈소요유(逍遙遊)〉에 "아침 버섯은 그믐과 초하루를 알지 못하고, 매미는 봄과 가을을 알지 못한다.〔朝菌不知晦朔, 蟪蛄不知春秋.〕"라고 하였다.

생질 평산 부사 권제[156] 제문
甥姪權平山躋祭文

갑진년(1604, 선조37) 겨울	甲辰歲冬
내 나이 열여섯에	我年十六
그대가 울면서	見君呱呱
태어나 자라는 모습 보았지	載生載育
아이가 되고	以至孩識
어른이 되고 백발 되도록	長壯衰白
그대가 건강하게 지내며	喜君剛健
관직에 나아가 공적 쌓는 모습 좋았지	當官勞績
나는 늙고 오래도록 좌절한 신세로	我衰久躓
내년이면 칠십이니	明年七十
그대에게 의지하여	庶幾倚君
나의 장례 치를 수 있기를 바랐는데	治我墻翣
금년 정유년(1657, 효종8)	今歲丁酉
가을 이슬이 막 맺힐 때	秋露始結
그대가 운명하여	我聞君歸
그 수레에 흰 줄 둘렀단 소식 들었지	其車素紼
생각해보니 그대가 서쪽으로 갈 때	念君西發

156 권제(權躋) : 1604~1657. 이민구의 생질(甥姪)로, 1657년(효종8) 2월에 평산 부사(平山府使)로 부임하여 8월에 임지에서 사망하였다.

나는 병들어 몹시 괴로웠고　我病大困
다시 만날 날도 아득하였으므로　後會茫然
한 마디 말하려면 목을 세 번이나 가다듬어야 했지　一語三引
그대도 나를 보며　君亦視我
아무 말 못하고 슬퍼했는데　不言而悲
누가 생각이나 했을까 사람의 이치가　孰謂人理
기약한 날 바뀔 줄을[157]　乃貿所期
늙고 병든 나는 살고　老疾而延
건강하고 젊은 그대가 먼저 쓰러지니　强少先顚
어쩌면 이리도 어긋날 수 있는가　胡斯繆盭
캄캄하여 알 수 없는 것이 하늘이로다　冥昧者天
곤궁한 속에 만년 맞이하여　窮途暮境
홀로 목숨 보존한 채　獨保動息
사방 돌아봐도 아무도 없으니　四顧無旁
마치 날개 없는 새 같도다　如鳥去翼
산 자와 죽은 자 예법이 달라　存亡殊制
장례일 다가왔는데　卽遠伊邇
나는 병상에 누워　我頹在床
일어날 수 없고　奮莫能起
길도 막혀　河梁阻折
장지에 갈 수 없어라　臨穴無由

157 누가……줄을 : 병들어서 곧 죽을 것 같았던 이민구는 살아 있는데, 병든 이민구를 보며 슬퍼했던 권제가 먼저 죽게 될 줄을 짐작도 못했다는 말이다.

가슴 찢어질 듯한 슬픔 머금고	銜哀失臆
길이 영결을 고하노라	告訣明幽

동강 허보[158] 제문

許東岡宲祭文

아아 나와 그대는	嗚呼惟我與君
어려서부터	自幼稚昧
백발 될 때까지	以至白首
육십이 년 함께했네	六十二歲
교제하는 중간에	中間交際
만남과 이별 근심과 기쁨	合散憂懽
온갖 인생사 만났으니	種種所遇
세상일 다단하였지	世故多端
차마 말할 수 없는 일 있으니	有不忍說
말하려면 억장 무너지네	說到摧腸
한번 병들자 골수까지 미쳐	一病抵骨
이제 삼 년 지났으니	今閱三霜
그대 만날 때마다	每接君顏
나를 돌아보며 안쓰러워했지	顧我嗟矜
올해 초봄에	及茲春初
의원 찾아가 도성에 머물 때	尋醫在城
위독한 이 몸 그대 집에 의탁했는데	屬我委篤
비로소 그대 병 소식 들었지	始聞君疾

158 허(許宲) : 1585~1659. 본관은 양천(陽川), 자는 유선(惟善), 호는 동강이다.

그대는 금석처럼 튼튼하니	謂君金石
어찌 쓰러질까 염려했으랴	豈虞缺折
치료를 소홀히 한 것도 아닌데	藥非不良
갈수록 더욱 심해졌지	彌時增劇
내 집으로 돌아와서는	迨還舊巢
병석에 있는 그대 찾아갔는데	就扣床褥
몸은 야위고 정신도 흐릿하여	形枯神敝
나를 가슴 졸이게 하였지	令我驚心
회포는 가득했지만	悠悠懷抱
말없이 신음하며	不言而吟
실낱같은 숨결로 서로 마주하니	縷息相對
선후로 죽을 사람들이었지	競死後先
나는 홀로 무슨 운명에 걸려	我獨胡罹
아직도 지리한 병에 괴로워하는데	尙苦沈綿
구름 뜨고 노을 날리듯	雲浮霞擧
그대는 편안히 돌아갔어라	君佚其歸
나는 외로이 남았지만	我留孑然
아침 해에 사라질 이슬 같으니	如露待晞
저승에서 만날 날	冥會之期
머지않으리라	匪朝伊夕
한 잔 술로 그대 보내니	一杯餞行
내 정성을 흠향하소서	庶余歆格

판서 정세규[159] 제문

鄭判書世規祭文

공은 열세 살이고	公年十三
나는 일곱 살일 때	我始七齡
떠돌다 만났으니	流離遭遇
수원의 외가였지[160]	外家隋城
나에게는 외숙이고 공에게는 고모였으니	我舅公姑
공은 조카이고 나는 생질이었지	公姪我甥
단란히 모여	團圓融洽
함께하지 않은 날 없었네	靡日不幷
장성하고	旣長旣壯
노성할 때까지	以老以成
나란히 말 타고 자리 함께하며	聯騎幷榻
날마다 나아가고 달마다 진보하였네	日邁月征
기쁘게 속내 털어놓아	怡愉輸寫
의리가 신명을 관통했지	義貫神明

159 정세규(鄭世規) : 1583～1661. 본관은 동래(東萊), 자는 군칙(君則), 호는 동리(東里), 시호는 경헌(景憲)이다. 《歸鹿集 卷17 吏曹判書鄭公諡狀》《松坡集 卷17 故資憲大夫吏曹判書兼知義禁府事五衛都摠府都摠管鄭公行狀》

160 공은……외가였지 : 임진왜란(壬辰倭亂)으로 수원에 피난 중일 때 정세규와 이민구가 처음으로 만났다는 말이다. 수성(隋城)은 현재의 경기도 수원시 일대의 옛 지명이다.

나는 순수하고 온화한 공을 스승으로 여겨　我師純和
가슴에 깊이 새겼지　肺鏤肝銘
내 생각에 친구는　我謂友朋
가까워지면 서로 경시하게 되는데　狎則相輕
공이 정승의 자리에 올랐어도　推公鼎席
내 얼굴 어찌 붉어지랴[161]　我顔胡頳
현곡도 강직하였지만　玄谷亢亢
또한 진실로 이런 마음이었지[162]　亦允斯情
그 사이에 세상일은　其間世故
수없이 변하여　百變千更
저마다 형제 잃었으니　各喪天倫
공은 아우였고 나는 형님이었지　公弟我兄
외로이 홀로 남은 우리들　孤形孑影
눈에는 모두 눈물 가득했네　眼淚俱盈
공은 팔순이 되고　公躋大耋
나도 병든 신세인데　我又瘵嬰

161 공이……붉어지랴 : 정세규가 정승의 지위에 올랐어도 이민구를 경시하지 않고 친하게 지냈다는 말이다.

162 현곡(玄谷)도……마음이었지 : 현곡은 정백창(鄭百昌, 1588~1635)으로, 본관은 진주(晉州), 자는 덕여(德餘), 호는 현곡이다. 《東州集 文集 卷10 京畿觀察使玄谷鄭公墓碣銘》 김이만(金履萬)의 글에 의하면 정백창은 대단히 대범하고 강직하였는데, 당시 고관들이 대부분 보잘것없었으므로 불만스럽게 여겼다. 이에 어떤 사람이 정백창에게 당신보다 나은 사람은 누구냐고 묻자, 정백창은 정세규가 자신보다 뛰어나다고 인정하였다고 한다. 《鶴皐集 卷10 吏曹判書景憲鄭公墓碑銘 竝序》

사는 곳마저 멀어 만나기 어려웠으니	居睽會闊
꿈에라도 만나려 분주했지	魂夢營營
그래도 다행히 두 사람 모두 살아남아	尙幸兩全
내 삶에 위로가 되었는데	庶慰余生
공이 이제 나를 버리시니	公今捨我
마음 찢어지고 뼈가 저리네	心折骨驚
노년에 말운 만나	衰途末運
홀로 살아가니 외롭고 외로워라	獨行煢煢
한 가닥 숨이 끊어지지 않아	一息未泯
슬픔이 가슴에 얽히네	悲緖中縈
야윈 몸 일으켜 문에 이른들	扶羸到門
누가 반겨 주고 누가 맞아 주랴	誰款誰迎
한 잔 술로 영결하니	單觴永訣
나의 정성 알아주시길	冀我鑑誠

상의원 정 정선흥[163] 제문

鄭正善興祭文

그대가 운명한 뒤로　自君傾逝
어느덧 두 달이 지났건만　殆周兩月
마치 처음 부음 들었을 때처럼　如始承凶
무너지고 찢어질 듯 비통하네　憯焉崩裂
나는 늙고 병들어　吾老且病
죽음을 눈앞에 두고 있기에　朝夕將沒
젊은 그대가　謂君少壯
나의 주검 거두어 주리라 여겼는데　斂我骸骨
썩은 줄기는 쓰러지지 않고　朽幹未仆
아름다운 나무가 먼저 꺾였으니[164]　秀木先折
장수와 요절 죽음과 삶은　壽夭死生
그 이치 기필할 수 없구나　其理難必
산 자와 죽은 자 예법이 달라　存亡殊制
상여 발인하여　廣柳爰發
푸른 산의 무덤에 묻히니　黃壤青山

163 정선흥(鄭善興) : 1615~1662. 본관은 진주(晉州), 자는 경원(慶遠)이다. 상의원 정(尙衣院正)을 역임하였다. 《東州集 文集 卷10 尙衣院正鄭君墓碣銘 幷序》

164 썩은……꺾였으니 : 이민구 자신을 썩은 줄기에, 정선흥을 아름다운 나무에 비유하여 늙은 자신보다 젊은 정선흥이 먼저 운명한 사실을 말한 것이다.

만사가 영원히 끝났어라	萬事永畢
빼어난 풍모와 뛰어난 운치	英風逸韻
어느덧 사라지니	俛仰奄忽
쓴 맛 신 맛 참기 어려워	飮苦茹酸
창자와 골수에 맺히네	腸緘髓結
남은 삶도 다 끝나가니	餘景就盡
외로움도 얼마나 되랴마는	撫孤無日
하늘이 도와 다행히도	賴天與幸
실낱같은 목숨 연장하게 되면	延我絲髮
묘비에 새길 글을	刻墓之文
남김없이 자세히 쓰려고 하니[165]	庶抽枯渴
오직 이 말만은	唯有斯言
금석처럼 질정할 수 있으리라	金石可質
고달프고 병든 몸이라	顚連委頓
박주 한 잔 대신 올리게 하면서	代奠薄醊
울음 머금고 글을 써 보내서	啜泣遣辭
길게 부르짖으며 영결을 고하노라	長號告訣

165 묘비에……하니 : 이민구가 쓴 정선홍의 비문은 《동주집(東州集)》 문집(文集) 권10에 〈상의원정정군묘갈병 병서(尙衣院正鄭君墓碣銘 幷序)〉라는 제목으로 수록되어 있다.

전창군 유정량[166] 공 제문

全昌君柳公廷亮祭文

생각건대 나와 공은	惟我與公
취미가 같았지요	臭味攸同
즐겁게 어울려 술 마신 것이	交歡觴洽
몇십 년입니다[167]	歲幾一終
혼인으로 연결되어	締以昏媾
의가 집안처럼 가까워지니[168]	義密家通
애환과 생사의 일에	愉悲存沒
서로 위로하고 함께 아파했지요	共慰齊恫
나에게 두 손자 있으니	我有二孫
공은 외조부이십니다	公爲外翁

166 유정량(柳廷亮) : 1591~1663. 본관은 전주(全州), 자는 자룡(子龍), 호는 소한당(素閒堂)이다. 1604년(선조37) 선조(宣祖)의 딸 정휘옹주(貞徽翁主)와 혼인하여 전창위(全昌尉)에 봉해졌다. 1612년(광해군4) 할아버지 유영경(柳永慶)의 사건으로 일가가 멸족될 때 전라도 고부에 유배되었다가, 1619년에 경상도 기장(機張)으로 이배되었다. 1623년 인조반정으로 작위가 회복되어 숭덕대부(崇德大夫)에 승품되고, 여러 차례 승진하여 성록대부(成祿大夫)에 이르러 세훈(世勳)을 물려받고 군(君)에 봉해졌다. 《東州集 卷10 全昌君柳公墓碣銘 幷序》

167 즐겁게……년입니다 : 이민구와 유정량이 수십 년 동안 다정하게 지냈다는 말이다. 일종(一終)은 세성(歲星)이 한 바퀴를 도는 12년을 의미한다.

168 혼인으로……가까워지니 : 유정량의 큰딸이 이민구의 아들 이중규(李重揆)와 혼인하였으므로, 두 사람은 사돈 관계이다. 《東州集 卷10 全昌君柳公墓碣銘 幷序》

정성스럽게 돌봐주시니 殷勤覆露
공의 길러주는 은혜 받았습니다 賴公養蒙
내가 늙고 병을 잘 앓게 되자 我老善病
새가 바람을 피하듯 如鳥避風
고상하신 공의 이웃에 우거하니 來寓高隣
공의 집이 동쪽에 있었지요 公居在東
때때로 서로 만나니 時相晤盍
그 즐거움 넘쳐났지요 其樂沖融
달고 싱싱한 것 나누어 分甘割鮮
날마다 진귀한 음식 보내 주었습니다 日需珍供
우리 두 사람 병을 앓게 되자 俱困于瘵
서로 염려하는 마음 간절했지만 互結憂悰
공은 풍채가 좋았으므로 謂公充盈
약이 효험 있을 테고 藥當奏功
썩은 나무 같은 나는 먼저 쓰러져 朽木先僵
병든 이 몸 보전하지 못하리라 여겼는데 莫保我癃
어찌 산악 같은 공께서 孰云山岳
갑자기 돌아가시리라 생각이나 했겠습니까 遽摧其穹
성패와 굴신 成毁詘伸
하늘의 그 이치 다 알기 어렵습니다 厥理難窮
외로이 남은 이 몸 늘그막에 孤身末路
가고자 한들 누구를 따른단 말입니까 欲往奚從
황천길이 아득한데 泉途眇邈
뒤에 죽는 사람은 어떻게 만난단 말입니까 後死焉逢

상여가 떠나가니[169] 輀車祖載
길이 끊겨 발걸음 돌립니다 路絶回蹤
쓰러지는 몸을 부축 받으며 영결하니 扶顚就訣
쇠한 몰골에 서글픈 표정입니다 衰相戚容
말을 따라 눈물이 흐르니 言隨淚發
저의 애통한 마음을 살피소서 尙余鑑衷

169 상여가 떠나가니 : 유정량의 상여가 출발한다는 말이다. 조재(祖載)는 장지(葬地)로 출발하기 전에 영구(靈柩)를 수레 위에 싣고 제전(祭奠)을 올리는 것이다.

세마 신변[170] 군 제문

洗馬申君昪祭文

자네가 우리 집에 장가든 지　君入吾家
사십일 년　四十一年
세의가 친밀하여　綢繆世好
혼인하게 되었지　昏媾所因
속내를 진솔하게 터놓아　輸肝析肺
거스르는 일 없이 온전하였지　毋忤而全
술잔 기울이며 마음 맞음이　傾酬披合
실상 보통사람들과 비교되지 않았지　實邁常倫
내가 곤경을 만나　余遭板蕩
살붙이들 다 죽었는데[171]　血屬俱淪
자네의 도움 받았으니　賴君提挈
풍도와 의리가 애연했지　風義藹然
술이 가득 잔에 있지만　酒盈在爵
누구와 즐길 것이며　誰與流連
가슴에 쌓인 많은 심회를　心懷襞積

170　신변(申昪) : 1610~1664. 본관은 평산(平山), 자는 중열(仲悅), 호는 춘주산인(春洲散人)이다. 신익성(申翊聖)의 아들이며, 이민구의 사위이다. 《歸溪遺稿 卷下 故秉節校尉翊衛司洗馬申公墓誌銘》

171　내가……죽었는데 : 이민구는 병자호란 당시 두 아들을 잃었고, 강화도 수비 실패의 책임으로 영변에 유배되었다.

누구와 정답게 이야기할까 誰與晤言
내가 상유를 바라보매 我視桑楡
남은 해가 산마루에 걸렸어라[172] 餘景在巓
비유하자면 저 부러진 나무가 譬彼壞木
금세 쓰러질 것과 같더니 疾用將顚
어이하여 기약한 바가 如何所期
하루도 못 되어 어긋났단 말인가[173] 不日以愆
좋은 풍채와 뛰어난 기량 갖춘 자네가 豐資良器
갑자기 황천객이 되었구나 忽焉重泉
천 년이 하루아침과 같다지만 千齡一朝
어찌 그리 서둘러 간단 말인가 曷云其旋
행촌이 멀지 않지만[174] 幸村非遐
내가 병들어 자리에 누웠네 我病伏旃
가보려 해도 다리가 말을 듣지 않고 欲往脚廢
곡하려 해도 소리를 삼키도다 欲哭聲呑
이승과 저승이 아득하니 明幽眇邈

172 내가……걸렸어라 : 이민구 자신이 늙었다는 말이다. 상유(桑楡)는 해가 지는 곳으로, 인생의 만년(晩年)을 의미한다.

173 비유하자면……말인가 : 곧 쓰러질 나무처럼 늙은 이민구 자신은 죽지 않고, 신변이 죽었다는 말이다.

174 행촌(幸村)이 멀지 않지만 : 신변의 장지가 멀지 않다는 말이다. 김좌명(金左明)의 글에 "고양의 행주 신방을 등진 등성이에 장사하였다.〔葬于高陽幸州負辛之原〕"라고 하였으므로, 행촌은 신변의 장지인 행주를 가리키는 것으로 보인다.《歸溪遺稿 卷下 故秉節校尉翊衛司洗馬申公墓誌銘》

뒤에 만날 것을 어찌 말하랴	後會寧論
눈물은 내가 흘리지만	淚發於我
곡은 손자에게 부탁하니[175]	哭徵于孫
그대는 이 마음 살펴서	君其眷顧
이별하는 자리에 내려오시게나	降集離筵

175 눈물은……부탁하니 : 이민구가 장지에 가지 못하므로, 손자를 시켜 대신 장지에 가서 이 제문을 고하게 한다는 말이다.

애사 哀辭

효자를 애도하는 사 병서
哀孝子辭 幷序

윤공(尹珙)[176] 원벽(元璧)이 통천(通川)에 유배되었을 때, 그의 어머니 고(故) 상국(相國)의 부인께서 따라가셨다. 어느 날 집에 화재가 발생하였는데, 부인께서 병을 앓던 중이라 방에서 빠져나오지 못하셨다. 친정에 왔던 딸 수부(水部) 이경여(李敬輿)의 처(妻)[177]와 시집가지 않은 효자 윤공의 막내딸과 병 시중하던 상국의 첩이 모두

176 윤공(尹珙) : 본관은 해평(海平), 자는 원벽(元璧)이다. 생애는 자세하지 않으나, 이조 판서를 역임한 윤승훈(尹承勳, 1549~1611)의 아들이다. 《광해군일기》 9년 3월 24일 기사에 "통천(通川)에 정배(定配)한 윤공의 배소(配所)에 불이 났다. 윤공의 어미는 고 상신 윤승훈의 부인인데, 역시 윤공을 따라갔다가 한밤중에 졸지에 당하여서 미처 빠져나오지 못하였다. 이에 윤공 및 윤공의 여동생인 이경여(李敬輿)의 아내, 그리고 윤공의 서모가 서로 뛰어 들어가 구하다가 모두 불에 타 죽었으며, 윤공의 딸 역시 죽었다."라는 기록이 있다.

177 이경여(李敬輿)의 처(妻) : 이경여의 부인은 윤승훈의 딸이다. 송시열의 글에 "공의 첫 부인은 영의정 윤승훈의 딸로, 부덕을 지녔으며 효를 다하다가 죽었으므로 정려되었다.〔公先娶領議政尹承勳女, 婦德甚備, 以孝死旌閭.〕"라고 하였다. 《宋子大全 卷157 白江李公神道碑銘 幷序》

부축하다가 불타 죽었다. 효자도 마침내 화염을 무릅쓰고 들어갔다가 빠져나오지 못했다.

아아, 불길이 사나워 그 가족을 태웠단 말인가, 귀신이 어질지 못하여 이 사람들에게 해를 끼쳤단 말인가. 내가 장차 누구를 원망하고 누구에게 묻는단 말인가. 대개 아들을 따라가는 것은 경(經)이고 수재(水災)와 화재(火災)를 만나는 것은 변(變)이니, 사나운 불과 어질지 못한 귀신을 어찌한단 말인가.

아들과 어머니가 서로 의지하여 생활하며 생사를 함께하여 몸이 불타 없어지는 데 이르러서도 원망하거나 후회하지 않았으니, 효순(孝順)의 도가 한 집안에 모인 것이다. 장차 천지가 다하고 만고(萬古)의 세월이 지나도 그 효열(孝烈)과 그 원통함이 닳지 않고 사라지지 않을 것이다.

내가 그 혼이 기를 타고 산산이 흩어져 돌아오지 못할까 염려하여 애사를 지어 혼령을 부르노라. 애사는 다음과 같다.

활활 타오르는 불길 속에	火之炎炎兮
부인이여 부인이여	夫人乎夫人乎
불이야 외쳤도다	欝攸譆譆
좌우에서 부축하며	左扶兮右持
두 딸이 따르고	二女從之兮
첩도 함께 뒤따랐네	妾又媵之
뜨겁게 타오르는 불길 속에	火之烈烈兮
효자여 효자여	孝子乎孝子乎
어머니께서 화마와 싸우시니	母與火鬪

효자가 뛰어들어	孝子投身兮
불길 속에서 만났어라	火離而合
누가 불을 뜨겁다 하였나	誰謂火熱兮
내가 편히 죽을 곳을 얻었어라	我安得所
하느님 어질어도	天公之仁兮
급한 상황 헤쳐내지 못하셨나	急不暇掀
불이 장차 그치나 했는데	火將止兮
바람이 일어 타게 했네	風起煬之
상제님 계신 곳 멀어	脩門遠兮
산과 숲 막혔던가	嶺樹以障
효자가 돌아가자	孝子欲歸兮
부슬비가 전송하니	零雨送之
비단 치마 수놓은 옷	錦帔兮繡服
혼령은 해 가린 구름길로	靈蔽日兮雲之路
바닷물 출렁이고 깊어	滄溟漾深兮
당기기만 하면 바로 문 앞이었도다	挹之在戶
아홉 용이 구제하지 않았으니	九龍不救兮
천제께서 노하여 너희를 죽이시리라	帝怒殛汝
계서[178]를 거르고 향기로운 산초를 따서	釃桂醑兮掇芳椒
효자를 기다리는 무속의 마음도 슬퍼하네	待孝子兮巫心惻
만세가 뒤에 있어	萬世在後兮

178 계서(桂醑) : 계화(桂花)를 넣고 빚은 술로, 계화주(桂花酒)라고도 하는데, 일반적으로 맛 좋은 술을 의미한다.

백성들이 슬퍼하며 잊지 않으리니	民悲不忘
지금부터 시작하여	其始自今兮
거듭 한식을 삼으리라[179]	重作寒食

179 지금부터……삼으리라 : 윤공이 화재로 인해 목숨을 잃었으므로, 백성들이 그를 추모하여 또 다른 한식일(寒食日)을 만들 것이라는 말이다. 본래 한식은 면산(綿山)에 은거하던 개자추(介子推)를 불러내기 위해 진 문공(晉文公)이 불을 질렀으나, 개자추는 끝내 나오지 않고 어머니와 함께 나무를 껴안고 불에 타 죽었으므로, 그가 불에 타 죽은 날에는 불을 피워 음식을 익히지 말고 미리 만들어 놓은 찬 음식을 먹게 한 데서 유래하였다. 《春秋左氏傳 僖公24年》

허뢰 애사
許生賚哀辭

생각건대 그대는 타고난 자질 이미 순수한데	惟君受質旣粹
부여받은 운명 험난했지	稟命而艱
초의 들판에 바람 불어	楚郊風號
일찍이 포수의 애통함 안았고[180]	夙纏抱樹之痛
양산에 비 쏟아져	梁山雨泣
다시 함삭의 슬픔 맺혔네[181]	復結銜索之哀
두려워하며 삼 년 동안	瞿瞿三年
사람들 효성 다하다 죽는 흠 있을까 염려했는데[182]	人憂死孝之毁

180 초(楚)의……안았고 : 어머니 상을 당해서 효를 다하지 못한 탄식을 하게 되었다는 말이다. 진(晉)나라 때 왕상(王祥)은 효성이 깊어 어머니를 지극 정성으로 봉양하였다. 단내(丹奈) 나무에 열매가 열리자, 어머니가 잘 지키라고 말하였는데, 바람이 불고 비가 올 때마다 왕상은 단내가 떨어질까 봐 나무를 안고 울었다고 한다. 《晉書 卷3 王祥列傳》

181 양산(梁山)에……맺혔네 : 아버지 상을 당해 슬퍼했다는 말이다. 양산은 금곡(琴曲)인 〈양산조(梁山操)〉의 준말로, 부모를 간절히 생각하는 효자의 마음을 뜻한다. 증자(曾子)가 태산(泰山) 아래에서 밭을 갈다가 날씨가 험악해져서 오래도록 집에 돌아가지 못하자, 어버이를 생각하며 부른 노래라고 한다. 〈양산음(梁山吟)〉이라고도 한다. 함삭(銜索)은 《설원(說苑)》 〈건본(建本)〉에 "마른 고기를 매단 노끈이 어찌 좀먹지 않으랴. 어버이의 수명이 다하는 것이 틈 사이를 지나는 것처럼 빠르구나.〔枯魚銜索, 幾何不蠹. 二親之壽, 忽若過隙.〕"라고 한 데서 온 말로, 사람의 생명이 짧은 것을 의미한다.

182 두려워하며……염려했는데 : 이 글의 내용으로 보아 허뢰는 부모의 상사를 치르

깊숙이 두 아이가 숨어들어　沈沈二竪
귀신이 상례에 정성 다하는 고자에게 잔인하였지[183]　鬼忍服勤之孤
예는 몸을 위태롭게 하지 않는 것인데　禮不危身
그대가 어찌 목숨을 잃었단 말인가　子何滅性
아아 슬프도다　嗚呼哀哉
젊은 나이에 세상 떠나　青春徂謝
자안의 나이에도 미치지 못하고[184]　未及子安之齡
자손도 영락하여　血屬凋零
백도처럼 아들도 없구나[185]　又乏伯道之嗣
이 인간세상 어느 시대인가　人間何世

다가 건강을 해쳐 죽은 것으로 보인다. 따라서 이 부분은 허뢰가 부모상을 치르는 동안 그가 건강을 잃어 죽지나 않을까 사람들이 염려했음을 말한 것이다.

183 깊숙이……잔인하였지 : 허뢰가 병에 걸려 죽었다는 말이다. 이수(二竪)는 병마(病魔)를 가리킨다. 춘추 시대 진(晉)나라 경공(景公)의 꿈에 병마가 두 아이의 모습으로 나타나 고황(膏肓) 사이로 숨어들었는데, 명의(名醫)도 그 병을 고치지 못해, 죽었다는 고사가 전한다. 《春秋左氏傳 成公10年》

184 젊은……못하고 : 허뢰가 일찍 죽었다는 말이다. 자안(子安)은 〈등왕각서(滕王閣序)〉를 지은 왕발(王勃, 650~676)의 자이다. 그가 27세에 요절하였으므로, 허뢰는 27세 이전에 죽은 것으로 보인다.

185 자손도……없구나 : 허뢰의 뒤를 이을 아들이 없었다는 말이다. 백도(伯道)는 진(晉)나라 때에 하동 태수(河東太守)를 지낸 등유(鄧攸)의 자이다. 그가 석륵(石勒)의 병란 때에 아들과 조카를 데리고 피난하다가 둘을 모두 보호할 수 없겠다고 판단하여 자기 아들은 버려두어 죽게 하고 먼저 죽은 동생의 아들을 대신 살렸는데, 그 뒤에 끝내 후사를 얻지 못하였다. 사람들이 안타까워하며 "하늘이 무지해서 등백도에게 아들이 없게 했다.〔天道無知, 使鄧伯道無兒.〕"라고 탄식했다는 고사가 전한다. 《晉書 卷90 鄧攸列傳》

덩그러니 남은 저장을 슬퍼하고[186] 悵苴杖之獨留
악실이 그대로 남았는데 堊室依然
상주 없는 점괴에 한탄하노라[187] 嗟苫塊之無主
비록 그 음성 이미 사라지고 雖音徽已沬
황천에서 눈 감았지만 瞑目重泉
혼령이 아직도 남아 而靈爽猶存
영원히 한스러워 하리라 飮恨終古
아아 슬프도다 嗚呼哀哉
소상강의 대나무가 죽으니 瀟湘竹死
경강의 장막 낮에 드리워지고[188] 敬姜之帷晝垂

186 덩그러니……슬퍼하고 : 허뢰는 죽고 그가 상중에 사용하던 대지팡이만 남았으므로 슬프기 그지없다는 말이다. 저장(苴杖)은 부친상에 짚는 대나무 지팡이를 말한다. 《예기》〈문상(問喪)〉에 "부친상에는 저장을 짚으니, 저장은 대나무로 만들며, 모친상에는 삭장을 짚으니, 삭장은 오동나무로 만든다.〔爲父苴杖, 苴杖竹也, 爲母削杖, 削杖桐也.〕"라고 하였다.

187 악실(堊室)이……한탄하노라 : 허뢰가 상을 치르며 머물던 방은 그대로인데, 그는 죽고 거적자리와 흙덩이 베개만 남아 있어, 서글프다는 말이다. 악실은 사방의 벽을 백토(白土)로 바른 방이다. 장전(葬前)에는 상주(喪主)가 사방을 이엉으로 둘러친 의려(倚廬)에 거처하는데, 장후(葬後)에는 그 의려의 벽을 흙으로 발라 바람과 추위를 막는다. 그러다가 소상 때가 되면 흙으로 바른 벽 위에 다시 백토를 입히고, 대상 때가 되면 바닥에 검은 흙을 깔고 벽에 다시 백토를 덧칠하여 방을 약간 꾸민다. 《禮記 喪大記 註》 점괴(苫塊)는 상주가 거상하는 동안 사용하는 거적자리와 흙덩이 베개를 말한다. 《儀禮 喪服》

188 소상강(瀟湘江)의……드리워지고 : 남편 허뢰의 죽음에 부인이 슬피 곡한다는 말이다. 중국의 소상강 일대에 자라는 자줏빛 반점이 있는 대를 소상반죽(瀟湘斑竹)이라 하는데, 전설에 의하면 순(舜) 임금이 승하하자 두 비(妃)인 아황(娥皇)과 여영(女

경조의 자형나무 메마르니[189] 京兆荊枯
계강의 이불이 밤에 차갑네[190] 季江之被夜冷
고운 거울 완전히 어두워지니 藻鏡全晦
외로운 봉황새 돌아보며 가슴 찢어지고[191] 睠隻鸞而摧心
아가위꽃 반절 시드니 棣華半萎
외떨어진 기러기 울음 들으매 골수까지 저리구나[192] 聆斷雁而驚骨

英)이 눈물을 흘려 대나무에 뿌렸더니, 얼룩이 생겼다고 한다. 춘추 시대에 경강(敬姜)이 남편 목백(穆伯)의 상을 당해서는 낮에만 곡을 하고, 아들 문백(文伯)의 상을 당해서는 주야로 곡을 하였는데, 공자(孔子)가 이를 두고 예(禮)를 안다고 평한 고사가 전한다. 《禮記 檀弓下》

189 자형(紫荊)나무 메마르니 : 형제의 죽음을 의미하는 말로, 여기서는 허뢰의 죽음을 뜻한다. 옛날에 전진(田眞) 삼형제가 부모의 유산을 똑같이 나누고는 마지막으로 당(堂) 앞에 서 있는 자형나무 한 그루를 셋으로 쪼개 나누자고 의논을 했더니, 자형나무가 갑자기 말라 죽어버렸다. 전진이 두 아우에게 말하기를 "나무는 본디 뿌리가 하나이기에 장차 쪼개 나눈다는 말을 듣고 이 때문에 시들어 버린 것이니, 우리같은 사람은 나무만도 못하다." 하고, 서로 슬퍼하여 그 나무를 나누지 않았더니 나무가 다시 살아나서 무성해졌다는 고사가 있다. 《續齊諧記》

190 계강(季江)의……차갑네 : 형제가 이별하게 되었음을 말하는데, 여기서는 허뢰의 죽음으로 그의 형제와 사별한 것을 의미한다. 동한(東漢)의 강굉(姜肱)이 아우 중해(仲海)·계강과 우애가 끔찍하여 늘 같은 이불을 덮고 잤으므로, 강굉공피(姜肱共被)라는 고사가 생겼다. 《後漢書 卷53 姜肱列傳》

191 고운……찢어지고 : 홀로 남은 허뢰의 부인을 바라보니, 대단히 슬프다는 말이다. 봉황새는 원래 부부간의 두터운 정을 상징하는 새인데, 홀로 남은 새가 거울에 자신의 모습을 비춰 보고는 슬피 울다 죽었다는 난경(鸞鏡)의 고사가 전한다.

192 아가위꽃……저리구나 : 허뢰의 남은 형제가 곡하는 소리가 뼈에 사무친다는 말이다. 체화(棣華)는 아가위꽃으로, 형제를 비유한다. 《시경》〈상체(常棣)〉에 "상체의 꽃이여, 꽃받침이 환하게 빛나는구나. 무릇 지금 사람들은 형제만 한 이가 없느니라.〔常棣之華, 鄂不韡韡. 凡今之人, 莫如兄弟.〕"라고 하였다.

생사 갈려 한 번 영결하니 明幽一訣
은애를 어찌 논하랴 恩愛寧論
아아 슬프도다 嗚呼哀哉
올해 모월 모일에 是年月日
제사를 마치고 길을 나서니[193] 塡池啓塗
들을 지나 무덤으로 가네 卽野就壙
붉은 명정 새벽에 출발하니 丹旌曉發
요동의 성곽을 영원히 떠나고[194] 遼東之城郭永辭
현총이 새로 열리니 玄塚新開
미앙의 궁궐 멀지 않네 未央之宮闕不遠
한길에서 조제를 베푸니 中逵設祖
아침 이슬이 홍건했다가 쉽게 마르고 朝露曖而易晞
물가에서 영혼을 맞이하니 上渚迎精
저녁 해가 빛을 감추고 장차 숨으려 하네 夕曦斂以將匿
아아 슬프도다 嗚呼哀哉

193 제사를……나서니 : 발인(發靷)을 말한다. 전지(塡池)는 《예기》 〈단궁 상(檀弓上)〉에 "증자가 부하에 조문하러 갔을 때 주인이 이미 조제를 마치고 제수를 거두었는데, 관을 밀어 원래 위치로 돌아가서 부인들을 내려 보낸 뒤에 조문 받는 예를 행하였다.〔曾子弔於負夏, 主人旣祖塡池, 推柩而反之, 降婦人而后行禮.〕"라고 하였는데, 정현(鄭玄)은 "전지는 마땅히 전철로 써야 한다.〔塡池, 當爲奠徹.〕"라고 하였다.

194 붉은……떠나고 : 허뢰가 죽어서 장지로 가는 것을 정 영위(丁令威)가 요동(遼東)의 성곽을 떠나 신선술을 배우러 간 것에 비유한 것이다. 요동 사람 정 영위가 일찍이 영허산(靈虛山)에 들어가 신선술을 배운 뒤에 학(鶴)으로 화(化)하여 요동에 돌아와서 성문(城門)의 화표주(華表柱)에 앉았다가 날아갔다는 고사가 전한다. 《搜神後記》

이때에 평평한 숲에서 바람 불어오니	于時平林送吹
찬 쓰르라미가 슬피 울어 초목이 처량하고	寒螿咽而草木凄
텅 빈 언덕에 서리 내리니	虛壟棲霜
외로운 짐승 길을 잃고 산천이 어둡구나	孤獸迷以川原晦
지는 달이 들보에 걸리니	落月屋樑
곧 평소의 얼굴을 마주한 듯하고[195]	卽對平生之面
푸른 단풍이 관새 물들이니	靑楓關塞
혹시라도 오가는 혼이 있는 듯하네	儻有去來之魂
아아 슬프도다	嗚呼哀哉
백마 탄 친구[196]와	白馬賓朋

195 지는……듯하고 : 허뢰에 대한 그리운 마음을 말한 것이다. 두보(杜甫)가 이백(李白)을 그리워하며 "들보 위에 가득히 기우는 저 달빛이여, 그대의 얼굴을 비춰 주는 듯하네.〔落月滿屋樑, 猶疑照顏色.〕"라고 하였다.《杜少陵詩集 卷7 夢李白》

196 백마 탄 친구 : 허뢰의 벗들을 말한다. 후한(後漢) 때의 사람 범식(范式)은 장소(張劭)와 절친한 사이였고 서로 신의가 돈독하였다. 범식의 자(字)는 거경(巨卿)이고, 장소의 자는 원백(元伯)이다. 원백이 병이 들었을 때에 친한 친구 두 사람이 밤낮으로 곁에서 간호하였는데, 원백이 죽을 때에 탄식하기를 "내가 나의 사우를 보지 못하고 죽는 게 한스럽다.〔恨不見吾死友〕" 하였다. 친구가 말하기를 "나와 군장이 마음을 다하여 그대 곁에 있는데 우리가 사우가 아니겠는가. 다시 누구를 찾는가?〔吾與君章, 盡心於子, 是非死友, 復欲誰求.〕"라고 하였다. 원백이 답하기를 "그대들은 나의 생우일 뿐이다. 산양의 범거경이 나의 사우이다.〔若二子者, 吾生友耳. 山陽范巨卿, 所謂死友也.〕"라고 하였다. 원백이 죽은 뒤 거경의 꿈에 원백이 나타나서, 아무 날에 죽어서 아무 날에 저승으로 간다고 일러 주었다. 거경은 상복을 입고 장례 날짜에 늦지 않으려고 경황없이 달려갔다. 그 즈음에 원백의 상여가 묘소에 이르렀는데 하관(下棺)을 하려 하자 상여가 움직이지를 않았다. 얼마 뒤 거경이 흰 수레에 흰 말을 몰고 달려와서 원백의 영구 앞에서 조문하기를 "원백이여, 이제 떠나시게나. 죽음과 삶의 길은 다르니, 이것으로 영영 이별이구나.〔行矣元伯, 死生路異, 永從此辭.〕"라고 하면서 상여

시마복 입은 벗들	緦麻執友
모두 다 우정 깊고 깊어	俱深斷金之契
함께 〈벌목〉의 생각에 잠기네[197]	共軫伐木之懷
침문에 슬픔 남았으니	寢門餘悲
송문을 바라보며 눈물 흘리누나[198]	望松門而失涕
산양의 지극한 한	山陽劇恨
호리를 가리키며 울음소리 삼키노라[199]	指蒿里而呑聲
맑은 한강 멀리 임해 있으니	淸漢遙臨
오히려 이별하는 사람 보내는 것인가 의심되고	猶疑送別
가을 들녘 멀리 바라보이니	秋郊遐眺

끈을 잡고 이끄니 그제야 상여가 움직였다고 한다. 《後漢書 卷111 獨行列傳 范式》

197 함께……잠기네 : 벗들이 허뢰를 그리워한다는 말이다. 《시경》 〈벌목(伐木)〉에 "나무 찍는 소리 쩡쩡 울리고, 새들은 재잘재잘 즐겁게 노래하네. 깊은 골에서 훌쩍 날아서는, 높은 나무 위로 자리를 옮겨 앉네. 재잘재잘 즐겁게 노래하는 새들이여, 서로들 벗을 구하는 소리로다.〔伐木丁丁, 鳥鳴嚶嚶. 出自幽谷, 遷于喬木. 嚶其鳴矣, 求其友聲.〕"라고 하였다.

198 침문(寢門)에……흘리누나 : 허뢰의 죽음을 슬퍼한다는 말이다. 침문은 벗을 조문할 때에 곡하는 곳이다. 510쪽 각주141 참조. 송문(松門)은 무덤을 가리킨다. 백거이(白居易)의 시에 "송문에는 새벽까지 달이 배회하고, 백성에는 하루 종일 바람이 소슬하다.〔松門到曉月徘徊, 柏城盡日風蕭瑟.〕"라고 하였다. 《白香山詩集 卷4 陵園妾》

199 산양(山陽)의……삼키노라 : 이민구가 허뢰를 생각하며 슬픔에 목이 멘다는 말이다. 산양은 지명이다. 진(晉)나라 상수(向秀)가 혜강(嵇康)과 산양 땅에서 절친하게 지냈는데, 혜강이 죽은 뒤에 그곳을 지나다가 이웃집에서 들려오는 피리 소리를 듣고 옛 추억을 생각하며 〈사구부(思舊賦)〉를 지었던 고사가 전한다. 《晉書 卷49 向秀列傳》 호리(蒿里)는 태산(泰山) 남쪽에 있는 산의 이름인데, 사람이 죽으면 여기에 묻었던 고사에서 유래하여 후세에는 묘지(墓地)를 뜻하는 말로 쓰이게 되었다.

도리어 돌아오기를 기다리노라	尙冀歸來
아아 슬프도다	嗚呼哀哉
그러나 생사는 주야의 기약과 같고	雖然死生者晝夜之期
장수와 요절의 이치 현달한 이도 몰랐으니[200]	壽夭者賢達之混
그대가 몽매하다면	謂君其昧
백 살을 살아도 하루아침을 산 것과 같고	則百齡同乎一朝
그대가 지각이 있다면	謂君其知
머리를 북쪽으로 함이 남면함과 같으리	則北首等乎南面
이 말이 오히려 위로가 되겠는가	其猶足慰
이 또한 잊기 어렵도다	是亦難忘
아아 슬프도다	嗚呼哀哉

200 장수(長壽)와……몰랐으니 : 《장자(莊子)》 〈제물론(齊物論)〉에 "상자보다 오래 산 사람이 없고 팽조보다 일찍 죽은 사람이 없다.〔莫壽於殤子, 而彭祖爲夭.〕"라고 한 내용을 두고 한 말이다.

지은이 **이민구(李敏求)**

1589(선조22)~1670(현종11). 지봉(芝峯) 이수광(李睟光)의 아들로, 본관은 전주(全州), 자는 자시(子時), 호는 동주(東州) 또는 관해도인(觀海道人)이다. 1612년 증광 문과에 장원하였다. 인조반정 이후 사가독서(賜暇讀書)하고, 이괄(李适)의 난에 도원수 장만(張晩)의 종사관이 되어 공을 세웠다. 내직(內職)으로 부제학, 대사성, 도승지 등을 역임하였고, 외직(外職)으로 경상도 관찰사, 강원도 관찰사, 임천군수를 지냈다. 1636년 병자호란 당시 부검찰사의 직책으로 강화도에 있었는데, 강화도 함락의 책임을 지고 평안북도 영변에 유배되어 7년, 충청남도 아산으로 이배되어 3년 동안 지냈다. 1647년 4월에 해배되었으나 서용(敍用)되지 못하고 생을 마감하였다. 고문(古文)에 뛰어나다는 평가를 받았으며, 저서로 《동주집》, 《간언귀감(諫言龜鑑)》, 《독사수필(讀史隨筆)》, 《당률광선(唐律廣選)》이 있다.

옮긴이

강원모(姜元模)

1957년 충남 예산에서 태어났다. 공주사범대학, 한국교원대학교, 충남대학교에서 교육학을 전공하였다. 현재 충남대학교 한자문화연구소 선임연구원으로 재직 중이다. 공역으로 《기려수필》, 역해서로 《얘야 논어를 읽었느냐》가 있다.

김문갑(金文甲)

1960년 충남 논산에서 태어났다. 한남대학교 대학원에서 동양철학 박사학위를 받고, 아당 이성우 선생에게 수학하였다. 현재 충남대학교 한자문화연구소에 선임연구원으로 재직 중이다. 번역서로 《전례문답》, 《고산유고》 예송관련부분이 있다.

오승준(吳承峻)

1979년 충북 청주에서 태어났다. 충남대학교에서 학사와 석사 과정을 마쳤으며, 박사과정을 수료하였다. 학산 조종업, 아당 이성우 선생에게서 한문을 배웠다. 《서고독사차기》, 《현산집》 번역에 참여하고 있다. 현재 한자문화연구소에서 연구원으로 재직 중이다.

정만호(鄭晩浩)

1971년 충남 부여에서 태어났다. 충남대학교와 단국대학교에서 한문학을 전공하였으며, 현재 충남대학교 한자문화연구소 선임연구원으로 재직 중이다. 번역서로는 《취암선생시집》과 공역으로 《기려수필》, 《승암시화》, 《오재집》, 《옥오재집》, 《좌계부담》, 《해동사부》 등이 있다.

권역별거점연구소협동번역사업 연구진

연구책임자 **박우훈**(충남대학교 한문학과 교수)
공동연구원 **김선기**(충남대학교 국어국문학과 명예교수)
이향배(충남대학교 한문학과 교수)
자문위원 **이성우**(한국고전번역원 자문위원)
선임연구원 **강원모**
김문갑
정만호
연구원 **오승준**

동주집 6

이민구 지음 | 강원모 · 김문갑 · 오승준 · 정만호 옮김
2016년 12월 28일 초판 1쇄 발행
편집 · 발행 문진 | 등록 2002. 5. 6. 제2006-000011호
주소 (34168) 대전광역시 유성구 대학로 31 한진리조트오피스텔 2004호
전화 042-933-6510 | 팩스 042-367-5510
인쇄 현대그래픽스 | 제본 은정제책사

값 30,000원
ISBN 979-11-87638-01-8 94810
978-89-92229-81-4 (세트)